한 국 영 화
표상의 지도

한국영화 표상의 지도

가족, 국가,
민주주의, 여성, 예술
다섯 가지 표상으로 읽는
한국영화사

박유희 지음

책과함께

일러두기

◆ 본문에서 고딕체로 표시한 표현은 지은이가 강조한 것이다.

◆ 영화명에 함께 표기한 연도 정보는 개봉 연도다.

◆ 사용한 부호의 쓰임은 아래와 같다.

『 』: 장편소설, 단행본, 학술지, 월간지, 계간지, 웹툰

「 」: 단편소설, 시, 노래명, 싱글음반

《 》: 일간지, 주간지, 웹진

〈 〉: 영화, 연극, 방송 드라마

◆ 인용한 원문에 한자가 있을 경우, 독자의 편의를 위해 한글로 음차하고 한자를 병기했다.

책을 시작하며

대중 기억 popular memory 이자 역사로서의 영화 표상

이 책에서는 한국영화를 대상으로 가족, 국가, 민주주의, 여성, 예술에 대한 표상을 살피며 우리의 기억에 새겨져 있는 이미지들의 연원과 맥락을 짚어본다. 우리는 가족, 국가, 예술 같은 단어를 들을 때 떠올리는 심상이 있다. 이런 심상들은 개인의 경험과 상상에서 연원하지만, 동시대를 살았던 사람들의 머릿속에 공통으로 자리 잡고 있기도 하다. '어머니' 하면 뇌리를 스쳐 가는 배우들, 마른 몸피에 콧수염을 기르고 유카타를 입은 채 굽신대는 '나카무라 상', 북과 나팔을 불며 쥐 떼처럼 몰려드는 '중공군', 붉은 무복에 빗갓을 쓰고 작두 타는 무당, 남성 마초처럼 괄괄하게 구는 유능한 여성 검사…. 이러한 이미지가 구성되는 과정에는 기억과 상상이 함께 관여한다. 그리고 대중문화 시대에 그 기억과 상상은 대중문화에 재현된 이미지에서 크게 영향을 받는다. 생각해보라, 우리가 언제 굿판을 보았으며, 식민지시기 일본인이나 한국전쟁 당시의 중공군을 본 적이 있는지, 혹은 여성 검사를 만나본 일이 있는지. 만일 우리가 실제로 그들을 본다 하더라도 우리의 머릿속에 떠오르는 익숙한 이미지와는 다를 수 있다.

대중의 머릿속에 자리 잡은 표상은 사실史實이나 실재實在와 동떨어진 형태로 구성되기도 한다. 그리고 대중문화에서 재현되는 표상이 변천하면서 대중의 머릿속에 자리 잡은 표상과 인식 또한 변화한다. 사극에서 재현되는 여성 머리 모양의 변천은 좋은 사례다. 1970년대까지 조선 시대를 배경으로 하는 사극에서는 여성 인물들 모두가 쪽진머리를 했는데 1980년대 이후 사극에서는 얹은머리로 바뀌었다. 〈조선 왕조 500년〉(1983~1990, MBC)처럼 정통 사극을 표방하며 고증을 중시하는 사극이 등장하면서, 쪽진머리는 영조 시대 이후에 보편화되었고 그 이전에는 얹은머리가 일반적인 두발 양식이었다는 사실이 알려졌기 때문이다. 그 이후 대중은 조선 전기를 배경으로 하는 사극에서 여성 인물이 쪽진머리를 하고 등장하면 역사적 사실과 다르다고 인식하게 되었다. 1960~1970년대만 해도 쪽진머리에 족두리를 쓴 모습이 대중에게 자연스럽게 받아들여지던 양상과는 달라진 것이다. 그런데 2000년대 들어서며 허구와 사실의 경계를 허무는 사극(이른바 팩션, 퓨전사극)이 성행하면서 복식이나 머리 모양 재현에서 고증은 크게 중요하지 않은 요소가 되었다.

이처럼 표상이 구성되는 데 핵심적인 작용을 해온 것은 영상 매체다. 그중에서도 근대의 시간을 함께하며 오늘에 이른 영화는 대중에게 공유되는 표상을 구성하고 확산하는 데 지대한 영향을 미쳤다. 따라서 한국 영화에 나타난 주요 표상을 살펴보는 것은 영화가 재현함으로써 대중에게 공유된 심상을 통해 한국사회의 다방면을 살펴볼 수 있는 한 방안이다. 또한 한국영화의 기억과 상상을 통해 한국의 근현대사를 조망해보는 방법이 될 수도 있다. 그리고 무엇보다 한국영화의 역사를 지금까지와는 다른 방식으로 펼쳐놓고 지도를 그려볼 수 있는 길이다.

여기서 주제어로 뽑은 가족, 국가, 민주주의, 여성, 예술은 한국영화에서 핵심을 이루어온 주제다. 한국영화는 현실과 역사를 반영했을 터이므로 이 주제들은 한국사회의 주요 이슈이기도 했을 것이다. 이를 뒤집어서 살펴보면 과거의 현실이 영화와 만나면서 역사적 사건으로 살아남고 다시 현재의 현실에 영향을 끼쳤음을 알 수 있다. 따라서 이 다섯 가지 주제는 영화가 반영하고 재현해온 한국사회와 역사의 키워드인 동시에 한국영화와 함께 호흡해온 현실과 근현대사의 키워드이기도 하다.

영화 표상의 관계도와 텍스트의 좌표

이 책에서는 표상들의 종적 흐름을 추적하는 가운데, 그 갈래들이 전방위적으로 형성하는 관계도 속에서 한국영화 텍스트의 좌표와 한국영화의 역사를 포착하고자 했다. 이러한 맥락에서 이 책은 다음과 같이 구성되었다. 우선 이 책은 다섯 가지의 주제에 따라 5부로 이루어져 있다. 각 부는 하위 주제에 따라 세 개에서 다섯 개의 장으로 구성되고, 각 장에서는 표상의 변곡점을 드러내는 영화들을 살폈다. 이 영화들에 대한 분석은 연대순으로 이루어져서 표상 변화의 종적 흐름을 드러내도록 했다. 영화의 제목으로 이루어진 '~에서 ~까지'라는 각 장의 부제는 그것을 한눈에 보여주기 위한 것이다.

1부 '가족'에서는 빈도나 비중 면에서 한국영화의 중심에 놓인 가족의 표상을, 어머니, 아버지, 오빠, 누이라는 네 개의 하위 주제로 다룬다. 1장 '어머니'에서는 해방 공간의 이상적인 어머니(《마음의 고향》, 최은희 분)에서 시작해 '엄마'라는 호명을 거부하는 2018년 '미쓰백'(《미쓰백》, 한지민 분)에 이르기까지를 짚어본다. 2장 '아버지'에서는 자기 눈 뜨자고 딸을 공양하는 '심 봉사'(《심청전》, 나운규 분)부터 눈 맑은 소년(《화이》, 여진구 분)에 의해 살해되는 아비들까지 아비의 운명과 표상의 변천을 추적한다. 3장 '오빠'에서는 똑똑하고 의로웠으나 미쳐버린 '영진'(《아리랑》, 나운규 분)에서 시작해 베를린장벽이 무너지자 여동생 곁으로 돌아오지만 곧 영어의 몸이 되는 사회주의자(《베를린 리포트》, 문성근 분)에 이르기까지 오빠의 표상을 훑어본다. 4장 '누이'에서는 오빠의 출세를 위해 자신을 희생하는 여동생의 원조 '홍도'(《사랑에 속고 돈에 울고》, 차홍녀 분)부터 1980년에 실종된 '우리들'의 여동생(《꽃잎》, 이정현 분)까지 뼈아픈 누이 재현의 역사를 살펴본다.

2부 '국가'에서는 냉전 시대 한국영화에 가장 자주 재현된 국가인 일본, 미국, 북한을 중심으로 국가들의 표상을 들여다본다. 1장에는 1960년대 초, 한일수교를 앞두고 일본과의 과거사에 대해 잠시 새로운 재현이 가능했던 시기에 나온 문제작 〈현해탄은 알고 있다〉(1961)부터 한일관계가 악화되고 있는 상황에서 1990년대 '관부재판'을 재현한 법정영화 〈허스토리〉(2018)까지를 짚어본다. 2장 '미국'에서는 미국이 선전하고자 했던 미국의 이미지가 잘 드러나는 영화 〈불사조의 언덕〉(1955)부터 '386세대'가 미국과 사회계급을 바라보는 방식의 맹점을 드러낸 〈이태원 살인사건〉(2009)까지 미국 재현과 인식의 역사를 살펴본다. 3장 '북한'에서는 한국전쟁 이후 공산주의자 재현의 임계를 설정했던 최초의 '빨치산 영화' 〈피아골〉(1955)부터 미국을 남북한의 공적共敵으로 설정하여 북한 재현에서 파격적인 구도를 보여준 〈웰컴 투 동막골〉(2005)까지 적으로서의 북한이 '사람 친구'가 되기까지의 과정을 다룬다.

3부 '민주주의'에서는 3·1운동, 광주민주화운동, 6월 민주항쟁으로 이어지는 근현대 민주화를 향한 역사의 도정에서, 한국영화가 이 사건들을 어떻게 재현해왔는지를 고찰한다. 1장 '3·1운동'에서는 유관순 열사의 이야기에 한정되어 있는 3·1운동 표상을 짚어본다. 2장 '광주민주화운동'에서는 1987년 민주화 이후 제작된 16mm 장편 극영화 〈오! 꿈의 나라〉(1989)부터 2017년 촛불혁명 직후에 개봉하여 천만 영화가 된 〈택시운전사〉(2017)까지 '1980년 광주'가 재현되어 온 과정을 살펴본다. 3장 '6월 민주항쟁'에서는 한국영화사에서 민주항쟁의 재현이 앙상해진 맥락을 반추해보면서 현재로부터 가장 가까운 민주화운동을 어떻게 재구성하고 있는지를 〈변호인〉(2013)과 〈1987〉(2017)을 통해 들여다본다. 4장 '법치주의'에서는 법과 재판에 대한 재현에 주목하여 법치주의에 대한 대중 인식의 변화를 통시적으로 고찰한다. 여기서는 최초의 법정드라마로 불리는 〈검사와 여선생〉(1948)부터 2010년대 들어서 등장한 본격 법정영화의 대표작 〈소수의견〉(2015)까지를 다룬다.

4부 '여성'에서는 첫사랑, 무당, 여간첩, 여성 법조인, 여성 노동자라는 다섯 개의 키워드로 숭배의 대상인 동시에 공포의 대상으로 타자화되어 온 여성 재현의 역사를 살펴본다. 1장 '첫사랑'에서는 자유연애가 일상화되어 첫사랑의 의미가 부각되는 1960년대의 청춘영화부터 21세기 첫사랑 표상의 변곡점이 되는 〈건축학개론〉(2012)까지를 다룬다. 2장 '무당'에서는 근대 이후 1960년대까지 비판과 배척의 대상이었다가 1970년대에는 전통문화의 하나로 재발견되고, 1980년대에는 민중으로 호출된 '무당' 표상을 추적한다. 여기서는 〈고려장〉(1963)부터 〈태백산맥〉(1994)까지에 나타난 무당 표상이 분석 대상이 된다. 3장 '여간첩'에서는 간첩이자 여성으로서 이중적으로 타자화되었던 '여간첩'의 표상을 〈운명의 손〉(1954)부터 〈쉬리〉(1999)에 이르는 과정에 주목하여 살펴본다. 4장 '여성 법조인'에서는 남성 카르텔이 강한 법정에 여성이 법조인으로 등장하는 과정과 그 표상의 변천을 〈어느 여대생의 고백〉(1958)부터 〈침묵〉(2017)까지 추적한다. 5장 '여성 노동자'에서는 엄연히 노동자이면서도 국가와 사회의 편의에 따라 경계 안에 포함되기도 하고 밖으로 배제되기도 했던 여성 노동자의 재현을 〈청춘의 십자로〉(1934)부터 〈성실한 나라의 앨리스〉(2015)에 이르는 과정을 통해 고찰한다.

5부 '예술'에서는 실존 예술가를 재현한 예술가 영화를 중심으로 한국영화에서 예술을 어떻게 그리고 인식해왔는지, 나아가 한국사회에서 예술이란 무엇이었는지를 생각해본다. 여기서는 실존 예술가의 생애를 재구성한 극영화에서 구현된 예술의 요소를 추출하여 예술가의 이름과 함께 키워드로 삼았다. 1장 '이광수: 반공과 소명'에서는 대중에게 대표적인 친일파로 각인되었던 이광수가 1960년대에 민족을 대표하는 문인으로 추대되는 과정을 〈춘원 이광수〉(1969)를 중심으로 살펴본다. 2장 '이상: 절망과 기교'에서는 1965년 이후 국가가 정책적으로 예술영화를 권장하는 와중에 제작된 예술가 영화 〈이상의 날개〉(1968)부터, 도착적 사랑과 예술을 유비시킨 〈금홍아 금홍아〉(1995)까지 천재 문인 이상의 표상을 살펴본다. 이를 통해 항시적 예외상태가 강조되어온 분단국가에서 예술이 어떻게 정향되고 구성되었는지를 들여다본다. 3장 '나운규: 민족애와 방탕'에서는 나운규를 한국영화사의 영웅으로, 〈아리랑〉을 민족주의적 리얼리즘의 원조로 공표하는 영화 〈나운규 일생〉(1966)에 주목하면서, '나운규의 영화'를 규정하는 데 동원되는 요소들을 통해 영화예술의 함의를 짚어본다. 4장 '윤심덕: 자유와 허무'에서는 1960년대까지 여성이 예술가로 인정받지 못했던 맥락을 생각하면서, 윤심덕을 주인공으로 한 멜로드라마 〈윤심덕〉(1969)부터 비로소 그녀를 예술가로 바라보는 〈사의 찬미〉(1991)에 이르는 과정을 살펴본다. 5장 '나혜석: 애욕과 동경'에서는 미술과 관련되었을 때 여성이 어떻게 재현되어 왔는지를 고찰하면서, 나혜석 전기 영화 〈화조〉(1979)를 통해 식민지시기 남성 중심 엘리트 사회에서 축출된 나혜석이 1970년대 말에 이르러 예술영화로 재현되는 맥락을 들여다본다. 그리고 이후 여성 미술가의 표상이 어떻게 소비되었는지를 추적한다.

영화의 네트워크와 다원적 영화(사) 읽기

이 책은 각 장과 각 부가 나름의 흐름을 가지고 있으므로 꼭 처음부터 읽지 않아도 된다. 순서에 관계없이 읽더라도 하위 주제들의 흐름이 축적되면서 하위 주제들 간의 중층적·횡적 관계가 포착되고 텍스트 간의 관계망 또한 드러날 수 있다. 게다가 이 과정에서 한 텍스트가 여러 차원에서 읽히고, 읽힐 수 있음이 발견될 수도 있다. 몇 가지 예를 들자면,

이 책의 1부 1장 '어머니'는 나혜석의 고백으로 시작하는데, 이 책의 마지막 장인 5부 5장 '나혜석: 애욕과 동경'에 가면 예술가 나혜석을 만나게 된다. 여기서 앞에서부터 읽느냐 뒤에서부터 읽느냐는 크게 중요하지 않다. 오히려 나혜석의 전기 영화에 대해 읽고 나혜석의 독백을 읽었을 때 이해가 더 쉬울 수도 있다.

또한 1부 4장에서는 〈꽃잎〉(1996)을 분석하면서 '1980년 광주'에서 실종된 '누이'를 망각하고 살아온 '우리들'의 죄책감에 대해 언급한다. 이 문제는 3부 2장의 '광주민주화운동'에서 보다 자세히 논의된다. 2부 1장 마지막 부분에 나오는 일본군 성노예 재현의 문제는 법정드라마의 형식을 갖춘 〈허스토리〉를 통해 3부 4장 '법치주의'로 이어지고, 이는 다시 4부 4장의 '여성 법조인'에 가닿는다. 〈청일전쟁과 여걸 민비〉(1965)의 마지막 장면이 3·1운동의 표상에 연관되고 이는 3·1운동을 상징하는 유관순 열사의 표상과 긴밀한 관계를 맺기도 한다.

한편 〈꽃잎〉(1996)의 '소녀'였던 배우 이정현이 〈명량〉(2014)에서 나라를 구하는 벙어리 여인을 거쳐 〈성실한 나라의 앨리스〉(2015)에서 여성 노동자 '복남'으로 분하는 과정은 영화 표상의 주요 요소인 스타 페르소나 차원에서 연관을 이룬다. 〈안개〉(1967)의 하인숙이자 〈감자〉(1968)에서 복녀였던 윤정희가 〈화조〉에서 나혜석 역할을 맡은 것이나 〈화이〉(2013)에서 폭압적 아비였던 김윤석이 〈1987〉(2017)에서 대공분실의 '박처장'이 되는 것 등 배우들을 통해 특정한 흐름을 발견할 수 있는 예는 많다. 다시 말해 배우에 주목해서도 표상의 또 다른 관계망을 포착할 수 있으며, 한 시대를 풍미했던 스타들은 모두 이 관계망에서 두드러지는 좌표가 된다.

그런가 하면 하나의 텍스트가 여러 각도에서 독해되면서 의미망을 구성하기도 한다. 〈장남〉(1985)이나 〈난장이가 쏘아올린 작은 공〉(1981)과 같이 가족이 등장하는 영화들은 가족 표상 안에서도 여러 각도로— 아버지, 어머니, 오빠, 누이의 관점에서— 분석될 수 있다. 마찬가지로 〈세븐 데이즈〉(2007)나 〈침묵〉(2017)과 같이 가족 드라마가 들어있는 법정 추리물의 경우에는 가족 표상과 법정 표상 양쪽에서 분석 대상이 되기도 한다.

영화는 복합적인 서사 매체이자 예술 형식이다. 따라서 영화에 대해서는 다원적인 접근이 가능하고 필수적으로 요청되기도 한다. 그러나 선조적線的인 문자 매체로 영화를 논하면서 영화의 그러한 본질을 포용하기는 참 어렵다. 더구나 통시적으로 영화를 서술할 때에는 더욱 그러하다. 키워드별로 표상의 역사를 추적한 이 책의 작업 또한 영화의 다원성을 풀어내기엔 애초부터 한계를 지닌 것이었다. 그러나 원고를 써나가는 동안 나는 쌓여가는 표상들의 흐름 속에서 그것을 구성하는 요소들 간에 의도치 않은 관계들이 생성되는 광경을 목격할 수 있었다. 그리고 그러한 관계들에서 새로운 주제가 도출되어 또 다른 관계를 탐구하기도 했다. 기획에 따라 서술하지만 의외의 계기들이 생겨나고 그것이 새로운 탐색으로 이어지는 것은 힘들지만 설레는 일이었다. 그러는 과정에서 한국영화(사)의 다원적 요소들이 서로 빛과 기운을 주고받는 성좌처럼 펼쳐져갔고, 한국영화의 역사를 한층 풍부하게 감지할 수 있었다. 나의 경험을 독자들과 나눌 수 있다면 더 이상 기쁠 수 없겠다. 표면적으로 나열된 주제와 순차적 서술 이면에 얽히고설켜 있는 관계들이 눈 밝은 독자에 의해 더 많이 발견되고 풍부하게 감지되기를 바랄 뿐이다.

1부

가족

한국영화에서 가장 많이 대면하는 표상은 가족이다. 가족은 우리 삶의 원초적 기반을 구성하고 있으므로 우리 인생을 그리는 영화에서 가족을 재현하는 경우가 많은 것은 자연스러운 현상일 것이다. 또한 시대의 렌즈를 들이대 보면 근대 자본주의의 예술인 영화는 자본주의화 과정에서 빚어진 가족 제도의 문제와 갈등을 첨예하게 반영해온 매체이기도 하다. 따라서 20세기에 시작된 한국영화의 역사와 근대 가족사는 함께 전개되어왔다고 해도 과언이 아니다. 단적인 예로 한국영상자료원 한국영화 데이터베이스KMDb에서 가족을 부르는 호칭들로 검색해보면 각각 1000편 이상의 영화가 뜬다.

주제어	키워드(KMDb 검색 편수)
어머니	어머니(1099편)/ 엄마(1193편)/ 아내(1244편)/ 부인(476편)/ 마더(6편)
아버지	아버지(1843편)/ 남편(1176편)/ 아빠(471편)/ 파더(5편)
아들	아들(1582편)/ 오빠(273편)/ 장남(69편)
딸	딸(1804편)/ 언니(227편)/ 누나(195편)/ 누이(78편)/ 누님(11편)

이와 같이 재현 빈도가 높은 것은 한국 근현대사에서 가족 문제가 가장 보편적이면서도 절박한 갈등 인자였음을 말해준다. 한국영화사에서 단연 주류를 이루어온 장르가 가족 이야기를 다루는 멜로드라마라는 사실 역시 이를 방증한다. 이에 이 책의 1부에서는 가족의 표상부터 살펴본다.

여기에서 다루는 주제는 아버지, 어머니, 아들, 딸로 호명된 대상들이다. 농경 사회 가부장제의 전통이 강했던 한국사회는 식민지화와 더불어 근대에 돌입했고 그 이후에는 냉전체제로 인한 분단과 개발독재를 거치면서 가부장제의 근대적 재편을 경험했다. 이에 따라 근대 산업구조에 적합한 젠더 이분법과 남성 중심적인 시각이 형성되고 영화에도 반영되었다. 영화에서 여성 인물이 주인공이더라도 누군가의 어머니나 아내로 재현되는 것은 현실의 반영이자 남성적 시선에 의한 재현이기도 하다.

한국영화에서 가부장제 이념은 '어머니'를 통해 가장 적극적으로 재현되었다. '현모양처賢母良妻'라는 말에서 드러나듯이 현모와 양처는 한 몸과 같은 것이면서도 어머니의 자리가 아내보다 우선한다. 또한 딸은 어머니를 예비하는 존재로서 가족이 위기 상황에 처했을 때에는 어머니의 역할을 대신하곤 했다. 그래서 딸은 영화에서 주동 인물을 주로 맡는 가족 내 젊은 남성의 시선에서 '누이'로 포착되는 경우가 많았다.

한편 어머니나 딸과 대타항을 이루는 것은 아버지와 아들이다. 그런데 영화가 보여주는 이데올로기가 가부장 중심이기는 하나 재현의 비중 면에서 '아버지'는 어머니에 비하면 현저히 적다. 이는 이념적으로는 유능하고 책임감 있는 가부장이 필요했으나 실제의 역할이나 위상은 그러한 이념적 이상에 부합하지 못한 현실의 반영일 것이다. 아버지가 약하거나 부재할 때 아버지가 맡은 책임은 아들에게 떠넘겨졌는데, 아들은 아직 어리거나 가족의 미래를 위해 근대 지식 자본을 얻는 데 전념해야 했기 때문에 생업은 어머니와 딸의 몫이었다. 여기에서 어머니와 딸의 수난이 시작된다. 한편 가족의 기대와 선망이 장자長子에게 집중되면서 근대 '오빠'의 표상이 탄생했고, 이 표상은 한국영화사에서 한동안 남성 표상의 주류를 이루었다. 근대 이후 '오빠'라는 말이 가부장제의 총아인 동시에 비극적 청춘의 상징이자 혈육과 연인 사이를 오가는 의미로 통용된 것은 이러한 맥락에서다.

1장

어머니

〈마음의 고향〉(1949)에서 〈미쓰백〉(2018)까지

'모성'이라는 이데올로기

세인들은 항용. 모친의 애라는 것은 처음부터 모(母)된 자의 마음속에 구비하여 있는 것같이 말하나 나는 도무지 그렇게 생각이 들지 않는다. 혹 있다 하면 제2차부터 모 될 때에야 있을 수 있다. 즉, 경험과 시간을 경(經)하여야만 있는 듯싶다. … 그러므로 '솟는 정'이라는 것은 순결성. 즉 자연성이 아니요, 가연성(可練性)이라 할 수 있다.[1]

1923년에 첫딸을 낳은 나혜석(1896~1948)이 어머니가 된 솔직한 소회를 발표했을 때, 그녀는 백철로 대표되는 남성 문인들에게 맹렬한 공격을 받았다. 그녀의 불행한 생애가 증명하듯, '어머니' 된 자로서 그녀의

행보는 식민지시기를 지나 해방 이후 남북한 정부가 수립되기까지 용납되기 힘든 것이었다. 그렇다고 그 이후에 상황이 나아졌다는 뜻은 아니다. 분단과 전쟁, 휴전 이후의 재건 과정에서 여성의 노동력과 사회 참여가 필요해지면서 '모성'에 필수적인 덕목이 수정되기는 했다. 때로는 지성이, 때로는 억척스러움이, 때로는 열렬한 사랑이 요구되었다. 그러나 어떠한 상황에서도 가정을 돌봐야 한다는, 헌신과 인내를 여성의 본질로 보는 '모성 신화'는 오히려 강화되거나 보다 정교해지기까지 했다. 이는 남한과 북한이 반공反共과 반제反帝를 각각 제일의 국가 이념으로 삼아 전후 재건에 매진하고 분단체제를 강화하면서 공통적으로 어머니의 헌신적 역할을 찬미했던 데에서 드러난다. 어머니에게는 남편과 아들은 물론이고 같은 병실의 환자도, 매혹적인 청년도, 전쟁 유가족도, 나아가 민족 전체가 보살핌이 대상이 될 수 있었고, 되어야 했다. 그래서 모성 표상은 위기의 민족 담론과 긴밀하게 연결된다. 그리고 이 과정에서 모성 신화는 이분법적 전제에 충실하면서도 국면의 필요에 따라 수정되며 지속되었다.

남한영화에서 모성 신화에 충실한 표상을 자주 드러내는 배우로는 최은희, 황정순, 김혜자 등이 있다. 그들은 각각 차이가 있기는 했지만 당대의 스타로서 대중에게 큰 영향을 미쳤으며, 그들의 이미지는 국가적·산업적 요구와 대중의 욕망이 충돌하고 길항하고 타협하는 가운데 영화 텍스트를 통해 재구성되었다. 그 과정에서 가부장 질서에 도발하면서 모성 신화에 균열을 일으키는 표상이 등장하기도 했는데, 이는 여성이 어머니이기 전에 아내이고 아내이기 전에 연인이자 개인으로서 주체이고자 할 때 발생했다. 이러한 균열은 식민지시기에 〈미몽〉(양주남, 1936)

〈이 생명 다하도록〉(신상옥, 1960)
에서 전쟁으로 하반신에 장애를 입
은 남편(김진규)을 극진히 돌보는
아내이자 어머니(최은희).

북한영화 〈피바다〉(조선예술영화촬
영소 백두산창작단, 1969)에서 일
본군의 학살로 남편을 잃고 아이들
을 데리고 떠나는 어머니.

에서 시작되어 전후 재건기에 〈자유부인〉(한형모, 1956)으로 이어졌는데,
〈자유부인〉이 1990년까지 여섯 편 제작되었다는 것*은 이 영화가 계속
대중이 관심을 기울이는 첨예한 문제를 재현하고 있었음을 말해준다.
1980년대 중반 이후 모성성은 가정 내에서 인고와 헌신을 보여주는 고
정된 틀에서 벗어나 사회적 능력과 복수를 수반하게 되며 2000년대에
이러한 경향은 본격화된다. 한편 새로운 가족 개념이 형성되며 '엄마'라
는 호명의 이중성과 모순을 드러내거나(〈가족의 탄생〉, 〈박화영〉 등) '엄마'

---

* 1956년 〈자유부인〉이 크게 흥행하자 이듬해인 1957년에 김화랑 감독이 연출한 〈속 자유부인〉이 개봉했다. 그 뒤 1969
년, 1981년 〈자유부인〉, 1986년 〈자유부인 2〉에 이어 1990년에 〈1990 자유부인〉이 개봉했다. 그리고 2017년에 〈자유부인
2017〉이 나오기도 했다. 〈자유부인〉 시리즈는 한국영화사에서 '－부인' 시리즈의 원조다.

라는 호칭을 거부하면서 모성성에 갇혀 있던 보살핌의 의미를 공적 영역으로 확장하는 영화들(〈꿈의 제인〉, 〈미쓰백〉 등)이 등장한다.

해방 이후 근대적 모성의 구성

해방 이후 대중에게 가장 인기 있었던 모성 표상의 주인공은 최은희였다. 그녀는 짙은 눈매를 지닌 데다 체격이 큰 편이어서 언뜻 보기에는 소피아 로렌이나 에바 가드너를 연상시키며 서구적으로 보일 수 있는 외모를 지녔다. 그런데 한편으로는 후덕하게 하관이 둥근 얼굴에 짙지만 부드러운 눈매, 그리고 큰 체격임에도 둥근 어깨와 가는 허리를 가져서 한복도 잘 어울리는 배우였다. 그래서 그녀의 연기 영역은 엘리트 여성 운동가로부터, 시골 처녀, 전쟁미망인, '바걸'이나 '양공주'에 이르기까지 넓은 편이었고, 그녀의 이미지에 대한 판단은 어느 작품에 주안점을 두느냐에 따라 크게 달라질 수 있었다.

최은희의 이미지를 대표한 역할은 미망인이었다. 〈동심초〉(1959), 〈사랑방 손님과 어머니〉(1961)나 〈열녀문〉(1962) 등에서 자식이나 다른 가족에 대한 정리情理 때문에 혹은 전통적인 관습 때문에 사랑을 포기하거나 자신의 욕망을 다른 일로 전화轉化하는 미망인의 표상은 영화배우 최은희의 '트레이드마크'였다. 한편 〈지옥화〉(1958)에 주목할 경우, 최은희의 이미지는 한국전쟁 이후에 등장한 '매혹적인 성적 기표'로서 자리매김되며 조신한 미망인의 이미지와는 대척을 이룬다.[2] 또한 〈로맨스그레이〉(1963)에 주목하면 전통적인 아버지의 위상을 파괴하는 위험한 여

서구적인 드레스와 한복 모두 잘 어울렸던 배우 최은희. 해방 이후 그녀의 스타 페르소나가 구성되는 과정은 근대화 과정에 필요한 여성상이 구성되는 과정과 겹친다.

성이자 아버지와 아들의 경쟁 관계에서 교환 대상이 되는 여성으로 보인다.[3] 그리고 〈상록수〉(1961)나 〈쌀〉(1963)에 초점을 두는 경우에는 '민족국가의 주체'이자 '노동을 통한 근대적 여성 주체'로 의미화된다.[4] 이러한 이미지의 다양성 때문에 그녀는 "서글서글한 우리의 연인이요, 누이요, 어머니 같으면서도 때로는 매섭고 강한 분위기로 역사상의 여걸이나 또는 요부의 여인상을 부각시킨다"[5]라고 요약되기도 했다. 그래서 스타로서 그녀의 이미지 자체는 1950~60년대 한국사회에서 벌어지던 전통적 가치와 근대적 가치의 대립과 협상에서 "전통과 근대의 생산적 접합의 가능성을 보여주는 핵심적인 장소"[6]로 해석되기도 한다.

최은희라는 스타의 표상은 그녀의 전성기였던 1950~60년대에 분명히 절충의 지점을 드러낸다. 그런데 다양한 이미지 중에서도 스타로서 최은희의 정체성을 규정했던 것은 '다소곳한 한국적인 여인상'[7]이었다. 그리고 그 핵심에서 복잡한 욕망과 가치를 섞는 용광로이자 구심점 역할을 했던 것은 '본질주의적 모성'이었다. 최은희의 이미지는 과부든 계몽운동가든 왕가의 여인이든 간에 누군가를 자식처럼 돌보고 배려하는 미덕 속에서, 근대 이후 새롭게 제기되는 문제들을 텍스트에 녹여내고 절합한다. 이러한 이미지는 1960년대 중반 이후에는 '전통의 미덕과 현대적 지성을 겸비한 이상적인 어머니'로 공고해져 완강한 이데올로기로 작동한다.

최은희의 모성 표상은 그녀가 20대에 조연으로 출연한 영화 〈마음의 고향〉(윤용규, 1949)에서 시작된다. 이 영화에서 아들을 잃고 불공을 드리러 온 미망인(최은희)은 어머니에게서 버림받은 동승 도성(유민)이 마음에 그리던 이상적인 어머니의 현신이다. 그녀는 아름답고 자애롭다. 그리고 수난을 여인의 운명으로 받아들이는 태도와 그로 인한 슬픔을 지니고 있다. 그러한 태도와 처연한 분위기는 그녀의 아름다움을 한층 더 빛나게 만들고, 그녀는 노스탤지어와 같은 어머니 상으로 남는다. 그 이후 최은희의 모성 표상이 대중에게 본격적으로 각인되기 시작한 것은 〈동심초〉(신상옥, 1959)에서 맡은 '아름다운 미망인' 이미지를 통해서였다.* 그것은 한국영화사에 여러 가지로 의미가 깊은 1958년에 길이 갈리면서 결정된 것이었다.

1958년에 길을 가른 영화는 〈지옥화〉와 〈어느 여대생의 고백〉이었다. 시동생과의 불륜이라는 파격적인 설정과 위험한 악녀의 이미지로 오히려 후대에 관심을 모은 〈지옥화〉는 당시에는 흥행에 실패했을 뿐만 아

---

* 당시 신문은 〈동심초〉의 최은희를 두고 "아름다운 미망인의 슬픔을 가득 풍기는 최은희"(「〈신영화〉 달콤한 서정감 깃든 본식(本式) 멜로드라마 동심초」, 《동아일보》, 1959. 7. 10), "미망인 역의 최은희는 지나치게 젊어 보이는 하지만 그 정의롭고 순결한 미모가 아필"(「〈신영화〉 유니크한 솜씨 〈동심초〉」, 《서울신문》, 1959. 7. 15) 등으로 표현하며 그 아름다움을 극찬했다.

니라 크게 주목받지도 못했다. 이에 반해 새로운 사회에서 여성에게 요구되는 또 다른 가치를 보여주며 그것을 '아버지의 질서'로 수렴해내는 〈어느 여대생의 고백〉은 대성공을 거두며 최은희를 톱스타의 자리에 올려놓는다.* 그러면서 홀터넥 드레스가 잘 어울리는 최은희의 이미지는 지양되고, 단정하고 기품 있고 순응적인 '로칼 미인'※으로 전형화된다. 순응적인 이미지는 때로는 딸로(〈어느 여대생의 고백〉, 〈자유결혼〉), 때로는 며느리로(〈열녀문〉, 〈민며느리〉), 때로는 '미망인'(〈동심초〉)으로 드러나지만, 결국 자신의 내밀한 욕망을 억압하고 가부장적 질서에 순응함으로써 품위를 유지하는 여성이라는 점에서는 동일성을 지닌다. 그리고 그것은 〈사랑방 손님과 어머니〉를 통해 보다 공고해진다.

'아름다운 미망인'의 이미지는 〈자매의 화원〉(1959)이나 〈로맨스빠빠〉(1960)의 속 깊은 맏딸, 〈상록수〉의 청순하고 헌신적인 처녀, 〈이 생명 다하도록〉(1960)과 〈성춘향〉(1961)의 굳센 열녀가 보여주는 이지적이고 희생적이고 보수적인 여성의 이미지를 후경으로 하여 부각되었으며, 〈사랑방 손님과 어머니〉는 일련의 영화들에서 드러나는 "청결한 비애의 정조",[9] "지성과 순정의 조화"[10]를 효과적으로 수렴했다. 그녀의 이미지 속에는 현대적 지성을 갖추고 있으면서도 주변 사람들을 위해 자신을 낮추고 희생하는 겸양과 순응의 미덕을 바탕으로 기품과 자존심을 지키는 어머니와 같은 여인이 들어 있었다. 최은희의 이미지가 정형화되던 시점에 최은희를 내세워 여성의 수난사를 그린 영화를 선전할 때 '모성영화'라

---

* 1958년 말 신문에서는 "올해의 '톱·스타아'는 누구일까? 영화계의 화제는 벌써부터 벌어지고 있는데, 58년도의 '톱·스타아'로써 '팬'들이나 영화 '저널리즘'에서 김승호, 최은희 두 '스타아'를 드는 것에 영화가에서도 별 이론이 없는 것 같다"라고 보도한다("올해 톱·스타아는?", 《동아일보》, 1958. 12. 24).

자애로운 어머니의 표상 최은희
1. 〈마음의 고향〉(윤용규, 1949)에서 아들을 잃고 산사를 찾은 부인(최은희)이 동승(유민)을 챙겨주는 모습.
2. 〈사랑방 손님과 어머니〉(신상옥, 1961)에서 어머니(최은희)가 유복녀로 태어난 옥희(전영선)와 다정하게 이야기를 나누는 모습.

는 어구를 '캐취·프레이스'로 삼은 것은 최은희의 이미지 속 '모성'의 위상을 확인시켜준다.[11]

　최은희의 스타 페르소나가 구성되는 과정은 그녀를 둘러싼 기사에서도 드러난다. 당시에는 최무룡과 김지미의 스캔들을 두고 백철, 오영진, 박경리 등이 한마디씩 논평할 정도로 스타의 사생활은 사회적 관심사였다.[12] 그러한 분위기에서 최은희는 "일을 하면서도 남편 걱정을 놓지 못하는 현모양처"[13]로 기사화되었다. 그녀는 "여우女優 중에서 가장 정돈된 '마스크'의 소유자"로서 "남편에게 잘하기로 유명한 崔銀姬", "아내로서 전념하는 崔銀姬"로 호명되곤 했으며, "지성적인 부부애" 속에서

〈성춘향〉(신상옥, 1961)에서 원숙하고 후덕한 춘향을 연기한 최은희.

1954년 내한한 마릴린 먼로와 함께한 최은희.

최은희와 신상옥 감독 부부의 모습. 이런 사진도 남편을 어머니처럼 푸근하게 받아주는 양처의 표상을 보여준다.

"개에게도 모성애를 기울이는 애견가"[14]로 언론에 노출되었다. 그리고 그녀가 지닌 모든 장점이 "자기의 경륜을 남편에게 심어주는 여성의 모습"으로 수렴됨으로써 그녀의 이미지가 완성되었다. 그래서 그녀의 이미지 속에서 '양처良妻'는 '현모賢母'로 치환될 수 있었다. '남편'을 '아들'로 치환해도 그 사랑은 자신을 비우고 남성을 채운다는 점에서 동일한 양상으로 전개되기 때문이다. 현모와 같은 양처의 이미지는 그녀가 대중으로부터 오래 사랑받을 수 있었던 주요한 이유였다.

재건의 이념과 시험받는 모성

1960년대는 전후 재건과 경제 근대화에 대한 절박한 요구 속에서 계몽적 민족 담론이 강화되는 시기였다. 민족 이념 아래 가부장 질서는 재현되며 강화되었으나 전화戰禍로 인해 남성 인력이 부족한 상황에서 여성에게는 현모양처 이상의 역할이 요구되었다. 그런 점을 잘 보여주는 영화가 〈이 생명 다하도록〉(신상옥, 1960)이다.

이 영화는 "이 한 편의 영화를 조국과 민족을 위하여 생명을 바친 모든 전몰장병과 상이용사, 그리고 그 유가족 앞에 삼가 바친다"라는 헌사로 시작된다. 이 문장은 이 영화가 현실에 적극적으로 개입하고 있음을 단적으로 보여준다. 이 영화는 '김기인 대령의 실화'임이 알려지면서 대중의 공감과 극적 몰입을 이끌어내 비평과 흥행 양면에서 성공한다. 당시 가족이나 친척 중에 전몰장병이나 상이용사 하나 없는 경우는 드물었을 것이며, 그래서 '유가족'이라는 말은 대중의 공감대를 이끌어내는 효과적인 단어로 작용했을 것이다. 이 영화는 극한에 이르는 불운을 겪는 여성을 통해 전후 재건의 땅에서 '우리'로 호명되는 대중이 가져야 할 자세를 설파한다. 여기에서 최은희는 유가족을 대변하는 '아내이자 어머니' 역할을 담당하여 1950년대 후반 사회가 요구하는 '모성'을 보여준다.

영화는 김 대위(김진규)가 전장에서 파편에 맞는 장면으로 시작한다.

그는 하반신 마비로 성불구자가 되고, 둘째 아이를 출산한 지 얼마 안된 그의 아내 '선경 엄마'(최은희)는 그러한 남편을 극진히 간호한다. 같은 병원에서 옆에 누운 환자(신성일)가 죽어가는데, 선경 엄마는 낯모르는 그까지 보살피는 '모성성'을 보여줌으로써 그녀가 이타적이고 배려 깊은 성정을 가졌음을 암시한다. 그 이후 영화는 남편의 끊임없는 자학과 의심, 그로 인해 고통받는 아내의 모습을 반복적으로 보여준다. 그러면서도 선경 엄마의 헌신과 희생은 변함없이 이어진다. 1·4후퇴로 다시 피란을 가는 과정에서 둘째 아이를 잃고도 남편을 리어카에 실어 끝까지 함께 가는 그녀의 모습은 그러한 표상의 절정을 이룬다. 선경(전영선)과 함께 리어카에 실려 아내에게 끌려가는 김 대위의 모습은 아기와 다를 바 없으며 아내에 대한 그의 가학은 아기의 투정과 같다. 남편의 히스테리 앞에서 "사과즙 해드릴게요"라고 말하는 것은 그녀가 남편을 아기로 간주한다는 사실을 함축한다.

영화의 서사적 전개는 피란지 부산을 배경으로 이루어진다. 남편과 선경을 끌고 피란지에 도착한 선경 엄마는 이제 남편 대신 생계를 책임져야 한다. 그녀는 좌판 장사를 시작하고, 우연히 옆에서 좌판 장사를 하는 미스터 조(남궁원)와 가까워진다. 미스터 조는 전쟁 통에 가족을 잃은 외로운 청년으로 선경 엄마를 누님이라고 부르며 몹시 따른다. 남편을 병원에 두고 선경을 데리고 여관방에서 양공주들과 기거하다가 미스터 조의 호의로 방을 얻은 선경 엄마는 창호지 문 하나를 사이에 두고 미스터 조와 함께 생활하게 된다. 〈사랑방 손님과 어머니〉에서 어머니와 손님이 넘지 못하는 것이 문지방이듯이, 그래서 그 영화의 제목이 원작(《사랑손님과 어머니》)과 달리 '사랑방 손님과 어머니'여야 하듯이, 선경 엄마는 창호지 문으로 상징되는 '엄마로서의 도리'를 넘지 못한다. 그녀는 "구속 없이 관능의 명령대로 웃고 울고 싶다"라고 고백하지만 곧 선경에게로 돌아간다.

여기에서 선경 엄마와 미스터 조의 사랑이 계속 이어지지 못하게 하는 장치는 선경과 미스터 조 사이에 유대가 없다는 점이다. 이는 〈사랑방 손님과 어머니〉에서 옥희(선경으로 분했던 전영선)가 어머니보다 먼저 사랑방 손님과 유대를 형성하며 어머니와 손님 사이의 전령 역할을 했던 것과 다르다. 따라서 미스터 조와 선경 엄마의 인연은 보다 쉽게 정리될 수 있으며 이러한 서사는 그녀를 자연히 남편에게로 인도한다.

그런데 이 지점에서 이 영화 서사의 강박이 노출된다. 미스터 조는 피란길에 헤어졌던 여동생 영선을 만나는데, 그녀는 여관방에서 선경을 돌봐주던 '양공주'다. 오빠를 만나기 전에 잘 살아가던 그녀는 오빠를 만난 후 오히려 자살하고 만다. 영선은 "살기 위해서라면 무슨 일이든지 떳떳할 줄 알았는데, 오빠를 보고 나서 '똑바로' 보게 되었다"라며, "뒷골목에서 '떳떳이' 살지 못할 운명"이기에 죽는다는 유서를 남긴다. '똑바로', '떳떳이'라는 부사는 '오빠'라는 존재 자체가 요구하는 기준이다. 가부장적 규범을 따르자면 부모가 없는 상황에서 오빠는 여동생을 지킬 의무가 있었지만 전쟁은 그것을 불가능하게 했다. 그러나 살기 위해 타락한 여동생은 "썩어빠진 변명"이라는 오빠의 비난 앞에서 모든 책임을 온전히 자신이 지고 죽음을 선택한다.

미스터 조 남매의 모습은 남성의 힘과 질서가 전면화되는 전쟁 앞에서 오히려 그 책임이 여성에게 돌려지는 아이러니를 보여준다. 이것은 미스터 조와의 관계에서 '남동생'과 '연인' 사이의 경계를 넘는 열쇠가 선경 엄마에게 있었던 것과도 상통한다. 그리고 '남동생'으로 남는 미스터 조의 수동성과 무력함은 '남성 능력을 잃은 남편'의 모습과 겹친다. 남성이 책임을 회피하고 무력함과 수동성을 드러낼 때 남성의 요구는 아기의 그것과 같다. 이때 여성에게는 '모성성'이 요구된다. 하지만 이 모성성은 '의사擬似 아비'인 남편과 오빠 앞에서 '똑바로', '떳떳이' 있어야 하는 것이다. 그래서 양공주는 자살로 스스로를 응징하고 자신의 몸을 팔아 번 돈을 남김으로써 속죄한다.

문제적인 지점은 결국 양공주가 남긴 돈으로 선경의 남편이 전쟁미망인을 위한 시설을 운영할 수 있게 됨으로써 재기의 발판을 마련한다는 점이다. 이런 상황은 〈쌀〉에서 오빠(신영균)의 사업을 위해 여동생 영란(최난경)이 '술집 여자'가 되었지만 사업이 완수된 후에 당당히 귀환할 수 없었던 것과 유사하다. 또 상이군인(남궁원)은 5·16을 통해 복귀하는 데 반해 첫 장면에서 그를 타일렀던 '술집 여자'들은 서사에서 사라지는 것과도 유사하다. 〈로맨스그레이〉에서 바걸인 만자(최은희)와 보영(조미령)이 근대화의 역군인 장남(신영균)을 위해 부산행 기차를 타고 사라져야 하는 것도 같은 맥락이다. 재건은 그녀들의 희생과 헌신에 빚지고 있음에도 그녀들의 모성은 정당한 모성으로 대접받지 못한다. '떳떳한 어머니'의 위상은 가부장적 질서 안에서 어떠한 수난도 감내했을 때 부여되며, 그것은 여성에게 자식이 죽었는데도 성 능력이 없는 남편을 떠나지 않을 정도의 인고를 요구한다. 그리고 그 인고의 정도에 따라 여성의 위계가 형성된다. 〈이 생명 다하도록〉에서 최은희의 '모성 표상'은 그 위계의 최상층에 도달하기 위해 여성이 감내하고 극복해야 할 시험을 보여준다. 이 도정을 통과했을 때 최은희는 단순히 아름다운 미망인을 넘어 시대를 대변하는 스타로 자리매김될 수 있었다. 그 이후로 나타난 아름다운 이미지들 역시 이러한 수난과 인내를 바탕으로 형성되었기에 지속적으로 공명을 일으킬 수 있었다.

민족의 어머니, 근대 여성이 지닌 미덕의 총화

〈이 생명 다하도록〉 이후에 최은희는 〈상록수〉, 〈사랑방 손님과 어머니〉, 〈성춘향〉, 〈연산군〉, 〈열녀문〉, 〈쌀〉, 〈강화도령〉, 〈벙어리 삼룡〉, 〈빨간 마후라〉 등에 출연하며 최고의 인기를 구가한다. 중간에 〈로맨스그레이〉의 '만자'처럼 잠시 이미지 변화를 시도하기도 하나, 대부분의 영화에서는 "처연하지만, 그러기에 더 기품 있을 수 있는 과부"의 이미지가 반복적으로 나타난다. 그러한 정형화는 '신필름'*의 시스템이 정비되고 영화 양산이 궤도에 오르는 것과 맥을 같이한다. 그러한 와중에 군사정권의 영향력은 영화계에서도 강화되고 있었고, 1964년을 지나면서 본격적으로 가시화되었다. 신필름의 양산 체제와 강고해지는 정권의 이념 속에서 이 즈음에 제작된 대작이 〈청일전쟁과 여걸 민비〉(나봉한·임원식, 1965)다.

이 영화에 대해 신상옥 감독은 결과물이 그다지 만족스럽지 않아서 연

---

* '신필름'은 1960년 신상옥 감독이 설립한 대한민국 최초의 기업형 영화사다. 신상옥 감독의 부인이었던 최은희를 비롯해 김승호, 신영균, 이예춘, 남궁원 등 당대 최고의 배우들이 전속되어 있었고, 1천 평 규모의 촬영소에 스튜디오와 녹음실, 편집실, 영사실, 부설 연기자 양성소까지 갖추고 있었다. 신상옥 감독과 최은희 배우는 〈성춘향〉(1961), 〈사랑방 손님과 어머니〉(1961), 〈열녀문〉(1962), 〈벙어리 삼룡〉(1963), 〈빨간 마후라〉(1964) 등 최고의 흥행작을 함께 만들어내며 신필름의 전성기를 이끌었다. 두 사람은 북한에 가서도 '신필름'이라는 이름으로 〈탈출기〉(1983), 〈소금〉(1985) 등의 역작을 남겼다. '신필름'에 대해서는 조준형, 『영화제국 신필름: 한국영화 기업화를 향한 꿈과 좌절』, 한국영상자료원, 2009 참조.

출 크레디트에 조감독들의 이름을 넣었다고 회고했다. 그러나 정작 최은희는 "정녕 파란 많은 당대의 여걸 민비 역이야말로 드물게 보는 여장부였다. 그녀는 일개 여자였지만 사랑과 함께 나라를 건지려고 몸부림쳤다. 나의 연기 생활에 가장 보람차고 자랑하고 싶은 작품을 묻는다면 '민비' 역이라고 서슴지 않고 대답하리라"*라고 밝혔을 정도로 배역을 만족스러워했다. 이 영화에서 최은희가 맡은 '민비' 역은 위계상으로 '최고最高의 여성'인 데다, 최은희 연기의 총화라고 할 만큼 최은희의 특기를 망라하여 보여주고 있어서 그녀의 만족감이 무엇이었는지 짐작케한다.

여주에 살던 '민 규수' 시절은 〈철종과 복녀〉(1963)의 여주인공을 연상시키고, 정혼자 조중구(겸진규)를 잃고 중전이 되어 '과부 아닌 과부'로 독수공방하는 모습은 최은희의 트레이드마크인 '처연한 과부'를 환기시킨다. 또한 사랑을 포기하고 국모의 소임을 받아들이는 것은 〈이 생명 다하도록〉이나 〈열녀문〉에서처럼 수난을 숙명으로 받아들이는 여성상을 보여준다. 그리고 소임을 넘어 외세로부터 나라를 구하기 위해 열정을 불사르는 태도는 〈상록수〉와 〈쌀〉에 등장하는 굳센 처녀와 겹친다. 하지만 그녀는 허수아비 같은 지아비인 왕 앞에서는 순종을 맹세한다. 왕을 향해 "정성껏 보필하겠습니다", "정성껏 받들어 모시겠습니다"라고 반복하는 모습이 그런 점을 잘 보여준다. 이로써 '민비'는 남성의 사랑에 의지하고픈 순종적 여성이지만, 현실에 위기가 닥쳤을 때는 말도

* "금세기 최고의 전쟁 드라마 〈청일전쟁과 여걸 민비〉 / 신상옥 총지휘의 새해 첫 선물로 명보극장에 등장 / 〈성춘향〉, 〈빨간 마후라〉, 〈벙어리 삼룡〉에 이은 웅휘무비의 서사시! / 청사에 찬연할 이 규모, 이 배역 / 치열한 청일전쟁을 안고 / 이 '여왕벌' 대 독단적인 노옹", 《조선일보》, 1964. 12. 27.

타고 직접 총을 쏠 수도 있는 군건한 아내가 된다. 그리고 그녀의 정체성은 나라 걱정에 밤잠을 이루지 못하고 외세를 몰아내려다 일본 낭인의 손에 죽으면서도 끝까지 총을 들고 싸우다 쓰러지는 민족의 어머니로 귀결된다.

그런데 여기에서 두 가지 점이 매우 문제적이다. 하나는 마지막에 민비가 자신을 지키려고 애쓰던 조승구(박노식)를 실수로 쏘아 죽이는 것이다. 조승구는 민비의 정혼자였던 조중구의 동생으로 본래 민비에게 복수하기 위해 접근했던 인물이다. 그런데 민비가 조중구를 진심으로 사랑했음을 알고 도리어 민비를 사랑하게 된다. 그래서 임오군란 때 민비를 구했을 뿐만 아니라 민비를 위해 여러 번 목숨을 건다. 마지막 순간에도 민비를 구하려고 나섰다가 오히려 민비의 손에 죽게 된 것이다. 조승구는 죽어가면서 "마마를 흠모했습니다"라고 고백하고 "너무나 지체 높은 자리에 계시는 마마를 감히 저 같은 소인이 사랑한 죄로 이렇게 죽나 봅니다. 그러나 한은 없습니다"라는 말을 남긴다. 그러자 민비는 "내 평생 처음 듣는 그 말, 평생 듣고 싶었던 그 말… 그 말이 듣고 싶었소"라고 대답한다. 이 장면은 사랑을 꿈꾸는 평범한 여성으로서의 행복은 민족의 어머니에게는 현실적으로 용납되지 않는다는 점을 다시금 강조하는 효과를 낸다. 그녀가 조국을 위해 사랑을 접어야 하는 독립운동가, 〈상록수〉의 채영신과 겹쳐 보이는 것은 이런 모습 때문이다. "일국의 국모가 제 나라 궐내에서 이민족의 손에 죽다니…"라는 민비 유언의 여운 위로 흐르는 엔딩 화면에서 임오군란부터 구한말의 격변이 연표로 나열되다가 "1919년 항일 독립운동이 일어남"으로 마무리되는 것은 민족의 어머니 표상이 독립운동과 통하고 있음을 확인시켜준다.

두 번째는 민비를 죽이기 위해 대궐에 낭인을 들이는 데 앞장서는 인물이 대원군(김승호)이라는 점이다. 이는 명백한 역사 왜곡이어서 의문을 자아낸다. 하지만 이를 역사 인식 문제로 해석하는 것은 무리가 있다. 그보다는 민비와 대원군의 극적 대립 구도를 끝까지 유지하는 것으로 파악하는 것이 보다 적합할 듯하다. 〈청일전쟁과 여걸 민비〉와는 시각을 달리하여 민비를 그리는 영화 〈삼일천하〉(1973, 신상옥)는 이러한 해석에 힘을 실어준다. 〈삼일천하〉에서는 민비(도금봉)가 개화당을 몰아내기 위해 청나라를 끌어들이는 악녀로 나오기 때문이다. 이는 '신필름'이 영화 제작에서 역사관이나 사실史實을 대할 때 매우 유연했음을 보여준다. 이러한 태도야말로 신상옥이 북에 가서도 영화를 만들 수 있었던 중요한 자질이었을 것이다.

남한영화에서 나타난 최은희의 모성 표상에서 주목할 점은 위계다. 그녀의 품위는 위계를 전제로 하고 있다. 〈사랑방 손님과 어머니〉에서 최은희와 도금봉의 위계나, 〈쌀〉과 〈또순이〉(박상호, 1963)에서 주인공들이 공통적으로 근대화에 복무하는 여성상임에도 은연중에 드러나는 품격의 차이가 그런 점을 잘 보여준다. 〈청일전쟁과 여걸 민비〉의 '민비'는 그 최고점에 해당하는데, 그 함의가 '항일독립'으로 상징되는 반외세 민족주의로 귀결되는 점이 흥미롭다. 더 흥미로운 것은 최은희가 북에서 출연한 영화 〈돌아오지 않는 밀사〉(1984), 〈탈출기〉(1984), 〈소금〉(1985) 등에서 이와 유사한 주제와 서사 구조를 변주하면서, 최은희의 모성 표상도 변주된다는 점이다. 최은희가 남한에서 전성기를 보낸 1960년대 전반기와 북한에서 제2의 전성기를 누린 1980년대 전반기는 남북한의 상이한 체제 속에서도 공통적으로 계몽적 민족 담론이 강화되는 시기였

〈청일전쟁과 여걸 민비〉(나봉한·임원식, 1965)에
서 국모 민비(최은희)의 이미지.

신상옥-최은희가 북한에서 만든 영화 〈소금〉(1985)
의 포스터. 이 영화를 통해 최은희는 〈어머니Мать /
Mother〉(푸도프킨, 1926)의 베라 바라노브스카야
에 비견되는 배우로 격찬을 받으며 모스크바 영화
제에서 여우주연상을 받았다.

다. 1960년대의 남한은 경제적 근대화를 추동하기 위해, 1980년대의 북
한은 동요하는 사회주의권에서 체제를 옹호하기 위해, 대중의 집단적
결속을 강화하는 이데올로기 기제로 '민족'을 활용했다. '민족'의 주적으
로 상정한 것은 각각 공산주의와 제국주의로 달랐지만, '반일'이라는 점
에서는 두 체제가 겹치기도 했다. 이렇듯 남북한 영화에서 최은희를 통
해 구현된 어머니의 표상은 위기의 민족 담론 안에서 모성성이 어떻게
활용되는지를 보여준다.

모성의 이중성과 본질주의적 모성성

최은희만큼 처연하고 고상하지는 않지만 또 다른 아름다운 어머니로는 주증녀가 있다. 그녀는 〈조국의 어머니〉(윤대룡, 1949)로 영화에 데뷔한 뒤 〈여인애사〉(신경균, 1950), 〈처와 애인〉(김성민, 1957), 〈그 여자의 죄가 아니다〉(신상옥, 1959), 〈로맨스빠빠〉(신상옥, 1960), 〈새엄마〉(1963, 강대진) 등의 영화에서 주로 본처의 역할을 담당했다. 그리고 〈율곡과 그 어머니〉(이종기, 1963)에서는 신사임당을 연기하여 당대가 요구하는 교양을 갖춘 어머니 상을 보여주기도 했다. 그녀의 이미지는 근대적 교양과 지성을 갖추고 일부일처제의 윤리를 지키는 현모양처의 위상을 지녔다는 점에서 최은희와 동궤를 이루는 지점이 있다.

그런데 주증녀의 특이점은 가정의 수호자로서 자애로울 수만은 없는 본처의 이중성을 보여준 데에 있었다. 〈그 여자의 죄가 아니다〉에서 그녀는 남부러울 것 없는 외교관(공사) 부인인데 아이가 없다. 그런데 친구(최은희)가 혼전 출산을 하자 그녀는 그 아이를 자신이 낳은 것으로 해서 남편까지 속이며 키운다. 그러던 중 그 친구가 아이를 되찾으려 하면서 갈등이 일어나고 급기야 그녀는 친구를 총으로 쏜다. 이렇게 위험한 본처의 이미지가 집약된 영화가 〈하녀〉(1960)다. 〈하녀〉에서 아내(주증녀)는 '스위트 홈'을 꿈꾸며 새집 지을 돈을 마련하기 위해 임신한 몸으로 밤낮없이 재봉틀을 돌린다. 그녀는 남편과 아이들을 위해 헌신하는 것으로 보인다. 그런데 친정에 간 사이 남편(김진규)이 하녀(김은심)를 임신시키자 그녀가 정작 지키고자 하는 바가 무엇인지 드러나기 시작한다. 그녀는 하녀의 입을 막기 위해 하녀의 요구에 따라 남편을 하녀의 방에

〈그 여자의 죄가 아니다〉(신상옥, 1959)에서 가정을 지키기 위해 친구이자 아이의 생모인 영숙(최은희)에게 총을 쏘는 외교관 부인 성회(주증녀).

〈하녀〉(김기영, 1960)에서 가정을 지키기 위해 남편의 아이를 가진 하녀(김은심)의 수발을 드는 본처(주증녀).

들여보내고 하녀의 하녀 노릇을 한다. 그리고 하녀를 설득하여 하녀 뱃속의 아이를 유산시킨다. 그 보복으로 하녀가 자신의 아들(안성기)을 살해했을 때조차 그녀는 모든 문제를 집 안에서 해결하고자 한다. 결국 그녀가 지키고자 하는 것은 사람으로서 가족 성원 하나하나가 아니라 자본주의 생산양식 안에서 가부장을 중심으로 구성된 가정이라는 경제공동체였던 셈이다. 그녀가 중산층 가정의 존립을 위해 필수적인 가부장의 직장과 그것에 필요한 명예를 우선적으로 걱정하며 아이는 또 낳으면 된다고 말하는 것은 이런 시각을 상징적으로 보여준다.

한은진과 황정순은 최은희나 주증녀에 비해 전근대적 이미지를 갖고 있었다. 〈무정〉(1939)에서 '박영채' 역으로 데뷔한 한은진은 〈사랑방 손

〈사랑방 손님과 어머니〉(신상옥, 1961)에서 한은진. 그녀는 본처나 시어머니를 자주 연기했다.

〈내일의 팔도강산〉(1971)의 황정순, 한국영화사에서 어머니 역할을 가장 많이 맡은 배우였다. 〈표류도〉(권영순, 1960)에서 인상적인 노모 역할을 했을 때 그녀는 30대였다.

님과 어머니〉(1961), 〈열녀문〉(1962), 〈민며느리〉(1965) 등에서 최은희의 시어머니 혹은 친정어머니 역할을 담당하며 전근대적 규범을 실천하는 엄격한 어머니를 재현했다. 이에 비해 황정순은 전근대, 비이성, 자연 등을 함의하는 본질주의적 모성 신화에 가장 가까운 이미지를 지닌 배우였다. 〈대지의 어머니〉(1960)에서 자식에게 눈을 이식해주는 어머니, 〈한석봉〉(1963)에서 자식의 출세를 위해 모든 것을 희생하는 어머니, 〈김약국의 딸들〉(1963)에서 자식들을 위해 샤머니즘에 의존하다 결국 희생되는 어머니, 〈장남〉(1985)에서 효도를 기다리지 못하고 돌아가시는 어머니는 한국영화사에서 그녀가 어떤 이미지를 구축했는지 잘 말해준다. 국립영화제작소에서 제작한 국책영화 〈팔도강산〉 시리즈'(1967~1972)

황정순이 어머니로 출연한 영화들.
1. 〈표류도〉(권영순, 1960) 2. 〈갯마을〉(김수용, 1965) 3. 〈화산댁〉(장일호, 1968) 4. 〈장남〉(이두용, 1984)에 이르기까지, 1960년에 형성된 그녀의 모성 이미지가 얼마나 오래 지속되었는지 확인할 수 있다.

에서 어머니 역할을 하면서 황정순의 이미지는 영화뿐만 아니라 텔레비전으로도 옮겨가며 가장 대표적인 어머니 상으로 자리매김된다. 제목에 '어머니'가 들어가는 40여 편의 한국영화에서 대표적인 주연 배우가 황정순이었다는 사실은 그녀를 통한 모성 신화의 재현이 얼마나 강력했는지를 입증한다. 그 뒤로 텔레비전 시대가 열리면서 황정순과 같은 어머니 상은 김혜자, 고두심 등으로 이어진다.

일련의 배우들을 통해 일별해본 어머니 상은 미모나 교양 면에서는 개인적 차이가 있지만 공통적으로 자식들을 위해 무조건 헌신하며 희생을 감수하는 모습이다. 그래서 '어머니' 된 자가 자식을 소홀히 했을 때 그녀들은 응징당해 마땅한 처지가 된다. 예컨대 〈자유부인〉에서 대학교수 부인 오선영(김정림)이 자식을 밤늦게까지 혼자 두고 춤바람이 나서 밖으로 나돌았을 때, 〈화조〉(1979)에서 나혜석(윤정희)이 자식을 넷이나 둔 어머니지만 외간남자와 우정을 가졌을 때, 그런 행위들은 영화의 결말에서 그녀들이 사회적 처벌을 피할 수 없는 서사적 사유가 된다.

　모성의 덕목에 대한 기준을 제시하는 어머니 상의 재현과 그 기준에 어긋나는 여성을 처벌하는 서사 구조는 해방 이후부터 1970년대까지 나온 영화에서 모성 신화를 재생산하며 여성에 대한 이분법적 판단과 위계화를 강화한다. 그러나 영화는 대중매체로서 대중이 동의할 수 있는 보수적 질서나 규범을 찬미하는 반면, 그러한 질서나 규범에 포획되지 않는 욕망을 전시한다는 데 복합적이고 역동적인 본질이 있다. 그리고 그러한 모순은 한 편의 영화 안에서만 발생하는 것이 아니라 영화 장르라는 네트워크 안에서도 형성된다. 모성 신화가 주로 재현되었던 장르가 멜로드라마라면, 멜로드라마 안에서 억압되거나 충분히 발현되지 못한 욕망은 공포나 스릴러 같은 장르를 통해 보다 적극적으로 드러나기도 한다. 예컨대 동시대에 만들어진 〈사랑방 손님과 어머니〉(1961)와 〈하녀〉(1960)의 차이는 신상옥과 김기영이라는 감독의 개성에서 비롯되기도 하지만 '멜로드라마적인 문예영화'와 '스릴러적인 멜로드라마'라는 장르 차이에서 기인하는 바도 크다. 스릴러는 '살인'이라는 극단적인 사건 속에서 욕망을 보다 적나라하게 드러낼 수 있는 속성을 지니기 때문이다. 이러한 맥락에서 볼 때 1980년대 중반에 '어머니'도 '엄마'도 아닌 '에미'라는 제목으로 스릴러가 제작된 것은 주목할 만하다.

살인하는 엄마들과 '지뢰밭 모성'

1980년대는 이른바 '에로영화'가 흥행의 주류를 이루던 시기다. 이 시기의 에로영화는 여성의 육체를 관음의 대상으로 투기投棄하며 과장되고 왜곡된 상상을 실제의 이면인 양 전시하는 포르노그래피의 속성을 지닌다. 그런데 그렇게 대상화된 육체는 왜곡된 형태로나마 여성의 원초적 본능을 발견케 하는 영상매체 특유의 아이러니한 우발성을 보여준다. 그리하여 한국영화는 점차 남성의 욕망에 의해 조형된 여성의 욕망에서 여성 주체의 욕망을 다시 묻기 시작한다. 〈에미〉(박철수, 1984)는 모성 신화를 강화하는 듯하지만 그 이면에 있는 여성의 욕망과 분노를 동시에 표출시키며 이전과는 다른 모성 표상을 보여준다는 점에서 모성 재현의 역사에서 의미 있는 변곡점이다.

〈에미〉는 1984년 영화사 허가법이 개정되면서 '신필름' 출신의 '황기성 사단'이 첫 작품으로 내놓은 작품이다. 1950~60년대에는 '어머니'가 들어가는 영화 제목이 많다가 1970~80년대가 되면 '엄마'가 들어가는 제목이 점차 늘어난다. 그런데 '에미'라는 제목은 그 시대에도 독특했을 뿐 아니라 한국영화사에서도 유일한 제목이어서 주목을 끈다. '에미(어미)'는 '어머니'의 낮춤말로 동물에게도 쓰이는 말이다. 그래서 사람에게만 쓰이는 '어머니'나 '엄마'에 비해 '에미(어미)'는 보다 원초적인 뉘앙스를 지닌다. 그런데 흥미로운 것은 '에미' 홍경애(윤여정)는 인기 라디오 프로그램을 진행하는 인텔리 여성이라는 점이다. 그 이전에 등장한 어머니들이 경제적 능력이 미약하여 온갖 고생을 하며 모성성을 시험받고 그 고생을 감수함으로써 모성성을 다시 증명했던 데 비해 홍경애는 경제적

<영애>(박철수, 1984)에서 엄마 역을 맡은 윤여정. '담배 피우는 엄마'라는 설정부터가 파격적이다.

능력을 확실하게 갖춘 여성이라는 점에서 그녀들과 변별된다. 그렇기에 그녀는 오래된 연인이 있으면서도 결혼하지 않은 채 당당하게 딸과 둘이 살아갈 수 있었다. 이와 같이 현대적이고 도회적인 그녀가 '어미'로서 동물적 본능을 발휘하는 것은 바로 딸의 복수를 위해서다.

고3 수험생인 나미(전혜성)는 수업이 끝나고 엄마가 데리러 오기를 기다리다 인신매매단에 의해 납치된다. 엄마인 홍경애가 연인 최 교수(신성일)와 달콤한 시간을 보내다 약속 시간에 늦은 사이에 벌어진 일이다. 나미는 윤락가에 팔려가 온갖 폭행과 학대에 시달린다. 여기에서 문제적인 지점이 노출되는데, 미성년자에게 가해지는 잔혹한 폭력이 자세히 묘사됨으로 관객을 패륜적인 관음의 공범으로 만드는 것이다. 이로 인해 유발되는 관객의 죄의식은 엄마 홍경애의 죄의식과 맞물려 응징을 향한 강력한 분노로 전화하면서 면죄부를 부여받는다. 그 과정에서 표출되는 모성의 증거는 수난의 감내나 희생이 아니라 잔혹한 복수다. 그 잔혹함은 어린 딸이 겪었던 고통에 대한 맞불이 되는 동시에 그 고통을 불편해하면서도 한편으로는 즐겼던 관객의 죄책감을 상쇄하는 역할을 한다. 이를 통해 "어미는 새끼를 지켜야만 한다. 그러기 위해서는 못할 짓이 없다"라는 모성 신화로 영화는 봉합된다. 그러나 정작 엄마는 딸을 지키지 못한 죄책감으로 살인을 자행한 것이고, 후반의 잔인한 영상으로 일부 망각될 수는 있다 하더라도 초반에 연인과 섹스를 즐겼던 엄마의 욕망은 원죄와 같은 잔영으로 남는다. 그런 점에서 이 영화는 매우 이율배반적이고 그로테스크한 텍스트다. 그 모순들 속에서 '홍경애라는 싱글맘'은 모순 자체의 표상으로 오롯이 남으며 그 이전까지 볼 수 없었던 강렬한 어머니 상으로 자리매김된다. 모성 본능을 환기하는 동시에 동물적 본능과도 연관되는 '에미'는 이 영화가 재현하고 있는 모순된 모성성을 효과적으로 드러내는 아이러니한 제목이다.

'연쇄살인마 엄마'는 〈에미〉가 제작될 당시에는 파격적인 설정이었으나, 2000년대 들어서는 심심치 않게 볼 수 있는 캐릭터가 된다. 특히 2005년 이후 한국영화의 화두는 '무서운 엄마들'이라고 해도 과언이 아닐 정도로, '살인하는 엄마'는 한국영화에서 문제적인 캐릭터로 떠오른다. 〈오로라 공주〉(방은진, 2005)와 〈친절한 금자씨〉(박찬욱, 2005)에서 젊고 아름다운 엄마들(엄정화, 이영애 등)이 유괴된 자식 때문에 핏빛 복수에 나설 때부터 심상치 않았다. 그러더니 급기야 자기 자식의 복수를 위해 남의 자식을 유괴하고(〈세븐데이즈〉, 원신연, 2007), 아들의 무죄 석방을 위해 증인을 살해하고(〈마더〉, 봉준호, 2009), 자식의 죽음을 계기로 살인 게임을 시작하고(〈김복남 살인사건의 전말〉, 장철수, 2010), 자기 딸을 살리려고 남의 어머니 심장을 파내려 하고(〈심장이 뛴다〉, 윤재근, 2010), 딸의 복수를 위해 남편을 처벌하고(〈비밀은 없다〉, 이경미, 2015), 자기 딸에 대한 애착 때문에 다른 집 아이를 훔치는(〈미씽: 사라진 여자〉, 이언희, 2016) '무서운 엄마들'이 연이어 등장한다.

복수하는 엄마들. 1. 〈친절한 금자씨〉(박찬욱, 2005)의 금자(이영애). 2. 〈오로라 공주〉(방은진, 2005)의 정순정(엄정화). 3. 〈김복남 살인사건의 전말〉(장철수, 2010)의 복남(서영희).

1990년대 이후 자본주의가 고도화함에 따라 세계 시장경제가 재편되고 사회 전반에 걸쳐 경쟁이 과열되면서 '엄마'의 위상은 한 가정의 소박한 내조자가 아니라 소비의 주체이자 교육의 주체로서 사회를 움직이는 동력의 중심에 놓이게 된다. 게다가 유교 전통과 근대화 프로젝트에 힘입어 한동안 아슬아슬하게 존중되던 가부장적 질서는 IMF사태로 인한 부권父權의 결정적 추락과 함께 급격하게 붕괴되었다. 이 와중에 현실에 대한 공포와 맞물리며 한국영화에서 연이어 등장하는 '살인하는 엄마들'은 그동안 모성 신화의 틀 속에서 억압되어 있던 욕망을 스릴러 장르를 빌려 극단적으로 표출한다. 〈에미〉가 예민한 작가 김수현과 실험적인 감독 박철수에 의해 그러한 변화의 징후를 예시했다면, 봉준호의 〈마더〉는 한국 사회문제의 핵심에 '엄마'를 놓고 비판의 메스를 들이댄다.

〈마더〉는 〈에미〉에 이어 '엄마'를 탐정으로 만드는 영화다. 〈에미〉에서 홍경애가 실종된 딸을 찾기 위해 탐정이 되었다면, 〈마더〉에서 엄마(김혜자)는 아들의 누명을 벗기기 위해 탐정이 된다. 그런데 〈에미〉에서는

영화의 주제가 집약되어 있는 《마더》(봉준호, 2009)
의 포스터. 1980~90년대 '국민 엄마'였던 김혜자
의 표정이 가진 양면성이 흥미롭다.

《마더》의 전작 《괴물》(봉준호, 2006)의 포스터. 이
영화에서 엄마만이 부재하는 가족 앞에 괴물이 나
타나 아이를 물밑으로 데려간다.

인신매매단이라는 명백한 악의 실체가 있었던 데 비해 《마더》에서는 결
국 아들이 진범임이 드러나자 엄마가 목격자를 살해함으로써 오히려 악
의 근원이 되는 아이러니가 발생한다. 이 영화에서 엄마의 사랑이란 자
기 자식을 석방시키기 위해 증인을 살해하는 것은 물론 남의 자식을 살
인범으로 만들고 마는 이기적인 것으로, 공공성이 실종된 한국사회의
현실을 환유한다. '국민 엄마'의 이미지를 가진 김혜자를 내세워 엄마
를 살인범으로 만든 설정은 이 영화가 지닌 최고의 반전이자 그러한 환
유를 구축하는 데 핵심적 역할을 한다. 오랜 세월 쌓아온 친근한 어머니
의 이미지 위에, 소녀 같은 눈망울 안에서 들끓고 있는 광기가 더해질
때 '엄마 김혜자'는 과거에서 현재까지 한국사회의 엄마 이미지를 중층

우아하고 청순하고 헌신적이지만 그래서 무서울 수 있
는, 엄마의 양면성을 보여준 얼굴들.
1. 〈세븐데이즈〉(원신연, 2007)의 한숙희(김미숙).
2. 〈비밀은 없다〉(이경미, 2015)의 연홍(손예진).
3. 〈미씽: 사라진 여자〉(이언희, 2016)의 한매(공효진).

적으로 품으면서 모성의 이중성을 충격적으로 드러낸다. 그러면서 이제 세상에서 제일 무서운 말은 "내가 네 엄마로 보이니?"가 아니라 "내가 네 친엄마야"가 되어간다.

생물학자들의 풍부한 사례 연구나 철학자의 모성 신화에 대한 반론을 굳이 인용하지 않더라도 2000년대 영화에 나타나는 '무서운 엄마들'은 "지뢰밭 같은 모성"[15]을 생생하게 입증한다. 이는 모성 신화가 다방면에서 깨져 나가며 정형화된 모성 표상으로 포용할 수 없는 다원화된 욕망이 드러난 현상이라고 할 수 있다. 한편으로는 신화로 순치되었던 모성이 오히려 그것으로 인해 왜곡된 카리스마를 지니게 된 현상의 반영이라고도 할 수 있을 것이다. 이러한 맥락에서 보면 〈마더〉의 전작 〈괴물〉에서 마치 떠났던 생모처럼 돌연히 나타나 아이를 데려가는 괴물의 설정은 2000년대 한국영화가 포착한 문제적 모성성에 대한 포괄적 은유로 보이기도 한다.

모성성의 열림과 공적 영역으로의 확장

한국 근현대사에서 우리의 근원이자 최후의 보루인 양 인식되었던 모성 신화는 여전히 유효한 측면이 있다. 천만 관객이 본 영화 〈신과 함께: 죄와 벌〉(김용화, 2017)에서 수많은 관객을 오열케 했던 어머니의 눈물은 그런 점을 입증한다. 그런데 달라진 부분이 있다. 이 영화에서 자식은 어머니를 걱정하고 과거에 어머니에게 저지른 잘못 때문에 회한의 눈물을 흘리지만 어머니에게 돌아가지는 않는다. 화재 사고 현장에서 아이를 구하고 죽은 소방관 김자홍(차태현)은 49일 동안 누구나 거쳐야 하는 일곱 번의 재판을 받는다. 그는 처음에는 살신성인을 실천한 귀인貴人 대접을 받으나 재판이 진행될수록 과거의 잘못이 드러나면서 의외의 국면을 맞는다. 급기야 마지막 천륜지옥의 재판에서 그가 고등학교 시절 몸져누운 청각장애인 어머니(예수정)를 살해하려고 했으나 동생 수홍(김동욱) 때문에 미수에 그쳤고, 그날 가출한 이후로 죽는 날까지 어머니에게 돌아가지 않았음이 드러난다. 한편 수홍은 군복무 중에 평소 보살피던 관심사병(도경수)의 총기 오발과 사고를 덮으려는 장교(이준혁)의 음모로 생매장당하고 악귀가 된다. 이에 청각장애인 어머니는 졸지에 두 아들을 잃고 실종 처리된 작은아들 수홍을 찾아다니게 된다. 이 사건은 결국 저승차사들에 의해 해결되어 수홍은 저승에 오게 되고, 어머니가 이미

《신과 함께: 죄와 벌》(김용화, 2017)에서 관객의 연민과 분노, 부지불식간에 흐르는 눈물을 자아냈던 어머니의 장면들.
1. 말 못 하는 어머니(예수정)는 아들을 찾는 사연을 담은 패널을 두르고 군대를 찾아간다.
2. 저승에 가기 전 수홍(김동욱)은 그가 꿈꾸었던 대법관의 옷을 입고 어머니를 찾아뵙는다.

자홍의 살해 시도를 알고 있었고 용서했다는 사실이 드러나면서 자홍은 천륜을 어긴 죄를 사면받는다.

　그런데 여기서 유의해야 할 대목은 결국 두 아들 중에 살아 있는 어머니 곁으로 돌아가는 아들은 없다는 점이다. 한국 멜로드라마나 법정 드라마의 오랜 관습에 따르면 두 아들 중 하나는 어머니 곁으로 돌아가야 할 것이다. 더구나 어머니는 청각장애인이니 자식의 도움이 꼭 필요하다고 보고 그렇게 되길 바라는 것이 대중의 정서일 수 있다. 그러나 그런 일은 일어나지 않는다. 여기에서 어머니의 처지는 지극히 안된 일이지만 그렇다고 해서 엄정한 현실이 변할 수는 없다는 현실 인식을 엿볼 수 있다. 그리고 이러한 현실 인식을 구성하는 것은 자식이 부모를 봉양하고 책임지기 힘들다는 것과 아울러 인정만으로 법적 경계를 허물 수는 없다는 것이다. 만약 염라대왕의 특단에 의하여 두 아들 중 하나를 어머니 곁으로 돌려보낸다면 관객은 순간적으로 안도했을지 모른다. 그러나 애초에 설정된 규칙을 깨뜨릴 때 지금의 관객은 개연성 면에서 설득력이 떨어진다고 보고 결과적으로 영화에 덜 공감했을 것이다. 과거 법정 드라마에서 피고의 억울한 사연이 법창法窓을 울리고 피고가 사면받아 풀려나면서 대중 정의popular justice가 실현되었던 것과는 확실히 달라진 대목이다.

이렇게 달라진 데에는 법적 형식주의에 대한 인식의 보편화와 함께 재래 가족 관계의 해체에 따른 가족 개념의 변화, 그리고 이로 인한 역할의 재편이 있었다. 이러한 변화가 한국영화에서 대두한 시기는 2005년 즈음으로, 이 해 말에 〈다섯은 너무 많아〉(안슬기, 2005)가, 이듬해 봄에 〈가족의 탄생〉(김태용, 2006)이 개봉했다. 〈다섯은 너무 많아〉는 혈연에 연연하지 않고 새로운 형태의 공동체로서 가족이 구성되는 과정을 경쾌하게 보여준다. 기존의 멜로드라마가 낳은 정, 기른 정 등 핏줄과 세월의 굴레에 묶여 책임지지도 못하면서 의무감에 시달리며 우울했던 것과는 확 달라진 모습이었다. 〈가족의 탄생〉 또한 위계와 기성 질서가 해체된 공동체적 가족을 선보인다. 이 영화에는 "헤픈 거 나쁜 거야?", "헤어지면 밥도 안 먹니?"와 같은 신선한 대사가 많았는데, 그중에서 가장 참신한 것은 "엄마들!"이었다. 이 영화에서 채현(정유미)은 미라(문소리)와 무신(고두심)에게 "엄마들!"이라고 부른다. 무신은 미라 남동생(엄태웅)의 동거녀였고, 채현은 무신 전남편의 소생인데, 미라의 남동생이 돌연 가출하자 미라와 무신이 채현을 함께 키우게 된 것이다. 그리하여 채

〈다섯은 너무 많아〉(안슬기, 2005)와 〈가족의 탄생〉(김태용, 2006)의 포스터. "한 뼘 단칸방, 이상하게 자꾸만 식구가 늘어간다"와 "피 한 방울 안 섞인 가족의 탄생"이라는 카피가 가족 관념의 변화를 말해준다.

현은 혈연과 관계없는 두 엄마에 의해 양육되었다. 이 영화가 여기에서 한걸음 더 나아가는 것은 채현의 남자 친구 경석(봉태규)에게 무신이 '누나'라고 부르라며, 채현과 헤어졌으면 자기 방에서 자고 가라고 농을 던지는 장면이다. 이로써 가족 내의 항렬과 거리 개념은 사라진다. 혈연에 상관없이 누구나 사랑으로 기르면 엄마가 될 수 있고, 나이나 그 이전의 관계에 상관없이 누구나 사랑하면 연인이 될 수 있다. 이로써 가족은 해체되고 재구성될 수 있는 열린 개념이 된다.[16]

가족의 개념이 새롭게 제기된 이후 혈연에 얽매이지 않으면서 과거 어머니에게 한정되었던 보살핌과 배려를 보여주는 인물들이 지속적으로 등장하고 있다. 나누고 보살피는 것이 인간임을 가르쳐주는 트랜스젠더 '꿈의 제인'부터 엄마로부터 받은 폭력의 트라우마 때문에 가정 폭력

1. 〈꿈의 제인〉(조현훈, 2017)의 제인(구교환).
2. 〈미쓰백〉(이지원, 2018)의 미쓰백(한지민).
3. 〈박화영〉(이환, 2018)의 포스터. 담배를 물고 있는 박화영(김가희)의 얼굴 옆에 "엄마라고 불리고 싶어 하는 한 소녀의 이야기"라는 문구가 영문으로 쓰여 있다.

에 처한 아이를 외면하지 못하는 '미쓰백', '엄마'라는 이름으로 온갖 허드렛일을 하면서 '일진' 무리에 끼려는 왕따 소녀 '박화영'까지 모성 캐릭터의 스펙트럼은 넓다. 〈박화영〉은 '엄마'로 호명되는 한 소녀를 통해 '엄마'의 정체성을 역설적으로 보여주는 영화다. 박화영은 일진들의 엄마를 자처하며 "니들은 나 없으면 어쩔 뻔 봤냐?"라는 말을 입에 달고 산다. 그런데 일진들이 그에게 요구하는 것은 라면 끓여주기, 돈 구해오기, 대신 맞아주기 등 무조건적인 헌신과 희생이다. 박화영은 그렇게 해서라도 그들 곁에 있기 위해 모욕과 수난을 감수한다. 그러다 돈이 필요해지면 자신의 엄마를 찾아가 일진들이 자신에게 했던 것처럼 무자비한 욕설과 폭력으로 돈을 받아낸다. 결국 그는 자식처럼 집착했던 친구 대신 강간까지 당하고 그 친구가 살인을 저지르자 그 죄마저 뒤집어쓴다. 그가 친구의 죄를 뒤집어쓰는 이유는 '엄마니까' 이 정도는 해줘야 한다는 것이다. 이를 통해 '엄마'에게 '엄마'라는 이유만으로 부과해온 요구가 지닌 폭력성이 드러난다.

〈미쓰백〉은 '엄마'로 호명되기를 거부하며 '엄마' 노릇을 하고자 하는 한 인물을 통해 어머니에게 강요되었던 보살핌과 나눔의 경계를 확장한다. 이 영화는 살인 전과자로 세상을 냉소하며 살아가던 한 미혼여성이 가정 폭력에 시달리는 소녀를 지켜주겠다고 나서면서 벌어지는 이야기다. 주인공 백상아(한지민)는 생모의 폭력에 시달리다 버려져 보육원에서 자랐다. 그녀는 고3 때 자신을 강간하려던 남학생을 정당방위로 죽이지만 보육원 출신이라는 이유로 살인 전과자가 되고 만다. '미쓰백'으로 불리며 미용실, 세차장, 고깃집 등에서 궂은일을 하면서 살아가던 그녀는 부모의 폭력에 시달리는 아홉 살 소녀 지은(김시아)을 만난다. 그녀는 처음에는 그 아이를 외면하려고 하지만, 점차 그 아이의 불행에서 자신의 현재를 만든 과거의 불행을 겹쳐 보게 되면서 자신도 모르게 아이를 지켜주려고 나서게 된다. 그녀는 아이를 먹이고 입히고 놀이공원에도 데려가는 등 실질적으로 엄마 역할을 하면서도 '엄마'는 물론 '아줌마'라는 호칭조차 거부한다. 그래서 아이는 그녀를 '미쓰백'이라 부른다. 〈가족의 탄생〉에서 호명의 교란을 통해 가족의 해체가 이루어졌다면, 이 영화에서는 개인이 가족에 우선함을 보여준다. 그럼으로써 폭력에 노출된 아이를 구하고 지키는 것은 가족 내 문제가 아니라 폭력에 저항하는 사회 구성원의 책임이 되고 이내 공적인 의미로 확대된다.

이러한 의미를 보다 확실히 보여주는 것은 형사 장섭(이희준)의 태도다. 장섭은 경찰 초년 시절 백상아 사건을 맡았던 형사다. 그는 죄 없음을 알면서도 어린 백상아의 손목에 수갑을 채울 수밖에 없었던 일로 그녀에게 무한한 죄책감과 책임감을 느낀다. 그의 이러한 태도는 일반적인 남녀의 연정을 넘어 아가페적인 사랑에 가깝다. 또한 그의 누나 후남(김선영)은 독신으로 추어탕집을 운영하는데, 불쌍한 사연에 공감하고 폭력에 분노하는 시민으로서 미쓰백의 우군이 되어 지은의 보호자가 된다. 그들이 수행하는 일은 과거 가족 내 엄마의 역할로 한정되고 강요되던 영역이다. 그런데 그것이 결혼 여부, 나이, 성별에 관계없이 인지상정과 민주의식을 지닌 시민 개인들에 의해 실천된다. 그리고 이는 매우 개연성 있게 공감과 리얼리티를 확보하며 관객에게 자연스럽게 수용된다. 그래서 관객은 아이를 부모에게 돌려보내는 경찰에게 분개하고 폭력 가정의 아이를 보호할 시설이 턱없이 부족한 현실을 개탄하게 된다. 이로써 이제 아이를 보살피고 양육하는 문제는 혈연에 연연하고 가정이라는 사적인 영역에 한정되는 사안이 아니라는 것이, 그렇게 우리 사회의 인식이 변화하고 있음이 드러난다.

2장

아버지

〈심청전〉(1925)에서 〈화이〉(2013)까지

아버지의 이름만으로

한국영화사에서 살아 있는 아버지가 자랑스러운 존재인 적이 있었던
가? 살아 있으면서 본받을 만한 아버지가 몇이나 되었던가? 아버지는
죽어서 위대하거나 그리운 대상이기는 해도 살아 있으면서 당당하지는
못했다. 살아 있는 아버지는 무섭거나 가여운 존재이기는 해도 자랑스
럽거나 본받을 만한 어른은 아니었다. 그렇지만 그들은 아버지이기에
아버지라는 이름만으로도 존재의 이유를 부여받았다. 그래서 한국영화
사에서 아버지 상像이 '심 봉사'(〈심청전〉, 이경손, 1925)에서부터 시작하는
것은 우연이 아니다.

식민지시기 영화에서는 아버지가 부재하거나 병들어 있었다. 〈아리

랑〉(나운규, 1926)에서 주인공 영진(나운규)은 정신이 나가 있고 영희(신일선)는 능욕의 위험에 처하지만, 아버지는 나서지 않는다. 모든 문제의 해결은 미친 영진에게 맡겨질 뿐이다. 〈무정〉(박기채, 1939)에서 영채는 아버지와 오빠들 때문에 기생이 되었지만, 그로 인한 책임은 영채 혼자서 감당해야 한다.

설령 곁에 있다 해도 아버지들은 병들어 있거나 무력하다. 그들이 연명하기 위해서는 그들의 딸이 자신을 팔아야 한다. 그들이 딸을 지키려 한다 해도 별수 없기는 마찬가지다. 〈임자 없는 나룻배〉(이규환, 1932)에서 춘삼(나운규)은 필사적으로 딸(문예봉)을 지키려 한다. 그러나 그가 할 수 있는 일이라고는 철로를 부수려는 무모한 시도를 하는 것이고 결국 그 무모함으로 말미암아 기차에 치여 죽는다. 그리고 그가 그토록 지키려 했던 딸도 속절없이 불에 타서 죽는다.

나라를 빼앗기고 성씨를 빼앗긴 아버지가 무슨 명분이 있으며 할 말이 있었겠는가? 그래서 그들은 재래의 생활관습에 기대어 아버지의 자리를 유지한 채 '효도'라는 전근대적 명분으로 동정을 받으며 죽은 듯이 연명할 수밖에 없었다. 그리고 그들에 대한 동정은 대부분이 어린 딸에 의해 실행되었다. 아들이 있지만 대개 그들은 어디론가 떠나 있고 돌아오지 않는다. 여동생이 아무리 오빠 생각을 해도 '비단구두 사 가지고 온다던' 오빠는 오지 않는다.

무력한 아버지의 표상은 1970년대까지도 꾸준히 나타난다. 〈엄마 없는 하늘 아래〉(이원세, 1977)의 미친 아버지(박근형)가 대표적인 경우라고 하겠다. 그가 비행기 소리를 들으면 발작을 일으키는 것은 전쟁으로 제정신을 잃어버렸음을 암시한다. 나라의 주권을 일본에게 빼앗기고 '조

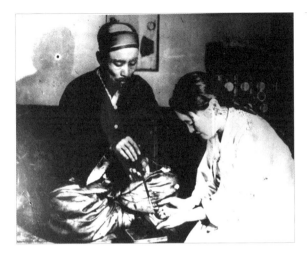

〈심청전〉(이경손, 1925)
에서 심 봉사 역을 맡은
나운규와 심청 역을 맡
은 최덕선의 모습.

국'을 식민지로 전락시킨 아버지는 동족상잔의 전쟁까지 자식들에게 물려주었고, 그로 인해 그다음 세대는 아버지를 잃거나 장애를 입은 아버지를 두게 되었다. 대를 이어 아버지는 떳떳하지 못한 존재가 된 것이다. 그럼에도 가부장 질서와 손잡은 근대화 과정에서 그들은 소환되어 시대가 원하는 상으로 재현되었다.

전후 재건과 아버지의 귀환

한국영화 제작은 한국전쟁이 끝나고 나서야 전후 재건과 함께 본격화되었다. 해방공간이 열리고 한국전쟁이 진행되는 와중에도 영화는 제작되었지만 제작 과정을 불안정하게 만드는 상황과 기자재의 부족으로 단속적일 수밖에 없었다. 일반적으로 전후 한국영화 제작의 활성화는 〈춘향전〉(이규환, 1955)의 성공에서부터 시작되었다고 말해진다. 그런데 홍미롭게도 〈춘향전〉에서 아버지는 '성 참판'과 '이 부사'라는 권위적인 이름으로 존재할 뿐이다. 그들은 실질적으로 나서서 성춘향과 이몽룡의 결합에 개입하지 않는다. 춘향의 아버지가 성 참판이었다는 것은 춘향이 '성가'라는 것과 월매의 증언으로 알려지고, 이몽룡의 아버지 '이 부사'는 "아버지가 이 일을 아시면…"이라는 가정 속의 권위로 배후에 드리워져 있다. 이와 같이 풍문이나 그림자와 같이 존재하는 아버지는 성춘향과 이몽룡의 결합을 정당화하는 명분이 되기도 하고, 그것을 방해하는 규범이 되기도 한다.

이러한 〈춘향전〉의 구도는 1950년대 한국영화에 나타난 아버지 표상의 맥락에서 보면 상징적이다. 그리고 식민지시기부터 1970년대까지 한국영화사의 변곡점마다 〈춘향전〉이 결정적 역할을 했다는 점을 생각하면 의미심장하기도 하다. 전근대적 질서와 접목된 권위로 존재하지만 실질적으로 행동하지는 않는 아버지는 식민지시기부터 1970년대까지 영화에 나타난 많은 아버지를 상기시키기 때문이다. 만약 그러한 아버지가 〈시집가는 날〉(이병일, 1957)에서처럼 자식의 현실 문제에 실질적으로 개입하려 한다면 그것은 주책이나 망동이 되며 풍자의 대상이 될 수 있다.

이에 반해 1950년대 영화에 긍정적으로 재현되는 현대적인 아버지는 실재하는 모델이라기보다는 대중이 이상적이라고 상상하는 환상에 가까웠다. 예컨대 〈자유결혼〉(이병일, 1958)에 나오는 '고 박사'(최남현)는 전통적인 권위와 자애로움을 지닌 동시에, 서양의학을 공부한 만큼 서구의 합리주의를 이해하고 있는 인물이다. 그래서 그는 딸들의 자유연애를 허용하여 성공적인 결혼에 이르도록 한다. 고 박사와 같은 인물은

〈싸리골의 신화〉(이만희, 1967)
에서 최남현(왼쪽).

당시 사회가 현대의 이상적인 아버지로 상상하던 모습이라고 할 수 있
다. 그 뒤 최남현은 〈두만강아 잘 있거라〉(임권택, 1962), 〈또순이〉(박상호,
1963), 〈싸리골의 신화〉(이만희, 1967) 등에서 심지 굳은 원로나 고집스러
운 아버지 역을 맡으면서 나름대로 원칙을 지키는 아버지의 표상을 보
여주기도 했다. 그러나 그는 한편으로 부패한 기업가나 사채업자, 사기
꾼 등 다양한 역할도 맡음으로써 본받을 만한 아버지 상으로 각인되지
는 못했다.

한국영화사에서 대표적인 아버지 상은 1950년대 말부터 1960년대 초
에 형성된다. 그 상을 대표하는 배우는 김승호다. 〈어느 여대생의 고백〉
(신상옥, 1958)에서 그는 국회의원 최림 역을 맡아, 과거에 출세를 위해 연
인을 버리기는 했지만 그 죄를 뉘우치고 총명한 여대생에게 앞길을 열어
주는 아버지 상을 보여준다. 이와 같이 과오가 있으나 현재 젊은이들의
장래를 위해 현실적으로 기여하는 구세대로서 김승호의 이미지는 〈자매
의 화원〉(신상옥, 1959)에서 〈첫사랑〉(김기, 1965)으로까지 이어진다. 그사
이에 대중에게 가장 한국적이고 서민적인 아버지의 이미지를 각인시킨
영화는 〈박서방〉(강대진, 1960)과 〈마부〉(강대진, 1961)다. 이 영화들을 통해

〈박서방〉(강대진, 1960)에서 김승
호(가운데).

〈마부〉(강대진, 1961)에서 김승호.

김승호는 1960~70년대 가장 평범하고 선량한 아버지 상을 보여준다. 못 배우고 가난하지만 자식을 끔찍이 사랑하는 아버지, 그러나 그 방식이 보수적이어서 답답한 아버지는 그러한 아버지를 이해하고 사랑하는 엘리트 장남에 의해 가정에서 자리가 마련된다. 여기에서 아버지의 직업은 마부, 미장이처럼 근대화와 함께 밀려난 업종으로, 장남은 사법고시에 합격하거나 제약 회사에 취직해서 해외에 파견되는 것으로 설정되어, 직업부터가 전근대적 가치와 근대적 가치의 교체를 드러낸다.

　이 영화들이 제작되는 1960년을 전후한 시기에는 산업적 근대화가 본격화되면서 근대의 가치와 전근대의 가치가 충돌하는 가운데 아버지와 아들 세대가 각자 서로의 자리를 인정받기를 원했다. 또한 사회적으로도 성공적인 근대화를 위해서는 세대 간 갈등이 해소될 필요가 있었다. 〈박서방〉이나 〈마부〉는 그러한 시대의 희망을 담은 영화였다. 그리고 무지하고 고지식하지만 선량하고 진실한 박 서방이나 춘삼의 모습은 식민지 시기와 한국전쟁을 거치면서 설 곳을 잃었던 아버지의 귀환을 알렸다.

1960년대 전반기는 가부장의 귀환과 엘리트 장남의 성공을 중심으로 가족 간의 화합이 이루어지는 '홈드라마'의 전성기였다. 〈로맨스빠빠〉(신상옥, 1960)나 〈삼등과장〉(이봉래, 1961) 등이 대표적인 경우다. 이 영화들에서도 김승호가 아버지 역할을 맡았다. 이 영화들에서는 가족 내부의 갈등이 해피엔딩으로 귀결되는 구조를 기본으로 하여 경우에 따라 코미디 코드가 결합되곤 했다. 이때 성립된 가족 멜로드라마의 관습은 1970~80년대 텔레비전 드라마로 이어진다.

가부장제와 근대적 가치의 충돌

1960년대 후반에 이르면 전근대적 가부장 질서와 근대 일부일처제의 윤리가 충돌하는 문제가 부상한다. 1960년대 최고 흥행작인 〈미워도 다시 한 번〉(정소영, 1968)은 그런 점을 잘 보여준다. 산업과 제도는 근대화되었지만 가족 관계 부분에서는 여전히 전근대적 관습을 따르던 사회의 모순과 그로 인한 갈등이 '사생아는 누가 책임져야 하는가?'라는 문제로 제기된다. 그런데 이 영화에서 사생아를 정작 책임져야 할 아버지 신호(신영균)는 뒤로 빠진다. 아버지의 도덕적 과실로 잉태된 아이는 일곱 살 때까지 생모 손에 양육되고, 법적 취학 연령인 여덟 살 이후에는 본처에

〈미워도 다시 한 번〉(정소영, 1968)
에서 신호 역을 맡은 신영균. 왼쪽
은 본처 역의 전계현, 오른쪽은 사
생아의 엄마인 혜영 역의 문희.

게 맡겨진다. 이는 이 영화가 보여주는 근대적 의장들, 예컨대 아버지의 직업이나 서구화된 생활환경과는 대조를 이룬다.

여기에서 신호는 약학을 전공한 엘리트로 도시에서 첨단의 삶을 살고 있다. 그는 〈마부〉나 〈박서방〉의 장남을 연상시키는데, 김진규와 함께 장남 역할을 단골로 맡았던 배우 신영균이 신호 역을 맡았다. 이는 1960년대 전반기 세대 간 갈등을 희망적으로 봉합하는 시대를 지나고 1960년대 후반에 산업화가 진전되면서 오히려 미봉되었던 사회문제가 구체적으로 드러나고 있음을 시사한다. 가족의 희망이었던 엘리트 장남이 아버지가 되었는데도 전근대적 가부장 질서에서 비롯된 관습과 근대적 가치관 사이의 갈등이 해결되지 않은 것이다. 1980년대까지 이 영화의 후속작이 계속 제작되어 대중의 호응을 얻고, 그 영화들에서 아버지가 아이를 데려가고 다시 생모가 데려오는 서사가 반복되었던 것은 이 영화가 보여주는 모순과 갈등이 쉽게 해결되기 힘든 성격이었음을 말해준다.

텔레비전 드라마 시대가 열리는 1960년대 말부터는 영화에서 뚜렷한 아버지의 표상이 사라진다. '〈팔도강산〉 시리즈'의 김희갑이 코믹하고

〈팔도강산〉에서의 김희갑 그리고 한 국영화와 드라마를 통틀어 어머니 역할을 가장 많이 한 배우 황정순.

〈전원일기〉에서 김 회장 역을 맡으며 '국민 아버지'로 등극했던 최불암. 그 왼쪽엔 김 회장 부인 역을 맡으며 역시 이 드라마로 '국민 어머니'로 등극한 김혜자.

친근한 아버지 상을 보여주는 정도였다. 그는 시골에서 올라왔지만 전근대적 가치관을 고집하지 않고 자식들의 근대적 삶을 따르는 순응적인 아버지로, 새 시대에 적응하기 위해 구세대가 취해야 할 태도를 보여주었다. 그런데 1970년대에는 이러한 이미지도 텔레비전으로 건너간다. 1974년부터 KBS 일일연속극으로 〈꽃피는 팔도강산〉이 방영된 것이다. 이 시기에 텔레비전 드라마를 통해 최불암이 서민적이면서도 모범적인 아버지 상으로 부상한다. 그는 1970년대의 〈수사반장〉과 1980년대의 〈전원일기〉로 원칙과 관대함을 갖춘 어른으로서의 아버지 이미지를 보여준다.

산업화 속 무력한 아버지

1980년대에 한국영화에서는 후천적으로 장애를 입거나 장애를 타고난 아버지가 나타난다. 〈엄마 없는 하늘 아래〉(이원세, 1977)의 아버지(박근형)는 정신병 환자이고, 〈난장이가 쏘아올린 작은 공〉(이원세, 1981)에서 아버지(김불이)는 '난장이'다. 그들은 자식을 위해 헌신하지만 현실적으로 무력하다. 그러한 한계가 정신적·신체적 장애로 표상된다.

그러나 이러한 아버지의 표상은 1980년대의 전체적인 영화 경향에서 바라볼 때에는 제한적 위치를 점한다. 다시 말해 이 시기에는 세대 간 갈등보다는 청년의 고민이 문제가 되었다. 〈엄마 없는 하늘 아래〉나 〈난장이가 쏘아올린 작은 공〉의 경우에도 장애인 아버지는 소년이나 청년이 처한 한계 상황을 드러내는 장치로 기능할 뿐, 갈등의 중심에 있지는 않았다.

1990년대 후반에 소설 『아버지』(김정현, 1996)가 베스트셀러가 되고, 그 바통을 이어 『가시고기』(조창인, 2000)도 베스트셀러가 되면서 '아버지 신드롬'이 일었다. 가부장으로서 권위는 잃은 채 돈 버는 기계로 전락해버린 아버지의 위상에 집단적 관심이 일어난 것이다. 이는 당시 IMF사태로 어려워진 경제 속에서 위축된 가장들의 심리 상황을 대변하는 현상이자 그것에 대해 대중이 공감한 현상이기도 했다. 『아버지』는 1997년에 박근형 주연으로 영화화되었지만 영화는 크게 주목받지 못했다.

한국영화에서 아버지가 주인공인 영화가 다수 나오는 시기는 2005～2006년이다. 이 시기에 나온 영화들에서 아버지는 구세대의 상징이나 청년 세대 고민의 배경이 아니라, 21세기 자본주의 사회를 살아가는 생

〈엄마 없는 하늘 아래〉(이원세, 1977)
에서 전쟁의 트라우마로 비행기 소리
를 들으면 발작을 일으키는 아버지(박
근형)와 남편을 대신해 염전에서 일하
며 몸이 부서지도록 가정을 돌보는 엄
마(정영숙). 개봉 당시 박정희 대통령이
영화를 보고 감동하여 전국 '국민학생'
들에게 관람을 권장했다고 전해진다.

〈난장이가 쏘아 올린 작은 공〉(이원세,
1981)에서 아들(안성기)에게 업혀 가
는 '난장이' 아버지(김불이). 그는 경제
개발기에 적응하지 못하는 못난 가부장
이어서 온 가족을 불행과 가난에 몰아
넣었다는 죄의식에 시달린다.

활인으로서 재현된다. 그러면서 가부장으로서 권위나 체면은 모두 내
려놓은 채 자식을 위해 기꺼이 망가지는 다양한 아버지들이 속출한다.
〈파송송 계란탁〉(오상훈, 2005), 〈플라이 대디〉(최종태, 2006), 〈날아라 허
동구〉(박규태, 2007)에는 전통적으로 아버지가 갖춰야 한다고 생각했던
미덕과는 거리가 먼 아버지들이 자식을 위해 헌신하는 모습이 코믹하
게 묘사된다. 그리고 〈우아한 세계〉(한재림, 2007), 〈아들〉(장진, 2007), 〈마
지막 선물〉(김영준, 2008) 등에는 범죄자 아버지들의 자식 사랑이 절절하
게 그려진다.

왼쪽부터 각각 아버지 역을 맡은 〈플라이 대디〉(최종태, 2006)의 이문식, 〈날아라 허동구〉(박규태, 2007)의 정진영, 〈우아한 세계〉(한재림, 2007)의 송강호.

살부의 윤리와 이분법의 균열

지금까지 보았듯이 한국영화사에서는 아버지에게 역사적 책임을 물은 적이 없다. 식민지화와 함께 근대가 도래하며 전근대에 속한 아버지는 무능한 존재로 전락했다. 그 이후에 근대문명의 세례를 받은 아버지는 무책임할 수밖에 없었다. 개인의 방탕으로 가산을 탕진하든 독립운동에 투신하든, 결과적으로 가족에게 무책임하기는 마찬가지였다. 가부장제와 환유적 관계를 이루는 전근대 유교 체계나 민족국가의 주권이 붕괴되고 훼손된 상태에서 아버지가 자리할 곳은 없었다. 그러다 보니 식민지하 조선영화에서 아버지는 병자로 재현되곤 했다. 해방 이후에 잠시 민족의 정통성을 지키려는 투사로서 아버지가 출현하기는 했으나 한국전쟁을 겪으면서 그 현실적 의미는 다시 무색해졌다. 우리의 전후 세대는 제2차 세계대전 이후 아비를 부정하는 유럽 젊은이들과 공감했다. 그러나 농경을 기반으로 하여 유교적 가부장의 전통이 수백 년 동안 지속된 사회에서 아비에게 반항하기는 쉽지 않은 일이었고 전후 영화에서 아버지는 부재하는 것으로 처리되는 정도였다.

전후 재건이 본격화되고 민주적인 자유와 평등보다는 당장의 가난을 구원해줄 강력한 리더십이 필요해지면서 한국영화에 다시 아버지가 출현하기 시작했다. 그들은 대개 무능하고 무책임하지만 근대 엘리트가 된 자식의 '효심'에 의해 소환되었다. 자식 세대는 전근대적 가치(효孝)로 아버지를 존중하며 근대적 합리성을 바탕으로 하는 새로운 가부장을 꿈꾸었다. 이로써 아비 세대에게 식민지화와 전쟁의 역사적 책임을 묻는 일은 제대로 질문도 해보지 못한 채 묻혀버렸다. 그 뒤 경제 근대화의 리더십이 복수複數의 가부장을 허용하지 않는 폭력으로 전개되자 청년 세대는 폭력적 가부장에 의해 살해되거나, 순응하면서 살아남을 수밖에 없었다. 그 속에서 '가학-피학'의 경험은 합리화되고 피학이 가학으로 전승되는 질긴 고리가 형성되었다.

그런데 그 고리를 끊는 시도로서 의미를 갖는 '살부殺父'가 1960년대 중반에 재현된 적이 있다. 이만희 감독의 1966년 작 〈군번 없는 용사〉에서였다. 이 영화에서 국방군 유격대 대장을 장남으로, 인민군 장교를 차남으로 둔 아버지는 장남 편에 서다가 차남에 의해 처형되었다. 이때 차남은 반공주의가 권장하던 일반적 인민군의 표상, 즉 단순한 패륜과 악의 범주에서 벗어나며 깊은 고뇌를 보여주어 반공주의의 이분법 도식뿐 아니라 부자관계의 재현 면에서도 작지 않은 균열을 일으켰다. 그러나 이 영화가 별문제 없이 검열을 통과하고 개봉했다는 것은 공산주의의 만행을 고발하는 반공영화의 맥락에서 이해되었음을 말해준다. 역설적이게도 반공영화이기에 극단적 재현이 가능할 수도 있었다는 말이다.[17]

당시 검열관이 이해한 〈군번 없는 용사〉는 다음과 같았다.

> 때는 1951년, 마식령 산맥일대를 무대로 송영호가 이끄는 유격대원들
> 의 활약상과 영웅심에 불타 북괴보위부 간부로 있는 송영호의 동생 송
> 영훈은 자기 아버지를 반동분자로 처단한 죄책감으로 급기야 형의 유
> 격대에 북괴군 보급차량 기습 정보를 제공하고 유격대에 귀순하다 총
> 탄에 맞아 형의 품에 안겨 속죄하며 죽는다는 반공영화[18]

검열 서류로 볼 때 이 영화는 아들로 하여금 아버지를 죽이게 하는 공
산당의 잔악함, 인민군의 참회와 유격대의 승리를 보여줌으로써 검열
이 요구하는 반공영화의 도식을 충족시킨 듯하다. 대사 다섯 개만 삭제
하는 조건으로 비교적 무사히 검열을 통과했고, 중앙정보부의 재검열을
거쳤지만 별문제 없었으며, '미성년자 관람가'(고등학생 이상) 등급을 받
았다는 것이 그런 점을 입증하기도 한다.[19]

그런데 영화를 보면 서류상의 줄거리와는 사뭇 다른 국면이 전개된다.
이 영화는 유격대장인 형 영호(신영균)와 인민군 보위부 장교인 동생 영
훈(신성일), 그리고 그들을 자식으로 둔 아버지(최남현)와 어머니(황정순)
의 이야기다. 유격대가 나오고 전투 장면이 있는 군사물 반공영화이지
만, 이야기의 중심은 이념 대립으로 인한 가족의 비극에 있다. 그리고
무엇보다도 이 영화의 초점은 '영훈'이라는 악惡에 놓인다. 당시 떠오르
는 신성新星이었던 신성일이 영훈을 맡은 것부터가 문제적이다. 2000년
대 들어서면서부터 장동건, 차승원, 정우성과 같은 미남 스타들이 인민
군을 연기하게 되었지만, 1960~70년대 반공영화에서는 거의 없는 일

〈군번 없는 용사〉(이만희, 1966)에서 우익인 장남(신영균)과 좌익인 차남(신성일)은 아버지(최남현) 앞에서 대립한다. 이 영화에서 당시 최고의 '꽃미남'으로 떠오르는 스타였던 신성일은 아버지를 처형하는 인민군 장교 역을 맡아 열연했다.

이었다. 반공영화임을 명시하는 내레이션과 함께 영호가 지휘하는 유격대가 이동하는 장면이 끝나자마자 등장하는 것은 말을 탄 영훈이다. 그는 활기차게 편곡된 주제음악을 배경으로 언덕을 타고 달리고, 벌판을 거침없이 달리고, 다시 마을을 달린다. 그러한 영훈의 모습은 선망하는 시선 같은 업앵글 숏으로 1분 이상 제시된다. 영훈이 지닌 이와 같은 이미지, 또는 이미지의 위상은 영화가 끝날 때까지 크게 손상되지 않는다. 나아가 영훈의 이미지가 주는 매력은 영화의 극적 긴장에서 중추를 담당한다. '군번 없는 용사'에 해당하는 영호와 유격대가 나오는 장면들이 영훈이 나오는 장면에 비해 오히려 긴장감이 떨어지는 것은 그런 점을 보여준다(심지어 은밀히 유격대를 돕는 영훈이 '군번 없는 용사'의 주인공처럼 느껴지기도 한다). 매력적인 인물이 윤리적 법칙을 어겨 비참과 광기에 찬 적대자가 되어갈 때 관객은 고도의 공포와 연민을 느낀다. 그의 죄가 결코 속죄될 수 없는 치명적인 것일수록 그로 인해 발생하는 공포와 연민도 커진다. 이 영화에서 그가 저지른 돌이킬 수 없는 죄악은 바로 아버지를 죽이는 것이다. 20세기 한국영화사에서 아비를 죽이는 것은 놀라운 사건이다. 고대 서양을 배경으로 하는 영화에서는 심심치 않게 등장하는, 자식이 왕이 되기 위해 부왕을 죽이는 장면 같은 것은 적어도 20세기 한국영화에서는 등장하지 않았다. 연산군이 부왕의 후궁을 살해한 것, 광해군이 이복동생인 영창대군을 죽인 일을 패륜으로 그린 경우는 있었다. 그리고 최근에 〈사도〉(이준익, 2015)를 통해 새삼 확인했듯이, 아버지가 아들을 죽이는 장면은 있었어도 말이다.

20세기 한국영화사에서 아버지는 부재할 수는 있어도 부정될 수는 없었다. 식민지의 못난 아비일지라도 딸은 몸을 팔아 그를 봉양해야 했고 아들은 그를 축출할 수 없었다. 해방과 한국전쟁 이후 아버지는 잠시 모습을 감췄지만, 전후 재건과 함께 귀환했다. 모든 사람이 전쟁과 분단으로 피해자가 되면서, 나라를 빼앗기고 전쟁을 막지 못한 것은 아비 세대가 어찌할 수 없는 일, 그러므로 책임질 필요 없는 일이 되었다. 그래서 자식은 무능하거나 부도덕한 아버지의 자리를 마련해야 했다. 한편 그러면 그럴수록 강한 가부장에 대한 갈망과 동경도 커질 수밖에 없었다. 1960년대 한국영화사에서 가부장의 귀환과 그에 대한 대중의 지지는 그러한 공감대를 기반으로 한 현상이었다.

그런데 〈군번 없는 용사〉에서는 (좌익) 아들이 (우익 보수) 아버지를 죽인다. 물론 이 영화는 반공영화였으니 '아들이 아버지를 죽이는 것'이 아니라 '공산주의자가 아버지마저 죽이는 것'으로 받아들여졌다. 뒤집어보면 '반공주의 속의 공산주의'라는, 악행의 한계가 없는 설정이 있었기에 살부殺父가 현상될 수 있었다. 그런데 문제는 '반공'이라는 해석 층위 이면에 있는 영훈이라는 인간이다. "당과 인민을 반역한 죄인을 처형하는 사형집행관"으로 임명된 영훈은 그 임무를 수행하면서 아버지를 죽이게 되는데, 아버지와 아들은 다음과 같은 마지막 대화를 나눈다.

영훈: 아버지를 죽이는 아들을 만드시렵니까?

아버지: 자식을 죽이는 아버지가 될 수 없지 않겠느냐?

영훈: 형에게는 생명까지 주시면서, 전 자식이 아닌가요?

아버지: 너희들은 형제지.

영훈: 여기서 아버지를 구출할 힘은 없습니다. 제가 훌륭한 공산당원이기 때문만은 아닙니다.

아버지: 이젠 늦어버린 일, 주저 없이 쏴라. 애비는 널 원망하지 않는다. 너의 죄만은 아니니까. 아버지를 죽이는 자식을 만든 자에게 죄가 있는 것이지.

이 대화에서 아버지와 아들의 입장은 숭고하리만치 팽팽하다. 아버지는 가부장으로서의 원칙과 자신의 이념에 충실하고, 영훈은 차남으로서의 콤플렉스와 어쩔 수 없는 자신의 입장을 드러낸다. 여기에서 "제가 훌륭한 공산당원이기 때문만은 아닙니다"라는 영훈의 대사는 의미심장하다. 문맥으로 보건대 영훈은 그 자리에서 아버지를 구할 수 없는 이유가 이념보다 더 근본적인 심급의 문제임을 말한다. 그것이 무슨 원칙 혹은 어떤 곤경인지는 확실히 알 수 없지만, 그의 선택에는 산다는 것의 심부에서 비롯된 무언가가 작용하고 있음이 분명하다.

대화가 끝난 후 영훈은 석양의 십자가에 묶인 아버지를 등진 채 돌아와 발포 명령을 내린다. 그 명령은 묵음으로 처리되어, 전면에 클로즈업된 영훈의 입 모양만으로 드러나고, 심도 깊은 화면 끝 후경에서 쓰러지는 아버지의 모습이 영훈의 어깨 너머로 흐리게 제시된다. 곧바로 이어지는 숏은 큰아들 영호가 아버지의 시신을 향해 달려오는 모습이다. 영훈은 돌아보지 않고 그대로 돌아갔음이 부장(허장강)의 말로 다시 확인된다. 이와 같이 결연한 영훈의 태도는 마지막까지 이어진다. 그는 공산당에 환멸을 느끼고 유격대를 돕지만 자신이 한 행동에 대해서는 참회의 말을 뱉지 않는다. 그는 "난 민주주의를 모릅니다. 난 공산주의 교육을 받았고 공산주의 사회에서 출세를 했고 여기서 아버지를 죽였습니다. 난 이제 형의 총구 앞으로 갑니다"라고 말할 뿐이다. 그리고 어머니 앞에서는 "아버지를 죽인 아들이 자식일 수 없다"라고 하며 끝까지 변명을 하지도 용서를 구하지도 않는다. 또한 유격대에게는 "반동을 처단했을 뿐"이라고 함으로써 자신의 이념을 부정하지도 않는다.

아버지를 죽인 아들이 어머니와 형 앞에서 할 수 있는 말은 없다. 그리고 아버지를 죽인 일에 대한 응징은 동생 때문에 아버지를 잃은 형에게 받는 것이 마땅하다. 한편 아들로 하여금 아비를 고문하게 하고 총살하게 만드는 공산당의 명령을 더는 따를 수 없다. 그렇다고 해서 아버지를 총살할 때 아버지와 함께 죽지 못한 이상 그 이념을 이제 와서 부정할 수도 없다. 자신의 패륜에 대한 처벌을 기꺼이 받을 뿐이다. 이상以上이 영훈의 행동에서 드러나는 논리이자 윤리다. 여기에는 인간이기 때문에 어찌할 수 없는 한계에 대한 인식, 어쩔 수 없었다 하더라도 그로 인한 실수나 죄악에 대해서는 마땅히 책임져야 한다는 의식, 그리고 자신의 합리화나 위안을 위해 타인에게 짐을 지우거나 과거를 부정하지 않겠다는 예의와 자존이 들어 있다.

1960년대에 등장한 감독의 영화에서 이다지도 자율적이고 합리적이면서 한편으로는 유교적 도리에 닿아 있고, 급진적일 정도로 인간의 존엄에 대한 믿음을 잃지 않으며, 도저한 자존을 지키려 하는 태도가 어떻게 성립할 수 있었는지는 설명할 길이 없다. 그것은 아마도 역사적 맥락이나 시대적 상황, 혹은 환경적 요인으로 풀어낼 수 없는 천부天賦의 영역일 것이다. 그래서 이 영화는 돌연하다.

'아비 살해'의 급진적 정치성

〈군번 없는 용사〉가 나온 지 47년 만에 아버지를 '괴물'에 비유하며 정조준하는 영화가 나온다. 〈화이: 괴물을 삼킨 아이〉(장준환, 2013 / 이하〈화이〉)가 그것이다. 이 영화는 〈지구를 지켜라〉(2003)로 한국영화사에 신선한 충격을 던지며 등장한 장준환 감독의 두 번째 장편영화다. 〈지구를 지켜라〉는 평단의 압도적 지지를 얻고 마니아 관객층이 생겨났음에도 흥행에는 실패했다. 이는 크게 두 가지 결과를 낳았는데, 하나는 이 영화가 '저주받은 걸작'의 반열에 오른 것이고, 다른 하나는 장준환 감

독이 그 후 10년 동안 장편영화를 만들지 못한 것이다. 장준환 감독이
그야말로 "또라이 미친 영화"[20]를 기획하다 10년 만에 내놓은 영화가
〈화이〉였다. 이 영화는 당해 비수기였던 10월 초에 '청소년 관람 불가'
등급으로 개봉하여 239만 명의 관객을 끌어들이며 나쁘지 않은 성적을
거두었음에도[21] 크게 주목받지는 못했다. 그런데 이 영화는 한국영화사
상 가장 급진적인 영화에 속한다. 그 이유는 프로타고니스트protagonist가
아버지를 살해했기 때문이다.

　한국영화사에서 〈군번 없는 용사〉 이후에 문제적인 아비 살해가 등장
하는 것은 〈텔미썸딩〉(장윤현, 1999)에서였다. 이 영화에서 차수현(심은하)
은 친구들과 공모하여 자신을 폭행해온 친부를 살해하고 공범들까지 차
례로 죽임으로써 완전범죄를 달성한다. 이 영화에서 차수현이 사이코패
스로 그려지고 있기는 하나 매우 매혹적이라는 점, 그리고 패륜적인 아
비를 응징한 것으로 살해에 일정한 정당성이 확보된다는 점에서 문제적
이었다. 그리고 3년 뒤 〈공공의 적〉(강우석, 2002)에서는 펀드매니저 조규
환(이성재)이 돈 때문에 부모를 살해한다. 조규환은 분노조절장애가 있
는 정신병자로 돈에 눈이 멀어 선량한 부모를 살해하는 철저한 악당으
로 그려져서 1960~70년대 반공영화에 나오는 극악무도한 공산주의자
를 방불케 했다. 새천년을 전후하여 부상했던 스릴러 장르, 그리고 최
고의 흥행작들에서 이와 같이 '아비 살해' 모티프가 나타난 것은 주목
할 만한 현상이다. 그러나 이 영화에서 차수현과 조규환은 모두 안타고
니스트antagonist들이었다. 〈화이〉가 이 영화들과 확실히 변별되는 지점은
관객이 호감을 가지고 공감하는 주인공 소년 화이(여진구)가 살부를 당
당하게 행한다는 점이다. 게다가 화이는 친부뿐 아니라 양부養父들, 그리

고 개발독재의 수괴까지, 모든 아비를 죽인다.

주인공 화이는 어린 시절 자신을 유괴했던 '낮도깨비'라는 범죄집단에 의해 길러진 아이다. 자신의 운명을 바꾸고 친부모에게는 치명적 고통을 안긴 이들이 양육자이기도 하다는 아이러니가 이 영화의 기본 구조를 이룬다. 이런 점은 주인공의 이름에서부터 드러난다. 화이는 '화火'에서 쉽게 연상되는 불의 이미지 때문에 강렬한 이름으로 다가온다. 그런데 이 이름은 반전의 의미도 내포한다. 그의 이름은 소년이 어린 시절 유괴되어 숨겨진 장소가 화이목 아래였다는 데에서 유래했는데, 사전적 의미로 화이和易는 "온화하며 까다롭지 아니하다"라는 의미이기 때문이다. 주인공 화이는 본성 면에서는 바로 그런 아이, 사철나무처럼 변함없이 푸를 것 같은 아이다. 그러나 그가 유괴되고 적의 손에 양육되었다는 사실에서 이미 화이에게는 분노와 복수로 타오를 불씨가 잠재되어 있다. 그렇다면 그 불씨는 어떻게 해서 타오르게 되는가? 이 영화는 이러한 질문을 관객과 공유하며 전개된다. 그리고 이 영화가 선택하는 방식은 파격적인 정면 돌파다.

화이에게는 여섯 아비가 있다. 생부生父(이경영)와 다섯 양부가 그들이다. 다섯 양부는 낮도깨비 조직의 다섯 범죄자들, 리더 석태(김윤석), 브레인 진성(장현성), 스나이퍼 범수(박해준), 사이코패스 기술자 동범(김성균), 말더듬이 드라이버 기태(조진웅)다. 화이는 제도 교육에서 벗어나 그들에게 온갖 범죄 기술을 전수받으며 성장한다. 그럼에도 화이는 그림 그리기를 좋아하고 어둠을 두려워하는 여린 소년이다. 그는 어둠 속에서 괴물을 보곤 하며 미칠 듯한 두려움 속에서 괴로워하는데, 석태는 오히려 그런 화이를 지하실에 가두고 괴물을 대면하라며 학대한다. 이는 화이를 자신과 같이 만들고자 하는 석태의 집착에서 비롯된 행동이다. 그리고 석태는 괴물이 되어버리면 괴물이 두렵지 않다는 경험적 '교육' 논리로 자신의 집착을 합리화한다. 이는 '하면 된다!' 식의 개발독재기 극기 교육을 연상시킨다.

석태는 진성이 화이를 유학 보내려고 하자 화이로 하여금 생부를 살해하게 하여 원죄의 굴레에 밀어 넣는다. 매우 극단적인 전개이지만 한국영화사에서 부모가 자식을 어쩔 수 없는 지경에 몰아가는 일은 비일비재했다. 〈심청전〉(1925/1937/1956/1972)의 심 봉사, 〈무정〉(1939/1962)의 박 진사(영채의 부친)는 자신의 안위나 신념을 위해 딸을 팔거나, 파는 것을 묵인했다. 그러면 〈사도세자〉(1956), 〈사도〉(2015)의 영조나, 〈연산군〉(1961/1987)의 성종은 어떠한가? 또는 〈황야의 독수리〉(임권택, 1969)나 〈서편제〉(임권택, 1993)에 나오는 아비들은 어떠한가? 그들은 모두 자식을 죽음이나 광기로 떠밀었다. 그럼에도 아비의 폭력은 '자식이 아비 마음을 다 헤아릴 수는 없다'는 식으로 모호하게 정당화되곤 했다. 이러한 정당화에는 아버지가 그르다 해도 자식이 아비를 거스르는 것은 패륜이라는 묵은 합의가 저류하고 있었다. 그러기에 아버지 대신 자식이 속죄양이 되었고, 이로써 텍스트는 아슬아슬하게 봉합되곤 했다. 그런데 이 지점에서 〈화이〉는 다르게 대응한다. 바로 아버지들을 모두 죽이는 것이다.

그런데 아들이 아버지들을 죽이는 순서가 의미심장하다. 화이는 생부를 시작으로 진성, 범수, 동범, 기태, 석태의 순으로 죽인다. 우선 화이가 생부를 죽이는 일이 석태의 음모에 빠져 아무것도 모르고 한 행동이라고는 말하기 어렵다. 화이는 집에 들어가자마자 자신의 어린 시절 사진

1. 〈화이: 괴물을 삼킨 아이〉(장준환, 2013)의 포스터. 다섯 아버지가 소년을 둘러싸고 있다.
2. 아버지에게 총을 겨누는 화이(여진구). 화이는 다섯 양부뿐만 아니라 생부(이경영)와 개발의 수괴(문성근)까지 일곱 아비를 죽인다.

을 보게 되고 무언가 심상치 않은 기운을 느낀다. 그리고 본능적으로 벽장에 숨어 있는 엄마(서영화)를 석태로부터 보호하기도 한다. 석태가 임형택(이경영)이 생부임을 말하지 않은 채 그를 쏘라고 명령했을 때 생부의 입에서 나온 마지막 말은 "너 혹시?"였다. 이 말을 듣자마자 화이는 정신없이 방아쇠를 당긴다. 나중에 경찰관들이 참혹한 현장을 보고 원한 관계에 의한 살인이라 추정하는 것은 화이의 위기 심리—눈앞에 선 이가 자신의 현존재 기반을 뒤흔드는 인물임을 감지하고 그것을 강하게 부정하려 했음—를 말해준다. 그러기에 화이가 친부에 가장 가까웠던 아버지, 자신에게 음악과 교양을 가르치고 유학까지 보내려 했던 진성을 생부 다음으로 죽이는 것은 필연적인 전개다. 모범적인 목사였고 유괴된 화이를 끝까지 포기하지 않고 기다렸던 생부를 살해하는 순간, 화이가 디뎌야 할 기반과 지켜야 할 경계는 모두 무너졌기 때문이다.

또한 화이를 향한 다른 아비들의 위기감을 고조시켜 화이와 반목시키는 측면에서도 이는 효과적이었다. 사격과 각종 범죄 기술을 가르친 기능적 아버지인 범수와 동범은 진성이 화이에 의해 죽었다는 사실을 안 순간 화이가 자신들을 더 쉽게 죽일 수 있음을 감지하고 화이를 잡는 데 매진할 수밖에 없다. '액션 스릴러'라는 장르 관습에 충실하게, 두 아비는 화이가 불러들인 그들의 적에 의해 처치된다. 그런 후에 화이가 마주하는 아비는 기태다. 그는 가장 감정적이고 즉자적으로 화이를 사랑하는 아비다. 유괴된 화이를 제일 먼저 안았던 인물이기도 하다. 그가 말을 더듬는 것은 그가 본능적 온정에 따라 움직이는 인물임을 드러내는 표지다. 그런 면에서 그는 관습적인 모성성을 지닌 인물이기도 하다. 그는 화이를 차마 해치지 못하고 화이도 그를 죽이지 못한다. 그는 화이가 올라간 고층 철조물에서 떨어져 죽는 것으로 처리된다. 그런데 기태의 죽음을 보여주는 장면에서 이 영화의 태도가 드러난다. 화이의 손을 잡고 허공에 매달리게 된 기태는 "아빠가 미안해"라는 말을 남기고 화이를 살리고자 스스로 화이의 손을 놓는다. 이때 카메라는 기태의 시선으로 추락하는 그를 끝까지 추적하여 철근이 솟아난 콘크리트 바닥에 그가 떨어져 온몸이 뚫리는 것을 관객으로 하여금 감각케 한다. 그리고 석태의 시선으로 그의 참혹한 죽음을 확인 사살하듯 목도하게 한다. 이는 감각적 충격에 대한 영화적 탐닉이기도 한데, 이것이 가장 온정적인 아비의 죽음을 보여주는 데 발동되었다는 것은 찌른 칼의 끝을 보고야 말겠다는 이 영화의 의지를 드러낸다.

화이가 기태를 죽이는 모습을 본 석태는 화이의 생모를 찾아가 죽인다. 그리고 자신은 화이만 있으면 된다며, 화이에게 이젠 다 끝났으니 힘들었던 일은 자신이 다 정리해주겠다고 말한다. 여기에서 석태의 왜곡된 열망과 집착이 결국 아비로서의 정체성을 구성했음이 드러난다. 그는 총을 든 화이에게 묻는다. "자, 누굴 쏠 거야? 아빠야? 괴물이야?" 그러자 화이는 '괴물 아버지' 석태를 쏜다. 여기에서 영화가 끝났다면 화이가 '괴물을 쏜 아이'나 '괴물이 된 아이'는 될 수 있어도 '괴물을 삼킨 아이'는 될 수 없었을 것이다. 삼킨다는 것은 어떤 대상을 입에 넣어서 목구멍으로 넘김으로써 자기 것으로 만드는 것을 의미한다. 괴물로 인한 괴로움에서 벗어나기 위해 자신도 괴물이 되는 것이 괴물에 대한 주체의 복속이라면, 괴물을 삼키는 것은 주체에 괴물을 복속시키는 행위라고 볼 수 있다. 마지막에 화이는 신도시(명품 청화 골든시티)의 준공식에서 "싸악 밀고 도시를 새로 만든" 개발독재자 전 회장(문성근)을 사살함으로써 '괴물을 삼킨 아이'임을 입증한다. 화이는 자신의 피학을 또 다른 약자에 대한 가학으로 전수하여 아버지와 같아지는 형태가 아니라 가학을 가해자에게 돌려줌으로써 '피학–가학'의 전승 고리를 끊어낸 것이다.

봉준호 감독이 〈괴물〉(2006)에서 어머니를 괴물로 알레고리화하고 〈마더〉(2009)에서 한국사회에서 왜곡된 모성을 문제 삼았다면, 장준환 감독의 〈화이〉는 아버지의 신화를 깼다는 점에서 시대적으로 짝패를 이룬다. 그런데 봉준호 영화가 제기하는 모성의 문제가 현재적이고 현상적 차원의 것이었다면, 장준환이 내놓은 아비 문제는 한국사회의 지배구조를 형성하는 근본을 거슬러 올라간다는 점에서 보다 역사적이고 정치적이다. 그리고 그것에 대한 영화적 재현은 급진적이다. 살부가 현실과 환상의 경계를 모호하게 허문 상태에서 간악한 적이나 광인에 의해 자행되지 않고 눈 맑은 소년에 의해 리얼리티가 확보된 가운데 감행되었다는 점에서 더욱 그러하다.

또한 이 영화에서는 한 아이를 둘러싸고 아비를 여섯 명으로 설정한 것도 주목할 만한 지점이다. 김태용 감독이 〈가족의 탄생〉에서 '엄마들' 이라는 호칭을 통해 복수複數의 어머니를 선보인 바 있지만 복수의 아버지가 나온 것 역시 이 영화가 처음이었다. 그런데 이 영화에서는 화이가 자신의 친아버지를 비롯해 자신을 키운 아버지 모두를 죽여버린다. "아버지들이 괴물인데 너도 괴물이 돼야지"라는 양부 석태의 대사는 화이가 아비들을 살해할 수밖에 없는 명분을 주는 동시에, 한국사회에서 동정이나 연민만으로 봉합될 수 없는 아버지의 문제를 제기한다.

한국영화사에서 아버지는 과오가 있더라도 자리를 마련해주고 권위를 존중해야 할 대상이었고, 그렇기에 권위를 잃은 아버지는 꾸준히 연민과 동정의 대상이 되었다. 그들에게 과오가 있어도 그것을 묻고 따지기에 그들은 현재 너무 무력하곤 했다. 그런데 그들은 언제나 무력하기만 했는가? 현재 무력하다는 이유로 과거의 잘못은 모두 용서될 수 있는가? 모두 피해자의 포즈를 취할 때 과연 과오의 책임은 누가 져야 하는가? 그런 의미에서 복수의 아버지를 괴물에 비유하고 그들과 같은 괴물이 되지 않기 위해 그들과 처절하게 대결하면서 다시 괴물이 되어가는 아들의 모습을 보여주는 이 영화는 한국사회에서 해결되지 않고 있는 복잡한 국면들을 드러냈다.

그리고 〈화이〉가 나온 지 5년 만에 또다시 아버지를 살해하는 아들이

"원래요, 사람을 죽이고 나면 정신이 확 더 맑아져요"

〈암수살인〉(김태균, 2018)의 포스터. 강태오(주지훈)는 부친 살해를 계기로 연쇄살인마가 되어 여성 일곱 명을 죽인다.

출현했다. 〈암수살인暗數殺人〉(김태균, 2018)의 살인범 강태오(주지훈)는 감옥에서 일곱 번의 추가 살인을 자백한다. 그리고 그의 첫 살해 대상은 아버지였음이 결국 드러난다. 여기에는 재래의 관습과 달라진 지점이 있다. 우선 사이코패스가 된 원인을 어머니의 부재나 부정不淨에서 찾으려 하지 않고 아버지의 폭력과 그 결과로 이어진 살해에 두었다는 점이다. 그리고 아들의 아버지 살해를 충격적인 반전으로 설정하기는 했으나 아들에게 윤리적 책임을 묻기보다는 인과응보로 처리하여 폭력의 인과관계에 주목하게 한다는 것이다.

　아버지와 대결해보지 않고 성인남성이 되는 것이 가능할까? 전근대적 가치와 싸워보지 않고 근대화가 가능할까? 그럼에도 한국영화사에서는 한 번도 아들이 아버지와 제대로 대결해본 적이 없었다. 근대 서사에서 딸들은 유부남과 연애를 하고(이광수, 『개척자』), 며느리 될 신여성은 폐백을 거부하고(염상섭, 「해바라기」), 부인들은 자유를 찾아 집을 떠났어도(정비석, 『자유부인』), 아들들은 그러지 못했다. 그들이 할 수 있는 반항은 술김에 난동을 피우거나 군에 입대하여 '불구'의 몸으로 돌아오는 것이었다. 그런 의미에서 이제 아버지들을 죄의 근원으로 상정하고 그들과 목숨을 걸고 정면 승부를 벌이는 아들이 출현했고, 그 뒤를 이어 아버지 살해가 하나의 설정으로 관습화되고 있다는 것은 우리 사회가 이전과는 다른 패러다임에 진입했음을 일러주는 하나의 표지라고 볼 수 있다.

3장

오빠

〈아리랑〉(1926)에서 〈베를린 리포트〉(1991)까지

'옵바'의 딜레마

"홍도야 우지 마라, 오빠가 있다." 1930년대 최고의 신파극 〈사랑에 속고 돈에 울고〉에 나오는 노래의 한 대목이다. 아버지가 제 역할을 해주지 못하는 상황에서 그래도 아버지를 대신할 오라버니가 있다면 얼마나 믿음직하고 든든한가? 아니, 아버지보다 젊고 모던한 '옵바'가 있다면 얼마나 멋지고 자랑스러운가? '오빠'라는 호칭이 가지는 의미는 여동생이 "항렬이 같은 손위 남자 형제를 이르는 말"을 넘어선다. 이미 문학비평가 이경훈이 『오빠의 탄생』(문학과지성사, 2003)에서 근대 풍속의 중요한 일면으로 '오빠-여동생의 연대 구조'를 논급한 데서 드러나듯이, 근대 초기부터 '옵바'라는 호칭은 '아버지'와 '애인'을 대체하는 불온함

을 내장하고 있었다. 그래서 〈사랑에 속고 돈에 울고〉가 흥행했을 때 오빠 철수 역할의 황철이 한층 더 인기를 끌 수 있었다.

그러나 가부장의 역할모델이 사라진 상태에서 가부장의 책임이 어린 오빠에게 주어졌을 때 그 역할을 제대로 수행해내기는 쉬운 일이 아니다. 그래서 한국영화사에서 오빠는 대개 비극적일 수밖에 없었다. 이러한 '옵바'의 표상은 〈아리랑〉(나운규, 1926)에서 시작된다. 이 영화의 주인공 영진(나운규)은 영희(신일선)의 오빠이자 광인狂人이다. 그래도 그는 여동생을 겁탈하려는 오기호를 낫으로 쓰러뜨림으로써 최소한 아버지보다는 가부장제 사회의 남자로서 제 역할을 한다. 하지만 그가 피를 본 충격으로 정신을 차렸을 땐 이미 살인범이 되어 포승에 묶여 있었다.

식민지시기를 살아가는 젊은 오빠의 딜레마가 여기에 있다. 제정신을 차리면 세상에 항거해야 하기에 그는 여동생의 생활이나 안전에 오히려 위협이 되는 존재가 된다. 오빠의 옥바라지를 위해 기생이 되어야 했던 영채나 홍도와 같은 여동생들이 그것을 증거한다. 그렇지 않고 현실에서 살아갈 때 그들은 폐인이나 광인이 되곤 하며, 혹은 〈먼동이 틀 때〉(심훈, 1927)의 아편쟁이 오빠처럼 아버지 대신 여동생을 팔아먹는 파렴치한으로 연명한다. 독립운동을 하거나 광인이 되지 않고 제정신을 차리고 있다고 해도 여동생에게 도움이 되지 않기는 마찬가지다. 〈사랑에 속고 돈에 울고〉(이명우, 1939)에서 여동생의 희생으로 경찰이 된 오빠는 여동생에게 포승을 지워야 하는 기구한 운명에 놓인다. 그래서 그 많은 오빠들이 비단구두를 사가지고 온다는 약속을 해놓고 차라리 돌아오지 않았는지도 모른다. 식민지시기에 나온 영화 가운데 여동생을 위해 멀쩡한 정신으로 분풀이를 해주는 오빠가 나오는 〈청춘의 십자로〉(안종화,

1. 〈아리랑〉(나운규, 1926)에서 영진 역을 맡은 나운규.
2. 〈청춘의 십자로〉(안종화, 1934)에서 오빠 영복 역을 맡은 이원용.

1934)에서도 여동생 영옥(신일선)이 서울에서 여급 생활을 전전하며 오빠를 찾은 것이지, 오빠 영복(이원용)이 고향으로 돌아와 여동생을 만난 것은 아니었다. 이와 같이 집으로 돌아오지 못하거나 곁에 머물러도 누이에게 득 될 것이 없는 오빠는 개발독재기를 거쳐 민주항쟁기에 이르도록 한국영화사에서 오빠의 주요 표상을 이룬다.

해방 이후 '한국영화'가 성립했어도 '곁에 있는 몹쓸 오빠'와 '멀리 있는 위험한 오빠'의 공식은 지속된다. 식민지시기의 원작이 영화화되었을 뿐만 아니라, 해방에 이은 전쟁의 소용돌이 속에서 여전히 오빠라는 존재는 딜레마에 놓일 수밖에 없었기 때문이다. 대표적인 영화로는 이광수 원작의 〈재생〉(홍성기·박찬, 1960)이 있다. 여기에는 두 오빠가 나오는데, 곁에 있는 큰오빠는 방탕아로 여동생 순영을 친일파의 첩으로 보내려 한다. 반면 멀리 있는 작은오빠는 항일운동을 하다 사상범으로 투옥되어 있다. 작은오빠의 존재와 행보는 순영과 큰오빠의 행동을 응징하는 윤리 기준으로 작용한다. 그가 항일운동가라는 사실에 의거해 그의 판단은 절대적이 된다. 그래서 그가 비난할 때 여동생 순영은 '죄인'이자 '쓰레기'

가 되며, 이는 순영을 자살로까지 이끈다. 한편 〈사랑에 속고 돈에 울고〉에서는 근대 교육을 받은 오빠가 근대 법에 준거하여 하나뿐인 여동생을 살인자로 체포한다. 그런데 이와 같이 규범을 등에 업거나 체현한 오빠가 이제 가족 곁에 머물면 어떻게 될까? 1960년대를 전후해서는 도시에서 근대 교육을 받고 출세하기 시작하는 오빠들이 등장한다. 이 오빠들은 무능한 아버지를 대신해 가족을 돌봐야 한다는 책임감을 갖는다. 새로운 가부장적 공동체의 실질적인 책임자가 출현한 것이다.

근대 가부장으로서 장남

〈박서방〉(강대진, 1960)과 〈마부〉(강대진, 1961)는 아버지가 주인공인 영화이지만 장남의 역할이 눈에 띈다. 이 영화들에서는 당대 최고 스타인 김진규와 신영균이 각각 장남으로 출연했는데, 그들은 〈로맨스빠빠〉(신상옥, 1960)와 〈로맨스그레이〉(신상옥, 1963)에서도 각각 믿음직한 맏사위와 장남 역할을 맡았다. 그들은 약학 같은 첨단 과학을 전공하거나, 사법고시에 합격하여 아버지가 제 역할을 하지 못하는 가정을 구하고 가정 안에 무능한 아버지의 자리까지 마련함으로써 가부장제를 새롭게 강화한다. 때때로 그들은 여동생을 비롯한 젊은 여성들에게 손찌검을 하는데, 그러한 폭력조차도 철없고 어리석은 이들을 가르치기 위한 훈육 내지 계몽으로 정당화된다.

이 시기에 등장한 또 다른 오빠 유형으로는 전쟁터에서 귀향한 상이군인이 있다. 1960년대 초반 대표적인 체제 선전적 영화로 꼽히는 〈쌀〉

〈박서방〉(1960)과 〈마부〉(1961)에 나오는 장남의 모습. 김진규(왼쪽 사진의 맨 오른쪽)와 신영균(오른쪽 사진 왼쪽)은 1960년대에 믿음직한 엘리트 장남 역할을 가장 많이 맡았다. 두 영화에서 아버지는 모두 김승호가 연기했다.

(신상옥, 1963)에서 주인공 차용(신영균)은 상이군인이다. 그는 고향에 돌아와 산에 터널을 뚫는 공사를 감행하여, 산으로 둘러 막혀 있어 물대기가 어려웠던 황무지를 개간한다. 그 과정에서 차용은 농업용수와 농토를 독점하고 싶어 하는 마을 부자 송 의원(최삼), 송 의원에게 매수되어 전근대적 미신을 설파하는 무당(전옥), 그리고 나태한 공무원들에게 방해를 받는다. 그래서 약속되었던 정부보조금이 나오지 않게 되고 친구들마저 등을 돌리는 위기에 처한다. 이때 여동생 영란(최난경)이 술집으로 가서 오빠를 돕는다. 오빠가 대의를 위해 일하든, 출세를 위해 공부를 하든, 혹은 방탕한 생활을 위해 돈이 필요하든, 그 재원을 마련하기 위해서는 여동생이 자기 몸을 팔아야 하는 인과율이 여기서도 성립된다. 1960년대 중반에도 〈홍도야 우지 마라〉(전택이, 1965)와 같은 영화가 여전히 만들어지는데, 그러한 현상은 출세하는 오빠와 희생하는 여동생이 이루는 짝패의 공식이 여전히 유효했음을 입증한다.

그런데 오빠들은 가족의 기대에 부응했는가? 1960년대의 오빠들은

1940년대에 태어나 해방된 독립국가에서 한글 교육을 받으며 성장했고, 20대에 4·19와 5·16을 겪었다. 그들이 사회에 진출할 즈음에는 경제개발이 한창이어서 고도성장의 속도에 맞추느라 고달팠지만, 한편으로는 기회도 많았다. 집안이 가난하다 해도 머리만 좋으면 사회의 엘리트로 성장하여 지식자본을 통해 계급 상승할 수 있는 가능성이 있었고, 수완만 있으면 자수성가할 수 있는 길도 열려 있었다. 1960년대 장남의 재현에는 이러한 희망이 반영되어 있다.

그런데 그들이 40대로 한국사회의 허리를 담당하는 1980년대가 되었을 때 경제호황 속에 자본주의화가 가속화되는 가운데 가족구조에 변화가 일어난다. 1985년 영화 〈장남〉(이두용)은 1960년대에 촉망받던 오빠의 중년을 보여준다. 주인공 이태영(신성일)은 3남 2녀 가운데 장남이다. 그는 형제 중에서 머리도 좋고 능력도 출중하여 서울에서 성공한 인물이다. 그가 몸담고 있는 컴퓨터 분야는 장래가 유망한 업종으로 수출이 크게 증대되고 있다. 그는 유복한 집안의 딸과 결혼하여 1남 1녀를 두고 있으며 2층 단독주택에서 비교적 안정된 생활을 하고 있다. 그의 아내(태현실)는 수학 교사로 맞벌이를 하고 있으며 가정 내에서 발언권이 세다. 태영을 유학시켜 성공의 기반을 마련해준 것이 바로 처가이기 때문이다. 그런데 고향에서 살고 있던 부모가 댐 건설로 가옥과 전답이 수몰되어 서울로 올라오게 된다. 그 뒤로 영화는 부모님의 주거 문제를 둘러싸고 벌어지는 장남 가족과 형제들의 갈등을 중심으로 전개된다.

태영은 가난한 집안 출신으로 자수성가했으나 장남이기 때문에 가족들에 대한 책무를 짊어져야 하는 '개천의 용'이다. 그가 '개천'에서 난 이상 그는 가부장적 공동체의 책임자로서 늙은 부모와 동생들을 보살펴야 한다. 그러나 그에게는 직계가족 이외에도 돌봐야 할 관계, 아니 부모나 형제보다 우선하여 책임져야 할 관계가 있고 그 점이 그를 난처하게 만든다. 우선은 자신의 처자식이 그렇고 회사가 그렇다. 태영은 부모님이나 형제를 위해 돈을 쓸 때마다 맞벌이하는 아내의 눈총을 피할 수 없다. 아내는 형제들에게 다 퍼주고 나면 우리 자식들은 어떻게 하느냐며 항의한다. 아내의 말에 일리가 있는 데다 과거에 처가에서 받은 혜택 때문에 그가 현재 아무리 유능하다 하더라도 당당하게 큰소리칠 수만은 없다. 또한 회사에서 그의 위상이 높아질수록 그에게 주어지는 책임도 커진다. 그는 호황을 맞이한 반도체 업계의 중역으로서 기술을 개발해야 하고 늘 어가는 수요를 감당할 수 있도록 새로 공장도 지어야 한다. 이때 이미 과거가 되어버린 '직계 가족공동체'는 그에게 가장 애틋한 고향이자 복원하고 싶은 '집'이지만, 그의 발목을 잡아매는 족쇄이기도 하다.

영화의 후반부는 태영이 장남으로서 책무를 다하기 위해 부모와 형제가 모여 살 집을 짓는 과정과, 정작 현실은 대가족이 모여 살기 힘든 방향으로 전개되는 과정이 겹쳐진다. 장남의 꿈과 현실의 상황이 어긋나고 있음은 장남이 집을 지으려는 택지가 10년 전에 비해 가격이 50배나 올랐다는 데서부터 드러난다. 이 시기는 도시화가 가속화되고 '3저 호황'으로 무역수지가 호전되면서 유휴자금이 조성되어 부동산 투기 붐이 일어났던 1980년대다. 1970년대 이후 본격화된 아파트 건설은 1970년대 후반 투기 붐으로 이어지고, 이제 집은 삶의 터전이 아니라 재산 증식의 수단이 되어간다. 이러한 때에 대가족이 살 집을 짓는다는 것은 시대를 역행하는 행동일 수밖에 없다. 설혹 그런 집을 짓는다 해도 그 터전이 언제 아파트 부지로 개발될지 알 수 없다. 택지의 판잣집은 도시의 땅이 지닌 그러한 위태로움을 암시한다. 장남이 집을 지으면 그 판잣집이 헐리게 되듯이, 아파트라는 공룡이 들어설 때 대가족을 위한 단독주택 또한 그와 같은 운명을 맞이할 수 있기 때문이다. 이는 고향에 살던 부모가 댐 건설 때문에 오랜 터전을 버리고 서울로 올라올 수밖에 없었던 것과 동궤에 놓인 일이기도 하다.

부모가 아파트로 이사하는 날, 곤돌라로 이삿짐 나르는 모습을 보던 어머니는 고층 아파트에서 죽으면 관을 어떻게 운반하느냐고 장남에게 묻는다. 이삿짐처럼 곤돌라로 내려와야 한다는 말에 어머니는 쇠줄에 매달려 내려올 수는 없다며 질겁한다. 아파트는 집집마다 절벽을 안고 있는 구조다. 베란다만 나서면 바로 낭떠러지가 열리는 셈이다. 그리고 그 내부는 3~4인 가족이 살기에 적당하게 축조되어 있고, 이웃과의 소통은 단절되어 있다. 오며 가며 열린 문 사이로 안부를 묻고, 장독대에서 된장, 고추장을 푸다가, 혹은 빨래를 널고 걷다가 이웃끼리 눈을 맞출 수 있는 여지가 아파트에는 없다. 어머니의 질문은 아파트의 외양에서부터 풍겨오는 낯선 각박함에 대한 두려움에서 나온 가장 노인다운 우려일 것이다.

이러한 아파트는 토지의 효율적 이용을 전제로 하는 가옥 형태로 1960년대부터 1980년대까지 기하급수적으로 늘어나는 서울 인구를 포용하기에 적합한 구조였다. 1960년 대한민국 인구의 63퍼센트가 농촌 인구였다면, 1980년에는 69퍼센트가 도시 인구가 되는 역전 현상이 일어난다. 그로 인해 서울의 인구는 20년 사이에 네 배 가까이 증가했다.* 그러

---

* 서울의 인구는 1960년에 244만 5402명이었던 것이 1980년에는 836만 4379명으로 증가했다. 서울특별시청 서울 통계자료실, 서울통계표, http://stat.seoul.go.kr.

〈장남〉(이두용, 1985)에서 장남 태영(신성일)이 아파트에 도착했을 때 어머니의 관은 이미 쇠줄에 매달려 내려오고 있었다. 이를 본 장남은 어머니의 관에 쓰러져 오열한다.

이 영화의 엔딩 컷인 '짓다 만 집'.

니 이제 한정된 토지에서 그 많은 인구를 수용할 수 있는 가옥 형태는 아파트밖에 없었다. 게다가 아파트에 적용되는 경제적 효율성은 비단 가옥 형태뿐 아니라 모든 것에서 가장 우선하는 원칙이 되어가고 있었다. 죽어서 쇠줄에 매달려 내려올까 걱정하는 어머니에게 장남은 어머니가 돌아가시면 자신이 어머니를 직접 업고 내려오겠노라고 약속한다. 그러나 경제적 원칙이 우선하는 생활에서 그러한 약속은 지켜지기 힘들 것임이 자명하다. 그러한 예감은 반도체 수출이 급격하게 늘어나며 장남이 공장을 지으러 제주도에 내려가게 되면서 금세 현실화된다. 제주도 공장의 성공적 완공을 조건으로 장남은 부사장 승진이 보장된다. 열린 출셋길 앞에서 노부모를 모실 집을 짓는 일은 후순위로 밀릴 수밖에 없다.

장남이 제주도에 내려간 사이 집의 골조는 완성되어가지만 아버지가 간암 말기로 진단되어 시한부 인생 선고를 받는다. 아버지 혼자 그 사실을 알고 홀로 서러워하고 있을 때 갑자기 어머니가 쓰러진다. 어머니는 마지막까지 장남이 보고 싶어 '아범'을 찾지만, 태영은 태풍으로 제주도에 묶여 상경하지 못한다. 장남이 제주도에 내려가야 한다는 설정, 다시 말해 노부모를 두고 바다로 가로막힌 섬에 간다는 설정 자체에 비극은 예비되어 있었다. 부모를 위해, 부모가 꿈꾸는 가족을 위해 출세해야 했고 돈을 많이 벌어야 했던 장남은 그 출세와 성공 때문에 어머니의 임종조차 지키지 못하는 불효를 범하고 만다.

　태영이 도착했을 때 어머니의 관은 쇠줄에 매달려 내려오고 있다. 이 장면은 롱 테이크로 처리되어 보는 이의 안타까움을 극대화한다. 마침내 관이 바닥에 당도했을 때 태영은 관 위에 쓰러져 오열한다.* 그리고 아파트 현관 앞 복도에 웅크리고 앉아 울음을 삼키는 아버지의 모습이 이어지고, 마지막으로 짓다 만 집의 골조가 포착되며 영화는 끝난다. 짓다 만 집은 지으려던 것인지, 무너지려는 것인지 구별하기 힘들게 서글프고 앙상해 보인다. 부모가 세상을 떠난 상황에서 그 집은 효용이 없어졌으므로 다시 부술 것이 예감되기에 더 그렇게 보일 것이다. 그 미완성의 집은 지으려고 해봐야 지을 수 없었던, 결국 부서질 수밖에 없었던 대가족의 운명을 은유한다. 이 마지막 컷이야말로 이 영화에서 대가족의 붕괴, 그리고 장남으로서 주인공의 실패를 가장 통절하게 보여주는 명장면으로 긴 여운을 남긴다.

---

*　당시에 이 장면은 장남 태영 역을 맡은 신성일의 열연으로 화제가 되었다. 이 장면은 잠실 고층 아파트 단지에서 촬영되었는데, 신성일의 연기가 얼마나 진지했던지 구경 삼아 모여들었던 아파트 지역 주민들이 모두 눈시울을 적셨다고 한다 (「신성일 리얼한 연기에 구경하던 주민들도 눈시울」, 《매일경제》, 1984. 11. 8, 12면).

가족과 연인 사이의 파토스

출세해야 하는 오빠와 그러한 오빠를 뒷바라지하는 누이의 관습이 지속된 데에는 엘리트 오빠와 그를 동경하고 섬기는 누이 사이에 흐르는, 가족과 연인을 넘나드는 과도기적 감정의 공감대가 존재한다. 근대 교육을 받는 오빠들은 일찍이 도시로 공부하러 떠났고 자연히 누이와는 떨어져 살곤 했다. 혈육이라 해도 생활을 같이해야 식구가 되고 가족이 된다. 멀리 떨어져 있는 오빠는 혈육이지만 낯선 이성이기도 하다. 또한 오빠는 집안의 미래를 책임질 엘리트로서 집안 여자들에게 선망의 대상일 수밖에 없었다. 그러다 보니 누이에게 그런 오빠는 일생에서 처음으로 동경하는 이성일 수 있었다. 그뿐만 아니라 아버지가 부재할 때 오빠는 아버지를 대신하여 가부장의 권한을 가지는 만큼 출가하기 전, 혹은 남편이 없는 누이에게는 그녀의 운명을 좌우할 수 있는 힘을 가진 남성이기도 했다.

이광수 소설 원작 〈개척자〉(이경손, 1925)에서 성순(김정숙)은 '동경 오빠' 성재(남궁운)와 각별한 오누이 사이다. 그녀는 평생 '오라비'의 화학 실험을 지지하며 살겠다고 결심할 정도로 오빠를 사랑한다. 원작의 표현을 빌리자면, "여자란 점점 성숙하여갈수록 어머니나 동생 되는 동성의 사랑으로는 만족하지 못하고 반드시 이성의 사랑을 얻고야 만족하는데, 품행 방정한 처녀들이 지아비 되는 사람을 만나기까지 그 오라비에 대한 사랑으로 생명을 삼나니",[22] 성재에 대한 성순의 애정은 그러한 과도기적 사랑에 해당한다. 그러나 성순이 민은식(주인규)을 사랑하게 되면서 오빠와의 갈등이 시작된다. 성순을 둘러싸고 오빠 성재와 애인 민은식이 벌이는 갈등은 처녀에 대한 가부장적 소유권의 문제로 불거진다. 여기에서 오빠 성재는 아버지와 연인 사이에 위치하며 결국 성순을 자살에 이르게 한다.

1960년대에 들어서면 오빠가 지니는 그러한 이중적 함의가 법적 가족 관계와 실제 혈연의 불일치가 일으키는 갈등으로 표상되는 영화가 나온다. 강신재 소설 원작의 〈젊은 느티나무〉(이성구, 1968)는 의남매 사이에 싹튼 연정 이야기다. 코카콜라와 비스킷을 간식으로 먹고, 전용 정구장에서 테니스를 즐기는 서구적인 부르주아 가정, '므슈 리'라 불리는 교수 아버지와 세련된 어머니 슬하의 안락한 환경에서 의붓 남매 사이에 벌어지는 연애 사건은 '오빠'를 가장 은밀하면서도 로맨틱한 호칭으로 만든다. 게다가 주인공 숙희의 나이가 강신재의 원작에서는 고등학생으로 나오는 데 비해, 영화에서는 대학생으로 설정되면서 영화 속 숙희와 현규의 교제는 원작에서보다 성숙한 연애의 분위기를 물씬 풍긴다. 당대 최고의 청춘스타 문희와 신성일이 각각 숙희와 현규 역을 맡았는데, 같은 시기에 그들이 출연한 다수의 청춘영화들은 '오빠'가 지닌 '연인'의 함의를 한층 강화한다. 그러면서 이 영화는 가부장 질서를 넘어서는 연애감정의 가치를 새롭게 부각한다. 이 영화의 마지막 장면에서 현규가 반복하는 대사, "우리에겐 길이 없지도 않아"는 기성의 가족 질서를 벗어나고 이 땅의 관습을 넘어서는 곳에서, 두 사람이 새로운 핵가족을 구성할 수 있음을 암시한다.

1970~80년대 멜로드라마에서는 오빠 친구가 연인으로 설정되는 경우가 잦아지며 오빠의 외연이 혈연관계에 대한 호칭에서 오빠 친구와 같은 '의사擬似 오빠'로 자연스럽게 확장된다. 그러면서 '오빠≒연인'의

〈젊은 느티나무〉(이성구, 1968)에서 부모의 재혼으로 현규(신성일)와 숙희(문희)는 의남매가 되지만, 두 사람 사이에 애정이 싹트면서 문제가 발생한다. 왼쪽부터 의붓오빠 현규, 주인공 숙희, 어머니(주증녀), 대학교수 의부 '므슈 리'(박암)의 모습이 보인다.

〈젊은 느티나무〉에서 현규는 숙희가 자기 친구를 만나고 오는 모습을 보고는 숙희의 뺨을 때린다.

〈초우〉(정진우, 1966)에서 연인으로 나온 신성일과 문희.

의미도 일반화된다. 1999년에 국립국어연구원에서 편찬한 『표준국어대사전』에서는 '오빠'의 뜻풀이에 "같은 부모에게서 태어난 사이이거나 일가친척 가운데 항렬이 같은 손위 남자 형제를 여동생이 이르거나 부르는 말" 다음에 "남남 끼리에서 나이 어린 여자가 손위 남자를 정답게 이르거나 부르는 말"이라는 의미를 첨가한다. 이러한 설명은 '오빠'의 의미 변화를 분명하게 보여준다고 하겠다.

그래서 이제 '오빠'가 혼외의 여자에게서 발화될 때 이 단어는 아내에게 폭력이 된다. 〈밀애〉(변영주, 2002)에서 첫 번째 에피소드 '테러'는 전업주부 미흔(김윤진)의 집에 빨간 스웨터를 입은 여자가 찾아와 미흔의 남편을 '오빠'라고 부르면서 시작된다. 내 남편이 다른 여자의 '오빠 아닌 오빠'가 될 때 '오빠'라는 한마디는 "삶을 송두리째 빼앗는 테러"가 될 수 있는 것이다. 또한 그래서 〈페어 러브〉(신연식, 2010)에서처럼 '아빠 친구'라 해도 연인이 되었을 때에는 '오빠'가 될 수 있는 것이다. 그럼으로써 '오빠'는 가족 이외의 관계에서는 그 성적 내포의 함량이 최고인 호칭이 된다.

그러니 한국 근현대사에서 누이가 곤경에 처했을 때 가장 먼저 나서야 하는 이는 아버지도 애인도 아닌 오빠일 수밖에 없다. 〈아리랑〉의 영진처럼, 〈청춘의 십자로〉의 영복처럼, 〈사랑에 속고 돈에 울고〉의 철수처럼 말이다. 1970년대에 '이소룡 신드롬'을 일으킨 영화 〈용쟁호투〉(로버트 클라우스, 1973)에서 이소룡은 여동생을 죽음에 이르게 한 폭력배에게 복수를 하기 위해 그들의 소굴로 들어간다. 그의 여동생은 폭력배에게 쫓겨 겁탈당하기 직전에 유리를 깨서 자살했다. 이소룡은 여동생을 죽게 한 장본인 오하라를 발차기로 쓰러뜨리고 목뼈를 분질러 죽인다. 알제리 출신 이슬람교도로서 프랑스 축구팀의 영웅이 된 지네딘 지단은 2006년 독일 월드컵 결승전에서 이탈리아 팀의 수비수 마테라치를 박치기해 퇴장당한다. 마테라치가 지단의 누이를 모욕하는 말을 해서 벌어진 일이었다고 전해졌다. 아무튼 지단의 퇴장으로 프랑스는 우승컵을 이탈리아에 내주어야 했고 지단에게는 비난이 쏟아졌다. 그러나 지단은 TV 시청자들에게 사과의 말을 하면서도 마테라치에게 사과할 생각은

1. 〈너는 인정사정 보지 마라〉(전우열, 1970)에서 오빠(독고성)는 두목 대신 감옥에 갔다가 출옥하는데, 두목이 자신의 여동생에게 벌인 만행을 알게 되자 복수를 결심한다.
2. 〈월하의 공동묘지: 기생월향지묘〉(권철휘, 1967)에서 오빠 춘식(황해)은 독립운동을 하다 체포되자 동생 명순을 친구 한수(박노식)에게 부탁하고 한수의 죄까지 뒤집어쓴다. 그러나 한수는 명순을 배신한다. 탈옥하여 누이의 참경을 본 춘식은 격분하지만, 사진에서 매부이자 친구인 한수에게 말하는 표정은 읍소에 가까워 보인다.

추호도 없다고 했다. 가부장권이 강한 사회에서 누이에 대한 모욕은 남성 당사자에 대한 모욕 이상의 모욕이다. 그래서 아시아나 아랍 문화권에는 복수하는 오빠들이 편재한다. 그러한 오빠들은 흔히 남성 장르로 분류되는 액션영화에 자주 나타난다. 액션영화에서 주인공의 분노와 행동을 유발하기에 여동생을 불행하게 만드는 것보다 더 효과적인 장치는 없기 때문이다.

식민지시기 여동생의 분을 풀어주는 오빠로는 〈청춘의 십자로〉의 영복이 있다. 당시 활극 배우로 활약했던 이원용이 여동생을 유린한 놈들을 통쾌하게 두들겨준다. 그 뒤 엘리트 오빠들에게 밀려 그런 오빠는 한동안 뜸하다가, 1960년대 후반부터 1970년대까지 성행했던 액션영화에서 그런 오빠들이 다시 등장한다. 그들은 대개 법보다 주먹이 가깝다는 말을 구현하는 인물이며, 의기와 혈기로 문제를 해결하려 하기에 비극적 최후를 맞곤 한다. 〈인정사정 볼 것 없다〉(이신명, 1965)와 〈너는 인정사정 보지 마라〉(전우열, 1970)에서 주인공(독고성)은 두목(장동휘) 대신 감옥에 가며 유일한 혈육인 여동생(남정임)을 두목에게 부탁한다. 그런데 출옥해서 보니 여동생은 겁탈하려는 그 두목에게 항거하다 실명한 상태다. 분노한 주인공은 두목에게 복수하고 자신도 죽는다.

그러나 오빠들이 모두 처절하게 복수해주는 것은 아니다. 처음에는 단호한 응징을 결심하지만, 상대방이 뉘우치면 꾸짖음으로 마무리하고 용서하는 것이 한국영화에서 대다수 오빠들이 취한 행동이다. 그러한 오빠는 〈월하의 공동묘지: 기생월향지묘〉(권철휘, 1967)에서부터 〈사랑에 목숨 걸고〉(김기, 1970), 〈오빠〉(이상언, 1971), 〈오빠가 있다〉(이두용, 1979) 등에 공통적으로 나타난다. 이와 같이 "오빠가 있다!"라고 호언장담은 하지만 결코 끝까지 사납지 않은 오빠들에 비하면, 이소룡처럼 여동생의 복수를 시원스럽게 해주는 오빠는 한국영화사에서 극히 소수에 불과했다.

장벽 붕괴와 오빠의 귀환

돌아와서 응징하고 희생하고 살아남아서 여동생을 지켜주는 오빠가 진지한 톤으로 다루어진 예는 1980년대까지 한국영화에는 없었다. 그런 일은 〈LA 용팔이〉(설태호, 1986)에서처럼 코미디로 풀어낼 때나 가능했다. 그들은 떠나거나, 여동생의 희생을 바탕으로 일을 도모하거나, 여동생을 위해 복수를 해주고는 죽었다. 그렇지 않을 때 그들은 여동생을 당당하게 때리곤 했다. 똑똑하고 출세한 오빠일수록 그 권위는 대단했으며 여동생의 뺨을 후려갈겨도 그것은 철없는 여동생이 응분의 대가를 치른 것이지 오빠의 결함은 아니었다. 오히려 적절한 순간에 때려주는 것이 오빠의 소임이자 멋진 오빠가 되는 길이기도 했다. 그러다 보니 여동생의 부족함을 껴안아주고 여동생 곁으로 돌아와 살아남아 주는 오빠는 없었다. 그런데 베를린 장벽이 무너지자 그러한 오빠가 나타났다.

〈베를린 리포트〉(박광수, 1991)에는 양부에게 상습적으로 추행당하는 여동생을 구하기 위해 그 양부를 죽이는 오빠가 나온다. 오빠 영철(문성근)과 영희(강수연)는 친남매지만, 각각 다른 프랑스 가정에 입양되어 따로 자란다. 영희의 양부 자크 베르나르는 나치의 피해자인데 자신의 피학 경험을 영희에 대한 성적 학대로 해소하며 살아가는 성도착자다. 좌파 지식인으로 성장한 영철은 영희의 처지를 알고는 자크 베르나르를 살해한다. 양부에게 감금되어 폐쇄적으로 살아온 영희에게 오빠 영철은 유일한 희망이자 안식처다. 그녀가 말하고 쓸 줄 아는 한국어라고는 오빠가 가르쳐준 '오빠'라는 말밖에 없는 것은 그런 점을 상징적으로 드러낸다. 마지막에 영철은 영희를 미끼로 그를 체포하러 온 경찰들에게 쫓긴다. 그는 영희를 버리고 다시 도망하거나 영희 곁에 남음으로써 체포되는 두 갈래 길에 놓인다. 결국 그는 "오빠!" 하고 애타게 부르짖는 여동생을 껴안음으로써 스스로 체포되는 길을 택한다.

영철이 영희 곁에 남은 것은 동서 대립이 무너져 돌아갈 이념의 근거가 사라진 상태에서 벌인 어쩔 수 없는 투항이었는지도 모른다. 그리고 오빠는 이념을 포기한 다음에야 여동생을 지켜주며 살아가는 게 비로소 가능해졌는지도 모른다. 게다가 영철이 살아남은 곳이 '베를린'이라는 것은 여전히 분단 상황인 한국이었어도 영철이 살아남을 수 있었을까

〈베를린 리포트〉(박광수, 1991)에서 오빠 영철 역을 맡은 문성근(맨 오른쪽).

하는 의문을 불러일으키기도 한다. 그러나 아무튼, 그렇게 오빠는 여동생 곁으로 살아서 다시 돌아왔다.

2000년대에 가면 '오빠'가 주던 설렘은 희미해지고 향수를 자극하거나 희화화되는, '옛것'이 되어간다. 오빠 표상이 나오는 영화들이 여러 편 제작되지만 흥행에는 성공하지 못하는데, 그 원인은 여러 가지이겠으나 '오빠' 표상의 진부함과도 무관하지 않다. 〈사랑 따윈 필요 없어〉(이철하, 2006)는 서로의 필요에 의해 남매인 척하는 남녀의 이야기다. 아버지를 잃고 혼자가 되어 엄청난 재산을 상속받은 류민(문근영)은 어린 시절에 잃어버린 오빠를 급히 찾는다. 최고의 호스트 줄리앙(김주혁)은 큰 빚을 지고 위험에 빠져 있던 중 이 사실을 알고는 오빠로 위장하

2000년대 오빠의 표상들.
1. 〈사랑 따원 필요 없어〉(이철하, 2006)
에서 남매인 척하는 민(문근영)과 줄리앙
(김주혁).
2. 〈오빠 생각〉(이한, 2016)에서 전쟁에서
모든 것을 잃고 돌아온 군인 오빠 임시완
은 고아들과 합창단을 만든다.
3. 김영하의 동명 소설이 원작인 영화 〈오
빠가 돌아왔다〉(노진수, 2014)의 포스터.

여 민에게 접근한다. 재산을 둘러싸고 서로 의심하고 속고 속이는 가운
데 민은 가짜 오빠의 정체를 알면서도 연정 때문에 그에게 속아준다. 충
분히 매력적인 이야기인 데다 〈가을동화〉(KBS2, 2000) 이후 〈어린 신부〉
(2004)를 거치며 '국민 여동생'으로 등극한 문근영이 시각장애인 민으로
분하여 훌륭한 연기를 펼쳤는데도 이 영화는 흥행에 실패했다. 영화의
서사가 두 인물의 우울하고 무거운 감정에만 집중되면서 오빠 줄리앙
의 재현이 진부해진 것이 주된 패인이었다. 듬직한 오빠와 어린 여동생
으로 보이는 두 배우의 조합 또한 진부하게 다가오는 이유 중 하나였다.

이 이야기는 2013년 조인성, 송혜교 주연의 드라마(〈그 겨울, 바람이 분다〉, SBS)로 리메이크되었을 때는 15퍼센트가 넘는 시청률을 기록하며 성공했다. 이 드라마는 조인성과 송혜교의 스타 카리스마에 대폭 의지했는데, 두 배우가 동년배인 데다 조인성이 '전통적인 오빠'의 표상과는 거리가 멀었던 점이 주효하게 작용했다. 그는 오빠임에도 오빠 같지 않아서 성공한 것이다. 이는 21세기에 오면 근대 이후 오랜 관습으로 지속되었던 '오빠-여동생'의 연대가 더는 매력적이지 않음을 시사한다.

4장

누이

〈사랑에 속고 돈에 울고〉(1939)에서 〈꽃잎〉(1996)까지

누이, 죽거나 팔리거나

기루妓樓에 몸을 팔아 오빠가 식민지 엘리트 교육을 받는 데 헌신했던 홍도는 연적을 살해한 뒤, 순사가 된 오빠의 포승에 묶이게 된다. 그리고 "이 무슨 운명의 장난이란 말이냐!" 하는 해설자의 탄식으로 이야기는 끝난다. 여기에서 '운명의 장난'은 장난이라고 하기에는 너무 가혹하며, 유난히 누이 홍도에게만 집중되는 것이었다. 이 이야기는 〈사랑에 속고 돈에 울고〉(1936)라는 제목의 대중극으로 공연된 후 커다란 인기에 힘입어 1939년에는 동일한 출연진에 동명의 영화로 제작되었다. 해방 후에는 〈홍도야 우지 마라〉(전택이, 1965)라는 제목의 영화로 리메이크되었다.

근대 이후 1980년대까지도 대부분의 영화 속 누이들은 홍도에게 주어

영화 〈사랑에 속고 돈에 울고〉(이명우, 1939)의 스틸컷. 두 사진의 맨 오른쪽에 앉은 이가 홍도 역을 맡은 차홍녀다. 그녀는 〈사랑에 속고 돈에 울고〉 연극과 영화 양쪽에 출연하며 대체할 수 없는 홍도로 대단한 인기를 누렸으나 인기의 절정에 있었던 1939년 겨울, 22세의 꽃다운 나이로 요절하고 만다.

진 것과 같은 '운명의 장난'으로부터 자유롭지 못했다. 그녀들은 조선 시대에는 열녀가 되어 가문 남자들의 출셋길을 열어주어야 했기에 정情도 없는 죽은 남편을 따라 죽어야 했고, 식민지시기에는 독립운동 하는 아버지나 오빠의 옥바라지를 위해 기생으로 팔려야 했으며, 한국전쟁 이후에는 가족의 생계를 위해 양공주가 되었다가, 1970년대 도시산업화 시기에는 공부하는 오빠나 애인의 출세를 위해 호스티스로 나가야 했다. 그리고 그녀들의 희생으로 오빠가 출세하거나 집안이 일어섰을 때 그녀들은 오히려 집안의 수치가 되어 정조를 지키지 못한 값을 죽음으로 치르곤 했다.

이광수 소설 원작 영화 〈재생〉의 주인공 순영은 또 하나의 전형적인 누이 모습을 보여준다. 1920년대에 신문에 연재되고 출간된 원작소설은 식민지시기부터 해방 이후까지도 대단한 인기를 누렸고, 이 소설을 원작으로 하는 영화가 두 번(홍성기·박찬, 1960/강대진, 1969)이나 제작되었다는 사실은 그 서사의 대중성을 입증한다. 주인공 순영에게는 두 오빠가 있는데, 큰오빠는 방탕아이고 작은오빠는 독립운동가다. 독립운동가 오빠는 순영의 애인과 함께 투옥되고, 방탕아 오빠는 순영을 부자의 첩으로 팔아넘긴다. 이런 순영의 처지는 독립운동가 오빠의 수치심과 애인의 분노를 사고 그녀는 그들에게 경멸과 복수의 대상이 된다. 결국 순영은 모든 것을 자신의 탓으로 돌리며 자살하고 만다. 순영과 같이 죽음으로 속죄하는〔응징당하는〕부정不淨한 누이의 유형은 한국영화사에 두루 나타나며, 홍도와 같이 헌신하다 억울하게 희생되는 유형과 함께 누이 표상의 주류를 이룬다.

한의 분출과 복수의 향방

그러니 어찌 누이에게 한이 없겠는가? '운명의 장난'이나 '여인으로 태어난 죄'로만 매듭지을 수 없는 억울한 누이의 죽음은 억압된 에너지의 형태로 다른 분출구를 마련한다. 멜로드라마의 서사 구조에서 파생된 여귀女鬼 공포물이 그중 하나다.[23] 1960년대 공포영화의 대표작 〈월하의 공동묘지: 기생월향지묘〉(권철휘, 1967)는 무덤이 갈라지고 관 뚜껑이 열리며 죽은 여인이 벌떡 일어서서 나오는 장면으로 시작한다. 죽은 여인으로 하여금 무덤을 가르고 관 뚜껑을 날리는 에너지를 갖게 한 것은 그녀의 억울함과 모성애다. 관에서 뛰쳐나온 죽은 여인은 주인공 명순(강미애)으로, 그녀는 독립운동으로 투옥된 오빠 춘식(황해)과 오빠 친구이자 애인이기도 한 한수(박노식)의 옥바라지를 위해 기생 월향이 되었다가 한수와 결혼하여 아들까지 낳았다. 그러나 한수와 불륜을 맺은 찬모(도금봉)의 음해로 그녀는 기생 시절의 버릇을 버리지 못하고 부정하다는 누명을 쓰고 죽었다. 그런데 급기야 찬모가 명순의 아들까지 독살하려고 하자 그녀는 무덤을 부수고 세상에 나와 아들을 지키고 자신을 죽인 자들에게 복수한다.

여기에서 눈여겨볼 것은 복수의 방향이다. 실제로 명순이 불행해진 주요 원인은 남편 한수에게 있다. 명순의 오빠는 여동생의 장래를 위해 한수의 죄까지 자신이 뒤집어쓰고 한수를 출옥시켰는데, 한수는 오빠 걱정에 심신이 약해진 아내를 의심하고 바람까지 피웠으니 말이다. 그럼에도 그 대가는 찬모와 그 일당만이 치른다. 이는 〈사랑에 속고 돈에 울고〉에서 유약하고 무책임한 남편 광호가 아닌 그의 정혼자 혜숙이 홍도의 손에 죽는 것과 같은 현상이다. 또한 1960~70년대 궁중사극에서 왕을 둘러싼 여인들의 쟁총으로 사건이 벌어졌을 때 왕은 언제나 그 책임에서 비켜나고 여인들의 잘못으로 귀결되는 것과 상통하기도 한다.

요컨대 가부장제 안에서 가부장의 권위와 위상을 훼손하지 않고 문제를 해결하려고 하는데 아버지가 제 역할을 하지 못하는 상황에서 미숙한 오빠가 그 자리를 대신할 때, 항상 '누이'가 모든 이의 잘못을 대속한다. 홍도 오빠 철수와 철수의 친구이자 홍도의 남편인 광호 사이에 아무런 일도 일어나지 않는 것처럼, 오빠 춘식이 탈옥하여 누이의 불행을 보고 한수를 책망하기는 하지만 춘식과 한수 사이에는 싸움도 응징도 일어나지 않는다. 〈두 남매〉(홍일명, 1958)나 〈남매〉(김기, 1967)와 같은 영화에서도 오빠가 친구에게 누이를 맡기고 감옥에 갔다 왔을 때 누이들은 한결같이 버림받은 상황에 처해 있지만, 오빠는 처음에 격분하다가도 결국엔 누이를 다시 받아들여 달라고 친구를 설득하는 정도로 그친다.

〈월하의 공동묘지: 기생월향지묘〉(권철휘, 1967)에서 기생 월향(강미애)은 한수의 아내가 되면서 오빠의 누이 명순으로 돌아와야 하지만, '기생 월향'이라는 정체성에서 벗어나지 못한다. '기생월향지묘'라는 이 영화의 부제에서부터 그 점이 드러나며, 현세의 조강지처로 발붙일 수 없는 본원적 약점을 말해준다. 명순이 죽었을 때 동료로 보이는 여성들이 애도하는 모습(위)은 그녀가 기생이었음을 환기시킨다. 사후에 명순이 귀신이 되어 나타나는 장면(아래)에서는 가야금 소리가 들리곤 한다.

그러니 누이의 억울함이 제대로 해원될 리 없다.

  그러나 한국영화사에서 기성 질서에 순종하고 부정을 속죄하며 남자들의 잘못을 대속하는 가엾고 억울한 누이들만 있는 것은 아니었다. 1960년대 중반에 오면 자신을 짝사랑하여 겁탈한 의붓오빠에 대한 복수로 닥치는 대로 남자를 사귀고 다니며, 결국 그들 중 하나로 하여금 의붓오빠를 살해하게 만드는 무서운 누이가 나온다. 〈불나비〉(조해원, 1965)의 민화진(김지미)이 그녀다. 영화는 민화진이 목이 칼에 찔린 채 죽어 있는 남자를 발견하는 것으로 시작한다. 그 여자와 남자는 연인이었던 것으로 보이는데, 여자는 놀라 외제 승용차를 타고 정신없이 내달린다. 그리고 곧이어 차가 벼랑에 매달려 떨어지기 직전에 그녀는 또 다른 남자 성훈(신영균)에 의해 구원받는다. 여자의 본명이 밝혀지기까지 그녀는 '미세스 양', '안 여사' 등으로 불리고 도발적인 핫팬츠에서 우아한 한복까지 다양한 의상을 갈아입는다. 그리고 그때마다 그녀의 곁에는 새로운 남자들이 등장한다. 변호사(신영균), 건달(황승리), 가수(김상국), 사업가(최남현), 부호(박암) 등 그 남자들의 면면도 다양하다.

그런데 민화진이 동시대의 다른 여성 캐릭터와 다른 점은 '화냥기'나 '부정한 행동'이라는 이유로 여성 인물들이 응징되곤 했던 사유들이 그녀에게는 적용되지 않는다는 것이다. 영화에서 드러나는 그 이유는 아름답기 때문이다. 그녀는 "너무도 아름답기 때문에 슬픈 인생을 살아야" 했던 가련한 여인으로 남성 인물들에 의해 반복적으로 변호된다. 여기에서 슬픈 인생이란 그녀 주변의 남자들로 하여금 그녀의 사랑을 얻기 위해 살인을 서슴지 않게 만듦으로써 주변 남자들을 하나같이 불행하게 만든다는 것이다. 결국 그녀가 받는 처벌은 혼자 떠나는 것이며, 그녀 때문에 발생한 많은 남자들의 죽음은 그녀에게 매혹된 데 대한 당연한 대가가 된다.

이 영화에서 특히 흥미로운 것은 민화진과 오빠 민병태(최남현)의 관계다. 오빠는 누이를 겁탈하고 누이와 지속적인 관계를 원함으로써 남녀 관계로 남게 된다. 그런데 남편(박암)은 성불구자로 그녀와 실질적인 이성 관계를 갖지 못한 가족이다. 법적 오빠와 남편의 실상이 뒤바뀐 셈이다. 결국 민화진을 사랑하면서도 실질적인 남편이 될 수 없었던 남편이 그녀에게 접근하는 남자를 모조리 살해하면서 그녀의 오빠까지 죽이게 된다. '남편이라는 의사疑似 오빠'에 의한 '사이비似而非 오빠'의 살해. 이

〈불나비〉(조해원, 1965)에서 민화진 역을 맡은 김지미의 모습. 이 영화에서 김지미는 팔색조의 매력을 발산하며 한국형 팜 파탈의 이미지를 선보인다.

는 자신이 헌신하여 경찰로 만든 오빠의 포승에 묶여 끌려가면서, 무력하게 뒷짐 지고 서 있기만 하는 남편을 목도해야 했던 홍도의 해원解寃처럼 보이기도 한다.

집 나가는 누이, 추동하는 누이

1970년대부터 집을 나가는 누이가 늘어난다. 이제 집을 떠나는 것이 오빠들만의 일은 아니게 된 것이다. 〈별들의 고향〉(이장호, 1974)의 경아도, 〈영자의 전성시대〉(김호선, 1975)의 영자도 생각해보면 모두 집을 나간 누이들이다. 그러나 그들 대부분은 교육을 받지 못하고 고향집에 돈을 부치기 위해 식모, 공장 노동자, 버스 차장, 캐디, 다방 레지, 호스티스로 떠돈다. 그녀들이 도시를 전전하는 동안 그녀들의 정조는 유린되고, 영화는 그 과정을 전시한다.

1980년대 전반기에 한국영화 속 누이들도 대부분 그 범주에서 벗어나지 않지만, 조금씩 달라지는 측면이 나타나기 시작한다. 그중 하나가 〈난장이가 쏘아올린 작은 공〉(이원세, 1981)의 영희(금보라)다. 1970년대에 나온 최대 화제작 중 하나인 조세희의 동명 소설을 원작으로 하는 이 영화는 제작이 결정될 때부터 언론의 주목을 받았다. 하지만 그러한 이유로 한편으로는 검열 당국의 주시를 받기도 했다. 그 결과 폐수가 흐르는 공장 지대는 염전으로 바뀌었고, 명희의 자살, 아버지의 자살과 같은 부정적 장면들은 모두 삭제되어야 했다. 그러면서 오빠들의 이미지는 한층 무력해지고, 막내 누이 영희의 이미지가 오롯해진다. 이 영화의 전반부가 오빠 영수(안성기)와 명희(전영선)의 이야기라면, 후반부는 영희의 이야기라고 해도 과언이 아닐 정도로 후반부에서는 영희가 주인공으로 부각된다.

영희는 "너도 이제 아버지보다 1센티미터 크다"라는 작은오빠(김효정)의 말에 아무도 아빠처럼 작지 않으면 어떻게 하느냐고 우는 울보다. "큰오빠는 공부를 계속 했어야 했어"라고 아쉬워하며 "말만 한 것이 걸핏하면" 오빠를 껴안고 자는 막내 누이다. 그러나 남들 앞에서 난쟁이 아빠를 당당하게 "아빠!"라고 부르는 올곧은 소녀이며, '우리 집'을 되찾겠다고 철거 가옥의 딱지를 가진 낯선 남자의 차에 올라타는 당돌한 처녀이기도 하다. 결국 그녀는 그 남자(김추련)에게 자신의 처녀성을 주는 대신 아파트 입주권을 받아서 돌아온다. 착하지만 무능한 남자들—달에 난쟁이 마을을 만들겠다고 달나라로 매일 편지를 띄우는 아버지(김불이), 장남으로서의 책임의식은 크지만 아무것도 실천할 수 없는 책상물림 큰오빠, "이 주먹으로 우리 집 걱정을 모두 날려버리고 말 테야!"라고 장담했지만 케이오당하고 마는 작은오빠—이 할 수 없었던 일을 막내 여동생이 해낸 것이다.

그런데 영희가 집문서를 들고 집으로 돌아오는 시점에 아버지는 굴뚝에서 뛰어내려 자살한다. 귀가하자마자 아버지의 죽음과 대면한 영희는 아빠의 시신 위에 집문서를 올려놓는다. 그리고 마지막 장면에서 큰오빠에게 말한다. "오빠, 큰오빠는 화도 안 나? 아빠를 난장이라고 부르는 놈들은 죽여버려!" 큰오빠는 대답한다. "그래, 죽여버릴게!" 그러자 영희는 한 번 더 오빠에게 다짐한다. "꼭 죽여야 해! 꼭, 꼭이야!"

영희 순결의 값을 후하게 쳐준 관대한 브로커가 〈겨울여자〉(김호선, 1977)에서 이화(장미희)의 첫사랑이자 〈꽃순이를 아시나요〉(정인엽, 1978)에서 은하(정윤희)의 첫사랑이기도 했던 김추련이라는 점, 그러한 그가 영희 아파트의 계약금까지 내주면서 "언제든지 생각 있으면 와. 난 네가 이뻐"라고 한 대목은 향후 영희의 운명이 1970년대 말 호스티스 멜로드라마의 여주인공이 될 가능성을 내비친다. 그리고 영희 앞에서 다짐하긴 했지만 과연 큰오빠가 무엇을 할 수 있을지에 대해서는 강한 회의가 들기도 한다. 그럼에도 꼭 죽여야 한다는 영희의 다짐은 이채로우면서도 강력하다. 현실에서는 구현될 수 없다 하더라도, 그것이 집문서를 찾아온 누이의 입에서 당당하게 발화되었다는 것 자체로 최소한 거부할

1. 〈난장이가 쏘아올린 작은 공〉(이원세, 1981)에서 막내 누이 영희 역을 맡은 금보라의 모습. 영희는 기타만 들고 부동산 브로커(김추련)의 차를 타고 가 자신의 처녀성을 주고 아파트 입주권을 받아서 돌아온다.

2. 〈난장이가 쏘아올린 작은 공〉의 포스터. 이 영화는 '난장이'로 상징되는 소외계급 가족의 이야기이지만, 1970년대 후반에서 1980년대 전반 영화가 으레 그렇듯, 포스터에서는 누이의 육체와 처녀성의 훼손이 강조되었다.

3. '여공'을 주인공으로 내세워 구로공단 생산직 노동자의 이야기를 담은 〈구로 아리랑〉(박종원, 1989)의 포스터. 노동문제를 다루다면서 포스터의 여주인공의 모습은 당시 유행하던 에로영화의 관습을 따른다.

수 없는 부담이 되기 때문이다. 큰오빠의 꼭 죽이겠다는 약속은 그 증거다. 그 약속은 맥락상 큰오빠 내부에서 비롯되었다기보다는 누이의 추동에 의한 것이었기 때문이다.

피고 지고 다시 피는, 넋으로 떠도는 누이

이제 차마 말하기 힘든, 그러나 결코 잊을 수도 없는 누이에 대해 이야기하려 한다. 한국영화사에 수많은 누이가 등장했지만 이토록 어리고 강렬하고 가슴 아픈 누이는 없었다. 베를린 장벽이 무너지면서 이념을 좇던 오빠는 누이의 곁으로 돌아온다. 그렇다고 해서 그가 물리적으로 누이의 곁에 있을 수는 없었다. 〈베를린 리포트〉에서 보았듯이 그는 우선 감옥에 가야 했기 때문이다. 아무튼 오빠는 다시 돌아왔는데(수인囚人으로든, 백수白手로든, 시신屍身으로든), 누이가 집을 나가 돌아오지 못하는 영화가 나온다. '광주'를 다룬 극영화 〈꽃잎〉(장선우, 1996)이 그것이다.

누이는 왜 집을 떠났고, 왜 돌아오지 못하는가? 1980년 5월 광주 인근의 소읍, 서울에 있는 대학에 다니다 강제 징집되었던 오빠의 부고가 날아든다. 몸부림치며 통곡하던 어머니(이영란)는 무슨 생각인지 나들이옷으로 갈아입고 광주로 나간다. 그러자 혼자 남겨질 것을 두려워한 열다섯 살 어린 딸(이정현)은 어머니의 치맛자락을 한사코 놓지 않고 결국 어머니를 따라 광주 도청 앞까지 가게 된다. 시위대와 대치하던 군대는 급기야 시위대를 향해 발포하고, 놀란 시민들과 함께 도망치던 어머니는 총에 맞아 절명한다. 눈앞에서 어머니의 죽음을 목도한 소녀는 졸도하고, 어머니를 비롯해 시위 현장에서 죽은 사람들의 시신과 함께 구덩이에 버려진다. 소녀는 구덩이에서 구사일생으로 살아나지만 너무나 큰 충격으로 정신줄을 놓아버린 채 오빠를 찾아 헤맨다. 이 영화는 오빠를 찾아다니는 소녀와 그 소녀를 찾아다니는 오빠 친구들의 여정이 교직되는 형태로 전개된다.

영화는 거지 꼴의 소녀가 공사판을 전전하는 날품팔이 장(문성근)을 '오빠'라고 부르며 따라다니는 것으로 시작한다. 장은 소녀를 차고 때리고 돌을 던지며 떼어놓으려 하지만, 소녀는 끈질기게 장을 따라붙는다. 장은 소녀를 강간하고 구타하기를 반복한다. 그런데도 장의 곁에 남아 있는 소녀에게 장은 시간이 지날수록 알 수 없는 연민을 느낀다. 그의 심경 변화는 소녀를 추행하고 학대하는 못된 남자에서 소녀를 씻기고 새 옷을 사다 입히는 오빠와 같은 보호자로 바뀌어가는 것으로 나타난다. 소녀가 장과 지내는 동안 오빠 친구들은 소녀의 행방을 탐문하며 다니고, 장은 소녀의 사진을 찍어 신문에 광고를 낸다. 마침내 오빠 친구들이 장을 찾아가지만, 이미 소녀는 장을 떠난 뒤였다. 이제 장은 오빠 친구들에게 오히려 소녀를 찾아달라고 애걸한다. 결국 오빠 친구들은 소녀 찾기를 그만두고 다음과 같은 말을 남긴 채 돌아간다.

당신은 무덤가를 지날 때, 아니면 강가에서나, 어느 거리 모퉁이에서, 어쩌면 이 소녀를 만날지도 모릅니다. 찢어지고 때 묻은 치마폭 사이로 맨살이 눈에 띄어도 못 본 척 그냥 지나쳐주십시오. 어느 날 그녀가 당신을 쫓아오거든, 그녀를 무서워하지도 말고, 무섭게 하지도 마십시오. 그저 잠시 관심 있게 봐주기만 하면 됩니다.*

"잠시 관심 있게 봐주기만" 하는 것으로는 결코 충분치 않았다. 그러

---

* 이 내레이션은 오빠 친구들 중 하나인 설경구의 목소리로 흘러나온다. 세기말 영화 〈박하사탕〉(이창동, 1999)에서 달려오는 기차 앞에 서서 "나 돌아갈래!"를 외쳤던 배우도 설경구였음을 상기하면, 〈꽃잎〉의 '오빠 친구'와 〈박하사탕〉의 '영호' 사이에는 동시대 오빠 표상으로서의 연관성이 감지된다.

나 이 정도만이라도 해달라는 간곡함이야말로 1996년에 광주항쟁에 대해 말할 수 있는 임계였을지도 모른다. 그럼에도 이렇게 말하고 떠나는 대학생 오빠들은 30년 전에 광주 근방을 다녀온 다른 오빠를 환기시킨다. 〈안개〉(김수용, 1967)의 윤기준(신성일)은 "앞으로 오빠라고 부를 테니까 절 서울로 데려가주시겠어요?"라는 하인숙(윤정희)과 관계를 맺는다. 그리고 인숙이 "일주일 동안만 멋있는 연애를 할 계획"이라고 하자, "그렇지만 내 힘이 더 세니까 별수 없이 내게 끌려서 서울까지 가게 될걸"이라고 대답한다. 그러나 그는 "안개를, 외롭게 미쳐가는 것을, 유행가를, 술집 여자의 자살을, 배반을, 무책임을" 마지막으로 한 번만 긍정하기로 하며 무진을 떠난다. 〈꽃잎〉에서 '우리들'로 호명되는 대학생 오빠들은 윤기준과 얼마나 다를까? 또한 미친 소녀를 억압된 성욕의 배설구로 이용하다가 소녀의 사연을 알게 되면서 진짜 오빠가 되어갔던 장과, 그들은 과연 다를까?

이 영화가 불편한 것은 오빠 친구들을 비롯해 영화를 보는 관객들까지 모두 다 장과 같은 혐의로부터 자유롭지 못하게 만들기 때문이다. 그런 맥락에서 영화의 처음과 끝에 배치된 두 장면은 주목을 요한다. 영화의 오프닝에서 김추자의 「꽃잎」이 배경음악으로 깔리는 가운데, 광주 다큐멘터리 화면이 2분 동안 제시되고, 소녀가 오빠 친구들 앞에서 노래하던 과거 화면과 오빠 친구들이 기차를 타고 소녀를 찾아 떠나는 화면이 이어진다. 이때 지도를 들여다보던 한 오빠는 지도를 보는 체하며 옆에서 애무하는 남녀를 엿본다. 한편 결말 부분에서 소녀는 이름 모를 무덤 앞에 앉아 자신의 사연을 털어놓은 뒤 시장통에 앉아 있다. 그때 "지금부터 국기 강하식을 거행하겠습니다"라고 하는 방송과 함께 '국기에 대한 맹세'와 「애국가」가 흘러나온다. 시장에 있던 모든 사람들은 가슴에 손을 얹고 멈춘다. 그러자 소녀는 그 사이를 뚜벅뚜벅 걸어간다. 그 걸음 사이로 계엄군이 발포하기 직전 도청 앞에서 「애국가」가 흘러나오던 장면이 인서트된다.

이 불균질한 장면의 배치는 1980년대의 폭력과 관음이 국가주의와 마초이즘을 공통분모로 하고 있음을 시사한다. 집단주의를 기반으로 한 분노와 순응, 그 이면의 개인적 공포와 죄의식, 그것에서 비롯되는 피와 죽음에 대한 호기심과 관음이 소녀에 대한 장의 강간과 학대, 장과 김상태(박광정), 그리고 오빠 친구들의 모순된 행동으로 구현된 것이다. 시장에서 소녀에게 동전을 던져주던 사람들이 모두 '국기에 대한 맹세'를 하느라 심장에 손을 얹고 멈춰 서는 순간, 소녀는 이 땅에서 갈 곳이 없어진다. 그래서 자신을 강간한 이조차 오빠라 부르며 따라붙었던 소녀가 사람들 사이를 무연히 걸어갈 때 우리 모두는 시대의 공범자가 된다. 이는 1980년대를 배경으로 했던 〈살인의 추억〉(봉준호, 2003)에서 연쇄살인범으로부터 누이들을 보호하지 못한 책임이 범행 가능한 어둠을 제공했던 시대, 그것을 우리 모두라고 본 것, 그래서 나무 위에서 간호사와 소녀 중 사냥감을 고르는 범인의 시선에 우리의 시선을 겹쳐놓은 것과 상통하기도 한다.

'광주사태'가 '광주항쟁'이 되고, 다시 '광주민주화운동'으로 불린다고 해도 사라진 소녀는 돌아올 수 없다. 그녀를 강간하고 유린한 것은 정치권력만의 문제가 아니었기 때문이다. 꽃잎이 짧게 피고 지듯, 문득문득 떠올랐다 사라지는 불편한 죄의식으로, 인간이라는 게 수치스럽고 더럽게 느껴지는 떠올리기 싫은 기억으로, 거대한 괴물에게 쫓기고 원귀에

〈꽃잎〉(장선우, 1996)의 소녀(이정현).

〈명량〉(김한민, 2014)에서 조선 수군을 독려하는 벙어리 여인(이정현).

시달리면서도 자신을 구원해줄 오빠만을 찾았던 넋으로, 그녀는 영원히 떠돌게 된 것이다.

사족을 달자면 〈꽃잎〉의 소녀 이정현은 〈명량〉(김한민, 2014)에서 붉은 치마를 입은 벙어리 여인으로 돌아와 이순신의 배를 구한다. 데뷔작이었던 〈꽃잎〉을 통해 너무나 강렬한 이미지로 각인된 이후 국내 영화에서는 새로운 캐릭터를 구축하기 힘들었던 이정현이 오랜만에 복귀한 한국 영화에서 목소리가 없는 구국救國의 여인으로 표상되었다는 것은 의미심장하다. 이 나라는 도대체 언제까지 목소리 없는 여인들에 의해 지켜져야 하는가?

| 누이의 또 다른 이름, 기생-카페걸-양공주-호스티스 |

1939년 박기채가 만든 문예영화 〈무정〉에는 이런 장면이 나온다.

S(24) 교외郊外의 요정 (저녁夕)

월향: 아이, 노세요!

베란다를 낀 미다지 문이 홱 열리면서 월향이 황겁히 나온다. 등의자에 몸을 기대여 괴로워한다. 뒤를 따라 나오는 김현수, 산돼-지같이 씨근거리며, 월향이의 맞은 편 의자를 앉는다. 얼근이 취한 현수, 월향을 노려본다. 외면하며 고민하는 월향이.

현수: 애, 월향아, 내가 실수했다. 잘못됐다. 할 말이 있으니 들어가자, 들어가-

월향의 팔을 끈다.

월향, 뿌리치며 여전히 강경하다. 뿌리침을 받은 김현수, 한참 먹먹하다.

현수: (언성을 높이며) 조흔 말로 할 때 들어가지 왜 이래.

월향이 팔을 끄잡는다.

월향, 저항한다. 현수, 강제로 꺼잡는다. 월향이 쓰러질 듯 끌린다. 등탁자에 놓엿든 물병, 마루창에 떨어지면서 산산히 부서진다.[24]

이것은 남작의 아들 김현수가 기생 계월향이 된 주인공 박영채를 탐내 겁탈하려는 장면이다. 원작에서는 김현수 혼자가 아니라 배명식과 둘이서 영채를 성폭행하는데 그 장면이 구체적으로 묘사되지는 않는다. 대신에 그들이 형사에게 현장에서 체포되고 나서의 사후 심리가 다음과 같이 서술된다.

> 김현수나 배명식의 생각에 기생이라는 계집사람은 모든 도덕과 모든 인륜을 벗어난 일종 특별한 동물이라 하였다. 그러므로 그가 오늘 저녁에 한 일이 결코 도덕이나 양심에 거스르는 행위 줄로는 생각지 아니한다. 다만 귀찮은 법률이라는 것이 있어 부녀의 의사를 거스르고 육교를 한 것을 강간죄라 할 것이 두려울 뿐이었다. … 만일 영채가 자기의 누이동생이거나 딸이었던들 남이 영채를 강간하는 것을 보면 반드시 형식보다 더욱 분을 내어 칼을 들고 덤비려니와 영채가 누이도 아니요 딸도 아니므로 그가 강간을 받아도 관계치 않고 죽더라도 관계치 않다 한다.[25]

여기에는 근대 남성이 '기생'을 바라보는 시선이 집약되어 있다. 김현수는 사학재단 이사장의 아들이고 배명식은 그 학교의 학감으로 사회 지도층을 이루는 인사들이다. 인용문에서 배어 나오는 서술자의 어투는 당시 속세의 남성들이 기생을 바라보는 시선이 그들보다 더 고상하지 않으리라는 점을 시사한다. 이는 주인공 이형식이 박영채가 처녀일까 아닐까를 두고 소설의 4분의 1 정도가 전개되는 동안 고민하는 데에서도 드러난다.

그들의 시선에 따르면 당시 여성은 크게 두 유형으로 구분된다. 하나는 '누군가'의 가정에 속한 여성이고, 다른 하나는 가정에 속하지 않은 여성이다. 전자에서 '누군가'란 가부장을 의미하며 여기에 속하

영화 〈무정〉(박기채, 1939)의 광고. 당대 최고 스타였던 문예봉과 함께 박영채 역으로 데뷔한 한은진을 소개한다.

는 여성은 가족의 일원으로서의 여성, 즉 어머니, 아내, 누이, 딸 등을 가리킨다. 후자에 해당하는 대표적인 예로는 위에서 언급한 기생이 있다. 그들은 '계집사람' 중에서도 '특별한 동물'로 지칭된다. '사람'이란 '남성'에게 한정되는 개념이고 여성은 남성의 관할 아래에 있을 때 사회적으로 보호받을 수 있는 '계집사람'인데 기생은 그나마 거기에도 낄 수 없는 '동물'로 간주되는 것이다. 전근대적 전횡에 찌들어 있든, 근대적 주체라고 자부하고 있든, 당대인이라면 이러한 시선과 인식으로부터 자유롭지 못했다.

그러나 이러한 시선과 인식은 비단 근대 초기에서 끝나지 않고, 20세기를 관통하며 유지되었다. 대상이 '기생'에서 '카페걸', '양공주', '호스티스'로 바뀌어갔을 뿐이다. 그녀들은 돈을 벌어 아버지의 약값과 동생들의 학비를 대고, 때로는 전쟁고아 구제와 고향의 근대화에 기여하기도 했지만, 그녀들이 했던 일은 그녀들의 이름과 함께 부끄러운 것으로 감추어졌다.

〈청춘의 십자로〉(안종화, 1934)에서 오빠를 찾아 상경했다 카페걸이 되는 영옥(신일선). 신일선은 〈아리랑〉(나운규, 1926)에서 주인공 영진(나운규)의 여동생 영희 역할을 맡으며 '국민 여동생'으로 인기를 누리다 결혼하면서 은퇴했다. 〈청춘의 십자로〉는 그녀가 결혼에 실패하고 복귀한 영화다.

한국전쟁기 미군 주둔지를 배경으로 하는 영화 〈은마는 오지 않는다〉(장길수, 1991)에 재현된 '양색시'들. 왼쪽부터 순덕(방은희), 언례(이혜숙), 용녀(김보연). 그들의 본명과 외양의 부조화가 불편함을 유발한다. 이 영화에서 다른 인물들은 영어 이름을 쓰는데, 주인공 언례는 본명을 그대로 사용하여 그 불편함을 지속시킨다.

1970년대 말에 흥행한 '호스티스물' 〈꽃순이를 아시나요〉(정인엽, 1978)의 신문 광고. 이 영화에서 시골 처녀 은하(정윤희)는 상경하여 다방레지, 누드모델, 호스티스로 이직한다. 그녀는 사진 작가에게는 영감을, 운동선수에게는 용기를, 외로운 노인에게는 마지막 위안을 주지만 어디에도 그녀가 정착할 자리는 없다. '꽃순이'는 환락가에서 그녀를 부르는 이름이다.

2부

국가

한반도는 근대 열강들의 침략을 받으면서 일본의 식민지가 되었고 제2차 세계대전이 끝나자 해방과 함께 냉전시대의 전략적 요충지가 되면서 분단을 겪었다. 따라서 식민지 경험에 대한 기억과 대응은 냉전시대의 이해관계와 이분법적 논리에 의해 굴절될 수밖에 없었고, 한반도의 국제관계는 분단국가라는 굴레에 묶일 수밖에 없었다. 해방 이후에 등장한 '한국영화(남한영화)'에는 이러한 역사와 국제관계가 반영되어 있다. 따라서 한국영화에서 나타나는 국가들은 대개 분단과 직접적으로 연관된 강대국이다. 여기에는 냉전을 주도했던 미국과 소련을 비롯해 중국과 일본이 포함되며 냉전질서에 따라 적대국과 우방으로 구분된다.

우선 적대국부터 살펴보자면, 조선을 식민지화한 숙적은 일본이었으나, 냉전구도 속에서 남한의 적은 사회주의 국가인 소련과 중국이 된다. 이 두 국가는 인격화되지 않은 형태로 추상적인 적으로 재현되는 경우가 많았다. 예를 들어 한국전쟁을 다룬 영화에서 소련군의 이미지는 구체적으로 드러나지 않은 채 부녀자를 겁탈하고 물품을 약탈했다는 풍문으로만 처리된다. 또한 중일전쟁을 배경으로 하는 '만주 활극'에서 주인공을 위협하는 적대자가 '팔로군'과 연관된 것으로 설정되기도 하는데, 이 경우에도 '팔로군'은 언급만 될 뿐이다.

중국군은 소련군에 비하면 보다 빈번하게 이미지화된 편이나, 인격을 지닌 인간이 아니라 '한 무리'로 그려진다. 중국군의 주된 전략을 가리키는 '인해전술人海戰術'이라는 말에서부터 그런 점이 드러난다. '인해人海'는 파도와 같은 '떼거리'를 가리키는 말이며, 그러한 이미지를 한층 강화하는 것은 '소리'다. 중국군의 등장을 알리는 표지는 꽹과리, 피리, 북 같은 중국의 여러 전통

악기 소리가 무작위로 섞인 소란이다. 여기에는 중국군 또한 인간이라는 인식이 개입할 여지가 없다. 미군 공보처에서 만든 영화 〈불사조의 언덕〉(전창근, 1955)에서 미군이 중국군을 '더러운 쥐dirty rats'라고 부른 것은 그러한 인식의 발로다. 중국군은 인간의 부대가 아니라 한 무리의 짐승인 것이다.

　적대국인 소련이나 중국이 '추상적인 적'이나 '짐승'에 가까운 이미지로 단순하게 드러나는 데 비해 우방국인 미국과 일본의 재현 양상은 구체적이고 복잡하다. 그만큼 남한이 미국과 맺은 관계, 그리고 그 속에서 과거의 적인 일본과 맺은 관계가 긴밀하며 복잡하다는 의미다. 소련이나 중국의 이미지가 짧게 삽입되는 것은 그들이 주인공이 아니기 때문이기도 하다. 한국전쟁은 냉전시대 강대국들의 대리전이었다. 그런데 중요한 것은 강대국들이 냉전Cold War을 벌일 때 남북은 피를 흘리며 무력전쟁Hot War을 치렀다는 사실이다. 그리고 그 피 위에서 분단체제가 수십 년에 걸쳐 지속되면서 남한영화에 나타나는 주적主敵은 '북'이 되었다. 그러다 보니 한국영화에 나타나는 국가 표상은 '일본'과 '미국', 그리고 '북한'에 집중된다.

1장

일본

〈현해탄은 알고 있다〉(1961)에서 〈허스토리〉(2018)까지

숙적이자 전략적 우방

2017년, 일본군 성노예로 끌려간 두 소녀의 이야기를 다룬 영화 〈귀향: 끝나지 않은 이야기〉(조정래 / 이하 〈귀향〉)가 조용히 바람을 일으켰다. 이 영화는 세계 각지 7만 5270명 시민 후원자의 크라우드 펀딩으로 완성되었는데 국내에서 스크린을 잡지 못하다가 해외에서 먼저 개봉하여 화제가 되었다. 그리고 나서 국내에서 개봉하여 개봉 3일 만에 46만 명을 동원하더니 17일 만에 300만을 넘어섰다. 비슷한 시기 다른 한편에서는 요절 시인 윤동주의 삶을 그린 영화 〈동주〉(이준익, 2016)가 저예산 흑백영화임에도 3주 만에 100만 관객을 동원했다. 식민지시기를 배경으로 일본 제국주의의 만행을 부각시킨, 어떻게 보면 어둡고 진부할

〈귀향: 끝나지 않은 이야기〉(조정래, 2017)에서 14세 소녀 정민(강하나)이 일본군에 의해 '위안부'로 끌려가는 장면.

후쿠시마 감옥에서 죽어가는 윤동주(강하늘)의 모습을 부각시킨 〈동주〉(이준익, 2016)의 포스터.

수도 있는 두 영화가 연달아 흥행한 것은 2015년 한일 정부끼리 타결했던 '위안부 협상' 사건과 무관하지 않다. 이 사건을 계기로 식민지 잔재 청산 문제가 다시 대두했고, 지난 역사를 반성하지 않는 아베 정권의 태도는 민족감정을 불러일으켜 일본에 대한 반감을 새삼 자극했다. 〈귀향〉 이외에도 〈눈길〉(이나정, 2017), 〈아이 캔 스피크〉(김현석, 2017), 〈허스토리〉(민규동, 2018) 등 '위안부' 문제를 다룬 영화가 동시기에 제작된 것은 이러한 분위기를 반영한다.

주지하다시피 한반도는 근대 열강의 침략으로 식민지시기를 겪었고

일본군 성노예 문제를 다룬 극영화들의 포스터.
1. 〈귀향〉과 마찬가지로 성노예로 끌려간 두 소녀의 이야기를 다룬 〈눈길〉(이나정, 2017). 2. 김복동 할머니의 실화를 바탕으로 일본군 성노예의 국제적 고발 문제를 대중적으로 풀어낸 〈아이 캔 스피크〉(김현석, 2017). 3. 관부 재판 실화를 다룬 〈허스토리〉(민규동, 2018).

제2차 세계대전이 끝나자 승전한 열강들의 이해관계에 따라 분단되었다. 이 과정에서 오랜 이웃이자 침략의 과거가 있는 숙적 일본은 먼저 개화하여 아시아의 근대 선진국이 되고 조선을 식민지로 삼으며 제국이 되었다. 한국전쟁 이후에는 냉전질서 속에서 위상이 재편성되어 남한의 전략적 우방이 되었으며, 한편으로는 가까운 용공국가로 분류되기도 했다. 이렇게 긴밀하면서도 복잡한 일본과의 관계사는 일본을 한국영화에서 가장 많이 등장하는 국가로 만들었다. 그리고 그것을 이루는 기억과 상상은 한동안 냉전시대의 이해관계와 이분법적 논리에 의해 굴절될 수밖에 없었으며 여전히 한반도를 둘러싼 정세에 따라 매우 민감한 변화를 보이고 있다. 때로는 영화가 대중의 반향을 불러일으키며 여론을 선도하고, 여론은 다시 영화계에 영향을 미쳐 유사한 소재의 영화들이 제작됨으로써 국민의 대일對日 정서에 작용하기도 한다. 2015년 이후 현재까지 이어지는 일본 관련 영화 제작 경향은 이를 보여준다.

한일관계에 대한 성찰적 인식

해방 직후에는 항일운동을 그리는 이른바 '광복영화'가 제작되며 적으로서의 일본 이미지가 적극적으로 재현되었다. 그러나 한국전쟁을 겪으면서 적의 표상은 북한으로 집중되었고, 그러면서 일본은 한국영화에 거의 등장하지 않게 되었다. 한국영화에서 근대일본이 다시 등장하는 것은 1960년대에 들어서면서부터다.

1961년에 개봉한 〈현해탄은 알고 있다〉(김기영)는 태평양전쟁 말기를 배경으로 하는 전쟁 멜로드라마이면서 식민지 경험에 대한 심리를 보다 진솔하고 복잡하게 드러낸 문제작이다. 이 영화는 1960년 8월부터 1961년 2월까지 매주 일요일 서울중앙HLKA 방송국을 통해 송출된 동명의 인기 라디오 드라마(한운사 작, 문수경 연출)를 원작으로 한다. 당시 신문들은 이 드라마의 인기에 대해 "일제 시 학병으로 징발당한 한국의 젊은 세대가 당하는 민족적 설움과 반항을 행동으로 묘사한 르포르타주식 주제"와, 그것이 "우리들 자신이 체험한 생생한 현실이었다는 점에 절실한 공감"을 준 데 있다고 기록한다.[26] 〈현해탄은 알고 있다〉는 이러한 인기에 힘입어 라디오 드라마가 방송되는 중이던 1960년 11월에 이미 영화화가 결정된다.[27] 또한 1961년에는 정음사에서 소설로 출판되어 1만 부가 팔리는 베스트셀러가 되고, 방송이 끝난 이후에는 속편 『현해탄은 말이 없다』가 1961년 5월 25일부터 《한국일보》에 연재된다.[28] 그리고 1963년에는 3부인 『현해탄아 잘 있거라(승자와 패자)』가 당시 최고의 엘리트 저널이던 《사상계》(1963)에 연재되는 한편, 동아방송DBS 라디오로 방송된다. 이런 과정에서 이 텍스트는 김기영 감독에 의해 당시로서는 보기 힘든 스펙터클한 수작으로 연출되며 영화로서도 크게 흥행하여 더욱 화제가 되었다. 당시 신문에서는 이 영화의 흥행에 대해 "지식층 청취자들을 파고든 〈현해탄은 알고 있다〉 같은 것이 15만이라는 기록적인 관객을 동원한 예는 방송극의 차원을 높이는 데 한 팔 건은 셈이다"[29]라고 하여 방송극과 영화 모두 수준 있는 작품으로서 시너지 효과를 일으켰음을 알려준다.

〈현해탄은 알고 있다〉는 태평양전쟁 말기 학병으로 끌려간 조선 청년 '아로운阿魯雲'(김운하)의 나고야 병영 생활, 그리고 아로운과 일본인 처녀 '히데코秀子'(공미도리)의 사랑으로 구성된다. 아로운은 총독에게 당돌한 질문을 했다는 이유로 강제 징집된다. 일본군의 상부에서는 아로운을 요주의 인물로 주시하며 남방 전선의 총알받이로 배치하려 한다. 헌병대장 곤도(박암)는 아로운을 감시하고, 같은 소대의 모리 일병(이예춘)은 잔인하고 비열한 방법으로 끊임없이 아로운을 괴롭힌다. 그러나 이영화에서 일본 병사가 전부 나쁘게 그려지는 것은 아니다. 대표적인 인물이 나카무라(김진규)와 스즈키다. 나카무라는 아로운에게 자신의 이종사촌 히데코를 소개해주고, 스즈키는 두 사람의 사랑을 도와준다. 병영내부에서 모리 일병과 헌병대장 곤도가 아로운의 적대자로서 악의 축을 담당한다면, 나카무라와 스즈키는 아로운의 조력자로서 선의 축을 담당한다. 이는 개인적 차원에서의 인격은 일본인이냐 조선인이냐 하는 민족적 구분과 관계없음을 보여준다. 이러한 주제는 "부끄러운 것은 인종이 아니라 인격"이라는 히데코의 대사를 통해 직설적으로 표현되기도한다. 이를 통해 이 영화는 조선을 수탈하고 조선 청년들을 희생시킨 전쟁의 책임은 일본인 전체에게 있는 것이 아니라 인종(민족)을 차별하며

1. 〈현해탄은 알고 있다〉(김기영, 1961)는 조선인 학병의 고달픈 병영생활을 보여주는 병영드라마인 동시에 일본 여성과의 사랑을 그리고 있는 전쟁 멜로드라마다.
2. 사진의 앞줄 왼쪽에서 두 번째가 히데코의 사촌오빠이자 아로운을 도와주는 일본인 나카무라다. 나카무라 역은 당시 최고 스타이자 고뇌하는 지식인의 이미지가 강했던 김진규가 맡았다.

군국주의를 주도한 군부 지도층에 있었음을 드러낸다. 이는 지금까지도 강고하게 작동하고 있는 관습적 이분법인 '선 대 악', '피해자 대 가해자'의 구도에서 벗어난 것으로, 해방 이후 일본에 대한 성찰적 인식의 가능성을 보여준다.

관습적 이분법의 약화와 한일협정 이후의 경색

이러한 주제가 당시 대중의 관심과 공감을 불러일으킨 것은 1960년 4·19 이후 자유로운 분위기에 힘입은 바 크다. 또한 당시 대일 문호 개방의 가능성이 높아지면서 식민지 경험을 재고하는 계기가 마련되기도 했다. 그런데 이 영화가 1961년 5·16 쿠데타로 군부가 집권한 이후에 개봉했는데도 '일본은 악惡'이라는 이전의 도식*을 넘어서는 표현이 가능했던 것은 당시 박정희 정부가 경제개발을 위해 한일 수교를 적극적으로 추진하던 분위기 때문이었다. 정부의 그러한 태도는 문화교류에 대한 영화계의 앞선 기대를 불러일으켰고 민간 차원에서 일본과의 화해를 도모하려는 영화들이 제작되었다. 한일 남녀의 사랑을 그린 〈현해탄은 알고 있다〉는 그러한 영화들의 시발점이 된 작품이다. 1960년대 전반기에 제작된 한일 남녀관계를 보여주는 멜로드라마인 〈현해탄의 구름다리〉(장일호, 1963), 〈행복한 고독〉(신경균, 1963) 등에서는 한국의 청년 엘리트와 희생적인 일본 여성의 사랑을 그리는 것이 반복된다. 이는 남녀의 위계에 '지배-피지배'의 역사를 대입한 후 상상적 전도를 통해 지난 굴욕을 보상받으려는 심리의 발로로 보인다.

〈현해탄은 알고 있다〉에서 아로운과 히데코의 사랑은 아로운이 병영에서 당한 일을 히데코에게 말하는 과정에서 깊어진다. 아로운의 이야기를 들으며 히데코는 눈물을 흘리고 아로운의 고통을 자신의 것으로 받아들인다. 이 영화에서 감동을 자아내는 가장 큰 동력은 바로 히데코의 사해동포주의적이고 헌신적인 성격에 있다. 다음 대화는 그런 점을 잘 보여준다.

히데코: 옷을 그렇게 입으니 일본 사람과 다를 바가 없어요. 말해보세요. 일본 사람과 다른 데를….

아로운: 글쎄요…, 언어는?

---

* 이승만은 반일(反日)과 승공(勝共)을 국가이념으로 내세우면서도 '왜색 일소'를 표방하며 반일을 좀 더 강조하곤 했다.

히데코: 일본어와 조선어는 몽골계예요.

아로운: 사상은?

히데코: 사상은 영구성이 없어요.

아로운: 조상은?

히데코: 본 일 있으세요? 원숭이를.

아로운: ….

히데코: 우주의 섭리로 받아들일 게 있다면 어린애가 안 생길 것 아니에요?

히데코가 처음부터 사해동포주의자였던 것은 아니다. 그녀 또한 조선인을 경멸하는 평범한 일본인이었다. 아로운과의 첫 만남에서 그녀는 아로운이 조선인인 줄 모르고 옆집의 도난 사건에 대해 이야기하며 "도둑은 조선인인 게 뻔해요. 직업도 없는 조선인이 도둑질밖에 더할까?"라는 말을 내뱉는다. 그러나 아로운을 사랑하면서 그녀는 변한다. 그 결과 히데코는 국가와 인종을 넘어 수난과 고통을 감수하며 아로운을 위해 헌신한다. 히데코의 헌신적 사랑은 일본 군부로 인해 생긴 아로운의 피학적 고통을 위로한다. 이 과정에서 히데코는 아로운과 식민지 경험을 공유하게 되고 태평양전쟁의 동일한 피해자가 된다. 히데코와 아로운이 연합군의 공습 속에서 사랑을 나누고, 히데코가 공습 때문에 부모를 모두 잃는 것을 통해 그런 점을 알 수 있다.

그리고 영화의 마지막 장면은 그러한 인식을 가장 잘 보여준다. 일본 군부가 공습으로 인한 피해를 숨기기 위해 시신을 가족들에게조차 보여주지 않고 철조망을 처놓은 채 불사르는데, 아로운이 시신 더미에서 걸

〈현해탄은 알고 있다〉의 장면들(1 → 2 → 3 → 4 → 5 → 6 순). 가족의 시신이라도 찾으려고 군중이 몰려
드는데 일본군은 그들 앞에서 시신을 불태운다. 이때 아로운이 화염 속에서 걸어 나온다. 생존자가 있음을
알게 된 일본의 군중은 흥분하여 철조망을 무너뜨리고, 히데코와 아로운은 극적으로 재회한다.

어 나온 것을 계기로 히데코를 위시한 일본인들이 철조망을 무너뜨리는
것이다. 이로써 '일본 대 조선'의 반목 구도는 무너지고 전쟁을 일으키
는 군부와 선량한 민중의 대립구도가 형성된다.

　위와 같은 구도는 일본에 대한 대중의 피해의식을 위무하는 동시에 과
거 역사에 대한 재고를 추동하고 새로운 한일관계를 모색하는 데 기여
한다. 한일협정이 조인되는 시점에 가까워질수록 이러한 분위기는 고조
된다. 1962년에는 정부가 제9회 아시아영화제를 '혁명 이래의 국가적
인 큰 행사'로 유치하여 일본을 우방으로서[30] 불러들이고, 1964년에는
남한의 검열에 대해 쓴소리를 하는 오시마 나기사大島渚 감독을 초청하
기도 한다.[31] 한일수교가 맺어지기 직전인 1965년 1월에는 한일 국교 정
상화의 기운을 타고 합작영화를 통해 양국 관계를 개선시키겠다는 목표
아래 〈이조잔영〉(신상옥, 1967)이 기획되고, 이 영화의 원작자인 일본 작

일본 전통의상을 입고 있는 히데코 (공미도리)가 그려진 《현해탄은 알고 있다》의 포스터. 1960년대 후반부터 1970년대까지 이러한 의상이 한국영화에 나오는 것은 왜색으로 분류되어 허용되지 않았다.

가 가지야마 도시유키梶山季之가 내한한다.[32] 한편 일본 출판물의 수입도 붐을 이루어 1963년에 한국사회통계센터(사단법인)가 집계한 베스트셀러 순위 10위권 중에 일본 서적이 3종에 이르고, 1964년에는 한 해 수입 도서의 80퍼센트를 일본 서적이 차지하기에 이른다.[33]

그러나 '민족적 자존심을 3억 달러에 팔아넘긴다'는 비난과 격렬한 반대 시위 속에서 1965년 6월 22일에 한일협정이 조인되자, 오히려 일본에 대한 인식을 새롭게 하려는 시도는 현저히 줄어든다.[34] 박정희 정부가 한일수교를 추진한 목적은 경제 근대화에 있었을 뿐 자유로운 교류에 있었던 것은 아니기 때문이다. 어느 정도 목적이 달성되자 박정희 정부는 문화교류를 차단하고 '왜색' 검열을 강화한다. 그 이후 1970년대까지 일본의 전통 의상이나 악기 같은 것은 '왜색'이라고 하여 한국영화에 나올 수 없게 된다.

식민지시기 전쟁의 후경화와 액션 장르

제2차 세계대전은 1939년부터 1945년까지 유럽, 아시아, 북아프리카, 태평양 등지에서 독일, 이탈리아, 일본을 중심으로 하는 추축국樞軸國, Axis Powers과 영국, 프랑스, 미국, 소련 등을 중심으로 한 연합국聯合國, Allied Powers 사이에 벌어진 세계 규모의 전쟁을 일컫는다. 일반적으로 1939년 9월 1일에 일어난 독일의 폴란드 침공과 이에 대한 영국과 프랑스의 대독對獨 선전포고에서 발발하여 1945년 8월 15일 일본이 무조건 항복하면서 종결된 것으로 이해된다. 그러나 개전에 대해서는 1937년 7월 7일 일본제국이 중화민국을 침략하여 중일전쟁이 발발한 시점으로 보기도 하고, 1939년 3월 독일군이 프라하에 진주한 시점으로 보기도 한다.

발발 시점의 차이에서 드러나듯이 이 전쟁은 아시아·태평양 전선과 유럽·아프리카 전선으로 크게 나뉜다. 일본이 주도한 전선에는 중일전쟁을 비롯해, 중국과의 전쟁이 길어지면서 자원이 부족해지자 일으킨 태평양전쟁이 포함되며, 중일전쟁의 시발점이 되었다는 점에서 만주사변으로까지 거슬러 올라가기도 한다. 1910년부터 1945년까지 일본의 식민지였던 조선에 이 전쟁들이 지대한 영향을 미쳤음은 주지의 사실이다. 그런데 이 전쟁들은 조선이 주체가 된 전쟁이 아니고 참여하더라

조선과 일본의 라이벌 마라톤 선수였던 준식(장동건)과 다쓰오(오다기리 조)가 1938년부터 1945년까지, 중국, 소련, 독일을 거쳐 노르망디에 이르며 친구가 되어가는 과정을 그린 전쟁영화 〈마이웨이〉(강제규, 2011). 〈태극기 휘날리며〉의 강제규 감독이 연출하고, 한·중·일 톱스타인 장동건, 오다기리 조(가운데), 판빙빙(오른쪽)이 기용되고, 순제작비 280억 원이 투입된 이 영화는 한국영화사에서 제2차 세계대전의 한복판을 다룬 최초의 영화로 화제가 되었다. 그러나 한·중·일 어느 쪽 관객도 뚜렷이 끌어들이지 못해 흥행에는 성공하지 못했다.

도 일본의 식민지로서 참여한 전쟁인지라 한국영화사에서 그것을 전면적으로 다룬 영화는 많지 않다. 그나마 그런 영화들은 1960~70년대 액션물이나 멜로드라마가 주류를 이룬다. 남한에서 아시아·태평양 전선을 본격적인 전쟁물로 다룬 경우는 2011년 〈마이웨이〉(강제규)가 나오기 전까지 전무하다고 해도 과언이 아니다.

이는 제2차 세계대전이 당시 식민지였던 한국의 입장에서는 머나먼 전쟁이자 불편한 전쟁이며, 그다지 매력적인 재현 대상이 아님을 말해준다. 그리고 결정적으로 그 속에서는 조선인 청년이 결코 영웅이 될 수 없는 근본적인 한계도 있다. 〈마이웨이〉에서는 조선인 청년(장동건)과 일본인 청년(오다기리 조)이 투톱으로 나오지만 영화가 진행될수록 일본인 청년이 주인공이라는 느낌을 주는 데에서도 한계가 확인된다.

제2차 세계대전이 끝나고 냉전시대에 접어들면서 식민지시기의 적과 우방은 다르게 편성되었고, 남한에서 중일전쟁이나 태평양전쟁의 재현은 한층 더 불편한 사안이 되었다. 더구나 1965년 한일수교 이후 한일 문화교류의 분위기가 경색되면서 식민지시기의 전쟁은 한국영화에서 더욱 원경화遠景化한다. 그럼에도 1960년대에 유행했던 액션·활극의 형태로 식민지시기 전쟁에 참전한 조선 청년의 입장을 드러내는 영화들에서는 식민지 경험 재현에 당시 남한 상황이 착종되며 흥미로운 균열을 드러낸다. 그중에서도 냉전시대 남한이 일본과 맺는 복잡한 관계가 가장 잘 드러나는 문제작이 정창화 감독의 〈사르빈강에 노을이 진다〉(1965)이다.

활극의 상상과 흔들리는 적

해방 이후 남한영화에서 태평양전쟁을 재현할 때 누구를 적으로 둘 것인가 하는 문제는 민감한 사안일 수밖에 없었다. 일본제국에게는 연합국이 적이었으나, 식민지 조선인에게는 일본이 적이었다. 그러나 전선에서는 눈앞의 적에게 총부리를 댈 수밖에 없었고, 이는 복잡한 심리 문제를 야기했다.

식민지 말기 학병을 주인공으로 하는 대표적인 장편소설로 1949년에 신문에 연재되기 시작하여 1952년에 다섯 권으로 출간된 김내성의 『청춘극장』에는 다음과 같은 구절이 나온다.

그렇다면 당신은 좋건 싫건 당신의 총부리를 저편으로 댈 수밖에 없을 것이 아닙니까? 저편으로 대고는 대체 누구를 쏘겠다는 말씀이요? 중국인을 쏘겠다는 말이요? 중국인이 우리의 땅을 먹었습니까? 미국인이 우리의 땅을 먹었습니까? 30여 년 동안 우리 땅을 먹어온 사람들에게도 못 대는 총부리를 대체 어디로 대보겠다는 말이요?[35]

인용한 부분에서는 강제 징집되어 일본을 위해 싸워야 하는 식민지 조선 젊은이의 딜레마가 드러난다. 그러나 이러한 고민이 드러나는 것도 한국전쟁 이전까지다. 동족끼리 총부리를 들이댄 전쟁을 경험하면서 한국인에게 중일전쟁이나 태평양전쟁은 머나먼 전쟁이 되어버린다. 또한 한국이 제2차 세계대전 연합국에 의해 분단국가가 되면서 냉전의 전선이 되고 미·일 동맹이 성립하자 남한에서 식민지시기 전쟁에 대해 이야기하는 것은 더욱 불편해진다. 그래서 태평양전쟁은 중국 대륙에서의 항일투쟁으로 치환되거나 일본과 미국의 전쟁으로 단순화된다. 1960년대에 '대륙물', '대륙활극', '만주활극' 등으로 불렸던 액션 장르는 이러한 배경에서 나왔다.

1960년대는 한국영화의 전성기로 한국영화의 장르가 형성되고 분화되던 시기다. 또한 4·19 이후 민간기구로 잠시 넘어갔던 검열이 5·16쿠데타 이후 국가기구로 복속되며 계속 강화되는 시기이기도 했다.[36] 이 시기 남한영화계에서 식민지시기의 '대륙' 혹은 '만주'는 두 가지 의미를 지닌다. 그곳은 당시 정권이 국민교육 목표로 삼고 있던 '식민지 잔재 청산'과 '남북한 대립에서의 정통성 확립'을 구현하기에 적절한 공간이었다. 다른 한편으로 그곳은 자세히 알려져 있지 않았기 때문에 상상적

〈사르빈강에 노을이 진다〉(정창화, 1965)에서 원주민 여인 후라센(김혜정)이 주인공 수남(신영균)을 유혹하는 장면. 일본군 마쓰모토로서 일본군복을 입은 수남과 후라센 뒤로 야자수가 늘어선 해변이 보인다. 당시 액션활극이 대부분 만주를 배경으로 했던 것과는 달리 이 영화는 '버마'를 배경으로 하여 이색적인 장면을 연출했다.

〈사르빈강에 노을이 진다〉에서 일본군(이예춘)이 적을 향해 총을 겨누는 장면. 이러한 장면에서 그 적의 실체는 구체적으로 재현되지 않는다.

재구再構가 용이한 공간이자 당시 유행하던 서부극 유형의 액션 장르를 시도해볼 수 있는 공간이기도 했다.[37] 이는 '대륙'이나 '만주'를 배경으로 '항일독립운동'을 보여주는 액션물이 검열로부터 상대적으로 자유로울 수 있었음을 시사한다. '항일독립운동'은 국가가 선호하는 주제였고, 액션물은 가벼운 오락영화로 간주되었기 때문이다.

　이러한 맥락에서 1960년대에 양산된 일제 말기 중국을 배경으로 하는 액션영화들은 제2차 세계대전을 이야기하고 있지만 사실史實과는 거리가 멀다. 이들 영화에서는 독립군과 일본군의 강고한 대립구도가 전제되어 아군과 적군의 이분법적 구분이 확실한 가운데, 냉전구도에 따라 소련군과 중국 팔로군 역시 일본과 같은 적으로 설정된다. 그런데 〈사르빈강에 노을이 진다〉는 1960년대 액션 장르에 속하는 영화이면서도, 태평양전쟁 말기의 '버마'를 배경으로 한다는 점에서 매우 특이하다. 시각적인 면에서 당시의 일반적인 액션물과는 다를 뿐만 아니라, '버마'를 배경으로 선택한 결과 불편한 '적과 우방'의 문제를 건드린다는 점에서 그러하다. 그렇다면 태평양전쟁의 남방 전선戰線에 일본군으로서 참전한 조선인 청년의 이야기는 어떻게 전개될 수 있었을까?

일본이라는 아버지로부터 벗어날 때

〈사르빈강에 노을이 진다〉에서 조선인 학생이자 총독부 고관의 아들인 수남(신영균)은 마쓰모토라는 이름으로 일본군에 자원한다. 그가 태평양전쟁에 참전한 이유는 "일본인에게 멸시받지 않기 위해서"다. 그는 사와이(윤일봉)와 미야자키(이대엽)라는 두 동창생과 함께 군대에 가는데 사사건건 그들과 충돌한다. 그는 반도 청년의 '쓸데없는 반항 정신'을 비판하고 공公(일본 군대)을 위해 사私를 희생할 것을 종용하며 "반도출신은 일본군에 지지 않는 기백을 가져야 한다"라고 주장한다. 영화 속 대사를 빌리자면 그는 그야말로 '천황폐하 만세 파派'다. 이 영화는 그러한 마쓰모토가 일본 군대에 환멸을 느끼면서 변해가는 이야기다. '버마 전선'에서 그를 변화시키는 요소들과 그가 일본군을 비롯해 '버마 게릴라'나 '독립군'과 관계 맺는 방식은 흥미로운 지점을 드러낸다.

마쓰모토는 미야자키와 사와이가 병영 내부 일본인 병사들의 폭력을 견디다 못해 탈영하자 그들을 추적하여 직접 죽인다. 그 정도로 일본 군대에 대한 충성심이 투철하던 그가 변화하는 계기는 원주민 여성 후라센(김혜정)을 사랑하면서부터다. 여기에서 후라센은 '버마' 독립을 위해 싸우는 게릴라 조직의 일원으로 조선 독립군과 우호적인 관계를 가지는

왼쪽부터 〈사르빈강에 노을이 진다〉에서 사와이 역을 맡은 윤일봉, 마쓰모토 역의 신영균, 미야자키 역의 이대엽.

것으로 설정된다.* 따라서 마쓰모토가 후라센과 가까워질수록 독립군과 도 가까워지는 쪽으로 이야기가 전개된다.

그런데 마쓰모토가 후라센을 사랑하면서 변화하는 내면적 이유는 '외로움'에 있다. 미야자키와 사와이가 탈영했을 때 마쓰모토가 그들을 추적하는 이유는 배신감과 외로움이다. 그는 "비르마까지 같이 와선 나만 남겨놓고 도망을 가?"라고 분노한다. 그의 이러한 성격에 대해 사와이는 "마쓰모토는 어린애같이 고독을 느끼는 놈"이라고 말하기도 한다. 마쓰모토는 두 친구를 사살한 이후 죄책감과 더불어 한결 심해진 외로움으로 더욱 난폭한 일본 군인이 된다. 후라센은 그러한 마쓰모토에게

---

* 독립군과 원주민이 우호적인 관계를 가지는 설정은 식민지시기 중국 대륙을 배경으로 하는 액션물에서도 나타난다. 특히 만주는 일본제국에 의해 '오족협화(五族協和)'가 표방되었던 다민족 지역이었던 만큼 영화에서도 원주민이 자주 등장한다. 거기에서 원주민은 비적이나 마적으로서 조선인과 이해관계가 상충되는 것으로 그려지는가 하면 일본군에 조선인과 함께 대항하는 우호적인 관계로 그려지기도 한다. 그러니 일본인이 주장한 오족협화에서 조선인은 (국적상으로는 일본인이었기에) 일본인 다음으로 모호한 2위의 자리를 차지하여 만주인, 중국인, 몽골인에게 미움을 받기도 했다(마이클 김, 「상실된 전쟁의 기억: 월경의 트라우마와 조선인들의 만주 탈출」, 비교역사문화연구소 기획, 전진성·이재원 엮음, 『기억과 전쟁: 미화와 추모 사이에서』, 휴머니스트, 2009, 338쪽).

마쓰모토(신영균)는 독립군 게릴라 조직으로부터 일본군 병영 내 화약고를 폭파하고 사단장을 암살해달라는 요청을 받고 고뇌에 빠진다.

연민을 느끼고 그를 위로한다. 그러자 마쓰모토는 후라센에게 자신의 운명을 건다.

이 지점에서 중대한 균열이 발생하기 시작한다. 마쓰모토는 총독부 고관을 지내는 친일파의 자식이다. 그리고 마쓰모토가 속한 부대의 사단장(최남현)은 마쓰모토 아버지의 절친한 친구로, 일본인이지만 마쓰모토를 아들처럼 여기는 인물이다. 일본의 패전을 예감한 그는 마쓰모토를 살리기 위해 자동차를 내주며 남쪽으로 탈출하라고 명령하기도 한다. 그런데 후라센이 속한 게릴라 조직과 연관되어 있는 독립군(남궁원)이 마쓰모토에게 화약고를 폭파하고 사단장을 암살해달라고 부탁한다. 후라센은 일본 군대에 체포되어 있는 상태이기에 그녀를 살리려면 사단장을 죽이고 게릴라와 독립군의 도움을 받아 함께 탈출하는 수밖에 없다.

그러나 마쓰모토는 사단장을 차마 죽이지 못한다. 그래서 사단장에게 후라센을 살려달라고 부탁한다. 그러자 사단장은 "자네는 내 호의를 무시하고 그 토인±ㅅ 때문에 목숨을 버릴 작정인가?"라고 진노하며 후라센을 처형해버린다. 마쓰모토가 독립군으로서 행동하게 되는 계기는 여

2부 | 국가

기에서 마련된다. 일본군의 화약고부터 폭파한 그는 사단장에게 가서 "마쓰모토 히데오. 한국 청년 민수남이는 화약고를 폭파한 게릴라의 한 사람"이라고 자신을 밝히면서 사단장을 쏜다. 사단장이 죽어가면서 마쓰모토에게 "난 너를 내 아들처럼 귀여워했다"라고 말하자 마쓰모토는 "각하, 용서해주십시오. 어쩔 수 없었습니다. 그러나 전 각하를 아버님 이상으로…"라고 하다가 채 말을 잇지 못하고 오열한다. 이로써 반도 출신 일본군 소위 마쓰모토는 친구도 잃고 연인도 잃고 정신적 아버지도 잃고 만다.

민족의 이름으로 사랑을 방패로 삼다

여기에서 '과연 그가 싸운 적敵은 누구였는가?'라는 질문을 던져볼 수 있다. 그는 충성스러운 일본 군인으로 설정되어 있지만 미국이나 연합국을 적으로 상정하지 않는다. 그가 일본군에 충성하는 이유는 일본인 병사 중에는 야비하고 교활한 인간들도 있지만 기본적으로 일본 군대는 원칙적이고 기개가 있다는 믿음에서다. 그래서 조선인의 자존심을 위해서 일본 군대의 높은 기준을 충족시켜야 한다는 것이 그의 논리다. 이는 다음과 같은 학병 지원 논리를 환기시킨다.

재학징집연기在學徵集延期의 정지停止에 의依하여, 내지인內地人 학생學生은 법法의 발동發動에 의依하여 용약출정勇躍出征하는 광영光榮에 욕浴할 수 있거니와 … 금번今番의 제도制度에 의依하여 내지內地인과 꼭 같

은 자경自敬을 가지고 전열戰列에 서게 되니 이 얼마나 큰 영광榮光이 냐.[38]

그런데 마쓰모토가 독립군 게릴라에 가담하게 되는 것은 이러한 논리에 대한 반대 논리를 통해서가 아니다. 애초에 그는 '일본'이라는 아버지의 마음에 들기 위해 그 명령을 따르는 아들이었을 뿐이다. 다시 말해 그는 성숙한 어른으로서 주체적 선택을 하고 자신의 판단에 따라 아군과 적군을 구분하는 존재가 아니었다. 반도 출신인 마쓰모토를 아들과 같이 여기는 사단장은 일본 군대의 원칙을 몸소 실천하는 존경할 만한 존재로서 마쓰모토에게는 초자아의 현신이라고 할 수 있다. 그래서 일본 군대의 원칙과 위엄이 마쓰모토에게 유효한 한 일본 군대가 싸우는 적은 모두 그의 적이 될 수 있었다. 그러나 그 기준이 무너졌을 때 그에게는 적과 아군의 구분이 없어지고 개인적 차원의 감정에 의지하여 행동하게 된다. 후라센의 생사에 의해 판단이 좌우되고 어린아이처럼 울고 다니는 마쓰모토의 모습은 그의 행동 양태를 잘 보여준다.

그러한 마쓰모토의 행동에는 조선의 청년 엘리트가 일본을 통해 태평양전쟁과 맺는 관계와 1960년대에 그것을 재현하는 데에서의 한계가 착종되어 있다. 친일파의 아들 마쓰모토가 태평양전쟁에 참전하는 논리는 앞서 밝힌 대로 식민지시기 말의 친일 논리를 고스란히 보여준다. 그러나 1960년대 중반의 남한영화에서 그러한 논리는 배격되어야 하고 패배해야 한다.* 그럼에도 현실에서는 분단과 함께 친일 잔재가 청산되

---

* 당시 공보부가 나서서 이 영화의 일본어 대화를 모두 지워버렸다는 사실은 정부가 '일본' 문제에 얼마나 예민했는지를 말해준다(「일어 다이얼로그를 지워버린 공보부는 극의 효과를 무시할 만큼 신경과민 / [영화평] 색다른 남방 전쟁극 〈사르빈강에 노을이 진다〉」, 《조선일보》, 1965. 9. 14).

지 않은 데다 박정희 정부는 경제개발을 위해 일본과의 수교를 절실하게 원하고 있었다. 일본은 여전히 남한이 본받아야 할 선진국이자, 남한의 혈맹인 미국과 이해利害를 함께하는 우방이었다. 이러한 상황에서 친일 논리를 뒤집는 심도 있는 반론이 제기될 수는 없었다. 따라서 영화는 '민족'의 이름으로, '사랑'을 빌미로 감정에 호소하며 봉합될 뿐이다. 마쓰모토가 사단장을 겨누면서 "이 권총은 당신네 일본 제국주의의 압제 밑에서 신음하는 한국 민족 전체가 겨누는 권총입니다"라고 뜬금없이 말하는 것이나, 후라센을 죽였다는 이유로 사단장을 죽이는 데에서 그런 점이 드러난다.

그러나 마쓰모토는 이미 용서받을 수 없는 전범戰犯이다. 그는 친일파였던 데다 일본군 장교로서 어린 게릴라 소년과 조선의 친구들을 죽였다. 그래서 그는 마지막에 게릴라 소년의 아버지(주선태)에 의해 응징된다. 그가 마지막에 '버마' 거리에 산책을 나갈 때 '버마' 게릴라가 던지는 충고는 의미심장하다. 그는 일본인이 '버마' 사람에게 맞아 죽었다는 말을 전하며 조심하라고 일러준다. 그리고 "한국 사람이라면 괜찮겠지만…"이라는 말을 덧붙인다. 이 말은 마쓰모토의 정체성에 문제를 제기하는 동시에 그의 죽음을 강하게 암시한다. 그는 마지막에 고향에서 온 편지를 읽다가 죽는다. '슬픈 소식'을 전하는 그 편지를 마쓰모토가 끝까지 읽지 못함으로써 슬픈 소식의 정체는 알려지지 않은 채 영화가 끝난다.

추정컨대 '슬픈 소식'은 부모의 죽음이었을 가능성이 크며, 그것은 새로운 시대의 개막을 의미하는 것일 수 있다. 그러나 전쟁에 참전했고 다시 탈영을 하면서도 그 논리를 마련하지 못하고 총부리를 겨누어야 할

'적'조차 명료하게 인식하지 못한 채 감정에 따라 행동하다 파국을 맞는 마쓰모토의 모습은 1960년대의 남한사회가 새로운 시대를 표방하며 서둘러 봉합했던 문제들을 드러낸다. 그래서 마쓰모토의 죽음을 통한 봉합은 그러한 문제들의 순장을 의미한다.

학병 탈주 서사와 『청춘극장』

검열이 강고했던 시대에 한국영화에서 일본을 재현하는 문제는 작은 정치적 변화에도 크게 영향을 받았다. 영화는 대중적 파급력이 큰 매체여서 정부의 철저한 감시 아래 놓여 있었던 만큼 더욱 그러할 수밖에 없었다. 여기에서 1959년, 1967년, 1975년에 세 번 만들어진 영화 〈청춘극장〉과 그 검열 기록은 시기별 일본 표상의 변화와 정치적 국면의 관계를 가늠해볼 수 있는 좋은 자료다. 영화가 제작될 때마다 일본에 관련된 사항을 재현하는 데에서 검열이 허용하고 규제하는 지점들을 살펴보면 그 재현의 기준을 확인하는 동시에 표상 변화의 맥락을 추론해볼 수 있기 때문이다.

영화 〈청춘극장〉의 원작인 김내성의 동명 소설은 1949년부터 1952년에 걸쳐 발표되었으며, 1953~1954년에 청운사青雲社에서 다섯 권의 단행본으로 간행되었다. 이 소설은 당대에 베스트셀러가 된 것은 물론이고 지금까지도 가장 사랑받은 대중소설로 회자된다. 아울러 한국문학사에서 이 소설은 앞서 다룬 〈현해탄은 알고 있다〉의 동명 원작과 함께 학병 탈주 서사를 대표하는 텍스트이기도 한데, '학병'에 대해서는 약간의

〈지원병〉(안석영, 1941)에서 춘호(최운봉)가 지원병에 나가는 것을 애인 분옥(문예봉)이 배웅하는 장면. 이 영화는 조선인 지원병 제도를 선전하는 영화로, 주인공 춘호는 지원병을 꿈꾸다가 제도가 마련되자 자원하여 기쁘게 고향을 떠나는 것으로 나온다. 그런데 일장기를 들고 역에 나온 분옥의 표정은 명랑으로 가장할 수 없는 복잡한 심경을 드러낸다.

부연 설명이 필요할 듯하다.

식민지시기 일본이 조선인을 대상으로 군사를 동원하기 시작한 것은 중일전쟁 발발 1년 후인 1938년부터다. 처음에는 지원병 제도를 통해 조선인 청년을 동원하기 시작한다. 그러다가 1943년부터는 학도지원병 제를 도입하여 학생들을 동원하고, 전황이 다급해지는 1944년에는 학생의 징병을 연기해주던 것을 정지하고 징병령을 통해 조선인 학생까지 참전을 의무화한다. 1943년 이전 지원병의 90퍼센트가 기초적인 일본어 능력을 지닌 소학교 졸업 정도의 학력을 지닌 청년들이었던 데 비해, 학병은 조선과 일본에서 고등교육을 받은 엘리트들이었다.[39]

그러나 일본제국이 일으킨 전쟁은 조선의 청년이 영웅이 될 수 없는 전쟁이었다. 조선 출신 청년이 영웅이 된다 해도 일본의 영웅이지 조선의 영웅은 아니었다. 더구나 해방된 국가에서는 일본이 주도하는 전쟁에 참여했다는 것 자체가 굴욕 내지 매국 행위로까지 간주될 수 있었다. 그래서 일제가 일으킨 전쟁과 관련한 서사에서 조선인 청년이 영웅이 되기 위해서는 일본 군대에서 탈주할 수밖에 없었다. 그리고 그 주인공이 '학병'일 때 서사는 한층 흡인력이 강했다. 전도양양한 엘리트 청년들이 전쟁의 막바지에 총알받이로 끌려 나간다는 설정은 그 시작부터 비극적일 수밖에 없었는데, 이는 비극적인 만큼 매혹적일 수도 있었기 때문이다. 바로 이 지점에서 '학병 탈주 서사'가 성립한다.[40] 그리고 그 중심에 〈청춘극장〉이 놓인다.

일본제국, '청춘대로망'의 운명적 배경

『청춘극장』은 세 번에 걸쳐 영화화되었는데, 세 번 모두 큰 화제를 뿌리며 흥행에 성공한다.* 그런데 『청춘극장』이 1939년 2월부터 1945년 8월까지를 배경으로 하는 것과 달리, 영화 〈청춘극장〉은 1939년 2월부터 1943년까지 전쟁이 한창이던 시기를 배경으로 한다.** 그럼으로써 영화는 해방과 함께 귀환한 주인공 백영민이 결국 자살하고 마는 원작의 부담스러운 결말에서 비켜나 1943년 시점에서 희망찬 분위기로 마무리된다.

---

* 10년의 간격으로 여배우 트로이카의 주역이었던 윤정희와 정윤희가 모두 〈청춘극장〉에서 오유경 역할로 데뷔했다. 〈청춘극장〉을 제작할 때에는 공모를 통해 주연 여배우(윤정희, 정윤희)를 발탁했는데, 그 배우들을 대스타로 만든 영화로서 〈청춘극장〉은 대중적 인지도를 다시 한 번 높이기도 했다('[새 영화 새 얼굴] 50만 원 개런티의 신인 윤정희(20) 양/ '천2백 대1'을 뚫은 미모의 여대생」, 《중앙일보》, 1966. 6. 23).

** 현전하는 1967년과 1975년 영화는 같은 시기를 배경으로 한다. 1959년 영화는 시나리오조차 남아 있지 않아 정확하게는 알 수 없으나 1959년 작의 성공으로 그 이후의 영화들이 리메이크된 것으로 미루어볼 때 애초에 이러한 시기 설정은 1959년 작에서 시작된 것으로 추정된다.

이에 따라 영화의 서사도 재구성되는데, 크게 보아 로맨스와 청년들의 모험으로 이루어진다. 우선 로맨스는 지주의 아들이자 와세다 대학 법학부에 다니는 백영민과 그의 고향집에 남은 정혼자 허운옥, 그리고 그가 일본에서 만나 사랑에 빠진 오유경의 삼각관계로 이루어진다. 청년들의 모험은 전문학교 동창생 관계인 삼총사, 즉 법관을 꿈꾸는 백영민, 독립운동에 투신하는 장일수, 문학청년 신성호의 역정을 통해 전개된다. 여기에 삼총사의 동창이면서 친일파로 살아가는 최달근과, 백영민을 짝사랑하는 기생 춘심의 오빠이자 운옥을 노리는 밀정 준길, 그리고 백영민의 은사이면서 처음에는 전쟁에 반대하다가 막판에 참전하는 일본인 지식인 야마모토 등이 이야기를 풍부하고 입체적으로 만드는 데 기여한다. 이러한 인물들이 조선, 일본, 중국에 걸쳐서 만나고 사랑하고 싸우고 헤어지는 과정을 통해 이 영화는 백영민을 가운데 둔 두 여성과 두 청년의 파란만장한 청춘을 보여준다.

이 영화에서 그들을 파란만장하게 만드는 행동원리는 '도주 내지 탈주'다. 백영민은 학병으로 끌려가지 않으려고 도망치고, 학병으로 끌려가서도 탈주하기를 반복한다. 백영민과 마찬가지로 학병으로 끌려가야 하는 장일수와 신성호도 도망치기는 마찬가지다. 게다가 장일수는 독립운동에 투신함으로써 추격의 표적이 된다. 이러한 상황은 여성 인물의 운명까지 도망자로 만든다. 운옥은 백영민이 일본 유학을 떠나자 그녀를 차지하려는 준길의 눈을 은장도로 찌르고 도망친다. 그녀의 도망은 준길로부터 멀어지는 일이자 영민을 찾아가는 일이기도 하다. 따라서 영민의 동선이 길어지고 복잡해질수록 운옥의 행동반경도 넓어진다. 게다가 독립투사인 장일수가 운옥을 사랑하게 됨으로써, 장일수를 쫓는 최달근과

1번부터 차례로 1959년, 1967년, 1975년 〈청춘극장〉의 포스터. 1959년 영화에서는 김진규, 황정순, 김지미가, 1967년 영화에서는 신성일, 고은아, 윤정희가, 1975년 영화에서는 신영일, 김창숙, 정윤희가 각각 백영민, 허운옥, 오유경 역을 맡았다.

준길, 준길로부터 도망치는 운옥, 그리고 그들이 공통적으로 맴도는 영민의 움직임이 얽히고설켜 탈주와 추격의 동선은 더욱 복잡해진다.

여기에서 일본제국의 전쟁은 조선인에게는 "무의미한 전쟁, 바보 같은 짓거리"로 전제되고, 그렇기 때문에 조선 청년이라면 일본군으로부터 탈출하는 것이 사명으로 표현된다. 이것은 해방 이후 한국의 대중이 가장 편안하게 수용할 수 있는 식민지시기 전쟁에 대한 인식이었다. 일본이 패전한 시점에 전쟁은 마치 전근대 사회의 신분제나 천재지변처럼 결국 역사에서 패배하여 물러나는 것이 예정된 운명적 배경이 된다. 그래서 인물들은 전쟁 자체를 고민할 필요 없이 주인공과 적대자로 나뉘어 쫓기고 쫓는 '흥미로운' 역정을 보여줄 수 있다. 1975년 〈청춘극장〉의 마지막 내레이션은 그 점을 잘 말해준다.

장일수 군의 예언대로 우리는 조국의 해방을 맞이했고 전쟁의 불길

속에서 한반도와 일본열도와 중국에 걸쳐서 펼쳐졌던 우리들의 청춘
대로망도 일단 그 막을 내렸다.

'청춘대로망'이라는 표현은 이 영화의 정체성을 함축한다. 해방 이후
에는 분단이 되어 대륙으로는 길이 끊긴 채 실질적으로는 섬이 되어버
린 남한에서 광활한 영역, 즉 한반도, 일본열도, 중국에 걸친 모험의 세
계는 낭만적인 상상계일 수 있었다. 영화에서 일본제국과 그들이 일으
킨 대규모 전쟁은 바로 그러한 '로망'을 가능케 한 과거의 역경일 뿐이
었다.

'왜색' 검열과 일본 재현

한국전쟁 이후 1970년대까지 일본과 관련한 남한의 정책은 1960년
4·19와 1965년 한일수교, 그리고 1972년 유신헌법 공포를 분기점으
로 하여 크게 변화한다. 앞서 살펴보았던 〈현해탄은 알고 있다〉(김기영,
1961)는 4·19 직후의 자유로운 분위기와 한일 문화교류에 대한 기대
심리 속에서 식민지 경험에 대해 심도 있게 다룰 수 있었던 영화였다.
1959년만 해도 이렇게 하기가 어려운 일이었음이 1959년 홍성기 감독
의 〈청춘극장〉에 대한 검열 보고서를 보면 드러난다. 이 보고서에는 "화
면 중 일본 복색에 관하여는 국정회의에서 논의하였고 차관님께 보고하
였음"이라는 참고 사항이 말미에 붙어 있다. 이는 '왜색' 문제가 국가적
으로 얼마나 중대하게 취급되었는지를 말해준다.

1965년 한일수교 이후에는 '왜색'에 대한 검열이 더욱 강화되는데, 이는 반공주의의 강화와 연관된다.[41] 한일수교로 경제개발에 필요한 외자 유치에 성공한 박정희 정부는 정권을 공고히 하기 위해 반공주의를 강화한다. 그리고 영화계에도 반공영화에 대한 포상이라는 '당근'과, 용공에 대한 엄격한 제재라는 '채찍'을 동시에 사용하는 정책을 펼친다. 1965년을 전후로 하여 일본은 북송선 문제로 남북한의 대결을 격화시키는 데 매개가 된 국가였기에, 한일수교가 성립되었다 하더라도 반공주의 차원에서 볼 때 재현하기에 껄끄러운 대상이었다. 일본에 대한 재현이 식민지시기로 집중되고 '적'과 '악'으로 제한된 것은 이러한 맥락에서 나온 현상이었다. 이 시기 영화에서 일본군이 인민군의 표상과 유사한 것은 반공주의 이분법에서 비롯된 결과로, 반공주의와 일본 표상의 관계를 잘 보여준다. 대표적인 예로 인민군 역을 맡은 배우는 악독한 일본군 역을 맡는 배우와 상당 부분 겹쳤다. 또한 〈사르빈강에 노을이 진다〉에서는 조선 청년들을 괴롭히는 일본인 병사가 이북 사투리를 쓰기까지 한다. 이러한 예는 1960~70년대 남한영화에서 전반적으로 발견된다.

1967년 〈청춘극장〉(강대진)에서는 제작자가 미리 검열 기준을 의식한 탓인지 문제가 될 만한 왜색은 보이지 않는다. 당시 문제가 되었던 일본 복식도 나오지 않는다. 그래서인지 이 영화는 적어도 문서상으로는 특별한 시정 사항 없이 검열을 통과한 것으로 보인다. 이에 비해 1975년 〈청춘극장〉(변장호)은 대본 검열에서부터 많은 시정 사항이 보여서 주목을 요한다.

번호	시정 부분	시정 사항
1	전체	현 시국과 결부해서 생각할 때 (비록 일제 때 있었던 학병 강제 동원 등) 일반에게 전쟁기피증과 반전사상을 주입시키는 악영향을 주지 않도록 요 수정
2	전체	본 내용에 남용된 일어는 전부 요 수정 ("고시나게" 등 허다함)
3	p. 39 준길 대사	"–한 번만 한 번만" 저속하여 요 삭제
4	P A-17 야마모토 대사	"동경 가면 내 예쁜 여자를 많이 소개해주지" 요 삭제
5	P B-64 씬98	당시 전시색이 짙은 시절의 유흥가 풍경 각 분위기에 좀 더 현실감 있게 정확한 고증이 요함
6	P B-80	윤 부인 대사 "–시들어 빠지니까 슬쩍 옮겨 앉아?" 저속하여 요 삭제
7	P B-88	유경 대사에 "아주 호화판이구료"와 "흥, 아주 멋진 풍경이구려"는 딸이 아버지에게 주는 말로는 적절치 않아 요 삭제
8	씬119-120, 121, 122	당시의 시대적 고증의 재확인이 요망됨 (물자가 궁핍한 전시하의 풍물과 분위기 등에 좀 더 현실감 있도록)
9	P B-104	나미에 대사 "오늘 밤 내가 양보해줄까"에서 "밤"은 요 삭제. "재미 많이 봐요"도 삭제
10	P B-124	춘심 대사 "외도를 할 셈으로 왔군" 요 삭제
11	P C-51	성호 대사 "바보 같은 새끼야"에서 "새끼야" 요 삭제
12	전체	본 작품에 등징한 인물의 별명에 "대통령", "장군" 등은 수정

제한 사항	장면 번호	제한 내용
화면 단축	S#3의 19	학생들이 선생에게 모자 던지고 항의하는 장면
화면 삭제	S#51	정사하며 애무하는 장면 삭제
"	S#56의 1-6	창윤이 춘심의 무릎에 누워 애무하는 장면
대사 삭제	3, 4, 11, 41, 82, 93, 114 중	"대통령" 또는 "대통령이다" 전부 삭제
"	10의 7	준길 대사 중 "한 번만 한 번만"은 삭제
"	19의 6	야먀모토 대사 중 "동경 가면"부터 "소개해주지" 삭제
"	56의 16	"이 박춘심이가"부터 "첩 노릇 하는 거나 무엇 달라"는 삭제
"	84의 3-6	"이 놈이 대통령파"부터 "대통령이라 말이다"에까지 삭제

위의 자료를 살펴보건대, 전체적으로 매우 엄격한 제재가 이루어졌음을 확인할 수 있다. 특히 '대통령'이나 '장군'처럼 군부와 관련된 표현에 대해서는 히스테릭하다고 할 정도로 예민하게 검열이 이루어졌다. 또한 아랫사람이 윗사람에게 대드는 행위에 대해서도 대단히 엄격했음이 드러난다. 설사 그것이 식민지시기 조선인 학생과 일본인 선생의 관계라 하더라도 '하극상'은 용납될 수 없는 것이었다. 이러한 사항들은 당시 사회 전반에 군부의 위계 체제가 얼마나 강조되었는지를 보여준다.

이러한 엄격함은 '왜색'에 대해서도 마찬가지로 적용되었다. 일본 복색이 드러나서는 안 되는 것은 물론 일본어도 허용되지 않았다. 여기에서 설사 일본인이라 하더라도 일본어로 말해서는 안 된다는 모순이 발생한다. 이는 〈사르빈강에 노을이 진다〉에서도 나타났던 문제인데 1970년대에 가면 더 심해진다. "동경 가면 예쁜 여자를 소개해주겠다"라는 대사도 퇴폐적인 것으로 간주되어 삭제되었다. 이는 당시 남한보다 사상적으로 자유롭고 경제적으로 발전한 일본이 영화 표현에서 경계의 대상이었음을 짐작케 한다.

그런데 무엇보다도 흥미로운 부분은 대본 검열 시정 사항 중 1번이다. 첫 번째 시정 사항으로 "일반에게 전쟁기피증과 반전사상을 주입시키는 악영향을 주지 않도록 수정"하라는 지시가 보인다. 당시는 남북한 모두 정권 유지를 위한 이념이 강화되면서 남북한 관계가 경색되는 상황이었다. 이러한 상황에서 전쟁에 대한 공포와 불안을 고조시키고 언제든지 국민을 전쟁에 강제 동원할 수 있을 정도로 장악하는 것이 정권의 목적이었다. 따라서 설사 그것이 식민지시기의 전쟁이라 하더라도 반전의식을 고취시켜서는 안 된다는 억지가 발생한 것이다. 이는 1970년대 중반 이후 남한영화에서 배경으로라도 식민지시기 전쟁을 재현하는 영화가 현저하게 줄어든 현상의 단서를 제공한다.

탈냉전시대 일본군 성노예 문제의 전면화

1960년대 전반기에는 한일수교를 앞두고 〈현해탄은 알고 있다〉와 같이 "한국과 일본의 상상적 화해"[42]를 보여주는 영화들이 제작되었다. 그러나 그것은 4·19의 여파이자 경제개발을 위해 한일수교가 필요했던 박정희 정부가 긍정적 여론을 이끌어내고자 취한 전략의 소산일 뿐이었다.

1965년에 한일협정이 체결되자 오히려 한일 문화교류의 분위기는 경색되었다. 한일수교로 외자 유치라는 목표를 달성하자 반공주의를 체제 유지 이념으로 더욱 강화하기 시작한 박정희 정부가 북송선과 조총련에 대해 예민하게 반응하면서 남한보다 사상적으로 자유롭고 경제적으로도 발전한 일본에 관한 정보의 유입을 더욱 경계하기 시작한 것이다. 이에 4·19 이후 한일 문화교류의 분위기를 타고* 일시적으로 가능했던 식민지 경험에 대한 다각적 접근도 다시 불가능한 상태가 되고 만다.

1970년대 이후에는 민족주의를 명분으로 한 반공주의의 강화로 당시의 일본을 재현하기가 더욱 어려워진다. 한편 남한영화 전반에서 이분법적 도식이 강화되어 식민지시기를 그리더라도 일본을 '절대악'으로 그리게 된다. 따라서 '친일'은 실제와 관계없이 '민족적 배신'으로 추상화되고 타자화된다. 그러면서 식민지시기를 심도 있게 재현할 기회는 더욱 줄어들었다. 여기에 결정적 역할을 한 것은 '한국전쟁'이다. 한국전쟁 이후에 공고화된 분단체제는 더 많은 기억을 발화되지 못하도록 만들며 역사의 수면 아래로 가라앉았다. 그래서 식민지시기의 경험이나 일본의 문제를 논할 때 남한사회가 처한 정치적 한계로부터 자유로울 수 없었다. 일본 재현의 관습은 이러한 맥락에서 형성되었으며 그 한계를 그대로 보여준다.

남한영화계에서 일본 관련 문제가 식민지 경험에 대한 증언과 더불어 진지하게 논의되기 시작하는 시기는 1990년대 중반 이후다. 일본군 성노예 피해자의 증언과 다큐멘터리를 통해 역사의 진실 문제가 대

---

* 1960년 4·19 직후에는 일본문화의 일방적 유입에 대한 우려가 나올 정도로 대일 문호가 개방되는 분위기였다(「문화계의 韓日/ 일방적 '붐'이 안 되게」, 《한국일보》, 1961. 5. 7).

일본군 성노예 문제와 야스쿠니 신사 문제를 다룬 다큐멘터리들의 포스터.
1. 〈낮은 목소리: 아시아에서 여성으로 산다는 것〉(변영주, 1995).
2. 〈안녕, 사요나라〉(김태일·가토 구미코, 2005).
3. 〈나의 마음은 지지 않았다〉(안해룡, 2007).

두되며* 야스쿠니 신사에 묻힌 조선인 병사 처리, 징용 나갔다가 귀환하지 못한 사람들의 이야기가 계속 탐사되고 밝혀졌다. 그러나 그 편수는 매우 적으며 저예산 다큐멘터리로 제작되어 대중에게 널리 알려지지 않고 있는 게 현실이다.

그런데 여기서 다큐멘터리를 통해 숨겨진 역사에 대한 증언들이 터져 나올 때 일본군 성노예 문제가 가장 먼저 부각된 것은 한번 생각해볼 필요가 있다. 이렇게 된 데에는 이 문제가 그래도 이념과 관계없이 인권 차원에서 보편적으로 말할 수 있는 이슈였던 것과 연관된다. 그러나 미·중 무역전쟁으로 신냉전구도가 형성되어 그것마저 현실적으로 해결되기 어려운 국면을 맞고 있다. 피해자들이 연로하여 타계하면서 일본군 성노예

---

* 그 이전에도 일본군 성노예를 재현한 영화가 있었다. 〈사르빈강에 노을이 진다〉에서부터 '대산따이'가 등장하는데 아무런 문제의식 없이 너무나 당연한 일로 치부된다. 1980년대의 〈여자 정신대〉에서는 1980년대 여성 수난의 연장선상에서 이 소재를 다루었고, 1991년의 〈에미 이름은 조센삐였다〉에서는 포르노그래피에 가까운 색슈얼한 흥미의 대상으로 취급했다.

문제 관련 영화가 연이어 제작되는 것은 시간이 없다는 절박함 때문이기도 하다. 그러니 일본에 대한 새로운 재현을 이야기하기는 더욱 힘든 노릇이다. 다시 말하건대 남한영화에서의 일본에 대한 새로운 재현 문제는 과거사에 대한 이념적 재단이나 이분법을 넘어 다각도로 논의할 수 있는 사회 분위기가 성숙했을 때 가능하다. 그리고 그것은 우리의 역사와 사회를 이념과 이분법의 틀에 옭아매는 분단 문제의 돌파와 긴밀하게 연관되어 있다.

아무리 반복해도 지나치지 않지만, 반복해서는 안 되는 지점에 대해

1991년 8월 14일 김학순 할머니가 일본군 성노예 피해자로서는 국내 최초로 증언하면서 한국영화 또한 이 문제에 대해 본격적으로 관심을 기울이기 시작했다. 1995~1999년에 생존한 피해자들을 찾아가 그들의 육성을 담은 다큐멘터리 〈낮은 목소리〉 3부작(변영주)이 나왔다. 이후 〈나의 마음은 지지 않았다〉(안해룡, 2007), 〈끝나지 않은 전쟁〉(김동원, 2008), 〈레드 마리아〉 연작(경순, 2011, 2015), 〈그리고 싶은 것〉(권효, 2012), 〈침묵〉(박수남, 2016), 〈22〉(구오커, 2018), 〈에움길〉(이승현, 2019), 〈김복동〉(송원근, 2019) 등 보다 다각적인 관점과 맥락에서 일본군 성노예 문제를 조망하는 다큐멘터리가 다수 제작되었다. 그리고 〈귀향〉(조정래, 2017)과 〈눈길〉(이나정, 2017), 〈아이 캔 스피크〉(김현석, 2017) 등의 극영화가 개봉되어 국내외에서 반향을 일으켰다.

일본군 성노예 문제는 시대극으로 다루어질 때 성폭력 재현이 수반될 수 있기 때문에 부담스러운 제재일 수 있다. 폭력의 재현은 강력한 폭로와 고발 효과를 볼 수 있지만 영상매체의 속성상 자칫하면 자극적인 노출과 전시로 이어지며 또 다른 폭력이 될 수 있기 때문이다. 〈귀향〉이 미국에서 시사회를 열었을 때 초경도 하지 않은 소녀를 성폭행했다는 사실이 큰 충격을 안기며 관객의 공분을 유발한 것은 영화 재현이 지니는 고발의 힘을 말해준다. 반면에 1970~90년대에 제작된 '정신대', '조센삐' 등의 호명이 들어 있는 일련의 극영화들은 이 제재의 재현이 빠질 수 있는 함정을 극단적으로 드러낸다.

2018년 영화 〈허스토리〉가 이전 극영화들과 다른 점은 '위안부', '정신대'라는 이름의 여성을 향한 전쟁범죄 문제를 법정드라마로 다루었다는 데 있다. 〈아이 캔 스피크〉가 법정드라마의 성격을 부분적으로 보여주는 데 그쳤다면, 〈허스토리〉는 6년여에 걸친 관부 재판을 메인 플롯으로 삼고 있다는 점에서 차별된다. '관부 재판'은 1992년에서 1998년까지 부산에 거주하던 일본군 성노예 피해자 세 명과 '근로정신대' 피해자 일곱 명으로 구성된 열 명의 원고단이 시모노세키 법원에서 일본 정부를 상대로 26차에 걸쳐 벌인 법정 다툼을 일컫는다. 시모노세키, 즉 하관^{下關}과, 한국의 부산^{釜山}을 오가며 재판을 했다고 해서 관부^{關釜} 재판이라 부른다. 이 재판은 사상 최초로 일본 재판부가 전쟁범죄에 대한 도의적 책임을 인정한 사례로 역사적 의의가 있다. 비록 항소심에서 뒤집혀 대법원에서 일본 정부는 책임이 없다고 판결이 확정되기는 했으나, 1심의 법관들이 모두 경질되는 등 일본의 법적 절차 안에서도 파행을 드러내 대법원의 결정이 오히려 일본 정부 주장의 문제를 반증하기도 했다.

〈허스토리〉는 1심 재판 과정을 다루면서 이 재판에 헌신했던 부산의 여성 사업가를 주인공으로 내세운다. 영화에서 문정숙(김희애)은 여행사를 운영한다. 1990년대 초반은 일본인의 기생 관광 붐을 타고 여행사들이 호황을 누리던 때였다. 그녀에게 기생 관광은 고의적으로 유치하는 것은 아닐지라도 회사를 운영하기 위해서는 불가피한 측면이었다. 그녀는 그것을 어디까지나 사업상의 문제로 분리해서 생각한다. 그 문제만 빼면 그녀는 여권의식이 높고 사회봉사 정신도 투철한 뛰어난 사업가다. 그러한 그녀가 '너무 먼 얘기'라고만 생각했던 일본의 전쟁범죄로 인한 피해가 바로 자신의 딸을 키워준 배정길 씨(김해숙)의 일이었음을 알게 되면서 변하기 시작한다. 배정길 씨와 '위안부'로 함께 끌려가 동고동락했던 친구 황금복 씨의 사연은 〈귀향〉이나 〈눈길〉에서 나온 두 소녀 이야기를 환기시킨다. 그리고 그 비극의 연장선상에서 살아남은 피해자들의 고통스러운 현재를 바라보게 한다. 그럼으로써 주인공 문정숙이 그랬던 것처럼 과거의 이야기이자 타인의 이야기라고만 여겼던 일본군 성노예 문제를 '현재 우리'의 문제로 다시 끌어들이는 데 이 영화는 일정한 성취를 보여준다.

그럼에도 이 영화는 여전히 법정 멜로드라마의 한계 속에 놓여 있어서 아쉬움을 남긴다. 한국영화사에서 법정영화는 멜로드라마의 클라이맥스에서 법정 장면을 통해 가족이 재회하거나 갈등이 해소되는 법정 멜로드라마의 틀을 오랫동안 유지해왔다. 이는 법과 재판을 영화의 배경과 장치로 활용하면서도 서구의 법정드라마에서처럼 이성적이고 합리적인 해결에 이르기보다는, 감성적이고 주정적인 공감으로 봉합된다는 데 특이점이 있었다. 대중에게 '법은 멀고 주먹은 가까웠던 만큼' 영화에서는 현명한 법조인이 법적 형식이나 절차를 넘어 서민의 원을 풀어 주는 것으로 대중의 기대를 만족시키는 결말에 이르곤 했던 것이다. 그러나 이러한 해결은 이중성을 지닌다. 표면적으로는 개인의 정상이 참작되어 '대중 정의popular justice'가 실현되는 듯하나, 한편으로 이는 법의 주관적 사유화로서 원칙을 벗어난 공권력의 남용에 맞닿아 있기 때문이다. 이는 또한 한국 법정드라마의 뿌리 깊은 관습으로 작용하며 법정영화가 법과 재판이라는 본질에 부합하는 현실적인 장르로 발달하는 것을 저해하기도 했다. 2010년대에 법적 형식주의를 반영하는 법정드라마들이 나온 것은 법에 대한 대중 인식의 변화와 함께 '대중 정의'에도 변화된 인식이 스며들고 있음을 말해준다.

〈허스토리〉 역시, 일본에 의한 전쟁범죄 피해 사안을 법정영화라는 새로운 형식으로 끌어오기는 했으나, 한국 법정 멜로드라마의 오랜 관습 속에 머물며 주정적 해결을 지향한다. 그 결과 피해자임을 소리 높여 주장하는 것으로 일본의 가해를 부각시키는 방식을 취하며, 재판을 둘러싼 논리와 다각적인 역사 문제들이 '조선인 피해자 대 가해자 일본'이라는 이분법 구도 속에 묻히고 만다. 관부 재판을 도왔던 일본 시민단체의 항의* 또한 이 영화가 법정 멜로드라마의 해묵은 틀로 역사적 사실을 다

---

* 〈허스토리〉는 2018년 6월 27일에 한국에서 개봉하여 33만 명의 관객을 동원했다. 그런데 10월 2일에 일본의 '전후 책임을 묻고 관부 재판을 지원하는 모임'(이하 '지원 모임')이 〈허스토리〉를 제작한 '수필름'에 "우리는 이 영화를 보고 경악했고, 분노와 슬픔을 참을 수 없었다"라면서 항의 성명서를 보낸다. 지원 모임의 주장은 이 영화는 실화에 바탕을 둔 영화라고 선전하면서 관부 재판에서 변론했던 변호사도 지원 모임도, 더구나 원고들조차 제대로 취재하지 않았으며, 몇몇 피해자들의 경험을 짜깁기해서 과다하게 각색하는 과정에서 사실을 심각하게 왜곡했다는 것이다. 그 결과 이 영화는 "피해는 심하면 심할수록 좋다는 식의 상업주의에 사로잡혀, 피해자의 고통에 귀 기울이는 작업을 소홀히 했다"고 제작사 측을 강력하게 비판했다. — 신상미, 「영화 〈허스토리〉 보고 경악 / 일본 시민단체가 분노한 이유」, 《오마이뉴스》, 2018. 10. 6(http://star.ohmynews.com/NWS_Web/OhmyStar/at_pg.aspx?CNTN_CD=A0002477255).

일본군 성노예 문제를 증언하는 김학순 할머니 (1924~1997). 그는 1991년 8월 14일 국내 최초로 이 문제를 증언하여 일본군 성노예 문제에 대한 관심을 촉발시켰다.

루는 과정에서 결락하고 왜곡할 수밖에 없었던 문제와 연관이 있을 것이다.

나는 이 영화가 자극하는 멜로드라마적 공감이 여전히 유효하다는 데 동의한다. 역사적 사안에 대해 다시 한 번 '우리의 이야기'라는 인식을 확인하는 데 일조한 영화이기 때문이다. 그럼으로써 일정한 정치적 주장을 관철했다는 데 이 영화의 의의가 있다고도 생각한다. 이는 "아무리 반복해도, 강조해도 전혀 지나치지 않다"[43]라는 주장과 상통하기도 한다. 그러나 주장은 반복되어도 영화까지 반복되어서는 안 된다. 정치적으로 일관된 주장을 견지하는 것과 영화라는 매체를 통해 그것을 재현하는 것은 다른 문제다. 영화 장르가 동일할 수는 있으나 영화는 새로워야 한다. 그런데 〈허스토리〉는 아쉽게도 장르는 새로웠으나 영화 자체는 낡은 관습 안에 머물고 말았다. 이 문제를 다룬 영화에 오랫동안 저류해온 피해

2015년 7월 1일 미국 조지워싱턴 대학에서 증언하는 김복동 할머니(1926~2019). 그는 1993년 UN인권위원회에서 피해 사실을 공개 증언한 이후 미국을 비롯해 일본 유럽 등에서 증언했다. 〈아이 캔 스피크〉(김현석, 2017)는 그를 모델로 한 영화다. 그가 타계한 2019년에는 그의 삶을 다룬 다큐멘터리 〈김복동〉이 개봉하기도 했다.

자 의식이 법의 공간으로 들어가기는 했으나 멜로드라마적인 선악구도와 파토스에 사로잡히며 다시 기성 관습에 긴박緊縛되고 만 것이다. 영화가 진부하면 그 의도나 주장도 주목받지 못한다. 이러한 현실적 이유를 생각하더라도 관습을 넘어서는 새로운 영화언어가 필요해 보인다.

이제 이분법적 피해자의식, 그로 인한 감정적 분노는 넘어서야 하지 않을까? 1965년 한일협정에 여전히 발목 잡혀 있는 역사적 문제에 대응하는 데에도 피해자의식과 감정으로 구성된 여전한 관습으로는 부족하지 않을까? 그 길을 모색하는 과정에서 기성의 단선적인 역사His-Story를 넘어서고 변혁하는 새로운 복수複數의 이야기로서 '허 스토리Her Story'가 가능하지 않을까?

2장

미국

<불사조의 언덕>(1955)에서 <이태원 살인사건>(2009)까지

미국의 양가성

미국에 대한 우리의 인식과 감정은 양가적이다. 그리고 그 역사는 뿌리 깊다. 거슬러 올라가자면 미국과의 인연이 시작되는 개항기에까지 이를 수 있다. 19세기 후반 조선인에게 미국은 중국 문명권 바깥에 있는 오랑캐의 나라인 동시에 제국주의적 침략의 전과가 많지 않은 신흥강국으로 다가왔다.[44] 그러나 미국과 조선의 '국가 대 국가'로서의 인연은 오래가지 못했다. 조선이 일본의 식민지가 되었기 때문이다.

식민지시기에 미국은 경제적으로 부강한 나라이지만 역사가 짧아 문화의 깊이는 없는 나라로 인식되었다. 이는 미국영화에 대한 당시 관객의 이중적 태도에서도 엿볼 수 있다. 제1차 세계대전 이후 할리우드 영화가 세계 영화시장을 지배하게 되면서 식민지 조선에도 많은 흥행작이 일본을 경유하여 수입되었다. 특히 할리우드 영화의 기술력과 서사적 재미는 타의 추종을 불허하는 것으로 인정되었다. 한때 기술과 자본을 전제로 하는 영화의 규모와 스펙터클이 예술성의 충분조건으로 꼽히기도 했다. 그러나 점차 영화의 예술성을 논할 때 할리우드 영화는 제외되고 예술영화의 자리는 유럽영화들이 차지하게 된다. 그러면서 할리우드 영화는 화려하고 재미있지만 가볍고 깊이가 없다는 통념이 형성된다. 이러한 통념은 해방 이후 지금까지도 작동하고 있으며, 미국에 대한 우리의 인식과 겹쳐진다.

주지하다시피 독립국가로서 우리와 미국의 인연이 본격적으로 시작된 것은 해방 이후부터다. 미국영화를 감상하며 양가적으로 수용하는 데 그치지 않고 한국영화에 미국에 대한 표상이 나타나기 시작한 것도 이때부터다. 그 뒤로 지금에 이르기까지 한국영화 속에서 미국은 해방군이자 점령군, 구원자이자 침략자, 선진국이자 천박한 나라, 민주주의의 수호자이자 전쟁의 배후조종자, 평등한 기회의 나라이자 이기적 자본가의 나라 등, 양가성을 넘나들며 지속적으로 재현되었다.

기독교 해방군으로서 미군

해방 이후부터 한국전쟁 직후까지 한국영화에 나타난 미국은 해방군이자 구원자 내지 원조자의 이미지가 주를 이루었다. 이는 주로 미군 표상을 중심으로 이루어졌는데, 미 공보처에서 제작한 선전영화들에서 잘 드러난다. 현전하는 대표적인 영화로는 〈불사조의 언덕〉(전창근, 1955)이 있다. 이 영화는 1950년 12월 이북을 배경으로, 교전 중 낙오된 미군 일행과 한국군 '박'(김정유)이 기독교 집사 가족의 도움으로 소속 부대와 상봉하여 북한군과 중공군을 무찌른다는 이야기다. 줄거리에서부터 드러나듯이 이 영화에서는 미군과 한국군을 프로타고니스트로, 북한군과 중공군을 '괴뢰군'으로 지칭하며 안타고니스트로 설정한다. '괴뢰傀儡'란 꼭두각시를 가리키는 것으로 남이 부추기는 대로 따라 움직이는 사람을 낮잡아 이르는 말인데, 인민군이나 중국군을 비인격화하는 용어로 사용되었다. 다시 말해 미군과 한국군의 우정과 교호는 강조되지만, 인민군이나 중국군을 인격화하는 것은 금기였다.

그런데 표면적으로는 '우정'과 '교호'가 강조되지만 심층적으로는 '구원자'로서 미군의 역할에 방점이 찍힌다. 영화에서 헨리와 '박'은 낙오되는데 '박'은 폭격으로 중상을 입어 눈이 보이지 않는 상태이고 헨리는 그러한 '박'을 끝까지 보호한다. 또 다른 미군은 "개구리를 좋아하는 다섯 살배기 아들"을 미국에 두고 온 인물인데, 폭격으로 고아가 된 한국인 어린아이를 구해서 아들처럼 보살피며 목숨 걸고 지켜주기도 한다.

한편 이북 주민인 집사 가족이 헨리 일행과 '박'을 숨겨주는데, 그가 이북 주민이면서도 미군이나 한국군에 동조하게 하는 매개는 '기독교'다. 집사(송억)는 기독교도라는 이유로 박해를 받았고, 하나뿐인 아들은 납치되었다. "그 아이는 영어도 곧잘 하고 똑똑한 애였다"라는 집사 부인(한은진)의 증언은 이 가족의 친미 성향을 드러낸다. 그러나 헨리는 '괴뢰군'에게 잡혀간 아들이 있다는 점만으로는 그들을 완전히 믿지 못한다. 그들이 '집사church leader' 가족, 즉 기독교도라는 사실을 확인한 다음

1. 〈돌아오지 않는 해병〉(이만희, 1963)에서 시체를 밟고 끊임없이 밀려드는 중공군의 이미지.
2. 〈태극기 휘날리며〉(강제규, 2004)에서 재현된 중공군의 이미지. 1960년대 이후 한국영화에서 중공군 재현의 관습이 크게 변하지 않았음을 알 수 있다.

에야 그들에게 품었던 의심을 푼다. 기독교도라는 사실은 헨리로 하여금 그들을 공산주의와 공존할 수 없는 반공주의자로서 신뢰하게 하는 결정적 증거가 되는 것이다.

또한 '기독교'는 '반공'과 함께 '문명화'라는 함의를 지닌다. 헨리가 크리스마스 예배를 하기 위해 트리를 만드는 집사 가족을 보고 한국 음식 문화를 예의 바르게 받아들이는 것이나, 중공군을 일러 '더러운 쥐들dirty rats'이라고 경멸하는 모습이 그런 함의를 보여준다. 다시 말해 집사 가족은 기독교의 은혜로 공산주의에 물들지 않았기에 반공주의자로서 미

〈불사조의 언덕〉(전창근, 1955)에서 대화를 나누는 '박'(김정유)과 헨리. 두 사람은 영어로 대화한다. '박'이 영어로 말한 덕분에 한층 빠르게 두 인물의 신뢰가 구축된다. 이를 통해 은연중에 '영어'도 문명화의 결정적 지표가 된다.

〈불사조의 언덕〉에서 미국의 기술력과 전투력을 상징하는 전투기의 실제 모습. 이러한 영상은 미군의 반격을 보여주는 국면에서 반복적으로 사용된다.

군을 도울 수 있으며, 기독교의 세례를 받은 문명인이라는 전제 위에서 헨리와 집사 가족은 서로 믿고 협력할 수 있는 것이다. 강인철에 따르면 "개신교 반공주의는 일제강점기에 처음 등장하였고, 특히 한국전쟁을 거치면서 매우 강력한 종교적 이데올로기로 변모했다".[45] 이 영화에서 미군이 기독교 해방군으로 재현되는 것은 그런 변모의 지점을 드러낸다.

여성, 한미동맹의 매개

그런데 여기서 흥미로운 것은 여성 인물의 역할이다. 국가 관련 표상에서 여성은 언제나 중요한 상징으로 작용하며, 재현을 합리화하는 고리로 활용된다. 기독교를 기반으로 하는 미군과 한국인의 공조·신뢰 체계 안에서도 여성 인물은 결정적 역할을 수행한다. 〈불사조의 언덕〉에는 세 여성 인물이 나오는데, 집사 부인(한은진), 집사의 딸(나애심), 그리고 '박'의 약혼녀다.

집사 부인은 가족에게 헌신적이고 자식 교육에 엄한 '전통적인' 어머니 상으로 표현된다. 그녀는 미군에게 한국 음식을 정성스럽게 대접하고 "집처럼 생각하고 쉬라"고 기품 있게 말한다. 이에 비해 딸은 순진하면서도 당돌한 시골 처녀다. 그녀는 미군을 '해방군'이라고 말하면서 외간 남자들에게 호기심을 드러낸다. 그러한 행동을 자제시키며 교육하는 사람 또한 어머니(집사 부인)다. 어머니의 행동은 자신을 매우 엄격하고 예의 바른 동양의 문명인으로 보이게 하여 헨리에게 신뢰를 준다. 그리고 이러한 어머니의 표상은 기독교를 기반으로 하는 '한미동맹 논리'가 '모성의 역할'을 중시하는 가족주의와 '문명'의 이름으로 결합하는 매개가 된다. 여기에 자다가 깨어 울며 '엄마'를 찾는 전쟁고아를 미군이 마치 엄마처럼 보듬는 장면은 '어머니'의 표상과 상관되며 '문명'에서 '모성'의 중요성을 다시 한 번 강조한다.

이와 같이 어머니가 동맹의 매개로 작용한다면, 딸은 공산군의 악함을 폭로하여 서사에서 반공주의의 이분법을 강화하는 매개로 작용한다. 즉, 딸은 공산군에게 희롱당하는 위기에 처함으로써 공산군에 대한 공분을 유발하는 데 핵심적 역할을 한다. 반공 서사에서 성적 방종이나 부도덕은 공산주의자의 성격을 이루는 중요한 요소다. 이 요소는 공산주의자의 악을 드러내 그들에 대한 응징의 정당성을 확보하는 데 기여한다. 이는 가장 민감한 부분에 대한 부도덕을 문제 삼아 반공 이념을 강화하는 서사 전략인데, 특히 가장 민감한 부분으로 활용되는 것이 '여성의 육체적 정조'다.

여성의 정조 문제는 『무정』에서 박영채를 두고 이형식이 고민하는 데에서 드러났듯이 근대 남성의 위계의식과 열등감, 그로 인한 이중적 심리가 복합적으로 드러나는 테마다. 또한 그런 만큼 서사에서 수용자의 관심을 이끌어가는 핵심적인 모티프가 되기도 한다. 이는 여성의 정조는 지켜져야 하고 남성은 그러한 여성을 지킬 책무가 있음을 전제한다. 그 위에서 남성 인물의 선악을 구분하고 남녀 간의 위계뿐만 아니라 남성 간의 위계까지도 정당화하는 서사 관습이 형성된다. 이러한 맥락에서 볼 때 〈불사조의 언덕〉에서 위기에 처한 딸을 구하는 사람이 아버지도 한국군도 아닌 미군 헨리라는 것은 단순한 선악 구도를 넘어, 동맹의 이면에 내장된 위계의식을 드러낸다.

여성 인물이 이분법 강화의 매개로 기능하면서 남성 인물들의 도덕적 위계 구성의 계기로 기능하는 것은 '박의 약혼녀'를 통해서도 드러난다. '박'은 "나는 죽을 때까지 개자식들과 싸우겠다! I'll fight against bastards until die"라고 다짐한다. 그가 말하는 '개자식'은 공산군이다. 그는 결혼식 날 한국전쟁이 터지는 바람에 약혼녀와 헤어지게 된 데다, 간호사로 일하던 약혼녀는 결국 공산군에 의해 학살되었다. 여기에서 '간호사'와 '결혼식'의 내포는 앞서 살폈던 '어머니'와 '딸'의 역할과 논리적 연계성을

〈불사조의 언덕〉에서.
1. 미군과 국방군을 숨겨주고 먹여주며 대화가 진행되
는 동안에도 자연스럽게 앉아 있는 어머니(한은진).
2. 외간남자들과 스스럼없이 말을 주고받는 철없는 딸
(나애심).
3. 간호사였던 박의 약혼녀의 청순한 모습.

지닌다. 즉, '간호사'가 내포하는 '희생과 봉사'의 의미는 집사 부인과 아
이를 돌보는 미군을 통해 드러난 '모성성'과 상통하고 '결혼식'은 새로운
'가족'의 출발점을 함의한다. 따라서 공산군은 결혼식을 망침으로써 '가
족'을 파괴한 것이며, 환자를 보살피는 '모성성'마저 짓밟는 천인공노할
만행을 저지른 것이다. 이는 '개자식bastard'에 들어 있는 '패륜'의 함의와
도 어울리며, 공산군을 결코 용서받을 수 없는 절대악으로 만듦으로써
반공의 도식을 강화한다.

　〈불사조의 언덕〉에서 '미군/국방군' 대 '중공군/인민군'의 구도는 선-
악 대립 구도를 이룬다. 여기에서 선의 자질은 '기독교/문명화'와 '도덕
성'으로, 악은 '야만'과 '부도덕'으로 드러나며 그 자질의 함량에 따라 인
물 간의 위계가 형성된다. 위계 구도에서 미군은 선의 자질을 모두 갖춘

인자仁者로서 최상위에 위치한다. 그리고 국방군은 미군 아래에서 기독교적 문명화를 통해 미군과 혈맹이 될 가능성이 있는 위치로 자리매김된다. 미군과 국방군, 나아가 미국과 한국의 위계적 공조 체계에서 어머니는 '동양적 예절'과 '시혜적 모성'을 통해 한국의 문화가 기독교와 손잡을 수 있는 논리적 기반을 마련해준다. 한편 공산군에게 희생되는 아내와 순결한 딸은 공산군에게는 절대악의 낙인을, 미군과 국방군에게는 도덕성을 부여하여 이분법의 도식을 강화함으로써 미국과 남한의 공조를 돈독하게 하는 매개로 기능한다.

기지촌, 타락이자 기회 그리고 근대적 충동의 공간

1950년대 한국영화에서 미국은 기지촌을 통해 표상된다. 기지촌은 법과 윤리 밖에 놓인 타락의 공간이자 일확천금을 꿈꿀 수 있는 기회의 장소, 한편으로는 자본주의와 민주주의를 향한 근대적 충동이 드러나는 곳이라는 점에서 양가성을 드러내며, 전후 남한에서 미국이 지니는 의미를 함축한다. 기지촌이 최초로 재현된 작품은 한국전쟁 중인 1952년에 신상옥 감독이 네오리얼리즘 영화를 모방하여 만들었다는 〈악야惡夜〉라고 하나, 이 영화는 현전하지 않는다. 1950년대 영화 중에 기지촌을 본격적으로 보여주는 작품으로는 역시 신상옥이 만든 〈지옥화〉(1958)가 남아 있다.

〈지옥화〉에는 멜로드라마, 갱스터, 누아르, 웨스턴 장르의 요소가 혼융되어 있는데, 인물과 갈등 면에서 이 영화의 기본적인 골격을 이루는 것은 멜로드라마다. 일반적으로 멜로드라마는 "순수한 개인이나 커플이 결혼, 직업, 핵가족 문제들과 관련된 억압적이고 불평등한 사회 환경에 의해 희생되는 대중적인 연애 이야기"[46]를 뜻한다. 이 영화에서 영식(김학)과 동식(조해원) 형제 그리고 소냐(최은희)는 삼각관계 속에서 갈등하다가 결국 영식과 소냐가 죽음으로써 비극적인 멜로드라마로 귀결된다.

영식과 소냐를 희생시키는 것은 기지촌의 생태와 문화에 의한 가치관의 변화다. 그리고 그러한 변화의 중심에는 여주인공 소냐가 있다. 기지촌을 통한 미국의 표상에서도 여성 인물이 핵심적인 매개로 기능하는 것이다. 영식은 기지촌에서 양공주들에게 기생하여 미군 창고를 도둑질하며 살아간다. 그러면서도 돈을 모으면 사랑하는 여자 소냐와 고향으로 돌아가 '어머니 슬하'에서 살기를 희망한다. 동생 동식은 고향에 돌아오지 않는 형을 찾아 일부러 상경한 인물이다. 그는 형의 부도덕한 생활 자체를 부정하며 기지촌 생활을 청산하고 귀향하자고 권유한다. 동식에게 '진지한 삶'이란 얌전한 처녀와 결혼하여 고향에 내려가 어머니를 모시고 사는 것을 의미한다.

그런데 영식이 사랑하고 동식이 매혹되는 소냐는 그들 형제와는 전혀 다른 가치관을 지녔다. 다른 양공주들이 전쟁 중에 부모를 여의고 살길이 막막해서 양공주가 되었다는 등의 사연을 말하는 것과 달리 그녀는 자신의 과거를 언급하지 않는다. 또 그녀가 돈을 모았는데도 기지촌을 떠나지 않는다는 데서 양공주 생활을 자발적으로 선택하고 있음이 드러난다. 그녀는 가슴과 등이 파인 이브닝드레스, 하체의 곡선이 그대로 드러나는 바지와 선글라스, 당시로서는 파격적인 수영복 등을 입고 형제의 혼을 빼앗는다. 소냐는 영식과 사실혼 관계에 있으면서도 정식 결혼

〈지옥화〉(신상옥, 1958)의 포스터.
맨 위에 "자기가 살기 위해서 남편
을 죽여야 할 것인가? 물결치는 관
능의 파도 속에서 허덕이는 형제
애"라는 문구가 쓰여 있다.

형제애를 위협하는 소냐(최은희)
의 매혹. 그녀가 형제(김학과 조해
원)를 발아래 두고 내려다보는 태
도가 인상적이다.

은 거부한다. 멜로드라마에서 대개 여성 인물이 결혼을 요구하는 것과
는 상반된 형국이다.

　그녀가 영식과의 결혼을 거부하면서 내세우는 이유는 두 가지다. 첫째
돈을 더 벌어야 한다는 것이고, 둘째 시골에 가서는 살 수 없다는 것이
다. 일련의 행동을 통해 소냐가 보여주는 것은 배금주의, 가족의 해체,
도시에 대한 동경이다. 다시 말해 그녀가 원하는 것은 돈을 많이 벌어서
사랑하는 사람과 함께(대가족으로부터 벗어나) 화려한 도시에서 자유롭게
사는 것이다. 그러기 위해서는 양공주 생활도 문제될 게 없고, 가족관계
도 거추장스러울 뿐이다. 그녀가 시동생 동식을 유혹해서는 홍콩으로

함께 도망가자고 제안하는 것은 그녀의 욕망을 단적으로 보여준다.

그렇다면 왜 홍콩일까? 주지하다시피 홍콩은 중국 땅이지만 영국에 100년 동안 조차되었던 지역으로, 아시아에 있는 서구였다. 또한 아시아·태평양 지역과 구미 대륙의 해양을 연결하는 중추로 자본주의 경제와 문화가 집약된 곳이었다. 다시 말해 홍콩은 기지촌 경험을 통해 소냐가 지향하게 된 가치, 즉 도시, 돈, (전근대적 가족으로부터 분리된) 개인의 사랑을 성취할 수 있는 꿈의 공간이며 머나먼 미국을 대체할 수 있는 가까운 서구다.

소냐는 자신의 욕망을 성취하기 위해 남편의 열차강도 계획을 경찰에 신고하기까지 한다. 그리고 그녀는 남편의 손에 의해 살해된다. 그리고 동식은 전쟁 통에 부모를 잃고 어쩔 수 없이 양공주가 된 주리(강선희)와 함께 어머니가 있는 고향으로 돌아간다. 이를 통해 표면적으로는 형제가 추구했던 전통적인 가족주의가 승리한다. 마지막에 동식과 주리가 떠나는 장면을 밝게 묘사함으로써 영화는 그 승리를 찬미한다. 그러나 보수적인 관념을 눈에 띄게 찬미하는 것은 오히려 영화에서 부정된 가치의 문제성이 그만큼 심각함을 반증하기도 한다.

이 영화에서 소냐의 관능은 사진 속에서 흰 한복을 입고 있는 늙은 어머니의 호소력과 경쟁 관계를 이룬다. 결말을 볼 때는 어머니가 승리했지만 줄곧 관객의 시선이 머무는 곳이 소냐임은 말할 필요도 없을 것이다. 소냐가 주도하는 기지촌 생활은 동경의 대상이 될 만큼 이국적이고 호화롭다. 그녀가 표방하는 가치, 즉 돈과 화려한 도시와 자유로운 사랑은 해방 이후 미국 자본주의 문화의 유입에 의한 폐해 — 황금만능주의와 소비 풍조, 그리고 삶에 대한 찰나적 태도 — 를 상징하는 것이기에

〈지옥화〉에서 미군 부대에 기생하여 살아가는 기지촌의 건달 영식 (김학)과 양공주들. 이 영화에서는 '양공주'라 하지 않고 '양부인'이라 부른다. 여성 인물들이 입고 있는 의상은 할리우드 영화에 나오는 드레스를 닮았다.

미군을 상대하는 방에서 시동생 동식(조해원)을 유혹하는 양부인 소냐(최은희). 그녀는 동식에게 홍콩으로 도망가자고 제의한다. 그녀의 행동은 부도덕한 만큼 치명적으로 고혹적이다.

당대에는 재고의 여지도 없이 부도덕한 일로 비난받았다. 그러나 그러한 가치관을 지닌 그녀가 그토록 매력적이라는 점은 그 가치관이 지닌 힘을 입증하는 것이기도 하다. 따라서 소냐가 저지른 용서할 수 없는 패륜에도 불구하고 그녀의 욕망에 대한 관객의 거부할 수 없는 공감과 매혹은 그대로 남는다. 그녀가 처절하게 응징됨으로써 그 매혹의 잔영은 더 깊어지기까지 한다.

  소냐가 이토록 매혹적인 것은 패륜으로 간주되는 행동 이면에서 거부할 수 없는 근대적 충동을 드러내기 때문이다. 그것은 물질적 풍요와 편리, 자유로운 개인의 평등한 삶을 향한 일종의 '해방적 충동'[47]이다. 그

리고 이 영화에서 그 충동은 기지촌을 통해 드러남으로써 '미국적인 것'
과 직결된다. 따라서 소냐의 패륜과 매혹 사이에서 관객이 경험하는 분
열이야말로 기지촌을 통해 표상된 미국의 양가성을 드러내는 지점이다.

1959년 이후로 〈지옥화〉와 같은 도발적인 영화는 제작되지 않았다. 소
냐 역을 맡았던 최은희는 한복을 곱게 차려입은 수절과부로 돌아갔고
그러한 그녀를 주인공으로 하는 보수적 멜로드라마가 대중의 호응을 얻
으며 한국 멜로드라마의 주류가 되었다. 그러한 분위기 속에서 기지촌
을 배경으로 하는 영화들도 사라져갔다. 1960년대 중반 이후 검열이 강
화되면서 미군을 부정적으로 그려서는 안 된다는 금기가 생긴 것도 이
러한 흐름에 큰 몫을 했다. 그래서 1960년대 멜로드라마에서 미국은 모
든 문제가 해결되는 공간으로 '언급'되기만 한다. 미국에서 돌아왔다는
인물은 가족이나 연인을 구원하고, 불행했던 인물이 미국으로 떠나는
것은 최고의 해피엔딩이 된다. 이때 미국은 한국영화에 직접 재현되지
않음으로써 도리어 선진국이자 이상향의 이미지를 강화한다.

아메리칸 드림에서 반미영화로

한국영화사에서 미국의 표상은 몇 번의 변곡점을 보여준다. 우선 해방
이후 1950년대 영화에서는 해방군이자 점령군으로서 미국에 대한 양
가적 인식이 비교적 숨김없이 표출된다. 그런 측면이 대표적으로 드러
난 경우가 앞서 살펴본 기지촌의 재현이었다. 1950년대에는 〈악야〉(신상
옥, 1952)나 〈지옥화〉(신상옥, 1958)와 같이 기지촌을 배경으로 '양공주'를

주인공으로 삼은 영화가 제작되었다. 양공주의 재현은 1960년대 초까지 이어져서 〈오발탄〉(유현목, 1961)이나 〈혈맥〉(김수용, 1963)에서처럼 기지촌이 전면에 등장하지는 않더라도 전후 사회를 사실적으로 그리는 데 중요한 요소로 노출되곤 했다.

그러나 1960년대 중반 이후 영화에 대한 정부의 통제가 강화되면서 한국영화에서 기지촌이 재현되는 경우는 사라지고, 재현된다 하더라도 미군 병사에 의해 양공주가 구원받는다는 식으로 극화된다.[48] 이는 반공주의가 강화되며 반공주의에 위배되는 재현은 금지된 데서 비롯한 현상이었다. 영화 재현에 적용되는 반공주의에는 적(북한, 공산당)은 절대로 긍정적으로 그려서는 안 되는 것은 물론이고, 남한사회를 보여줄 때 북한의 주장이나 이익에 부합하는 면이 있어서도 안 된다는 금기가 포함되어 있었다. 이러한 맥락에서는 남한사회를 부정적으로 그리거나 젊은이의 절망을 보여주는 것도 '용공'일 수 있었다. 남한의 약점을 노출하는 것이나 젊은이의 우울은 적을 이롭게 할 수 있다는 이유에서였다. 그러니 인민군을 인간적으로 묘사하는 것을 비롯해 남한사회의 문제점을 폭로하거나 비판하는 것은 대표적인 '용공'에 해당하는 일이었다. 북한에서 계속 미국을 적대시하며 비판하고 있었으므로 남한에서 미국과 관계된 이미지를 부정적으로 그리는 것 또한 주요한 용공 행위였다. '영화계의 계엄령'이라고 불린 '〈7인의 여포로〉 사건'(198쪽 상자글 참조) 이후 반공주의가 영화의 재현에 우선적인 원칙으로 작용하면서 미국과 관련한 부정적 이미지는 한국영화에서 사라져간다. 그리고 1967년부터 영화에 대한 사전검열이 실시되자 그러한 재현이 이루어질 가능성은 시나리오 단계에서부터 차단된다.

1. 혼혈아 문제를 다룬 최초의 영화 〈내가 낳은 검둥이〉(김한일, 1959)의 포스터. 이 영화에서 미국인 병사는 약속을 지키는 믿음직한 아버지로 그려지고, 남한사회에서 도저히 해결할 수 없었던 혼혈아 문제는 미국인 아버지가 아이를 미국으로 데려감으로써 해결된다.
2. 〈오발탄〉(유현목, 1961)에서 주인공의 여동생 명숙(서애자)은 약혼자(윤일봉)와 오빠(최무룡)가 전쟁 중에 장애를 입고 돌아오자 생활고 때문에 어쩔 수 없이 양공주가 된다.

1960년대 중반 이후 한국영화에서 미국은 꿈의 나라로 그려진다. 젊은이가 미국 유학을 떠나는 것은 가장 행복한 미래를 보장받는 결말이 되고, 미국 유학에서 돌아온 이들은 가족의 문제를 해결하고 가족을 구원한다. 〈젊은 느티나무〉(이성구, 1968)에서처럼 법적으로 남매이기에 맺어질 수 없는 사랑도 미국에 가면 길이 있으리라는 희망으로 귀결된다. 그러니 〈나무들 비탈에 서다〉(최하원, 1968)의 현태(이순재)처럼 미국 유학을 떠날 수 있는 젊은이가 그러한 기회를 포기하는 행위 자체가 '전후 실존'의 문제를 충격적으로 제기하는 일이 될 수 있었다.

1970년대에 접어들면 합작영화들이 제작되며 미국 현지 로케이션이 이루어진다. 그러면서 영화 화면에 미국 도시의 모습이 등장하기 시작한다. 그러한 영화들로는 〈캐서린의 탈출〉(데이빗 리치·장일호, 1973), 〈황

혼의 만하탄〉(강범구, 1975), 〈애수의 샌프란시스코〉(정소영, 1975), 〈캘리
포니아 90006〉(홍의봉, 1976) 등이 있다. 이 영화의 제목들에는 한국에서
인지도가 높은 미국의 지명이 들어 있는데, 실제 로케이션 장소나 영화
내용과는 관련 없는 경우도 있었다. 예컨대 〈황혼의 만하탄〉은 미국 로
케이션이 이루어지기는 했으나, 그 장소는 '만하탄(맨해튼)'이 아니고 로
스앤젤레스였으며, 이야기 속에서 주인공이 가는 곳 또한 로스앤젤레스
다. 그런데 이 영화들에서 주목할 점은 아메리칸 드림의 허상을 드러내
기 시작했다는 것이다. 〈황혼의 만하탄〉은 한국인 여성과 한국계 미국
인의 국제결혼을 다룬 영화인데, 주인공이 국내에서 꿈꿨던 것과는 다
른 미국 생활의 외로움과 어려움을 보여준다. 또한 〈캘리포니아 90006〉
에서는 미국 불법체류자들이 주인공인데, 불법체류를 위한 위장결혼이
재현되었다. 이는 〈깊고 푸른 밤〉(배창호, 1985)보다 9년이나 앞서는 일이
었다. 남한영화에 나타난 미국의 표상 문제를 집중적으로 연구한 오영
숙은 1970년을 전후로 하여 혈맹으로서 미국의 위상이 흔들리기 시작
하고 대미 의식에 미묘한 변화가 생기면서 미군을 부정적으로 재현하는
돌출적인 영화가 출현했다고 말한다.[49] 1960년대 말 이후 민족주의를
앞세운 독재체제가 강화되어갔고 1970년대 후반으로 갈수록 그로 인한
사회적 균열 또한 커져갔다는 사실을 참조하면, 1970년대 중·후반에
아메리칸 드림의 허상을 폭로하는 영화가 한편에서 나오기 시작했다는
것 또한 그러한 균열의 연장선상에서 이해할 수 있을 것이다.

　미국에 대한 부정적 재현이 본격화되는 시기는 1980년대 중반이다.
박정희 독재가 무너지고 민주화의 기운이 고조되며 근 20년 동안 지속
되었던 재현의 금기와 억압도 풀려 나갔다. 또한 미국의 승인 내지 공

1. 〈황혼의 만하탄〉(강범구, 1974)의 신문 광고.
"미국 현지 로케 감행!"이라는 문구를 제목 바로 위
에 배치하여 미국에서 현지 촬영한 영화임을 강조
했다.
2. 〈캘리포니아 90006〉(홍의봉, 1976)의 포스터.
홍의봉 감독은 이 영화 외에도 미국 이민자의 고난
을 통해 아메리칸 드림의 허상을 그린 〈코메리칸의
낮과 밤〉(1977)을 연출했다.

조 없이는 1980년 5월 광주에서의 시민 학살이 일어날 수 없었다는 인
식이 확산되며 반미 정서가 끓어올랐다. 여기에 영화계에서는 UIP^United
International Pictures를 통한 미국의 직접배급이 예고되고 이에 대한 대대적
인 반대 투쟁이 일어난 것도 반미 정서를 키우는 데 한몫했다. 그러면서
그간 억압되었던 재현 욕망이 터져 나왔고 미국에 대한 부정적 묘사가
급격히 늘어났다. 이 시기에 미국 재현에서 주류를 형성한 것은 아메리
칸 드림의 허구성에 대한 폭로였다. 유형이나 결의 차이는 있으나, 1980
년대 주요 작품에 해당하는 〈무릎과 무릎 사이〉(이장호, 1984), 〈깊고 푸
른 밤〉(배창호, 1985), 〈아메리카 아메리카〉(장길수, 1988), 〈칠수와 만수〉
(박광수, 1988), 〈오! 꿈의 나라〉(장산곶매, 1989), 〈추락하는 것은 날개가 있
다〉(장길수, 1990) 등이 모두 반미 경향의 영화 범주에서 논의될 수 있다.[50]
이러한 경향은 1990년대에도 계속되어 〈은마는 오지 않는다〉(장길수,

1991), 〈이태원 밤하늘엔 미국 달이 뜨는가〉(윤삼육, 1991), 〈웨스턴 에비뉴〉(장길수, 1993)와 같은 영화로 이어진다. 그리고 2000년대 영화 〈괴물〉(봉준호, 2006)에 이르기까지 이러한 반미의식과 정서는 유효하게 작동하고 있다.

미국이라는 숙주와 386세대

영화 〈괴물〉에서 돌연변이 괴생물체가 한강에서 발생하는 이유는 미군이 독성 화학물질을 한강에 무단 방류했기 때문이다.* 게다가 괴물이 사람들을 해치고 납치하자 최첨단 방역과 의료기술을 내세우고 등장한 미군은 사람을 구하기보다는 정보를 통제하고 수집하며 자국의 이익을 챙기기에 바쁘다. 여기에서 이 영화의 영어 제목이 '괴물The Monster'이 아니라 '숙주The Host'임에 주목할 필요가 있다. '숙주宿主'란 '생물이 기생하는 대상으로 삼는 생물'을 말하는데, 이 영화에서는 '숙주'의 의미를 다양하게 해석할 수 있다. 우선 바이러스의 숙주로 오인되는 '괴물'일 수도 있고, 그러한 괴물의 숙주로 기능하는 '한강'일 수도 있다. 그런데 문제는 괴물과 접촉한 사람들에게서 바이러스가 검출되지 않기 때문에 괴물에게는 바이러스가 없는 것으로 판명된다는 점이다. 다시 말해 괴물은 숙주가 아닌 셈이다. 한편 한강을 괴물의 숙주로 만든 것은 주한미군

---

* 이는 2000년에 용산 미군기지에서 실제로 일어나던 '맥팔랜드 사건'—영안실의 부책임자였던 앨버트 L. 맥팔랜드가 한강에 포름알데히드 용액을 무단 방류한 범죄—을 모티프로 삼은 것이었다. 미군기지의 오염이 심하다는 것은 오랫동안 공공연한 비밀이었는데, 2017년에 환경부의 오염 실태 조사 결과가 발표되면서 그 심각함이 객관적 수치로 확인되어 다시 충격을 주었다(「미군기지 지하수서 발암물질 '벤젠' 최대 160배 초과 검출」, 《연합뉴스》, 2017. 4. 18).

〈괴물〉(봉준호, 2006)에 나타난 미국의 이미지.

1. 포름알데히드를 한강에 무단 방류하라고 명령하는 미군 장교의 모습.

2. 괴물이 현장에 나타났을 때 괴물 퇴치보다는 한국인을 대상으로 한 실험에 골몰하는 미국 과학자의 모습. 이 과학자의 눈은 사시斜視로 설정되어 있어 기괴한 이미지로 그려지는 동시에 한국인을 향한 그의 왜곡된 시선을 상징적으로 드러낸다.

이었다는 인과관계를 고려하면, '괴물'이라는 돌연변이로 상징되는 병적인 기현상의 숙주는 '미국'이라는 해석이 가능하다. 바이러스를 조사하고 방역한다는 명분으로 점령군처럼 행동하며, 정작 괴물은 방치한 채 애먼 사람들만 괴롭히는 미국의 행태는 이러한 해석을 뒷받침한다. 또한 괴물을 잡겠다면서 식수원인 한강에 정체불명의 생화학 무기를 살포하는 것도, 그들이 있다고 주장하는 바이러스의 숙주는 괴물이 아니라 그들 자신, 즉 '미국'이라는 해석에 힘을 싣는다. 이렇게 볼 때 영어 제목에서부터 이 영화는 신랄한 미국 비판을 수행한다고 할 수 있다.

그런데 이 영화의 비판은 여기서 끝나지 않는다. 한강변에 접근하는 것을 금지하고 소독을 하는 것 외에는 아무런 일도 하지 않음으로써 괴물을 잡겠다는 것인지 보호하는 것인지 모를 한국의 공권력, 피해자들의 약점을 이용하여 폭리를 취하는 깡패들, 깡패와 다름없는 공무원, 미국의 대변인 노릇을 하는 언론과 미국의 지식에 따라 움직이는 병원 등은 모두 억울한 피해자들을 죽이면서 오히려 괴물은 살게 하는 숙주로 기능한다. 이러한 제반 요소들로 인해 주인공 박강두(송강호)의 가족은 괴물을 죽일 수도 없고 납치된 딸 현서(고아성)를 구할 수도 없다. 따라서 이 영화는 미국에 종속되어 있는 한국사회와 그 사회 내부에 도사린 각종 문제까지 폭로하며 전면적인 비판의 칼날을 세운다.[51] 요컨대 이 영화는 '괴수 오락영화'라는 장르 문법의 이면에서 뿌리 깊은 반미의식을 뚜렷이 각인시킨다.

이러한 반미의식은 1980년대에 미국이 구원자가 아니라 가해자라는 인식이 대두하고 1990년대를 지나면서 우리 민족(남북한 모두)은 냉전의 피해자라는 인식의 전환이 이루어지면서 심화되었다. 다시 말해 해방 이후 적대시해온 소련과 마찬가지로 미국도 한국전쟁의 책임자이자 가해자라는 것이었다. 이는 페레스트로이카와 베를린 장벽의 붕괴로 상징되는 탈냉전시대를 맞이하여, 남북한만이 유일한 분단국가로 남으면서, 냉전을 새롭게 바라보게 된 일과 맥을 같이한다. 또한 탈냉전시대 분단 극복의 의지와 연동되는 것이기도 했다.

그런데 되짚어보면 그러한 '피해자 대 가해자' 논리는 대립항만 '남(미국) 대 북(소련)'에서 '한민족 대 강대국(소련과 미국)'으로 바뀌었을 뿐, 여전히 이분법을 바탕으로 하고 있다. 따라서 〈괴물〉의 서사도 이분법적으로 전개된다. 현서를 찾으려는 강두 가족의 노력은 미군과 그 주구 노릇을 하는 공권력, 권력의 눈치를 보며 변절하기 일쑤인 엘리트나 전문가에 의해 번번이 가로막히고 결국 강두 가족이 연대하게 되는 세력은 노숙자뿐이다. 이로써 미군을 중심으로 한 기득권 강자 세력과 강두 가족을 중심으로 한 서민 약자의 대립 구도가 분명해진다. 골리앗과 다윗의 싸움과 같은 이러한 대립 구도는 1980년대 강대국 미국을 향한 약소국

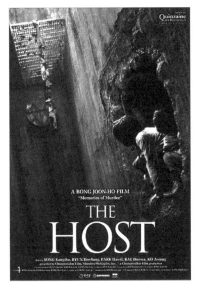

1. 영화 〈괴물〉의 미국 개봉 포스터. 영어로는 'The Host'라는 제목으로 소개되었다.
2. 〈괴물〉에서 화염병을 들고 괴물에 맞서는 남일(박해일)의 모습. 이 장면은 1980년대 386세대의 투쟁 방식을 환기시킨다.

의 적대의식을 다시 한 번 환기시킨다. 그리고 가족 중 유일하게 전투력을 가진 남자인 삼촌 남일(박해일)이 화염병을 만들어 가지고 돌아와 싸우는 것은 그러한 환기를 한층 부추긴다. 화염병은 1980년대 '386 운동권' 투쟁 방식의 상징과도 같은 것이기 때문이다.

'이태원 살인사건'이 남긴 것

2017년 1월 25일 대한민국 재판부는 아서 존 패터슨이라는 미국인에게 징역 20년을 선고한다. 20년 전 그가 17세 청소년일 때 저지른 살인죄에 대한 뒤늦은 판결이었다.

1997년 4월 3일 이태원의 한 햄버거 가게 화장실에서 끔찍한 살인사건이 발생했다. 당시 스물세 살이던 대학생이 흉기에 찔려 잔혹하게 살해된 사건이었다. 용의자로 미군 아버지와 한국인 어머니를 둔 아서 패터슨과 그의 친구인 재미교포 에드워드 리가 지목되었다. 두 사람 모두 미성년자였는데 재미로 살인을 공모했으며 살해 현장에 있었음을 인정했다. 그러나 칼로 찌른 이는 자신이 아니라며 서로에게 살인죄를 미루었다. 최소한 둘 중 하나는 살인범임이 확실한 상황이었다. 그러나 검찰의 실수 때문에 패터슨은 미국으로 도주하고 에드워드 리는 대법원에서 증거 불충분 등의 이유로 풀려난다. 무고하게 죽은 이가 있는데 살인범은 없는 상황, 아니 검찰이 범인을 잡아놓고도 놓쳐버린 상황에서 피해자 유가족은 법무부와 외교부에 재수사와 범인 체포를 요청한다. 그러나 정부 당국으로부터 별도리가 없다는 답변만 받는다. 에드워드 리는 대법원에서 판결을 받았으니 더는 이 사건과 관련하여 수사 대상이 될 수 없고, 미국으로 도주한 패터슨은 소재를 파악할 수 없다고 했다. 그렇게 이 사건은 미제 아닌 미제 사건으로 남은 채 10여 년이 흐른다.

그런데 2009년 9월에 이 기묘한 미제 사건을 영화화한 〈이태원 살인 사건〉이 개봉한다. 고故 홍기선 감독(1957~2016)이 3년여에 걸쳐 희생자의 유가족, 변호사, 부검의 등 40명이 넘는 사람들을 인터뷰하여 모은 자료로 사건을 재구성한 영화였다. 이 영화의 개봉은 2008년 SBS 시사 프로그램 〈그것이 알고 싶다〉에서 이 사건을 다루며 이슈가 된 일과 맞물려 이 사건에 대한 세상의 관심을 다시 이끌어내는 계기가 되었다.[52] 이에 검찰은 미국 당국에 패터슨의 신병 인도 요청을 하게 되고, 패터슨

1. 〈이태원 살인사건〉(홍기선, 2009)의 포스터. 이 영화에서 아서 패터슨은 피어슨(장근석)으로, 에드워드 리는 알렉스(신승환)로, 그리고 담당 검사는 박대식 검사(정진영)로 인물화되었다.

2. 살인 용의자 아서 패터슨을 극화한 인물에 스타 장근석이 기용되면서 이 영화는 화제를 모았고 '이태원 햄버거 가게 살인사건'이 다시 세상의 주목을 받는 계기가 되었다.

은 2015년 9월 23일에야 서울로 압송되었다. 그리고 사건이 발생한 지 20년 만에 패터슨의 살인 혐의가 인정되고 형량이 확정된다. (홍기선 감독은 이 판결이 내려지기 한 달 전인 2016년 12월에 작고했다.)

영화 〈이태원 살인사건〉은 미제 사건의 해결에 큰 영향을 미치면서 그 현실적 의의는 인정되었으나 정작 작품으로서는 높이 평가받지 못했다. 개봉 당시 "동어반복으로만 굴러가는 허무한 서사"(이동진), "실제 사건 자체의 아이러니 이상을 담지 못했다"(황진미)는 비판을 받았고, 호의적으로 보려는 이들에게도 그저 평범한 스릴러 장르영화("가슴에 감춘 칼로 흥미를 돋우고", 박평식)나 미제로 묻힐 뻔한 실제 사건 해결에 도움을 준 의미 있는 영화("잊힌 과거와 살인의 해부", 이용철)로서 의의를 인정받았을 뿐이다. 현재에도 이 영화에 대한 네티즌 평점은 5~6점대에 머물러 있고, 실제 사건에 대해 법률적 관심을 가지고 이 영화를 보았던 사람에게는 "반미감정을 부추기고 우리 수사기관의 무능함을 비웃는 영화"[53]로 기억되고 있기도 하다.

그런데 그 플롯이나 만듦새가 관습적이어서 진부하든, 실제 사건 이상을 담아내지 못했든, 이 영화는 한국영화가 미국을 재현해온 역사에서 의미 있는 변곡점을 드러내고 있다. 개봉 당시 홍기선 감독은 이 영화를 통해 다루고 싶었던 것이 "한국의 문화적 정체성"[54]이었다고 말한다. 이러한 발언으로 미루어 볼 때 그는 이태원 살인사건이 미제 사건으로 남게 된 이유를 단순히 검찰의 무능보다는 수사를 둘러싼 사회적 맥락에서 조망하고자 한 것으로 보인다. 다시 말해 사건의 수사 과정에서 검사의 오판 혹은 실수를 가능케 했던 부조리, 맹점, 편견 등을 담아내고자 했던 것이다. 이러한 의도는 이 영화에서 검사를 주인공으로 삼은 데에서부터 드러난다. 여기에서 주인공으로 설정된 박대식 검사(정진영)는 연배로 볼 때 반미의식과 정서가 가장 고조되었던 1980년대에 학창 시절을 보냈을 인물이다. 그런데 결국엔 사건 해결에 실패하게 되는 주인공의 시선으로 사건을 최대한 실제에 근접하게 그림으로써 미국에 대한 1980년대의 인식이 대상화되는 의외의 효과가 발생한다. 그리고 그것은 감독이 의도했든 의도하지 않았든 간에 1980년대 반미의식의 맹점을 노출하는 데로 이어진다.

386세대의 한계, 혹은 이분법의 맹점

〈이태원 살인사건〉은 〈괴물〉에서의 '남일'과 같은 반미의식과 정서를 지닌 인물이 검사가 되어 '이태원 햄버거 가게 살인사건'을 맡은 상황을 보여준다. 이 영화의 주인공 '박대식 검사'는 민주화에 대한 열망과 반미의식이 비등하던 1980년대에 대학에 다녔을 연배로, 그의 정체성을 구성하는 요소는 다음 세 가지다. 첫째, 그는 약자의 편에 서야 한다는 정의감을 지닌 인물이다. 그가 생각하는 약자에는 힘없는 서민, 노동자, 그리고 혼혈아와 같은 사회 주변 계층이 포함된다. 둘째, 검사로서의 소명의식이 강하며 옳고 그름을 분명히 가려야 한다는 의식이 뚜렷한 인물이다. 셋째, 정의감과 소명의식의 연장선상에서 반미의식을 지닌 인물이다. 다시 말해 그의 반미의식은 약자의 편에 서야 한다는 정의감과 대한민국 검사로서의 소명의식이 약소국과 강대국의 불평등과 차별이라는 문제에 적용된 형태라고 볼 수 있다. 이 세 가지 요소는 정치적 호명으로서 '386세대'의 정체성을 구성하는 의식과 정서라고 해도 과언이 아니다. 그런데 이러한 의식과 정서는 한 살인사건 앞에서 편견으로 작용하고 결국 결정적 오판과 실수로 이어진다.

이 영화는 선량하고 평범해 보이는 대학생 조중필(송중기)이 이태원의 한 햄버거 가게 화장실에서 잔혹하게 살해되는 장면으로 시작한다. 〈사이코〉(앨프리드 히치콕, 1960)의 욕실 신^{scene}을 오마주하는 첫 장면에서는 희생자의 눈^目과 디졸브되는, 하수구로 희생자의 피가 흘러 내려가는 것을 보여줌으로써 사건의 진실이 묻혔음을 은유한다. 다음 장면에서 박대식 검사가 현장에 등장할 때 현장은 이미 깨끗이 청소되어 대부분의 단서가 사라진 상태다. 곧이어 제공되는, 희생자가 버스 운전사의 막내이자 외아들이었다는 정보는 가해자에 대한 분노와 함께 사건 해결에 대한 동기를 추동한다.

그런데 다음 장면에서 곧바로 범인이 등장한다. 미군 CID(범죄수사대)에서 범인을 체포하여 한국 검찰에 넘긴 것이다. 범인으로 넘겨진 인물은 피어슨이라는 18세 청소년으로 멕시코인 아버지와 한국인 어머니 사이에서 태어난 혼혈인이었다. SOFA 협정을 근거로 자국민을 철저하게 보호하는 미군이 너무 쉽게 범인을 넘겨주었다는 사실, 그리고 그 범인이 혼혈인 하층 계급 소년이라는 사실은 박대식 검사의 반미의식과 정의감을 자극한다. 그 결과 그는 피어슨이 CID에서 자백했다는 사실부터 CID의 모든 수사 기록을 의심하며 수사 결과를 전면적으로 뒤집으려는 의지를 불태운다.

이러한 박 검사의 의지에 기름을 부은 것은 피어슨과 함께 살해 현장에 알렉스라는 소년이 있었다는 사실이다. 알렉스는 한국인이면서도 미국 국적자로 성장한 부잣집 아들인데 피어슨과 달리 참고인 신분으로만 소환된 인물이다. 이에 박 검사는 피어슨이 아닌 알렉스를 범인으로 지목하고 알렉스를 살인범으로 기소한다. 여기에는 앞서 말한 386식 반미의식과 사회 정의를 향한 소명의식, 그리고 옳고 그름에 대한 이분법적 인식이 강고하게 작동한다. 그래서 그는 현장 검증에서 피어슨을 변호하고, 피어슨과 알렉스를 공범으로 기소하지 그랬느냐는 동료 검사의 충고를 전략적으로 타협하라는 뜻으로 받아들여 화를 낸다. 그러나 그의 판단은 적과 아군, 죄인과 무고한 자, 정의와 불의가 분명하다는 이분법에 기인한 패착이었다. 정작 피어슨과 알렉스는 '재미'를 위해 살인을 공모했으므로 그들의 범죄 자체가 이분법만으로는 포획되기 어려운 성격이었음에도 박 검사는 자신의 선의에서 비롯된 편견에 가려 그 잔혹한 놀이의 성격을 포착하지 못한 것이다.

결국 기소는 실패로 끝나고 검찰은 범인 두 명을 모두 놓치고 만다. 마지막에 변호사(오광록)를 찾아간 알렉스는 현장에서 범인이 했다는 말("내가 멋진 걸 보여줄게. 같이 가자!I'll show you something cool. Come with me")을 웃으면서 던진다. 그리고 한국어를 전혀 못하는 척했던 피어슨은 박 검사 앞에서 한국어를 할 줄 알았다는 것을 들킨다. 이 두 장면을 통해 영화는 누가 진범인지를 관객에게 묻는 것으로 끝난다("누가 거짓말하고 있지…"는 이 영화의 홍보 카피이기도 했다).

그런데 지금 시점에서 이 물음이 우리에게 불러일으키는 의문은 누가 범인이냐가 아니라 둘 다 범인인데 왜 둘 중에 하나를 선택해야 하느냐(했느냐)는 것이다. 결국 이 영화는 이분법적 질문을 통해 오히려 1980년대식 이분법적 인식과 대응의 맹점을 드러낸다. 이러한 의외의 성취는 시대적 인식의 한계가 있었음에도 진실을 곡진하게 추구했던, 만든이의 태도에서 비롯한 것으로 보인다. 또한 카메라라는 제3의 시선이 아니라면 드러날 수 없었던, 다시 말해 영화이기에 가능했던 결과이기도 하다. 그런 점에서 〈이태원 살인사건〉은 미국 관련 표상의 계보에서 1980년대 이후 주류를 이루었던 인식 틀의 반성을 유발하는 영화로 재평가될 만하다.

| 〈7인의 여포로〉 사건 |

영화 검열로 인해 영화감독이 구속된 초유의 사태로서 '영화계의 계엄'이라 불릴 만큼 영화계에 충격을 던지며 이후 한국영화의 제작 방향을 결정지은 사건이었다. 〈7인의 여포로〉는 이만희 감독 연출로 1963년부터 제작에 들어간 전쟁영화였다. 이 영화는 1964년 12월 8일 필름 검열에 의해 "국군 여포로를 호송하던 괴뢰 비당원 장교는 중공군이 포로를 겁탈하려는 만행에 격분하여 중공군과 교전 끝에 전멸시키고 포로들과 자기 부하들을 남한으로 귀순시킨다는 반공영화"로 "상영 허가하여도 무방한 것"으로 인정되어, 12월 10일 대사 3개 처, 화면 1개 처를 삭제하는 조건으로 공보부 영화과의 상영 허가를 받는다. 그런데 그다음 날인 12월 11일 중앙정보부 보안과에서 공보부 영화과로 이 영화에 대한 상영 보류 조치가 통보된다. 곧이어 이만희 감독은 반공법 위반 혐의로 입건되지만 서울지검에서 구속영장이 기각된다. 그러자 중앙정보부는 예고편 상영 정지 지시를 내리고 재수사에 들어가 결국 1965년 1월 18일 이만희 감독을 반공법 위반 혐의로 검찰에 소환한다. 영화인들의 진정과 탄원이 이어졌지만 끝내 이만희 감독은 구속 기소된다. 이때 서울지검 검사장은 이 사건을 기소하면서 "예술의 자유를 빙자하여 그 한계를 벗어남으로써 '국가보안법' 또는 '반공법' 위반으로 범법자의 낙인이 찍히는 일이 없도록 각별히 주의해주기 바란다"라는 내용의 담화문을 이례적으로 발표한다. 그리고 담당 검사는 "우리에게 불리한 것은 적에게 유리하다"라는 대법원 판례에 따라 이 영화가 반공법을 저촉하고 있음을 밝힌다.

이만희 감독은 1965년 3월 15일에야 보석으로 석방되고, 5월에 중앙정보부는 영화 제목의 변경과 재편집을 요구한다. 당시 영화인협회 산하 감독협회는 관계 당국에 진정서를 제출했는데, 이에 대한 당국의 회신을 보면 "① 북괴 소년병이 죽어가는 것을 유 중위가 몹시 애처로워하고 고민하는 장면, ② 괴뢰군이 양공주를 총살하는 장면, ③ 중공군이 여포로를 겁탈하러 가자 인민군이 중공군을 사살하고 영웅적인 동족애를 발휘하는 장면, ④ 인민군이 구태여 양공주만을 색출하려 애쓰는 장면, ⑤ 전신 양공주가 인민군 수색대장에게 '쓸개 빠진 남자는 자기 여자를 남에게 주고' 좋아한다고 말하여 국군의 쓸개 없음을 암시하는 대사, ⑥ 인민군 수색대장이 부관에게 무장 해제를 명하자 부관 추종자들이 대장에게 총부리를 돌려 기염을 토하는 장면" 등을 "삭제하고 재편집하여 관객으로 하여금 뚜렷한 반공적 이념을 공고히 하도록 주의 깊게 보강"하라고 되어 있다. 그리고 보강 내용은 "① 대장이나 특무장의 뚜렷한 반공적인 표현이 관객으로 하여금 직감케 하도록 장면을 보강할 것, ② 마지막에 자유대한에 귀순하여 장병의 용감성을 표현할 것"이었다. 결국 이 영화는 중앙정보부의 요구에 따라 재편집되어 7월 9일에 〈돌아온 여군〉이라는 제목으로 상영이 허가된다.

이 사건은 1963년 선거를 통해 합법적인 정권 장악에 성공한 박정희 정권이, 한일협정 추진과 베트남 파병을 통해 그 정체성을 확연히 드러내던 시기에, 영화계를 길들이기 위해 본때를 보여준 일이라고 할 수 있다. 더구나 이만희 감독을 변호하고 나섰던 유현목 감독까지 이듬해인 1966년에 반공법과 음화 제조 혐의로 기소되면서 영화인들은 중앙정보부를 최상층으로 하는 정권의 위계 구조와 폭력성을 체감한다. 일련의 사태는 영화인들의 창작 활동을 위축시켰고 정권의 반공주의와 검열 또한 해마다 강화되어갔다. 그 이후 한국영화에서 '용공' 문제가 더 이상 불거지지 않은 것은 그 점을 증언한다.

3장

북한

〈피아골〉(1955)에서 〈웰컴 투 동막골〉(2005)까지

그들의 '흉터'

언제부터인가 미남 스타가 북한군을 연기하기 시작했다. 〈의형제〉(장훈, 2010), 〈공조〉(김성훈, 2017), 〈강철비〉(양우석, 2017)와 같이 남측 주인공과 북측 주인공의 갈등과 우정을 다룬 '버디무비buddy movie'형 영화에서도 북측 주인공은 잘생긴 배우가, 남측 주인공은 코믹한 배우가 담당한다. 한국전쟁 이후 남한영화에서 절대악의 표상은 북北이었다. 그런데 어떻게 최고의 미남 스타들이 그런 역을 맡게 되었을까? 이들 미남 스타들의 얼굴을 들여다보면 대부분 흉터가 새겨져 있고 검은 칠을 한 듯 어둡고 경직되어 있다. 그러한 모습이 한층 야생성을 드러내며 그들의 카리스마를 강화하기도 한다. 그리고 이는 21세기 들어서며, 변함없이

1.〈의형제〉(장훈, 2010) 2.〈공조〉(김성훈, 2017) 3.〈강철비〉(양우석, 2017)의 포스터.
미남 스타인 강동원, 현빈, 김주혁, 정우성이 북측 군인이나 정보원을, 코믹 페르소나를 지닌 송강호, 유해진, 곽도원이 남측 정보원을 맡았다.

주적主敵으로 설정되면서도 이전과는 달리 다의적 측면을 지니는 북한의 표상과 관련이 있다.

21세기를 연 분단영화 〈공동경비구역 JSA〉(박찬욱, 2000)에서 오경필 중사(송강호)는 아랍과 아프리카의 격전지를 누빈, 북한의 전사다. 그를 여러 전투에서 살아남은 백전노장으로 보이게 하는 것은 그의 왼쪽 눈 바로 밑에 있는 흉터다. 그 흉터로 인해 그는 강한 인상을 얻었지만 아이러니하게도 그러한 얼굴이 흔들릴 때 관객이 그에게 느끼는 연민은 더 깊어질 수 있었다. 그 순간 흉터는 상처의 흔적임을, 단단해 보이는 피부의 변성 이면에는 훼손되기 쉬운, 보통 사람과 같은 연약한 피부가 있었음을 환기시키기 때문이다. 이러한 흉터는 비단 오경필 중사에게만 해당하는 것이 아니다. 2000년대에 나온 한국전쟁 영화들에서도 인민군 역할을 맡은 주인공의 얼굴에는 흉터가 새겨지곤 했다. 〈태극기 휘날리며〉(강제규, 2004)의 진태(장동건)가 대표적이라 하겠다. 진태가 동생 진

1. 〈공동경비구역 JSA〉(박찬욱, 2000)에서 오경필 중사(송강호)의 모습.
2. 〈태극기 휘날리며〉(강제규, 2004)에서 인민군 영웅이 된 진태 역을 맡아 촬영 중인 장동건. 국군 시절에는 없던 흉터가 왼편 광대뼈 근처에 새겨진다.

석(원빈)이 죽었다고 생각하고 북으로 넘어가 인민군 깃발부대의 영웅이 되었을 때 그의 얼굴에는 흉터가 새겨진다.

또한 〈웰컴 투 동막골〉(박광현, 2005)에서 인민군 소좌 리수화(정재영)가 동막골에 찾아들 때 그의 얼굴에도 오래되지 않은 흉터가 있었다. 그가 동막골에 동화되면서 그 흉터는 희미해진다. 이는 여러 가지 면에서 〈웰컴 투 동막골〉을 환기시키는 영화 〈적과의 동침〉(박건용, 2011)에서도 유사한 양상으로 나타난다. 인민군 장교가 되어 석정리에 돌아온 정웅(김주혁)의 얼굴에는 전투의 흔적인 상처가 있다. 그곳에서 스승의 딸 설희(정려원)를 만나 『백석 시집』으로 상징되는 시심을 회복하면서 그 상처는 희미해진다. 그러다 나중에 인민군 장교의 임무가 강요되자 그의 얼굴에는 다시 상처가 나타난다. 〈포화 속으로〉(이재한, 2010)에서 인민군 대좌이자 전쟁영웅인 박무랑(차승원)이나 〈고지전〉(장훈, 2011)에서 인민군

1. 〈웰컴 투 동막골〉(박광현, 2005)의 리수화(정재영).
2. 〈포화 속으로〉(이재한, 2010)의 박무랑(차승원).
3. 〈고지전〉(장훈, 2011)의 현정윤(류승룡).
세 인물은 인민군 장교이면서도 주인공 이상의 카리스마를 지니며, 공통적으로 눈 밑 광대뼈 부근에 흉터를 지니고 있다.

소좌이자 역시 전쟁영웅인 현정윤(류승룡)도 모두 얼굴에 흉터를 가진 인물이다. 그들은 공통적으로 국군 주인공보다 더 압도적인 카리스마를 지니는데, 마지막에는 죽음을 맞는다. 흉터는 처음부터 그들이 죽을 운명임을 드러내는 낙인이 되고, 그들이 어떻게 파국을 맞이할 것인가에 대한 암묵적 기대는 영화에서 관객의 몰입을 지속시키는 주요한 동력으로 작용한다.

그렇다면 이러한 흉터는 언제부터 '그들'의 얼굴에 새겨진 것일까? 한국전쟁을 다루는 영화에서 '그들'이 '이해할 수 있는' 안타고니스트가 된 것은 1990년대 이후의 일이다. 그 이전에 '그들'은 민족의 원수이자 적이었다. 그 시절에도 '그들'의 얼굴에 흉터가 새겨져 있었을까? 만약 그렇지 않다면 왜 '그들'의 얼굴에 흉터가 새겨지게 되었을까? 이 질문에 대한 답을 구하기 위해서는 한국전쟁 이후 60여 년 동안 '북'이 재현되어온 역사를 조망해볼 필요가 있다.

'인격화'라는 금기

1950년 6월 25일 새벽부터 1953년 7월 27일 밤까지 한반도를 휩쓴 한국전쟁은 40만여 명의 사망자, 55만여 명의 실종자, 20만 명 이상의 전쟁과부, 10만 명 이상의 전쟁고아를 남긴 참화였다. 이 전쟁의 책임은 누구에게 있는가? 이 전쟁에서 거꾸러뜨려야 했던 적은 누구였는가? 휴전 이후부터 지금까지 남한에서 제작된 수많은 한국전쟁 영화 속에서 '적'이었던 북한군의 표상은 변천을 거듭하며 한국전쟁과 북한에 대한 인식의 변화를 반영해왔다.

한국영상자료원의 통계에 따르면, 한국전쟁 이후 지금까지 남한에서 제작된 한국전쟁에 관한 극영화는 100여 편에 이른다. 목록에서 빠진 군 홍보영화와 다큐멘터리를 합하면 그 수는 훨씬 더 많을 것이다. 그중에서 1950년대부터 1980년대까지 나온 영화들은 '한국전쟁 영화=반공영화'라고 말해도 과언이 아닐 정도로 '북한'을 '조국의 원수'로 설정한다. 기본적으로 전쟁영화는 자본과 기술이 많이 필요한 대형 액션 장르에 속하기 때문에 1950~60년대에도 공권력의 지원 없이는 제작되기 어려웠고, 1970년대에는 아예 국책영화로 제작되었다. 따라서 '반공이 국시'임이 강조되는 시대의 한국전쟁 영화에서는 공통적으로 남한은 '선이고 피해자'이며 북은 '악이자 가해자'라는 이분법적 도식이 전제되어 있었다. 그리고 그 위에 요구되는 악의 표상은 인간의 범주가 아니어야 했다.

한국전쟁 영화가 본격적으로 제작되기 시작한 1960년대에는 북한군이 인격화되지 않은 경우가 많이 나타난다. 그들은 인민군복을 입고 총을 든 무리로 제시되거나 그들이 저지른 학살의 흔적으로 표상되곤 한

〈피아골〉(이강천, 1955)에서 빨치산 애란(노경희)이 귀순하는 마지막 장면. 태극기가 오버랩되어 있다.

다. 한국 전쟁영화의 관습을 만들었다고 평가되는 〈5인의 해병〉(김기덕, 1961)이나 〈돌아오지 않는 해병〉(이만희, 1963), 〈빨간 마후라〉(신상옥, 1964) 등이 그런 점을 잘 보여준다. 이 영화들에서는 국군 내부의 우정과 의리에 서사가 집중되면서 적군은 전쟁 상황 설정에 필요한 막연한 안타고니스트로 추상화된다. 이는 북한군을 절대악으로 그리는 것 이외에는 허용되지 않던 제작 상황과도 관련이 있다.

북한군을 인격적으로 형상화한 것 때문에 문제가 되었던 대표적인 영화는 〈피아골〉(이강천, 1955)과 〈7인의 여포로〉(이만희, 1965)다. 최초의 빨치산 영화 〈피아골〉은 공산주의에 대한 환멸과 절대악으로서의 공산주의자 표상이 명확하지 않아서 대중에게 반공의 주제를 각인시키지 못하고 오히려 빨치산에 대한 호기심만 부추기거나 그릇된 인식을 심어줄 수 있다는 비판을 받으며 용공 논란에 휩싸인다. 이 문제는 투철한 당원이던 애란(노경희)이 빨치산 생활에 환멸을 느끼고 산을 내려오는 마지막 장면 위로 태극기를 오버랩하면서 미봉되었다.

그러나 이러한 봉합은 그나마 검열 기준이 모호했던 1950년대였기에 가능했던 것으로 보인다. 1961년 5·16 쿠데타 이후 군사정권은 영화법의 이름으로 영화에 대한 장악력을 강화해갔다. 1964년 중앙정보부가 무소불위의 권력을 증명했던 〈7인의 여포로〉 사건 이후에는 정권의 뜻

〈남과 북〉(김기덕, 1965)에서 사랑 때문에 목숨을 거는 남자 장일구(신영균)와 그의 아내(엄앵란). 이 멜로 드라마에서 한국전쟁은 강력한 혼사 장애로 기능한다. 그렇기에 장일구는 인민군복을 입고 있어도 되었다. 그럼에도 장일구가 국군에게 자신의 아내를 돌려달라고 요구하는 "돌려보내주시구레"와 같은 대사는 검열에서 허용되지 않았다. 그리고 그가 결국 자살하는 것으로 영화는 끝난다.

을 거스르고서는 영화를 만들 수 없다는 것이 영화계에 확실히 각인되었다. 〈7인의 여포로〉에서 트집거리가 된 것은 포로가 된 남한 여군들을 인민군이 구한다는 내용이었다. 영화 속에서 남한 여군은 국군과 미군이 구했어야 했으며, 인민군은 휴머니즘을 지녀서도 안 되었기 때문에 그것은 용납할 수 없는 용공의 증거로 간주되었다.

그런데 이 대목은 〈남과 북〉(김기덕, 1965)에서 아내(엄앵란)와 아들을 찾아 귀순하는 인민군 소좌 장일구(신영균)의 경우와 비교해볼 만하다. 〈7인의 여포로〉와 〈남과 북〉은 비슷한 시기에 제작된 영화인데 왜 〈7인의 여포로〉의 인민군은 허용되지 않고 장일구라는 인물은 허용되었을까? 당시에 검열이 일관된 기준에 의해 이루어지지는 않았으므로 상황에 따라 다르기는 했지만, 용공 문제는 '국시'와 관련된 심각한 사안이어서 나름의 기준이 있었던 것으로 보인다. 그 기준을 추정컨대, 장일구는 본래 공산주의자가 아니라 아내를 찾기 위해 인민군이 된 인물이어서 허용된 것으로 보인다. 다시 말해 〈7인의 여포로〉에서 자신과 관계없는 포로들을 도와주는 인민군과 달리 장일구는 자신의 사랑만이 중요한 인물이므로, 인민군에 대한 인식 면에서 검열 당국이 다르게 판단할 수 있었던 것이다. 장일구처럼 무지한 상태에서 사랑 때문에 공산주의를 택하는 인물형이 이후 반공영화에서도 자주 나타난 현상은 이러한 추론에 힘을 실어준다. 특히 1970년대 반공 스파이영화에 이르면 사랑 때문에 공산주의자 애인을 도와 스파이 활동을 하다 결국 반성하고 죽어가는 여성 인물들이 시리즈로 생산된다. 반공영화에서 사랑과 공산주의는 상반되는 가치였으므로 사랑에 충실한 인물들이 궁극적인 적으로 간주되지는 않았다. 그럼에도 그들은 본의와 관계없이 적에게 이로운 행동을 했기 때문에 결말에서는 언제나 죽음으로 속죄하거나 처벌되었다.

1970년대에 가면 반공주의에 입각한 국책 전쟁영화가 제작된다. 〈증언〉(임권택, 1973)과 〈들국화는 피었는데〉(이만희, 1974)와 같은 영화가 이에 해당한다. 이만희 감독이 정권이 요구하는 도식성에 반대하다 편집권을 빼앗겨 기형적인 형태로 남은 〈들국화는 피었는데〉에 비해 〈증언〉에서는 인민군의 잔학함이 강조되며 반공주의의 도식이 노골적으로 드러난다. 예컨대 인민재판을 빙자한 양민 학살, 고문과 살해, 위장과 거짓말, 피란민을 총알받이로 이용하는 잔인함 등은 공산주의자의 행동을 구성하는 요소들로, 1970년대 전쟁영화는 물론이고 공산주의자가 등장하는 영상물에서는 장르에 관계없이 지속적으로 반복하여 등장한다. 이러한 표상은 '공산주의=북한체제=절대악'이고 '반공주의=남한체제=절대선'이라는 이분법에 긴박된 것으로, 강고한 이분법이 텍스트의 개연성에 우선하면서 텍스트는 매우 도착적인 양상으로 치닫는다. 그리

1. 1970년대 국책 반공영화의 대표작 〈증언〉(임권택, 1973).
2. 〈들국화는 피었는데〉(이만희, 1974)의 포스터.
3. 반공 만화영화의 대표작 〈똘이장군〉(김청기, 1979)에서 돼지로 형상화된 붉은 수령과 늑대와 여우로 형상화된 부하들의 모습.

고 이러한 양상은 어린이용 반공만화 〈똘이장군〉 시리즈(1978~1979)에서 주인공 똘이의 원수인 공산당이 짐승으로, 그들이 지배하는 북한은 지옥으로 형상화되는 지경에까지 이른다.

　"쫓기는 적의 무리 쫓고 또 쫓아 원수의 하나까지 쳐서 무찔러"야 했던 증오의 도식은 1980년대에 들어서면서 균열을 드러내기 시작한다. 1980년에 나온 두 영화 〈짝코〉(임권택)와 〈최후의 증인〉(이두용)에서는 빨치산을 부도덕하게 그리되, 그러한 빨치산을 그보다 더 잔혹한 상황이나 집요하고 악랄한 인물과의 관계 속에 배치한다. 〈짝코〉에서 토벌대원 송기열(최윤석)은 일명 '짝코'로 불리는 악명 높은 빨치산 백공산(김희라)을 압송하던 중에 놓치는 바람에 인생을 망친다. 그는 짝코를 찾아 30년을 헤맨 끝에 갱생원에서 짝코를 만나지만 두 사람 다 늙고 병들어 있고, 이미 세상은 그들의 대립에 관심도 없다. 이를 통해 이 영화는 두 사람의 삶을 망가뜨린 대립이 그들에게서 비롯된 것이 아니라 냉전이라는 잔혹한 이분법적 상황 탓이었음을 보여준다. 〈최후의 증인〉에서는 살인혐의로 장기수가 되었던 빨치산 황바우(최불암)는 성자에 가깝게 선량한 사람이었고, 악랄한 토벌대장과 부패한 기득권층이 그에게 누명을 씌웠음을 추리 형식을 통해 폭로한다. 이로 인해 반공주의에 입각한 증오의 도식이 흔들리며 적의 정체성도 모호해진다. 이때부터 영화에서는 좌우익 모두 전쟁의 피해자라는 인식이 확산되기 시작하며 '이념 대립과 그로 인한 전쟁 자체'가 적으로 부상한다. 그리고 이러한 경향은 냉전체제가 무너진 1990년대의 영화, 〈남부군〉, 〈그 섬에 가고 싶다〉, 〈태백산맥〉에서 본격화된다.

'사람'으로서의 좌파, 피해자로서의 '우리'

한국영화사에서 탈냉전의 분위기를 대중에게 각인시킨 영화는 〈남부군〉(정지영, 1990)이다. 〈남부군〉은 1988년에 출간되어 큰 반향을 일으켰던 이태의 빨치산 체험수기[55]를 원작으로 하여, 분단으로 인해 금기시되

1. 〈남부군〉(정지영, 1990). 2. 〈그 섬에 가고 싶다〉(박광수, 1993). 3. 〈태백산맥〉(임권택, 1994)의 포스터. 세 영화에서 모두 안성기가 중도좌파 내지 민족주의자를 연기하며 '국민 배우'로서 입지를 공고히 했다. 〈태백산맥〉포스터에서는 왼쪽의 염상진(김명곤), 가운데의 김범우(안성기), 오른쪽의 염상구(김갑수)가 그 위치에 따라 각 인물의 정치적 입장을 그대로 보여준다.

었던 좌익 내부의 이야기를 다룬 영화다. 이러한 제재가 영화로 대중에게 공개된 것은 〈피아골〉(이강천, 1955) 이후 35년 만의 일이었다.[56]

문화계에서 냉전 이데올로기를 넘어서는 '코페르니쿠스적 전환'은 장편소설과 수기에서부터 시작되었다. 1988년*부터 출판계에서는 이태의 『남부군』을 비롯하여 이영식의 『빨치산』, 주영복의 『내가 겪은 조선전쟁』, 김달수의 『태백산맥』과 같은 인민군 체험수기와 조정래의 『태백산맥』, 이병주의 『지리산』, 김원일의 『겨울골짜기』, 이문열의 『영웅시대』 등과 같은 장편소설이 베스트셀러가 된다.[57] 이 저작들은 모두 한국전쟁과 관련된 출판물로, 지배자의 논리에 의해 구축된 '반쪽 역사'에 대한 반성 및 냉전 이데올로기를 넘어서는 역사적 조망에 대한 요청이 고조되

---

* 한국출판협동조합이 집계한 1988년도 '서적 공급 실적 베스트 10'을 보면 1위가 서정윤의 『홀로서기』, 2위가 이태의 『남부군』, 3위가 도종환의 『접시꽃 당신』, 4위가 조정래의 『태백산맥』으로 나와 있다. 좌익 경험에 관한 출판물 붐은 이때부터 시작되었다. 그리고 1988년은 홍명희, 이기영, 한설야, 박태원, 이태준 등 월북 작가의 작품이 해금되기 시작한 해이기도 하다. 그러면서 김학철의 『격정시대』, 김석범의 『화산도』도 출간되어 베스트셀러가 되었다(〈동아일보〉, 1988. 11. 23).

는 가운데 등장한 작품들이다.* 이러한 변화의 연장선상에서 베스트셀러를 원작으로 하는 영화 제작이 활발해졌고, 그 첫 번째 작품이 〈남부군〉이었다.

1980년대부터 그 도식에 균열이 보이기 시작했지만, 전쟁과 이념으로 인한 개인의 피해에 한정되었을 뿐 인민군 내부나 좌익 조직 내부에 대한 탐구나 이해로 이어지지는 않았다. 그런데 1990년대에 나온 일련의 영화들에서는, 비록 중도적 인물을 주인공으로 설정하여 이데올로기의 간섭을 최소화하면서 상호 연민을 통한 주정적 차원에 머물기는 하나, 좌익의 내부로 들어가 '그들'을 '우리'와 동일한 인간의 지평 위에서 이야기한다는 점에서 반공영화들과 달라진 면모를 보인다.

〈남부군〉은 인물 구성에서 〈피아골〉과 매우 유사한 양상을 보이며, 공산주의 이념을 순수한 청년이나 무지한 하층민을 현혹하는 실현 불가능한 이상으로 의미화한다는 점에서도 〈피아골〉의 연장선상에 있다. 이념 대립으로 인한 개인의 피해에 주목하고 결국 이념에 대한 환멸과 허무주의로 귀결된다는 점에서 그러하다. 한국전쟁 직후 영화 재현에 나타났던 인식이 1990년대 영화에 이르러서야 다시 나타난다는 것은 그동안 북에 대한 인식이 얼마나 정체되고 제한되어 있었는지를 새삼 확인해준다. 이에 비해 〈그 섬에 가고 싶다〉(박광수, 1993)는 인민군에게만 해당하는 줄 알았던 간악한 술수와 학살이 국군에 의해서도 자행되었음을 고발한다. 그리고 전쟁의 와중에 좌익과 우익으로 나타났던 대립은 서민 차원에서는 이념의 대립이라기보다는 사적 차원의 반목이나 복수인

---

* 조정래는 1986년에 『태백산맥』 1부를 출간하면서 "잘못 알려진 역사는 문학을 통해 수정될 수 있다"라는 소신을 피력한다(《동아일보》, 1989. 10. 24; 《매일경제》, 1989. 10. 27).

경우가 많았음을 지적한다. 그리고 마지막에는 제의祭儀를 통해 상잔相殘의 상처에 대한 치유와 후손 간의 화해를 도모하며 좌우에 관계없이 피해자임을 강조한다. 좌우 혹은 남북이 모두 피해자라는 공감대를 확장하고자 한다는 점에서는 〈태백산맥〉(임권택, 1994)도 유사하다.

이 일련의 영화들은 한국전쟁의 책임은 무모한 이념 대립에 있으며 '우리의 적은 전쟁 그 자체'였다는 주제를 드러내면서 중도적이면서 연민이 넘치는 전쟁영화의 관습을 만들어낸다. 이 영화들에서는 공통적으로 안성기가 주인공을 맡아 중도적 민족주의자를 연기하며 이 영화들이 구현하는 한국전쟁에 대한 인식을 대변한다. 이 영화들에 출현한 이후 안성기가 '국민 배우'의 이미지를 더욱 굳혔던 것은 이분법에 지쳐 있던 대중에게 이 영화들이 지녔던 설득력과 긴밀하게 연관되어 있다.

장르 문법의 우위와 표상의 다양화

1990년대가 〈남부군〉으로 시작되었다면, 2000년대는 〈쉬리〉(강제규, 1999), 〈간첩 리철진〉(장진, 1999), 〈공동경비구역 JSA〉(박찬욱, 2000 / 이하 〈JSA〉)가 연이어 개봉하며 새로운 국면을 맞이한다. 우선 순수 제작비 24억 원의 액션 대작으로 기획된 〈쉬리〉는 한국영화의 블록버스터 시대를 연 영화다. 이 영화에서는 냉전 이데올로기를 수용하여 주인공과 적대자의 대립을 첨예하게 하면서, 동시에 그것을 남남북녀의 비극적인 혼사 장애로 설정함으로써 남북 간 첩보전쟁과 비극적 멜로드라마를 교직시킨다. 이는 '분단'의 문제가 상업영화의 관계망 안에 보다 적극적으

1. 〈쉬리〉(강제규, 1999)의 여간첩 이방희(이윤진).
2. 코미디 장르를 활용해 간첩에 대한 이미지를 바꾼 영화 〈간첩 리철진〉(장진, 1999)에서 어리숙한 간첩 리철진(유오성).

로 포섭되었음을 보여준다.

〈쉬리〉의 성공 이후 분단문제를 다루는 장르영화들이 대거 제작된다. 그런데 흥미로운 점은 장르영화에서 요구되는 인과율과 개연성 안에서 분단문제가 변형을 겪기 시작했다는 것이다. 냉전시대 반공주의에 충실한 영화들에서는 이념의 도식이 영화 서사 문법 위에 군림하기 때문에 장르의 발전이나 개연성 있는 전개를 방해했다. 1970년대 반공영화들이 부자연스러운 것은 이런 문제 때문이다. 그래도 1970년대에는 영화의 완성도와 상관없이 반공영화라고 하면 국가 차원의 지원과 동원 관람을 통해 대중과 만날 기회가 있었다. 그러나 1990년대 들어 제작과 관객 동원에서 그러한 장악은 불가능해졌고 대중의 선택과 취향은 다원화되었다. 영화산업에서는 대중의 기대에 부응하지 못하면 자본을 회수할 길이 없다. 게다가 대중은 같은 장르는 보고 싶어 하지만 같은 영화는 보고 싶어 하지 않는다. 다시 말해 〈쉬리〉와 같이 박진감 넘치는 첩보 액션영화가 다시 만들어지는 것은 대중이 환영할 수도 있으나 〈쉬리〉와 동일한 방식으로 멜로드라마와 분단문제를 접목시킨 영화라고 하면 진부하게 느낀다는 말이다. 따라서 장르영화의 문법을 준수하는 가운데 새로운 영화를 지향하며 분단문제가 다루어질 때 지금까지 불가능했던 발화가 이루어지고 '북'의 새로운 표상이 나타난 것은 자연스러운 현상이었다. 〈간첩 리철진〉이나 〈JSA〉는 이러한 맥락에서 시의 적절하게 탄생한 영화들이다.

〈간첩 리철진〉은 냉전시대에는 상상할 수 없었던 간첩 표상을 탄생시킨 코미디 영화다. "검은 얼굴에 등산복을 입고 새벽에 산에서 내려와 신발에는 흙이 묻어 있으며 담뱃값을 잘 모르고 말투가 이상한 사람"은 냉전시대에 국가 차원에서 만들어낸 간첩의 표상이었다. 전철이나 버스는 물론이고 동네 슈퍼마켓이나 전봇대에 붙어 있는 "간첩신고는 113"이라는 문구 아래에는 위와 같은 특징이 간첩을 식별하는 요령으로 나열되어 있었다. 간첩의 이미지는 각종 반공영화나 반공드라마에 재현되는 모습—검은 선글라스를 쓰고 권총과 독침을 들고 다니며 부모와 형제를 알아보지 못하는 패륜아—과 겹쳐지며 국민의 공포심을 조장했다. 그런데 새천년을 앞둔 시점에 이런 모습의 사나이가 화려한 자본주의 도시 서울에 당도했을 때 그는 택시 강도에게 공작금은 물론 간첩의 필수 장비(무전기, 권총, 독침)까지 빼앗기고 남한에 오랫동안 체류한 고정간첩의 도움 없이는 아무것도 할 수 없는 무능한 인물이 된다. 이 영화에서는 간첩 표상을 둘러싼 아이러니를 포착하여 웃을 수 있는 거리를 확보하는 가운데 간첩 이야기를 풀어낸다. 이 영화의 성공 이후 간첩영화에 나오는 간첩들은 시대에 맞지 않게 진지하고 어리석거나, '간첩'이라는 무시무시한 단어에는 어울리지 않게 평범하고 서민적인 인물로 희화화된다. 〈스파이 파파〉(한승룡, 2011)에서 반공의식이 투철한 딸에게 정체를 들키는 '어설픈 아빠 간첩'이나, 〈간첩〉(우민호, 2012)에서 비아그라를 불법으

북한 군인을 이웃 친구처럼 그린 〈공동경비구역 JSA〉
(박찬욱, 2000)의 오경필 중사(송강호)와 정우진 전
사(신하균).

로 팔아 남한에 있는 아지트의 전세금을 올려주고 북에 있는 노모에게
생활비를 부치는 생활형 간첩은 모두 '리철진'의 연장선상에 있다.

〈JSA〉는 작품의 완성도가 높았을 뿐만 아니라 여러 가지 면에서 이슈
를 몰고 다니며 언론의 주목을 받은 영화다. 우선 2000년 남북 정상회담
과 6·15남북공동선언으로 이어지는 남북 화해 분위기 속에서 "남북분
단의 상징적 장소인 판문점을 소재로 한 영화" [58]로 화제가 되었다. 또한
'판문점 도끼 만행 사건'을 떠올리게 하는, '공동경비구역 남북한 병사
의 총격 사건'을 추리로 풀면서 반목이 아닌 우정의 결과로 전도시킨 방
식이 결과적으로 대중의 기대를 충족해주었다. 1990년대 후반부터 한
국영화 서사에서 위계와 계몽의 코드는 급격하게 깨어지기 시작했고,
2000년대에 와서는 '분단'이나 '간첩'과 같은 이념적 제재만으로 대중의
영화 관람을 유도할 수 없게 되었다. 이때 〈JSA〉는 미스터리 장르 문법
안에 남북한 병사가 연루된 살인 사건을 설정하고 '반전'을 이용해 냉전

시대 반공영화의 관습을 뒤집음으로써 '남북화해'라는 시대적 요구와 장르영화에 대한 관객의 기대에 동시에 부응한다. 개봉하기 전부터 이 영화에 쏟아졌던 대중의 관심과 개봉한 이후 영화에 대한 관객들의 호평, 사회집단 차원의 논란, 그리고 흥행 기록과 비평계의 관심은 그것을 보여준다.

2000년 9월 9일에 개봉한 〈JSA〉는 서울 8개관 45개 스크린과 전국 11개관 125개 스크린을 확보해 한국영화사상 최대 상영관에서 동시 개봉되었고, 사전예매율도 〈타이타닉〉(제임스 카메론, 1997), 〈쉬리〉, 〈텔미썸딩〉, 〈글래디에이터〉(리들리 스콧, 2000) 등 당시 최고 흥행작의 기록을 웃돌았다. 그리고 개봉하자마자 이 영화는 흥행 돌풍을 일으키기 시작한다. 이 영화의 개봉 이후 '대인지뢰 제거를 위한 100만 인 서명운동'이 일어났고, 'JSA 전우회'는 이 영화가 JSA 부대를 사실과 다르게 묘사하여 진실을 왜곡하고 자신들의 명예를 훼손했다며 격렬하게 항의해 논란이 되었다. 이 영화를 계기로 인터넷에서는 영화 펀드 바람이 불고 남북한 인터넷 영화제가 열리기도 했다. 또한 이 영화는 북한의 김정일 국방위원장에게 전달되어 화제가 되기도 했다.*

2004년에 천만 관객 시대가 열렸다. 그 막을 화려하게 연 작품은 〈태극기 휘날리며〉(강제규, 2004)다. 이 영화는 주인공 진태(장동건)가 함께 징병된 동생 진석(원빈)을 구하기 위해 고군분투하는 이야기다. 그는 영웅이 되면 동생은 집에 돌려보내 준다는 말을 믿고 국군의 영웅이 되었

* 「영화 〈공동경비구역 JSA〉 개봉 전부터 신기록」, 《한국경제》, 2000. 9. 8; 「영화 〈공동경비구역 JSA〉 하루 관객 최고 기록」, 《연합뉴스》, 2000. 9. 9; 「영화 〈공동경비구역 JSA〉 국내 영화흥행 신기록」, 《동아일보》, 2000. 9. 13; 「〈공동경비구역 JSA〉 개봉 2주 만에 200만 돌파」, 《한국일보》, 2000. 9. 23.

다가 동생이 국군에게 죽임을 당한 줄 알고는 북으로 넘어가 다시 인민군 영웅이 된다. 이러한 설정은 진한 가족애를 보여주기는 하나, 적이 정해지는 데에서 이념이나 대의는 중요하지 않고, 사적 파토스에 좌우되는 개인주의 성향을 드러낸다. 이는 〈태백산맥〉에서 염상진, 염상구와 같이 형제라도 한쪽이 공산주의자라면 서로 적이 될 수밖에 없었던 이전 시대의 설정과는 달라진 점이다.

개인적 차원의 우정과 사랑을 매개로 한국전쟁의 부조리함과 참상을 고발하는 방식은 〈쉬리〉나 〈JSA〉에서 이미 시작되었다. 이 두 영화는 한국전쟁 당시를 직접적으로 배경으로 삼지는 않았지만, 분단 상황에 초점을 두고 남북한 젊은이들의 사랑과 우정을 다룬다. 〈쉬리〉가 분단 상황에 대한 문제 제기보다는 그것을 혼사 장애로 사용한 멜로드라마이자 첩보 스릴러로서 새로운 장르영화의 가능성을 보여주었다면, 〈JSA〉는 개인적 차원의 우정이나 의리에도 결정적 순간에 틈입하고 마는 남북대립을 보여줌으로써 우리에게 체화되어 있는 증오의 도식을 아프게 폭로했다.

전쟁에서 총구를 겨누었던 서로가 적이 아니라면 누가 적이 될 수 있을까? 〈웰컴 투 동막골〉(박광현, 2005)은 '동막골'이라는 샹그릴라 같은 공간을 배경으로 우연히 그곳을 찾아든 인민군 패잔병과 국군 탈영병의 만남을 그린다. 그들은 처음에는 대립하나 동막골의 평화롭고 공동체적인 삶에 동화되며 모두 동막골의 일원이 되어간다. 그리하여 동막골이 미군에게 폭격을 받는 위기에 처하자 힘을 합쳐 미군에 맞서게 된다. 남북한이 동포로서 공동의 이해관계와 다르게 움직이는 강대국을 적으로 삼은 것이다. 이 영화는 서로의 잘못이라는 양비론으로 귀착하지 않고

〈웰컴 투 동막골〉(박광현, 2005)의
마지막에 인민군은 국군과 함께 미
군의 폭격에 맞서는 아군이 된다.

외부의 적을 확실히 부각함으로써 이전의 한국전쟁 영화들이 가지고 있
던 체념이나 피학성을 벗어난다. 이 영화가 비극으로 끝나는데도 비극
으로 기억되지 않는 것은 그 때문일 것이다.

〈웰컴 투 동막골〉 이후에도 〈포화 속으로〉(이재한, 2010), 〈고지전〉(장훈,
2011), 〈적과의 동침〉(박건용, 2011) 등 한국전쟁 블록버스터는 계속 제작
되었다. 그러나 이 영화들은 주제나 완성도 면에서 〈공동경비구역 JSA〉
나 〈웰컴 투 동막골〉 이상 나아가지 못했다. 〈적과의 동침〉은 〈웰컴 투
동막골〉의 연장선상에 있으나 이상향과 같은 평화로운 마을을 보다 현
실적인 지리地理 안에 위치시킴으로써 상상력의 확산이 저해된다. 이로
인해 정웅과 설희의 사랑을 통해 지켜져야 할 시심詩心은 빗발치는 총격
에 짓밟히게 되고, 결국 이 영화는 구태의연한 전쟁비극으로 끝난다.

〈포화 속으로〉는 〈태극기 휘날리며〉를 추수하고 있으나 그에 훨씬 못
미치며 인식 면에서는 오히려 1970년대 국책영화에 근접한다. 나라의
운명이 71명의 소년들에게 맡겨지고, 선택할 수 없는 상황 앞에서 죽음
을 불사해야 하는 그들의 운명이 떼를 쓰듯 공감을 강요한다. 그러면서

애국이라는 명분 아래 동생마저 죽이는 도착성으로까지 이어진다. 이는 〈태극기 휘날리며〉에서 동생을 살리기 위해 이분법의 경계를 넘나들었던 형의 행동과는 반대되는 것이다. 〈태극기 휘날리며〉가 그 감상성에도 불구하고 이념에 우선하는 개인적인 파토스의 힘으로 분단영화의 한계를 밀고 나가며 대중적 공감을 얻어냈다는 점을 상기하면, 그보다 6년이나 늦게 제작된 영화인 〈포화 속으로〉가 얼마나 퇴행적인지 확인할 수 있다. 결국 〈포화 속으로〉는 텍스트가 감내할 수 없는 도착적 에너지를 광폭한 총알과 피로 상쇄한 뒤 생존자들의 증언을 마지막에 배치함으로써 봉합한다.

〈고지전〉은 일견 〈JSA〉의 한국전쟁 버전으로 보인다. 이 영화에서는 '공동경비구역'과 같이 적과 아군이 공유하는 구역을 '애록 고지'로 설정하고, 북한군과 남한군이 공동경비구역의 '초소'에서 만나 놀듯 애록 고지의 '벙커'를 통해 서로의 사연을 교환한다. 그들이 적으로서 대립한 속에서도 술과 담배, 노래, 여인의 사진을 매개로 인간적인 연대를 이루는 아이러니한 상황은 〈JSA〉에서 그랬듯이 이 영화의 주제를 떠받치고 있다. 〈고지전〉이 그다지 새롭게 느껴지지 않았다면, 이미 10년 전에 나온 영화의 구조와 주제를 닮았다는 점이 가장 큰 이유일 것이다. 그럼에도 이 영화는 새로움을 보였는데, 그것은 정전협정 제5조 제63항에 따라 협정 시각과 실제 정전 시각에 차이가 있었다는 '팩트'의 발견과 'Korea'를 반대로 읽어 만든 '애록^{Aerok}'이라는 알레고리에 있다. 협정문에 도장을 찍으면서도 젊은이들을 열두 시간이나 더 죽음에 몰아넣으며 '땅 따먹기'를 하려 했던 권력자들의 이기심은 휴전된 지 60년이 되어가는 지금까지도 새삼스러운 충격으로 다가온다. 이는 '철의 삼각

지대', '백마고지'와 같은 이름으로 기억되는 전적지, 혹은 북한이 보이는 일선으로 경계되고 소비되는 지역을 새로이 발견케 한다. 그리고 이는 다시 '인간'을 고려하지 않는 전쟁의 본질을 재인식하는 데로 이어지고, '사람'을 염두에 두지 않는 권력자들에 대한 공분公憤으로 확장된다. 그런 의미에서 '애록'은 이 영화의 의도와 성취를 함축하는 효과적인 명명이다. 그래서 이 명명이야말로 여성 저격수 차태경(김옥빈)보다 더 놀라운 반전이 되기도 한다. 전쟁영화를 어느 정도 관람한 관객이라면 '여성 저격수'라는 반전 설정에서는 〈풀 메탈 자켓〉(스탠리 큐브릭, 1987)에, 저격수가 총신을 개조하여 저격 대상을 총소리보다 먼저 쓰러지게 만드는 '2초' 설정에서는 〈라이언 일병 구하기〉(스티븐 스필버그, 1998)에 이 영화가 빚지고 있다는 것을 금세 알 수 있기 때문이다.

〈웰컴 투 동막골〉 이후에 나온 한국전쟁 영화들이 장르적 진화를 이루었다거나 새로운 인식의 지평을 개척했다고는 평가하기 힘들다. 그러나 문제적인 지점은 있다. 예를 들어 〈포화 속으로〉가 1970년대 국책영화를 닮았다고는 해도 엄연히 21세기 영화이며 어딘가 21세기적인 것을 담고 있을 수밖에 없기 때문이다. 그리고 바로 그 점을 보여주는 표식은 한국전쟁 이후 오랜 세월 적이었던 사람들의 얼굴에서 발견된다.

흉터, 객관화되지 못한 트라우마

〈싸우는 사자들〉(김묵, 1962)에 나오는 악랄한 내무서원(장동휘)의 얼굴에도, 〈군번 없는 용사〉(이만희, 1966)에 나오는 교활한 보위부장(허장강)

의 얼굴에도, 〈싸리골의 신화〉(이만희, 1967)에 나오는 악독한 군관(박노식)의 얼굴에도 흉터는 없었다. 그리고 1970년대 반공영화 속의 짐승 같은 인민군들은 오히려 좋은 옷을 걸치고 번들번들한 얼굴을 하고 있었다. 1980년대 이후 '빨치산'으로 쫓기는 인민군들은 수많은 상처와 부상을 입으며 황폐해진다. 그러나 영화 속에서 그들에게는 그러한 상처들이 흉터로 굳어질 만한 시간이 허락되지 않았다. 그들은 한 구의 남루한 시신으로 남거나 회한 속에서 조용히 사라져야 했기 때문이다.

그런데 21세기 영화 속 인민군들은 흉터를 지닌 채 귀환한다. 〈고지전〉에서 전쟁영웅 현정윤 소좌(류승룡)는 1950년 6월 27일 의정부에서 포로가 된 학도병들에게 이렇게 훈계한다. "어리버리들! 너들이 와 전쟁에서 지는 줄 아네? 너들이 와 도망치기 바쁜 줄 알아? 기건 와 싸우는지를 모르기 때문이야." 그리고 "이 전쟁 일주일이면 끝난다"라고 장담하며, 전쟁이 끝나면 이 조국에서 젊은이들이 할 일이 많을 것이니 고향에 가서 조용히 숨어 있다가 조국의 재건에 나서라고 부상병들을 치료까지 해서 풀어준다. 이때 그는 말끔한 얼굴과 복장으로 당당하게 말한다. "해방 조국에서 만나자우!" 그러나 3년 뒤 전쟁의 막바지에 학도병이었던 강은표(신하균)와 현 소좌는 재회한다. 이때 현 소좌의 눈가와 광대뼈 근처에는 깊은 흉터가 새겨져 있다. 마지막에 죽어가는 현 소좌에게 담뱃불을 붙여주며 은표는 3년 전에 그가 했던 말을 환기시킨다. 그리고 묻는다. "싸우는 이유가 뭔데?" 이에 대해 현 소좌는 대답한다. "내레 확실히 알고 있었어. … 긴데 너무 오래돼서 잊어버렸어."

확실한 논리로 무장한 채 신념에 차 있던 인민군 전사는 이제 싸우는 이유를 잃어버린 '투견'이 되었다. 그가 지닌 흉터는 주체로서 세계를 변화시킬 수 있다고 믿었던 공산주의자가 부조리한 폭력에 의해 양산된 수많은 희생자 중 한 사람이 되기까지의 상처와 고뇌를 담고 있다. 그래서 그 흉터에는 그가 따랐던 이념의 훼손과 신념의 좌절도 내장되어 있다. 전후 맥락 없이 홍진 얼굴만 보면 그는 애초부터 패배할 수밖에 없는 운명의 사나이로 보이기도 한다. 처음부터 흉터를 지니고 출현하는 〈포화 속으로〉의 박무랑이나 〈적과의 동침〉의 정웅의 경우에는 그러한 운명을 직접적으로 드러낸다고 하겠다.

그러나 그렇다고 해서 그들의 표상이 영화라는 네트워크 안에서까지 실패한 것은 아니다. 오히려 그들의 존재감은 흉터를 통해 한층 부각되며 새로운 위상을 마련했다. 전쟁비극에서 관심의 초점이 되는 것은 '악'이다. 우리는 매혹적인 인물이 전쟁의 참상 속에서 어쩔 수 없이 인간과 짐승의 임계를 범하며 파멸해가는 것을 목도함으로써 거부할 수 없는 몰입을 경험하게 된다. 흉터를 새기고 돌아온 그들은 냉전시대 절대악의 표상이나 1990년대 피해자 표상에서 벗어나 매혹적인 악의 축으로서 기능하는 경우가 늘고 있다. 그래서 그들의 캐릭터는 갱스터의 주인공을 연상시키기도 한다.

뺨에 흉터가 있어 '스카페이스Scarface'라고 불리기도 했던 알 카포네는 1920년대 시카고에서 활동한 마피아 보스이지만 지금까지도 암흑가를 대표하는 영웅적인 악당으로 회자된다. 이렇게 된 데에는 영화의 힘이 컸는데, 그 시작이라고 할 수 있는 영화가 〈스카페이스〉(하워드 혹스, 1932)이다. 이 영화는 1929년 경제 대공황 이후 절망에 빠진 사회를 배경으로 장르화된 갱스터물의 하나로, 어쩔 수 없는 어둠에 놓인 인간의 범죄를 보여줌으로써 대중에게 큰 관심을 끌었다. 이를 염려한 검열 당

1. 1932년 하워드 혹스 감독의 〈스카페이스〉에서 타이틀 롤을 맡은 폴 무니.
2. 1983년 브라이언 드 팔마 감독의 동명 영화에서 스카페이스 역을 맡은 알 파치노.

국이 '국가의 수치The Shame of The Nation'라는 부제를 붙여서 개봉하라고 지시했다 하니, 이 영화가 당대 사회에 던진 매혹과 불안감을 짐작할 만하다.

21세기 한국전쟁 영화에 나오는 '인민군'은 공포와 연민을 동시에 유발하는 영웅이자 악당이라는 점에서 갱을 닮았다. 그리고 아직까지도 국가의 검열에서 완전히 자유로울 수 없는 존재라는 점에서도 갱을 많이 닮았다. 그들의 흉터는 장르영화 속에 편입된 악당의 낙인인 동시에 여전히 분명하게 대상화될 수 없는 역사적 트라우마를 품고 있다.

악당의 상징인 흉터가 21세기 한국전쟁 영화에서는 '인민군'이라는 '적'의 마지막 표식이 된 듯하다. 그 흉터 때문에 그들은 위험해 보이고, 그런 그들은 응징당할 수밖에 없다. 하지만 위험한 만큼, 그래서 비극적인 만큼, 그들은 눈길을 끄는 매혹적인 악당으로서 관객과의 심리적 거리 면에서 아我와 비아非我의 경계를 넘나든다. 이제 일종의 클리셰가 되어가는 흉터는 북에 대한 심리적 거리를 반영하는 동시에 여전히 존재하는 어쩔 수 없는 경계를 드러낸다고 할 수 있다. 그러나 한편으로는 장르영화의 매혹적인 안타고니스트로 가벼워진 공산주의자의 무게를 반영하기도 한다. 이것이 21세기 장르영화가 분명히 대상화할 수 없는 트라우마를 다루는 방식이기도 하다.

경계의 붕괴, 그리고 웃음을 동반하는 적

이제 멜로드라마, 코미디, 미스터리, 전쟁 액션 등 여러 장르에서 남북문제가 다뤄지고, 그러면서 '북'의 표상도 이전 시대에 비해 다양해진다. 한편 저예산으로 제작되는 극영화나 다큐멘터리에서 1990년대 중반 이후 사회적 이슈로 대두된 '탈북 문제'에 렌즈를 들이대면서 '북'과 관련된 새로운 표상이 가능해졌다. 여기에서 '한국전쟁', '간첩', '탈북'을 제재로 삼는 경향이 두드러졌다. 그러다 2017년 이후에는 남북관계에 대한 관심이 높아지면서 코미디, 액션스릴러, 가상역사극 등 다양한 장르에서 남북관계를 재현하기에 이른다.

우선 한국전쟁을 다룬 영화로는 〈흑수선〉(배창호, 2001), 〈태극기 휘날리며〉(강제규, 2004), 〈웰컴 투 동막골〉(박광현, 2005), 〈작은 연못〉(이상우, 2010), 〈포화 속으로〉(이재한, 2010), 〈적과의 동침〉(박건용, 2011), 〈고지전〉(장훈, 2011) 등이 있으며, 〈공동경비구역 JSA〉(박찬욱, 2000)는 한국전쟁을 배경으로 하고 있지는 않지만 한국전쟁 이후 남북한 군인이 대치하는 상황을 설정한다는 점에서 한국전쟁 영화의 연장선상에 놓인다.

간첩영화에는 〈쉬리〉(강제규, 1999), 〈간첩 리철진〉(장진, 1999), 〈이중간첩〉(김현정, 2003), 〈의형제〉(장훈, 2010), 〈스파이 파파〉(한승룡, 2011), 〈간첩〉(우민호, 2012), 〈은밀하게 위대하게〉(장철수, 2013), 〈공조〉(김성훈, 2017) 등이 해당한다. 2018년에는 남한에서 파견한 스파이가 북한 정보원을 접촉하는 〈공작〉(윤종빈, 2018)과 같은 영화가 나오기도 했다.

탈북을 다룬 영화로는 〈태풍〉(곽경택, 2005), 〈국경의 남쪽〉(안판석, 2006), 〈크로싱〉(김태균, 2008), 〈두만강〉(장률, 2009), 〈무산일기〉(박정범, 2011), 〈댄스 타운〉(전규환, 2011), 〈풍산개〉(전재홍, 2011), 〈줄탁동시〉(김경묵, 2012) 등이 있다.[59] 한편 탈북자 감독이 연출하여 화제가 되었던 영화로 〈량강도 아이들〉(김성훈·정성산, 2011)이 있다. 이 영화는 〈크로싱〉, 〈공작〉과 함께 최근 북한의 공간적 표상이 드러나는 영화다. 그런데 〈크로싱〉이 기근과 가난에 사실적으로 접근함으로써 〈똘이장군〉에 나오는 '북'의 모습을 환기하는 데 반해, 〈량강도 아이들〉은 코미디와 환상적인 요소를 동원하여 '북'이라는 공간에서 1950~60년대의 남한을 떠올리게 한다. 이는 〈검정 고무신〉(송정율 외, 1999)과 같은 애니메이션이 1960~70년대 남한사회에 향수 코드로 접근하듯이, 북을 현재 우리와 비교할 수 없는 '과거형'으로 바라보고 있음을 보여준다. 이러한 태도는 〈간첩 리철진〉이나 〈JSA〉에서도 부분적으로 나타난 바 있다.

그리고 위의 분류군에 넣기는 애매하지만 현재 시점에서 남과 북이 만나는 돌발적 상황을 설정한 영화들이 있다. 〈남남북녀〉(정초신, 2003), 〈동해물과 백두산이〉(안진우, 2003), 〈간 큰 가족〉(조명남, 2005), 〈비단구두〉(여균동, 2006), 〈만남의 광장〉(김종진, 2007), 〈꿈은 이루어진다〉(계윤식, 2010) 등이 그런 영화들인데, 대부분 코미디 장르를 활용한다. 탄핵으로 정권이 바뀐 이후에는 〈V.I.P〉(박훈정, 2017)와 같은 액션스릴러나 〈강철비〉(양우석, 2017)나 〈인랑〉(김지운, 2018)과 같이 미래의 남북관계를 상상

북한군이 남한에 내려오는 내용을 그린 세 영화.

1. 〈의형제〉(장훈, 2010). 2.〈공조〉(김성훈, 2017). 3. 〈강철비〉(양우석, 2017). 이 영화들에서는 최고의 미남 배우인 강동원, 현빈, 정우성이 모두 북한군 역을 맡았다. 그들의 표정은 시종일관 굳어 있고 진지한 반면, 남한 측 정보원인 송강호, 유해진, 곽도원, 그리고 〈공조〉에서 유해진의 처제로 등장하는 윤아까지 영화에 웃음을 불어넣는 역할을 한다.

하는 가상역사극이 나오기도 했다.

　위에 나열된 영화들만 보아도 21세기 들어서며 남북의 만남을 보여주는 영화가 대거 제작되었다는 사실을 쉽게 알 수 있다. 이 영화들에서 두드러지는 특징은 첫째, 영화에서 각종 경계가 모호해지고 있다는 점이다. 냉전시대 영화에서는 결코 모호할 수 없었던 '귀순'과 '잠입'의 구분, '국민'과 '간첩'의 분별 등이 어려워지면서 아군과 적군, 선과 악의 경계도 모호해지고 있다. 특히 탈냉전시대에 들어서 '탈북'이 영화에서 남북관계를 형상화하는 데 주요한 사건으로 대두하면서 냉전시대의 이분법적 구분을 지우는 경향이 강하다. 간첩이 북을 배신하고 망명하면 탈북이 되고, 탈북자가 간첩 노릇을 하면 이중간첩이 되기 때문이다. 〈이중간첩〉(김현정, 2003), 〈의형제〉, 〈간첩〉, 〈공작〉 등은 모두 이러한 사례를 보여주며, 최근으로 올수록 경계가 모호해지는 경향은 일반화되는 추세다.

둘째, 코미디 요소가 강해졌다는 점이다. 우선 간첩영화나 남북의 우연한 만남을 설정한 영화들은 대부분 코미디 장르에 속한다. 위 영화들 중 남북의 만남을 그린 영화는 모두 코미디이고, 〈쉬리〉와 〈이중간첩〉만이 예외다. 한편 남북이 대치하는 상황을 피할 수 없는 관계로 웃음의 역할에 한계가 있는 전쟁영화에서조차 코미디의 속성이 강하게 드러난다. 〈웰컴 투 동막골〉이 대표적인 경우이며, 〈적과의 동침〉은 결국 웃음으로 봉합할 수 없는 한계를 드러내기는 하지만 영화 중반까지는 코미디 속성이 꽤 강하게 작동한다. 이 또한 최근 영화로 올수록 강화되며 점점 필수적인 요소가 되어간다. 돌이켜보면 미스터리 장르에 속하는 〈JSA〉에서도 웃음의 자질이 남북 병사가 만날 때 형성될 수밖에 없는 긴장을 이완시키고 우정을 자연스럽게 보여주는 데 중요하게 활용된 바 있다.

앙리 베르그송에 의하면 웃음은 경직성에 치명적이지 않은 형태로 타격을 가함으로써 경직성이 무너질 때 유발된다.[60] 그리고 웃음은 대상과의 거리와 대상에 대한 심리적 우위를 전제로 한다. 그래서 웃음은 극단적 충돌에 완충 작용을 하고 문제의 심각성을 완화할 수 있으며, 웃음을 통할 때 발언의 수위가 상향 조정될 수 있다. 현대사에서 남과 북만큼 경직된 관계도 드물다. 1980년대만 해도 '간첩'이나 '북과의 만남'은 그 자체로 온몸을 굳게 하는 두려움이었다. 그런데 이제 남한영화에서 그것을 코미디의 대상으로 삼고 웃으며 즐길 수 있게 되었다. 이는 '남'의 '북'에 대한 심리적 우위와 여유, 그리고 한국전쟁과의 시간적 거리를 기반으로 하여 대중에게 그 경직성이 무너지고 있다는 표지다. 아울러 웃음을 통해 보다 자유로운 표현이 추구되고 있음을 시사한다.

3부

민주주의

2016년 겨울, 촛불항쟁에서 자주 인용되면서 대중의 뇌리에 한층 각인된, 대한민국 헌법 제1장 제1조는 다음과 같다.

① 대한민국은 민주공화국이다.
② 대한민국의 주권은 국민에게 있고, 모든 권력은 국민으로부터 나온다.

여기에는 '인민의, 인민에 의한, 인민을 위한 통치'[61]라는 민주주의의 기본 원칙이 들어 있다. 그리고 1987년 '6월 민주항쟁'의 성과로 개정된 현행 헌법의 '전문前文'은 긴 한 문장으로 이루어져 있다. 그 서두는 "유구한 역사와 전통에 빛나는 우리 대한민국은 3·1운동으로 건립된 대한민국임시정부의 법통과 불의에 항거한 4·19민주이념을 계승⋯"한다는 것이다. 여기에는 한국 민주주의의 역사적 정통성이 어디에 놓여 있는지가 명시되어 있다. 다시 말해 한국 민주주의는 3·1운동에서 발원하여 4·19를 거쳐 오늘에 이르렀다는 것이다.

그러나 3·1운동과 4·19를 한국영화가 어떻게 재현해왔는지 살펴보면 그 앙상함에 놀라지 않을 수 없다. '3·1운동'이라는 키워드로 한국영상자료원의 KMDb를 검색하면 10여 편의 한국영화가 뜬다. 3·1운동이라는 역사적 사건에 초점을 맞춘 영화는 〈삼일혁명기〉(이구영, 1947)와 〈삼일독립운동〉(전창근, 1959) 정도이고, 나머지는 배경으로만 설정된 경우다. 그리고 그중 절반 이상은 전기물인데 대부분은 유관순 열사에 대한 것이다.

'4·19'로 검색하면 결과는 더 소략하다. 〈오발탄〉(유현목, 1961)을 비롯해 〈로맨스빠빠〉(신상옥, 1960), 〈삼등과장〉(이봉래, 1961) 등 4·19로 바뀐 시대 분위기를 반영한 영화들이 있다고는 하나, 4·19라는 역사적 사건 자체를 재현한 경우는 20세기에는 없었다. '5·16'이라는 키워드를 넣으면 1960~70년대 〈국방뉴스〉를 비롯해 21세기에 나온 비판적 논조의 다큐멘터리까지 수십 편의 기록물이 검색되는 것과는 대조적이다. 4·19와 5·16의 이러한 대비야말로 4·19가 영화에서 재현되지 못한 이유를 말해준다.

한국영화에서 '민주화운동'이나 '민주주의'로 검색했을 때 가장 많이 등장하는 사건은 '광주민주화운동'이다. 이는 대한민국에서 '민주화운동'에 대한 인식이 본격적으로 나타난 것이 1980년 '광주'부터임을 시사한다. 박정희 정권 말기가 자주 재현되는 것도 이와 관련이 있다. 2017년 〈택시운전사〉가 나오기까지 광주항쟁을 다룬 극영화는 여덟 편이 제작되었다. 1980년대에는 광주민주화운동 관련 영상물을 보는 것 자체가 정치적 저항이었고, 1990년대에는 극영화로 제작하는 것이 역사적 실천이었다. 21세기 들어서도 광주민주화운동은 미결의 과제였고, 정권이 바뀔 때마다 어떤 식으로든 이슈가 되는 민감한 소재였다.

2017년은 촛불혁명으로 새로운 정권이 탄생한 해이자 '6월 민주항쟁' 30주년이기도 했다. 촛불혁명 직후 〈택시운전사〉와 〈1987〉이 나온 것은 우연이 아니다. '6월 민주항쟁'이 광주학살로 집권한 정권에 대한 국민의 저항이 폭발한 사건이므로 1980년 '광주민주화운동'부터 1987년 '6월 민주항쟁'까지의 흐름은 민주주의의 전개에서 일관된 역사적 의미를 구성하고 있다. 그리고 이러한 흐름을 거슬러 올라가면 4·19와 3·1운동에 맥이 닿아 있다. 또한 이러한 민주주의의 진개는 한국영화에서 대중 정의와 법치주의가 만나는 과정과 맥을 함께해왔다.

1장

3·1운동

〈유관순〉(1948)에서 〈항거: 유관순 이야기〉(2019)까지

3·1운동과 유관순 열사

2019년은 3·1운동 100주년이어서 이를 기리려는 사회 각계의 움직임이 활발했다. 영화계에서도 식민지시기의 항일을 다룬 영화가 여러 편 기획되었다. 1월에 조선어학회 사건을 다룬 〈말모이〉가, 2월에는 유관순 열사에 관한 영화 〈항거: 유관순 이야기〉와 '자전차왕'으로 불렸던 엄복동 이야기를 다룬 영화 〈자전차왕 엄복동〉이 개봉했고, 3월에는 유관순 열사를 비롯한 여성 독립운동가를 재조명하는 다큐멘터리 〈1919 유관순〉이 개봉했다. 이 중에서 유관순 열사에 대한 영화만 두 편으로, 3·1운동의 상징으로서 유관순 열사가 지니는 위상을 새삼 말해준다.

그러나 유관순 열사가 식민지시기부터 널리 알려졌던 것은 아니다. 그

1.〈삼일독립운동〉(전창근, 1959)의 신문광고. 2.〈삼일독립운동〉의 스틸컷. 당시《동아일보》(1959. 10. 28, 4면)에서는 이 영화에 대해 "제목 그대로 기미삼일독립운동의 역사적인 장거가 다소의 픽션을 가미하되 사실史實에 따라 윤색되고 있다. 여기에는 재일유학생 송(윤일봉)이 유학생들의 독립선언 밀서를 들고 귀국한 데서부터 시작, 송을 잡으려는 한인 형사(이향)와 그의 딸(최지희)과 얽히는 드라마를 에피소드로 하고, 손병희(최남현)를 중심으로 한 33인이 태화관에서 무저항 봉기를 하기까지의 세미 다큐멘타리 터치의 전개"라고 소개한다.

가 3·1운동을 대표하는 위상을 지니게 된 것은 해방 이후 남한 단독정부가 역사적 정통성을 확보하며 정체성을 구성해가는 과정에서다. 충남 천안의 양반가 출신이며, 1919년에 만세운동에 참여하여 부모는 돌아가시고 오빠와 숙부는 투옥되는 등 온 집안이 풍비박산 났는데도 일제의 폭력에 굴하지 않고 투쟁하다 열여덟의 나이에 옥중에서 죽어간 이화학당 학생이 기독교계와 국가 차원의 지원 속에서 남한의 영웅으로 발굴된 것이다.[62] 북한에서는 유관순 열사가 대중에게 알려지지 않았을 뿐만 아니라 항일운동의 역사 서술에서조차 결락되어 있다는 사실[63]은 분단시대 남북한 영웅 발굴의 상이한 맥락을 방증한다.

이러한 유관순 열사가 대중적으로 알려지는 데에는 무엇보다 '국민학교' 교과서의 영향이 컸다. 이 점을 단적으로 보여주는 것이 한국전쟁

3·1운동 100주년에 개봉한 유관순 열사에 대한 두 영화. 〈항거: 유관순 이야기〉(조민호, 2019)는 극영화, 〈1919 유관순〉(신상민, 2019)은 다큐멘터리 형식을 취한다.

이후 꾸준히 음악 교과서에 실린 동요 「유관순」이다. 이 동요는 「삼월의 하늘」이라는 동시로 국어 교과서에 실리기도 했으며, 박두진의 「3월 1일의 하늘」과 함께 유관순 열사를 '누나'로 호명하며 3·1운동의 상징으로 자리 잡게 하는 데 크게 기여했다.

삼월 하늘 가만히 우러러보며 유관순 누나를 생각합니다.
옥 속에 갇혀서도 만세 부르다 푸른 하늘 그리며 숨이 졌대요.

이 가사는 「스승의 은혜」, 「코끼리 아저씨」 등 우리 귀에 익숙한 수많은 동요를 작사했던 아동문학가 강소천이 지었고, 곡은 한국전쟁 직후 문교부 편수관을 지낸 나운영이 붙였다. 이 노래는 1953년 휴전 직후 새로운 동요들이 교과서에 수록되면서 실렸고,[64] 수십 년 뒤까지 아이들의 고무줄놀이에서 불릴 정도로 애창되었다. 그 결과 남한사회에서 형성되어 오랜 세월 지속된 유관순 열사에 대한 대중적 표상은, 노래의 첫 문장이 말하고 있듯이, 봄이 오면 환기되는 '국민 누나'였다. 그리고 또 하나의 이미지는 두 번째 문장이 말하고 있는 내용, 즉 감옥에서도 만세를 부르다 고통스럽게 죽었다는 것이다. 이 일이 내포하는 강직한 성격과 비참한 죽음에 이르는 수난은 유관순 서사의 핵심이 되었고, 이는 영화로 재현되며 한층 선명한 이미지로 대중의 뇌리에 각인되었다.

유관순 열사 기념사업과 '순국처녀 유관순'

그 시작은 1948년 계몽문화협회에서 제작하고 윤봉춘이 감독한 〈유관순〉이다. 이 영화는 1947년에 본격화한 '유관순 열사 기념사업'의 일환으로 기획되었고, 당시 기념사업에는 기념비와 동상, 기념관 설립, 도서 출간 및 보급, 국민 교육, 매봉 녹화綠化 등이 포함되어 있었다.[65] 그 성과로 1948년에 최초의 평전인 『순국처녀 유관순전』(전영택 저, 승문사 간)이 출간되고[66] 영화 〈유관순〉이 개봉했다. 1948년 3월부터 이 전기와 영화는 정치적 이벤트와 더불어 한데 묶여서 홍보되기도 했는데,[67] 내러티브 면에서도 그 후 유관순 이야기에서 널리 회자되는 화소를 공유한다. 이 화소는 크게 네 가지로 요약할 수 있다.

① 유관순은 기독교 정신에 충실했던 구국 소녀로 대한민국의 잔 다르

크다.

② 유관순의 집안은 충효 사상을 지키는 유서 깊은 선비 가문이다.

③ 유관순의 가족은 3·1운동에 참여하여 부모는 죽고 오빠는 체포되었으며 어린 두 동생은 고아가 되었다.

④ 유관순은 체포되어서도 항거를 계속하다 모진 고문 끝에 옥중에서 사망했다.

이 중에서 영화를 통해 강렬한 이미지를 남긴 것은 ③과 ④이다. ③에서 부모가 일본 헌병에게 학살당하고 관순이 어린 동생만 남겨둔 채 체포되는 형국은 '슬픈 누나'의 이미지를 강화한다. 이 부분에서는 일본 헌병이 동생들이 있는 집에 기름을 붓고 불까지 지르는 것으로 설정하여 일제에 대한 분노를 극대화하기도 했다. 이와 같이 참담한 상황인데도 ④에서 유관순이 항거를 멈추지 않고 고문에도 굴하지 않음으로써 '민족의 누나'가 된다. 무엇보다 유관순이 받은 고문에 대한 묘사는 대중의 관심이 집중되는 부분이었다. 이영일 또한 작품해설에서 이 점을 언급한다.

이 작품에서 가장 격렬한 충격과 통분痛憤을 느끼게 하는 것은 일헌日憲에 잡힌 관순이 재판정에서도 항일절규抗日絶叫하는 열화烈火와 같은 모습과 옥중투쟁獄中鬪爭, 그리고 끝내 간독奸毒한 일제日帝에 의해 천인공노天人共怒할 만행蠻行으로 고문치사拷問致死 당하는 부분이다.[68]

영화가 현전하지 않으므로 시나리오로 보자면, 유관순은 체포되어 주

1948년에 계몽문화협회가 제작하고 윤봉춘이 연출한 영화 〈유관순〉의 스틸컷.

모자와 배후를 심문받는 과정에서 "열 손가락을 못으로 찌르고 어린 젖가슴을 불로 지지는"[69] 고문을 당했으며, 수감된 이후에도 밤 아홉 시만 되면 만세를 불러 간수들에게 온갖 폭행을 당했다. 그 잔혹함이 절정에 달하는 부분은 간수들이 유관순을 지하실로 끌어가 하복부에 물 호스를 대 자궁을 파열시키고 칼로 내려쳐 일곱 토막을 내는 것이다. 증언에 따르면 유관순 열사는 옥중에서 구타를 당해 방광 파열상을 입었고 그로 인한 합병증으로 숨진 것으로 추정되며 더운 날씨에 방치되어 시신이 부패하기는 했어도 절단된 바는 확인된 적이 없다고 한다.[70] 유관순 열사가 일제에 굽히지 않고 항거하다 옥사한 것은 사실이나 이를 유난히 잔혹하게 묘사한 것은 대중의 감정을 자극하기 위한 것으로 보인다. 특히 그러한 잔혹함이 10대 소녀의 여성성을 훼손하는 방향으로 구체화된 것은 히스테릭하다. 유관순 열사를 잔 다르크처럼 신의 말씀에 따라 민족을 섬기는 순결한 처녀로 주조해놓고 그 신체를 무참하게 유린함으로써 극적 대비를 통한 일종의 국민 선동 효과를 노리는 점은 현재 시각으로 보면 도착적으로 보이기까지 한다. 당시 이 영화는 "서울 총인구의

1할 이상 동원"하는 흥행[71]을 했고, 그 뒤 유관순 열사를 다룬 영화들에 기본 틀을 제공했다.

순결과 형극의 영웅 도식과 그 그늘

윤봉춘은 〈유관순〉을 1959년과 1966년에 두 번 더 제작한다. 2019년에 〈항거: 유관순 이야기〉가 나오기 전까지 유관순 열사에 대한 극영화는 네 편 제작되었는데 그중 세 편을 윤봉춘이 연출한 것이다. 그리고 1970년에 또 하나의 유관순 전기인 『타오르는 별: 유관순의 일생』(박화성 저, 문림사 간)이 출간되면서, 이를 저본으로 한 영화 〈유관순〉(김기덕, 1974)이 제작된다. 필름이 현전하는 것은 1959년, 1974년 영화뿐이고 1966년 영화는 1948년 버전과 마찬가지로 시나리오만 남아 있다.[72]

1959년 영화에서는 도금봉이 타이틀 롤을 맡아 위기 상황에 대처하는 능력이 뛰어난 유관순을 보여준다. 이 영화는 유관순의 내레이션을 통해 관객과 주인공 내면의 거리를 좁히려는 전략을 사용하기도 했으나, 개봉 당시 그다지 좋은 평을 듣지는 못했다. 무엇보다 1958년을 기점으로 한국영화가 질적으로 비약하는 분위기 속에서 윤봉춘의 '안이한 연출'이 비판을 받았다. 또한 〈황진이〉(조긍하, 1957)로 데뷔하여 '팜 파탈'의 이미지가 있는 데다 주로 발랄한 도회 여성을 연기했던 도금봉의 페르소나는 대중이 기대하는 유관순의 표상과는 어긋남이 있었던 듯하다. 재기 넘치는 유관순의 캐릭터는 현재의 시각으로 보면 신선한 면이 있으나 당시에는 "내면적 공감을 못 주는" 것으로 평가되었다.[73]

1966년 영화는 시나리오로 볼 때 민족단결이 전반적으로 강조되었다. 예를 들면 1959년 영화에서는 일본 앞잡이로 끝났던 '임'이 1966년 시나리오에서는 유관순의 활동을 눈감아주고 마지막에는 만세 시위에 동참하다 죽음을 맞는다. 그리고 1959년 영화에서 관순의 오빠 관옥은 친구의 자백으로 체포되는데, 1966년 시나리오에서는 친구가 관옥을 도망시키고 희생된다. 또 하나, 1966년 시나리오에서 특기할 만한 점은 만세시위를 밀고하겠다고 애덕(관순의 사촌이자 동지)을 협박하여 혼인 약속을 받아내는 칠성이라는 인물이다. 그는 아우내 장터에서 애덕과 함께 죽음으로써 파렴치한 거래는 무화되고 그의 죄 또한 무마된다. 이러한 맥락에서 볼 때 만세운동은 유관순이라는 영웅 한 사람의 노력이 아니라 "먹구 살기 위해" 숨죽이고 있었던 조선인들의 "양심, 눈물, 조국과 겨레를 향한 사랑"이 터져 나온 것으로 의미화된다. 이와 같은 주제의식이 잘 드러나는 지점은 매봉에서 올리는 기도 장면이다. 이전 영화에서는 관순 홀로 매봉에 올라 기도했던 것과 달리 1966년 시나리오에서는 애덕과 을순이 관순을 따라가 셋이 함께 기도한다. 또한 1948년 시나리오와 1959년 영화에서는 형량을 낮추려는 변호사의 노력은 아랑곳하지 않고 유관순이 끝까지 항거하며 일제의 잘못을 논리적으로 비판했는데, 1966년 시나리오에서는 유관순의 대사가 변호사의 몫이 되고 청중이 이에 호응하는 것으로 변개된다. 요컨대 1966년 시나리오에서는 당시 모든 조선인은 한마음 한뜻으로 독립의 의지를 지니고 있었음이 부각된 것이다.

1974년 영화에 가면 전체적인 서사 구조 면에서는 앞의 영화들과 별반 다르지 않으면서도 가부장적 위계와 남녀유별이 강조된다. 이는 유신체제하의 위계적 분위기와 함께 원작의 영향도 있어 보인다. 박화성의 『타오르는 별』은 열 개 장으로 구성되어 있는데, 그중 두 개 장이 '효도의 길'이다. 이 부분에서 관순의 아버지 유중권은 '기집애'가 아비 말을 거역하고 말대꾸를 한다는 이유로 관순의 뺨을 때리고는, 여자의 도리를 가르치는 것을 시작으로 가문의 위대함과 충효의 중요성을 역설한다.[74] 1974년 영화에서는 이 부분이 그대로 삽입되어 있으며, 전체적으로 유교적 도덕 관념이 강조된다. 그러면서 이전 영화에서 "하나님 아버지로부터 받은 자유와 평등이 있음을 세계만방에 고"하기 위해 "대한의 잔 다르크"가 되어 '민중을 이끄는 자유의 여신'처럼 봉화를 올렸던 관순이 1974년 영화에서는 거사를 다 조직해놓고도 "여자의 신분으로 너무 앞에 나선다는 인상을 주면 오히려 역효과가 날지도 모르니 어르신들께서 정신적인 지주가 되어 달라"라고 하는 이중적인 성격이 된다. 이에 1948년 윤봉춘의 시나리오에서부터 강조되었던 기독교 이념은 가부장적 민족주의와 결속하며 협소해지고 단선화된다. 그럼에도 관순이 아버지의 비합리적인 행동을 따지는 부분에서는 1970년대 젊은 세대의 변화와 거스를 수 없는 시대의 흐름이 감지되기도 한다. 그러기에 그다음에 이어지는 아버지의 가르침이 더욱 시대착오적이고 억압적인 것으로 다가오며, 결과적으로 이 영화는 분열적인 텍스트가 되었다.

　해방 이후부터 1970년대까지 제작된 영화들은 역사에 묻힐 뻔했던 유관순이라는 무명 여성 투사를 세상에 알리는 데 이바지했다. 그러나 이 영화들에서 유관순이라는 인물은 놀라운 신념과 결기의 소유자로서 경이롭고 거리감을 주는 '민족의 영웅'이었지 그녀의 고뇌와 아픔에 관객이 공감할 수 있는 '문제적 개인'이 아니었다. 그녀가 왜 그럴 수밖에 없

<〈유관순〉(윤봉춘, 1959)의 포스터. 〈황진이〉(조긍하, 1957)로 데뷔한 도금봉은 〈폭군 연산〉(신상옥, 1962)에서 장녹수를 연기하면서 요부妖婦의 이미지가 굳어지기 전에 재기 넘치는 유관순을 열연했으나 당대 관객의 반응은 좋지 않았다.

었는지, 그녀에게 내적 갈등은 없었는지 등에 대한 성찰은 이 영화들에서 찾아보기 어렵다. 유관순은 본래 기개 있는 양반가에서 태어난 데다 근대 교육을 받은 독실한 기독교 신자였으므로 용감하고 헌신적으로 일제와 싸울 수 있었고 장렬하게 죽어갈 수 있었던 '본투비born to be 열사'일 뿐이다. 이와 같이 인물을 화석화하는 편의적이면서도 경직된 이야기 틀은 입이 찢어지면서도 공산당이 싫다고 외치다 죽어갔다는 소년의 전설을 방불케 하는 면이 있다. 게다가 계몽과 교육이라는 명분 아래 반복된 영웅화의 관습 속에서 유관순 열사가 나이 어린 여성으로서 겪은 형극이 전시되며 대중의 흥미를 끄는 효과적인 수단으로 이용되었다. 유관순이라는 이름에 따라다니는 수많은 괴담들이 주로 화장실이나 목욕탕과 같은 음습한 공간과 연결되어 있는 것은, 표면적으로는 가장 성스러운 존재로 추앙하면서 결과적으로 한 인간을 '처녀와 형극'의 틀에 가둔 영웅 도식의 그늘을 드러낸다. 관객들에게 유관순 열사는 그만큼 우리와는 다른 무섭고 두려운 존재였을 수 있다. 또한 애국애족에 가려진 한 여성의 고통과 원한을 대중이 감지한 것일 수도 있다. 그래서 유관순

1. 1966년 〈유관순〉(윤봉춘) 포스터.
2. 1974년 〈유관순〉(김기덕)의 한 장면.
1966년 영화에서는 엄앵란이, 1974년 영화에서는 문지현이 유관
순 역할을 맡았다.

열사는 한 시대를 뜨겁게 살다 간 한 인간의 이야기로, 젊은이, 학생, 여
성, 시민의 관점에서 다시 접근되고 서술될 필요가 있었다.

　그러나 1970년대 이후 40여 년간 유관순 열사에 대한 이야기가 계속
여러 매체로 다루어졌는데도 그 틀은 크게 변하지 않았다. 더구나 국책
영화 시대가 끝나면서 극영화로는 더는 제작되지 않았다. 1990년대 이
후 단일한 역사에 대한 반성과 해체가 시도되며 역사 주체의 다원성에
대한 인식이 확산되고 기존의 영웅들에 대해서도 새로운 탐구가 이루어

졌다. 그 과정에서 유관순 열사에 대한 다큐멘터리들이 제작되었다. 그리고 3·1운동 100주년을 계기로 2019년에 극영화 〈항거: 유관순 이야기〉(조민호)가 개봉했다.

민주주의 이상을 품은 학생 유관순

〈항거: 유관순 이야기〉는 그동안 축적되어온 유관순 열사에 대한 사료와 고증을 바탕으로, 비로소 인간 유관순을 조명한다. 이전 영화들이 유관순을 민족영웅으로 형상화하는 데 주안점을 두었다면, 이 영화에서는 근대 기독교 교육을 받아 민주주의적 이상을 지녔지만 나이가 어려 경험이 없었던 학생이라는 사실에 주목한다. 이 영화 또한 유관순의 형상화에서 빠지지 않았던 순결한 처녀의 형극이라는 요소를 취하고는 있으나 그 배치를 달리한다. 여기에서 시공간을 유관순이 죽어갔던 서대문형무소의 1년으로 한정하고 여감방 8호실에 집중한 것, 그리고 흑백을 사용한 것은 이 영화가 유관순이라는 인물을 다루는 태도를 드러낸다.

우선 여성성은 8호실에 함께 수감된 동료들과의 연대를 통해 포착되고, 그녀가 겪은 수난은 내면의 재현으로 이어진다. 이미 폭력에 피폐해질 대로 피폐해져 죽은 사람과 같은 몰골로 서대문형무소에 도착한 첫날, 유관순이 낯선 감방에서 이화학당 동학을 만났을 때 '선배님'이라 부르며 흘리는 눈물, 간수가 관순을 끌고 나갈 때 관순의 손을 잡아주고 그 앞을 막아서는 동료들, 고문받고 돌아온 관순을 보살피는 여러 손길과 자신을 고변한 여인의 아기를 위해 젖은 기저귀를 체온으로 말리는 관순의 배려는 남성 옥사의 상황이라면 상상하기 어려운 연대를 보여준다. 그래서 유관순의 내면이 가장 사무치게 다가오는 부분은 특별 감형으로 모두 석방되어 비어버린 8호실 감방에 고문받고 돌아온 관순이 홀로 누웠을 때다. 모두가 앉을 자리조차 없이 좁아터졌던 감방이 훌쩍 넓어져 있는데, 만신창이가 된 몸에 표정 없는 얼굴로 누운 관순을 둘러싼 사면의 벽은 그녀의 내면을 통절하게 대변한다. 이 장면은 그 전까지의 유관순 영화에서는 볼 수 없었던 인간 유관순의 외로움을 보여준다. 유관순을 고문한 정춘영의 표현대로라면 "조금만 비겁했으면 될 것을" "바보같이" 그러지 못했던 한 10대 소녀가 대면한 엄혹한 고독, 그것에 굴하지 않은 것이 가장 어려운 항거였을지도 모른다고 이 영화는 말한다. 이로써 이전 영화들이 노정해온 포르노그래피와 같은 전시성 대신 배운 대로 실천하며 밝고 굳세게 살고자 했던 한 학생, 부모를 한날한시에 잃고 절망과 원한에 사무쳤던 한 소녀, 대단한 대의를 지키기에 앞서 차마 비겁할 수 없었던 인간 유관순이 살아난다.

2019년 3·1운동 100주년을 기념하며 정부는 유관순 열사에게 건국훈장 대한민국장을 추가 서훈하여 최고 등급으로 격상시켰다. 이는 물론 합당한 조치이지만, 더불어 실천되어야 할 것은 유관순 열사처럼 역사에 묻혀 있던 무명의 독립투사들을 역사화하는 일일 것이다. 이와 함께 이제 '민족영웅'에도 '민주주의적'으로 접근하는 다양한 관점이 더 가능해져야 할 것이다. 〈항거: 유관순 이야기〉는 그 시작을 알리는 반가운 영화였다.

2장

광주민주화운동

<오! 꿈의 나라>(1989)에서 <택시운전사>(2017)까지

'푸른 눈의 목격자'와 무구한 '그들'

2017년 가을, 38년 전 5월의 광주를 촬영했던 위르겐 힌츠페터[Jürgen Hinzpeter] 기자와 그를 태우고 간 택시운전사의 이야기를 담은 <택시운전사>(장훈)가 1200만 관객을 동원했다. 이 영화는 디지털 파일 시장에서도 흥행을 이어가면서 명실공히 '국민 영화'로 등극했다. 이미 광주항쟁 관련 극영화가 여덟 편이나 제작·개봉된 바 있으나 이런 기록을 세운 적은 없었다. 이에 대해 비로소 이제 천만을 넘는 '5·18영화'가 나왔다며 기뻐하는 목소리가 컸다. 그러면서도 한편에서는 <택시운전사>의 허구성을 비판하기도 했다. 특히 위르겐 힌츠페터(토마스 크레취만)와 김만섭(송강호)이 광주를 탈출할 때 벌어지는 자동차 추격 장면은 개연성을 벗어나면서까지 할리우드 장르 플롯에 기대어 클라이맥스 효과를 극대화하려는 과잉으로 비판받았다. 그럼에도 이 영화가 흥행에 성공했다는 것은 그러한 오점이 사소한 문제로 간주되었음을 뜻한다. 이에 대해 평단에서는 "불완전하지만 소심한 위로"[75]가 유효했음을 말하기도 했다. 37년이 지난 시점에 '광주항쟁'을 다룬 영화, 그것도 역대 아홉 번째 영화라고 볼 때 이 정도의 평가가 가장 후한 것이었을 게다. 그만큼 이 영화는 역사의 재현이라는 차원에서는 새롭지도 문제적이지도 않았다. 심지어 어떤 면에서는 퇴행하기까지 했다.

그런데 많은 관객이 이 영화를 통해 광주항쟁에 대해 알게 되었다고 말했다. 세상에 저럴 수가 있느냐고 새삼 분노하고 눈물 흘리며 광주를 다시 보게 되었다고 고백했다.[76] 지금까지 5·18에 대해 몰랐던 것처럼 반응하기까지 했다. 모른다고 말하는 쪽은 비단 관객만이 아니었다. 영화 속 인물들도 그러기는 마찬가지였다. 영화 속에서 힌츠페터와 몇몇 지식인을 제외하고는 정치적으로 각성되어 있지 않다. 주인공 만섭은 계엄령이 전국으로 확대된 지 나흘째인 5월 20일에 광주에 가면서도 광주 상황에 대해서는 전혀 모르는 것으로 설정된다. 그래서 영화의 중반부까지 만섭의 당황하는 언사와 어리둥절한 얼굴이 반복적으로 표출된다. 기사에 따르면 만섭의 모델은 김사복이라는 실존 인물이고, 일반 택시 회사가 아닌 호텔 소속이었으며, 외신 기자와 자주 일했던 '특별한' 택시운전사였다. 언론에서 공개한 김사복 씨의 사진에 찍힌 택시도 검은색인 점으로 보아 일반 택시는 아니었던 것으로 추정된다. 이러한 사실은 차치하고라도 당시 계엄령 아래서 고액을 받고 광주에 가는 택시 운전사가 손님의 직업도 모른 채 아무런 위험을 감지하지 못했다는 것

1. 〈택시운전사〉(장훈, 2017)의 포스터. 2. 영화의 모델이 된 김사복과 힌츠페터의 생전 사진.

은 개연성이 떨어진다.

이 영화에서 무지하기는 광주 시민들도 마찬가지다. 만섭이 광주에 들어갔을 때 만난 트럭에 탄 젊은이들은 어린아이같이 천진한 얼굴로 힌츠페터와 그를 맞는다. 힌츠페터의 통역을 맡은 재식(류준열)은 대학가요제에 나가기 위해 대학에 진학했다는 젊은이로 의식화된 대학생과는 거리가 있다. 만섭이 심상치 않은 광주 분위기에 대해 이유를 묻자 재식은 왜 그런지 모르겠다고 대답한다("나도 모르겠어라, 우리들도 우리들한테 왜 그러는지"). 거리에 붙어 있는 플래카드에도 '비상계엄 해제하라' 정도만 쓰였을 뿐 '전두환'이라는 이름은 보이지 않는다. 이제 검열로 그 이름을 ○○○ 처리해야 하는 시대가 아님에도 말이다. 이렇게 이 영화는 무지인지 순진인지 모를 무구함을 내세운다. 이 영화는 왜 무구함을 내세우는가? 그 이면에서 덮어두거나 회피하려는 게 있지는 않은가? 거기에서 관객이 눈물 흘리며 새롭게 알게 되었다는 것은 무엇인가? 공감이라는 이름으로 영화와 공모하고 있는 것은 아닌가? 이 영화를 둘러싸고 있는 '무구함의 모드'는 이러한 질문들을 유발한다.

'독일 비디오'에서 〈26년〉까지

광주항쟁 관련 영상이 대중에게 노출되어온 역사를 살펴보면 〈택시운전사〉가 보여주는 '이제 비로소 알게 되었다는 태도'가 한층 문제적으로 다가온다. 〈오! 꿈의 나라〉(장산곶매, 1989), 〈황무지〉(김태영, 1989), 〈부활의 노래〉(이정국, 1991), 〈꽃잎〉(장선우, 1996), 〈박하사탕〉(이창동, 2000), 〈화려한 휴가〉(김지훈, 2007), 〈스카우트〉(김현석, 2007), 〈26년〉(조근현, 2012), 그리고 〈택시운전사〉(장훈, 2017)와 〈포크레인〉(이주형, 2017). 광주항쟁을 다룬 극영화만 일별해보아도 이와 같다. 이 중에서 상업영화로 기획된 영화는 〈꽃잎〉, 〈화려한 휴가〉, 〈스카우트〉, 〈택시운전사〉 네 편이다. 〈스카우트〉를 제외한 세 편은 흥행에서도 크게 성공했으며, 〈화려한 휴가〉는 〈택시운전사〉와 마찬가지로 여름방학을 노린 '텐트폴 영화tentpole movie'로 기획되어 관객 650만 명을 동원했다. 드라마까지 보자면 광주 재현 텍스트의 범위는 더욱 확장되고 그것을 대중이 인지해왔다는 증거 또한 보다 확실해진다. 대표적인 예로 1995년 신드롬을 일으켰던 드라마 〈모래시계〉의 7부와 8부에서 한 시간 반에 걸쳐 광주항쟁을 본격적으로 다루었다. 이때 임신부 사살, 학원 및 민가 난입, 무고한 시민에 대한 무차별 폭행과 연행 등 계엄군의 만행이 드라마로 방송되었는

〈모래시계〉 8부에서 태수(최민수)가 계엄군의 총에 맞은 고등학생을 업고 뛰는 장면.

데, NHK에서 입수한 실제 필름이 삽입되면서 다큐멘터리를 방불케 하는 효과를 만들어냈다. 이 드라마는 텔레비전이라는 가족 매체를 통해 방영된 데다 43.1퍼센트라는 시청률을 기록해서 그 충격과 파장은 더욱 컸다.[77] 당시 《한겨레신문》에서는 이 드라마에 대한 시민의 반응을 싣기도 했는데, "충격이었다", "드라마가 아니었다", "15년 만에 현장에 있는 느낌이었다", "분노를 참을 수 없었다"와 같은 대답이 줄을 이었다.[78] 광주항쟁의 재현 영상이 대중적으로 크게 확산된 것은 〈모래시계〉가 처음이었다.

그러나 〈모래시계〉 이전에도 광주항쟁에 대한 '풍문'은 끊이지 않았으며, 진실을 알리기 위한 노력이 계속 시도되었고 그런 시도들은 줄곧 사회적 문제가 되었다. 이런 상황은 전두환 정권에 대한 국민의 저항이 거세지는 1980년대 중반으로 거슬러 올라간다. 1985년에 '광주 5월 민중항쟁의 기록'이라는 부제를 단 『죽음을 넘어 시대의 어둠을 넘어』가 출간된 이후 외신 기자들이 찍은 광주항쟁 영상이 비디오로 복제되어 대학가를 중심으로 비밀리에 상영되었다. 그중에는 '독일 비디오'라고 불린 위르겐 힌츠페터의 다큐멘터리 영상도 들어 있었다. 이러한 뉴스릴을 통해 정치적 매체로서 영상이 지닌 힘이 재확인되면서 대학가의 영화운동 또한 활발해졌다. 광주항쟁에 관한 최초의 극영화인 〈오! 꿈의 나라〉(장산곶매, 1989)는 이러한 맥락에서 탄생했다.

〈오! 꿈의 나라〉를 제작한 '장산곶매'는 대학 영화운동을 통해 성장한 젊은 영화인들이 모여 만든 모임이었다. 그들은 8밀리나 16밀리로 각자 단편영화를 찍다가 역량을 모아야 한다는 필요성에 공감하고 그 첫 번째 작업으로 광주항쟁을 다룬 16밀리 장편영화 〈오! 꿈의 나라〉를 만든다. 이 영화는 광주에서 도망친 전남대생이 동두천에 숨어든다는 설정으로, 광주항쟁의 기억과 기지촌 주민의 생활을 겹쳐놓는다. 그리고 이를 통해 광주학살의 배후로서의 미국과 남한시장을 장악해가는 자본주의 제국으로서의 미국을 동시에 폭로하여 남한의 신식민지성을 고발한다. 이 영화는 신촌의 예술극장 한마당에서 개봉했는데 문공부에 의해 영화법 위반으로 치안본부에 고발되면서 문제가 불거졌다. 당시 영화법은 통상 35밀리 상업영화에 적용되었고, 8밀리나 16밀리 소형영화는 제작 신고나 공연윤리위원회(이하 공륜)*의 심의를 거치지 않은 채 제작·유통되는 것이 관례였다. 그런데 정권이 싫어하는 주제를 다룬 영화가 나오자 상영을 막기 위해 다양한 방법이 동원되었다. 서울지검은 극장을 상대로 압수수색 영장을 냈고, 서대문경찰서는 극장 폐쇄 압력을 넣

---

* 1976년부터 1996년까지 영화를 비롯해 연극, 가요, 음반, 비디오 등과 이에 대한 광고까지 심의했던 기관이다. 1996년 헌법재판소에서 영화 사전 검열이 위헌이라는 판결이 난 뒤로 해체되었다.

으며 극장 대표를 공연법 위반으로 고발했다. 이러한 과정에서 이 영화
는 대학가를 중심으로 입소문이 났다. 그리고 법원에서 압수수색 영장
을 기각하자 대학과 소극장에서의 상영이 이어졌다. 결국 극장 대표와
장산곶매에게 실정법 위반으로 벌금형이 선고되면서 1987년 6월 민주
화 이후에도 존속하고 있던 영화 검열에 대한 논란이 대두한다.

  같은 해에 개봉한 광주항쟁 영화 〈황무지〉(김태영, 1989)의 경우에도 상
영을 집요하게 방해받기는 마찬가지였다. 충무로에서 일하는 젊은이들
이 의기투합하여 역시 16밀리로 제작한 이 영화가 광주드라마스튜디오
에서 개봉했을 때 문공부와 광주시청은 공륜 심의를 거치지 않고 상영
신고도 하지 않았다는 이유로 영화 상영 중지 명령을 내린다. 제작팀이
상영을 강행하자 제작비 일부를 댄 영화사(우진필름)가 갑자기 네거티브
필름의 소유권을 주장하며 필름을 수거해간다. 그런데 이에도 굴하지
않고 비디오테이프로 상영을 이어가자 이번에는 경찰이 불법 음반에 관
한 법률 위반 혐의로 비디오마저 압수한다. 정권이 싫어하는 주제의 소
형영화를 둘러싼 상영 방해 공작은 제6공화국 내내 계속되었다. 그럼에
도 광주항쟁을 비롯하여 노동쟁의, 전교조 등 사회의 현안을 다룬 소형
영화가 계속 제작되었다. 노태우의 집권으로 잠시 유예되었다고는 하나
6월 민주항쟁을 잇는 정치적 요구와 에너지는 이미 막을 수 없는 흐름
이었다. 게다가 비디오가 일반화되면서 기존 영화법이나 통제 방식으로
는 제어할 수 없는 영상매체의 변화가 급속히 진행되고 있었던 것도 여
기에 한몫했다.

  1991년 3월 1일에는 35밀리로 제작된 극영화 〈부활의 노래〉(이정국,
1991)가 우여곡절 끝에 서울 중앙극장에서 개봉했다. 〈부활의 노래〉는

1. 〈오! 꿈의 나라〉(장산곶매, 1989)의 포스터.
2. 〈부활의 노래〉(이정국, 1991)의 한 장면.

전남도청에서 끝까지 싸우다 전사한 윤상원과 박기순 열사, 그리고 나중에 체포되어 감옥에서 단식투쟁을 하다 사망한 박관현 열사의 이야기를 다룸으로써 광주항쟁의 중심으로 들어간 최초의 극영화이기도 했다. 이 영화의 감독인 이정국 또한 충무로의 상업주의를 벗어나기 위해 독립 프로덕션을 세우고 모금으로 제작비를 마련했다. 그러나 35밀리 영화이니만큼 공륜의 심의를 반드시 통과해야 했다. 그런데 1990년 8월 공륜 심의 전에 시사회를 했다는 이유로 공륜이 심의 자체를 거부하면서 상영이 막힌다. 시사회를 하는 것은 영화계의 관행이었으므로 이러한 처분은 다분히 악의적인 것이었다. 결국 항의와 거부가 오간 끝에 심의가 이루어지기는 했지만 심의 결과 필름의 4분의 1이 잘려 나간다. 이에 제작사가 재심의를 신청하지만 공륜이 반송하여 시간을 끄는 가운데 반년이 흐른다. 결국 횃불 시위 장면, 시민군의 도청 사수 장면, 박관현(영화에서는 '박철기')의 단식투쟁 장면 등이 삭제된 채 청소년 관람 불가

등급을 조건으로 상영이 허가된다. 공륜이 밝힌 삭제와 등급 판정의 근거는 "광주의 아픔이 마무리되는 시점에서 이러한 장면이 공개되는 것은 적절치 않다"는 것이었다.[79]

1993년 문민정부가 들어서면서 광주학살의 주범들이 정권을 잡고 있던 기간 내내 억압되고 방해받았던 목소리가 터져 나온다. 그러면서 광주학살 책임자를 처벌해야 한다는 여론이 거세진다. SBS 드라마 〈모래시계〉에서 광주항쟁을 다룬 것은 이러한 분위기에서 가능했던 일이다. 이 시기에 〈꽃잎〉이 제작되었고 1996년 가을에 MBC에서는 〈화려한 휴가〉라는 제목의 미니시리즈를 방영하기도 했다. 이 드라마는 1980년 광주에서 누이와 연인을 잃고 미국으로 갔던 주인공이 16년 만에 귀국하여 학살 책임자들에게 차례로 보복한다는 내용이었다. 시청자의 큰 공감을 이끌어내지는 못했으나 이러한 복수의 서사는 다시 10년 후에 강풀의 웹툰 『26년』*으로 이어진다. 개인적 차원의 복수담이 계속 나왔다는 것은 책임자들에 대한 공적 처벌이 제대로 이루어지지 않았음을 입증한다. 1997년에는 성적 표현과 폭력의 수위가 상당히 높은 영화인 〈꽃잎〉을 TV에서 방영하려다 무산되었는데, 이는 당시 광주항쟁에 대한 대중적 관심이 얼마나 높았는지를 보여준다. 이러한 분위기는 광주에 계엄군으로 투입되었던 젊은이를 주인공으로 삼아 광주항쟁에 대한 원죄의식을 제기하는 영화 〈박하사탕〉(이창동, 2000)으로까지 이어진다.

광주항쟁을 영상으로 재현해온 역사에서 〈오! 꿈의 나라〉부터 〈부활의 노래〉까지가 제1기라면, 〈모래시계〉에서 〈박하사탕〉까지가 제2기에 해

---

* 강풀이 2006년 4월 10일부터 9월 28일까지 미디어다음을 통해 발표한 웹툰이다. 미해결로 남아 있는 광주학살의 문제를 다루어 큰 화제를 불러일으켰고, 연재가 끝나자 세 권의 책으로도 출간되었으며, 동명 영화의 원작이 되었다.

당한다. 제1기에는 1987년 민주화 이후에도 집권한 군부정권에 의해 광주항쟁에 대한 표현이 여전히 탄압되는 상황에서 독립영화의 소극장 상영 위주로 전개되었다. 제2기부터 광주항쟁 관련 영상이 대중적으로 확산되며 충무로 자본의 투자를 받아 상업영화로 제작되기 시작한다. 〈꽃잎〉은 당시 한국영화로서는 대형 자본인 20억 원을 들여 제작되었으며, 시위 장면을 재연하기 위해 금남로에서 광주 시민의 협조를 얻어 촬영한 영화로도 화제가 되었다. 흔히 〈꽃잎〉이 광주항쟁을 다룬 첫 번째 극영화로 오인되는 것은 이러한 맥락에서 비롯된 일이다.

2000년대 들어서는 한동안 뜸하다가 참여정부 말기인 2007년에 100억 원이 투자된 기획영화 〈화려한 휴가〉가 나온다. 이 영화부터 〈택시운전사〉까지가 제3기라 할 수 있다. 〈화려한 휴가〉는 금남로를 그대로 본뜬 세트장을 30억 원을 들여 지은 일로 화제가 되었다. 이는 광주항쟁 영화에서 역사적 진실이나 새로운 시각보다 오히려 볼거리, 즉 스펙터클이 전면에 나서기 시작했음을 시사한다. 다시 말해 할리우드 장르영화 문법 또한 전면으로 나오며 거기 맞게 서사가 재구성되었다. 구체적으로 말해 〈화려한 휴가〉는 전쟁액션물, 〈스카우트〉(김현석, 2007)는 멜로드라마, 〈26년〉(조근현, 2012)은 액션스릴러의 구조 속에서 광주항쟁을 재현하거나 다루었다.

그렇다고 해서 21세기에 광주항쟁 재현이 순조롭기만 했던 것은 아니다. 2008년에 보수정권이 들어서면서 또다시 힘들어지기 시작했다. 조회수 20만을 넘긴 웹툰 『26년』의 영화화가 기획부터 개봉까지 5년이 걸린 것이 대표적인 예다. 이 영화는 2008년에 순제작비 46억 원의 상업영화로 제작이 시작되었는데 보수정권 시기에 대기업의 투자가 끊기면

2000년대에 개봉한 광주항쟁 재현 영화.
1. 광주항쟁에 대한 원죄의식을 드러낸 〈박하사탕〉(이창동, 2000). 2. 연세대 직원의 선동열 스카우트 작전 속에 광주항쟁을 담은 〈스카우트〉(김현석, 2007). 3. 강풀의 동명 웹툰을 원작으로 한 〈26년〉(조근현, 2012).

서 좌초 위기에 놓였다. 결국 시민들의 모금으로 4년 만에 제작이 완성되어 2012년에야 개봉할 수 있었다. 〈화려한 휴가〉 이후 〈택시운전사〉가 나오기까지는 이와 같이 '자본'에 의해 기억이 방해받고 왜곡된 10년의 시간이 흐르고 있다. 〈택시운전사〉에 대한 대중의 격한 반응은 이러한 세월과 무관하지 않을 것이다.

영웅서사와 멜로드라마의 변주

〈택시운전사〉는 소시민 주인공이 긍정해왔던 가치가 무너지며 각성하는 과정을 통해 진실과 선함을 회복한다는 계몽적 플롯으로 이루어져 있다. 이는 할리우드의 영화문법으로 만든 고전적 플롯에 속한다. 여기에서 어린 딸은 주인공이 불의와 타협하며 영악한 선택을 해야 하는 현실적 이유이지만, 궁극적으로는 그를 시민영웅으로 거듭날 수 있게 하는 선함의 근원이기도 하다. 이와 같이 기성 세계의 붕괴로 인해 시민 영웅이 탄생하는 과정, 그리고 그가 회복하고자 하는 고향 내지 순수가 여성으로 은유되는 것은 광주항쟁 재현 영화에서 반복된 구조이자 설정이다.

영웅서사의 전형을 보여준 영화는 〈부활의 노래〉다. 이정국 감독은 "상업주의를 벗어나 영화 형식의 해방을 추구"한다고 했으나, 실제 영화에서는 고전적 영웅에 충실한 인물들을 창조해냈다. 이는 이정국 감독이 "나는 이 작품을 통해 우리 시대의 진정한 영웅을 그리고 싶었다. 그는 홍콩의 액션영웅 주윤발이나 제국주의적 영웅 람보, 또는 대중스타 조용필과 같은 허위 영웅이 아니다. 그 영웅은 시대의 모순을 온몸에 안고, 그 모순을 과감하게 개혁하고자 자신을 희생하여 미래의 불씨가 될 수 있는 그런 인물이어야 할 것이다"[80]라고 말한 데서도 잘 드러난다. 이러한 의도는 영화에서 격동기 멜로드라마(프랑스혁명과 함께 탄생한 대중비극)의 고전적 플롯에 충실한 형태로 드러난다. 고귀한 영혼을 지닌 영웅적 인물 윤상원과 박기순은 실제 연인으로 각색되어 혁명과 사랑의 교차점에 놓인다. 그리고 주인공들이 혁명을 선택함으로써 실현하지 못한 사랑이 아쉽고 아련한 노스탤지어로 과거화過去化되는 가운데 도덕적 비학moral occult이 발생한다. 이 영화가 사적 연애의 영역에 충실한 일반 멜로드라마와 변별되는 지점이 있다면 이 부분이다. 윤상원과 박기순의 영혼결혼식에서 박관현의 아내인 여성 노동자가 아기를 출산함으로써 그들의 상상적 결합은 사회적 의미로 전화轉化한다.

이러한 구조는 〈화려한 휴가〉로 이어진다. 그런데 이 영화에서 그려진

비극적 사랑은 혁명적 의미로 승화하지 못한 채 신경증 상태로 남는다. 그것은 시민영웅의 동기가 불확실한 가운데 대부분의 행동이 충동적 파토스에 의존하는 데 기인한다. 또한 "이 영화는 실제 사건을 극화한 것입니다"라는 오프닝의 선언이 무색하게 장르적 클리셰가 리얼리티를 뒤덮고 있기도 하다.

택시운전사로 일하는 형 민우(김상경)와 서울대 법대에 들어가고 싶어 하는 우등생 진우(이준기)는 부자父子와 같은 형제다. 그들은 조실부모했으나 성실한 민우의 극진한 보살핌으로 진우는 훌륭하게 성장했으며 우애가 남다르다. 그들은 평일에는 각자 건실하게 생활하고 주말에는 함께 성당에 나가거나 영화를 보러 간다. 민우는 같은 성당에 다니는 간호사 신애(이요원)를 짝사랑하고 있으며 진우는 세고비아 기타를 사고 싶어 한다. 5·18 이전 주인공들의 일상은 이와 같이 사랑, 우애, 평화가 넘친다. 그들을 둘러싼 환경과 색채는 전형적인 노스탤지어를 환기시킨다. 가로수가 늘어선 오솔길로 민우의 택시가 한가로이 달린다. 그 길을 민우는 진우, 신애와 더불어 자전거를 타고 달리기도 한다. 길 옆 보리밭에는 황금물결이 일렁인다. 노스탤지어의 색깔에 황금색만 한 것은 없을 것이다. 그런데 그토록 평화로운 풍경 위로 헬기가 날고 계엄군이 진주한다. 5월 18일 진우의 친구 상필이 죽고 흥분한 진우가 시위에 나갔다가 5월 21일 도청 앞에서 사살된다. 이에 분노한 민우가 시민군이 된다. 신애는 부상자를 돌보기 위해 시민군에 합류하지만 5월 27일 밤에 민우의 부탁으로 도청을 나간다. 신애가 광주 시민에게 도움을 호소하는 방송을 하는 가운데 시민군은 장렬하게 전사한다.

선악 구도 속에서 광주의 비극 이전과 이후 세계가 선명하게 대비된다. 이는 일견 사실에 충실한 것처럼 보이기도 한다. 그러나 이는 영화가 일반적인 정보와 장르 관습을 따르다 보니, 그 전개가 대부분 예측 가능한 데서 오는 착시다. 사실 이 영화에서 평범한 인물이 영웅으로 거듭나는 계기는 격한 감정으로 표현될 뿐이다. 민우는 옆에서 죽어가는 사람이 즐비한데도 죽은 동생을 살려내라며 의사의 멱살을 잡는다. 마지막 날 밤, 그는 사랑하는 여자를 남겨두고 도청으로 돌아갔다가 다시 도망치다 계엄군과 마주치자 총을 쳐들며 계엄군을 향해 "우린 폭도가 아냐!"라며 울부짖는다. 신애는 금남로를 돌며 스피커에 대고 "제발 우리를 잊지 말아주세요"라고 애원한다. 실제 방송에서는 우리 형제, 자매들이 계엄군의 총칼에 죽어가고 있으니 도와달라고 호소했던 것과는 뉘앙스가 다르다. 이 영화가 신파적으로 보이는 것은 인물들의 감상적인 태도나 분위기에서 기인한다.

이러한 감정을 구성하는 것은 민주화운동에 참여해야 한다는 강박과 보수적 위계의식 사이의 불안이다. 이 영화에 등장하는 광주 시민은 모두 항쟁에 참여해야 한다는 당위에 동의하는 것으로 보인다. 그런데 우선 아랫사람이 먼저 나서고 그 아랫사람이 희생되면 그를 말렸던 윗사람이 나서는 식으로 전개된다. 진우에 이어 진우를 말렸던 민우와 선생님(손병호)이 나서고, 민우에 이어 박 대령(안성기)이 나서는 식이다. 처음에 윗사람은 아랫사람을 말리며 뺨을 때린다. 그런데 뺨을 때린 윗사람이 나중에 차례로 나서면서, 뺨 때리기는 마치 이어달리기의 바통처럼 보인다. 사실 보수적 윤리에 따르면 어른이 솔선수범해야 하나 그러지 못할 때 어른의 체면의식은 '네가 뭘 알아?'라는 하대下待로 표출된다. 그리고 사랑해서 때린다는 도착적인 따귀와 함께 여러 감정이 한꺼번에

〈화려한 휴가〉(김지훈, 2007)의 금
남로 재현. 1980년 5월을 재현하는
세트를 지어 화제가 되었다.

〈화려한 휴가〉에서 박 대령(안성
기)이 시민군에게 연설하는 장면.

폭발하며 인과의 계기를 대신한다.

　이러한 불안은 결국 보수적 위계의식으로 수렴된다. 전두환이 아꼈던
예비역 대령이 시민군 대장으로 설정된 것은 상징적이다. '국민 배우' 안
성기가 분한 박 대령이 시민군을 대표하여 연설하는 순간, 시민의 자발
적 의지와 민주적 역량은 모두 군인 출신 영웅으로 환원되는 기이함이
발생한다. 또한 수습 위원이었던 교장과 신부가 강경파에 합류하여 도
청을 사수하고, 스승이 끝까지 제자를 보호하다 전사하고, 계엄군 김 대
위가 박 대령의 시체 앞에서 오열할 때 이 영화는 역사의 왜곡과 판타지
사이에 놓인 기이한 텍스트가 된다.

　영화는 시대를 반영하는 동시에 징후를 드러낸다. 영화가 대중적으로

크게 흥행했을 경우, 텍스트의 완성도에 관계없이 사회적 문제가 되며 징후로서의 의미가 커진다. 이 영화는 광주항쟁을 기억하고 기념해야 한다는 당위를 표면적으로 내세웠지만, 이면에서는 그 논리와 가치를 제대로 납득하지 못하고 있다. 그리고 그로 인한 갈등과 불안이 보수적 위계로 봉합될 때 거기에 봉합될 수 없는 젊은이들은 히스테리 속에서 죽어가거나 살아남아도 우울증에 빠진다. 박 대령에게 떠밀려 도청에서 도망치다 죽는 민우의 모습과 마지막에 상상된 사진 속에서 어른들에게 둘러싸여 민우와 결혼식을 올리는 신애의 어두운 표정은 그 점을 보여준다. 이 영화는 2007년 여름방학에 개봉되어 386세대 부모들이 자식의 손을 잡고 함께 관람하면서 크게 흥행했다. 그리고 그해 말 대통령선거에서 '경제 대통령'을 내세운 보수정당의 후보가 압도적 지지로 당선되었다.

노스탤지어로서의 여성과 훼손의 범인들

〈꽃잎〉은 광주항쟁에서 엄마를 잃은 소녀의 내면을 통해 광주의 참상을 고발하는 동시에 죄책감에 대해 이야기하는 영화다. 프랑스 곡에 새로운 가사를 붙였던 〈오월의 노래〉는 다음과 같이 시작한다. "꽃잎처럼 금남로에 뿌려진 너의 붉은 피/ 두부처럼 잘리워진 어여쁜 너의 젖가슴/ 오월 그날이 다시 오면/ 우리 가슴에 붉은 피 솟네." 광주학살의 참혹함을 고발하는데 그 표현이 너무 참혹하다. 특히 두 번째 소절은 참혹한 만큼 고발적이며, 그만큼 선정적이기도 하다. 그중에서도 가장 문제적 표현은 '어여쁘다'는 것이다. 이는 남성 욕망의 대상인 여성의 몸이 잔인하게 훼손된 것을 통해 남성 주체의 복수심을 자극하는 형태로, 정치적 목적을 위해 여성의 몸을 수단화하고 있다. 여성의 몸에 대한 훼손을 고발할 때, 그 몸이 순결하고 아름다울수록 훼손의 충격과 자극은 커지며 정치적 효과 또한 극대화될 수 있을 것이다. 그러나 그 표현이 빚어내는 또 다른 폭력의 문제는 어이해야 하나? 그런데 돌이켜보면 광주의 피로 시작된 1980년대는 이 가사를 그대로 닮았다. 그리고 그것을 '소녀의 몸' 자체로 보여준 영화가 〈꽃잎〉이다.

여성의 몸을 통해 시대의 폭력을 고발하는 것은 오래된 관습으로 광주항쟁 재현 영화로는 〈오! 꿈의 나라〉에서부터 나타난다. 이 영화에서 미국에 의해 피폐해지는 남한은 '양공주의 몸'으로 은유된다. 결국 광주 출신 제니가 미국 CID에게 이용당하다 버림받고 자살하는 것으로 이 영화는 미국이 광주학살의 배후임을 에둘러 폭로한다. 다른 영화에서도 여학생, 임신부, 누이, 첫사랑 등 젊은 여성이 희생되는 장면이 항쟁의 기폭제 역할을 하는 장치로 자주 활용된다. 이러한 재현은 훼손되기 이전의 여성이 순수하고 아름다웠다는 점을 전제로 한다. 그래서 무고한 여성이 폭력에 희생되는 것은 그들이 폭력으로 파괴되기 이전의 순수 내지 고향을 상징하는 것의 연장선상에 있다. 특히 광주항쟁 재현 영화에서는 5·18 이전과 이후를 대비시키는 구조를 자주 차용하기 때문에 이러한 설정이 두드러진다. 〈박하사탕〉에서 영호의 첫사랑 순임(문소리)이나 〈화려한 휴가〉의 신애(이요원)가 대표적이며, 〈꽃잎〉의 소녀 또한 동궤에 놓이는 인물이기는 하다.

그런데 〈꽃잎〉에서 소녀의 훼손은 다른 영화들에서처럼 희생이나 상

1. 〈꽃잎〉(장선우, 1996)에서 죄의식의 근원이 된 엄마. 엄마는 넘어진 소녀를 데리러 오다 총에 맞아 쓰러지는데 소녀는 죽은 엄마의 손을 뿌리치고 도망친다.
2. 공포와 죄의식 속에서 오빠의 구원을 기다리는 소녀의 내면은 애니메이션으로 처리되었다.

실을 의미하지 않는다. 다시 말해 〈꽃잎〉은 1) '소녀가 희생되었다 → 나는 시민군이 되었다', 또는 2) '첫사랑을 잃었다 → 나는 타락했다'와 같은 식으로 전개되지 않는다. 1)이 영웅의 구조라면 2)는 반反영웅의 구조로, 둘은 광주항쟁 재현 영화에서 구조적 전형을 이루는 짝패다. 1)에는 앞서 논의한 〈부활의 노래〉, 〈화려한 휴가〉, 〈26년〉 등이, 2)에는 〈박하사탕〉을 비롯해 〈황무지〉, 〈포크레인〉(이주형, 2017) 등이 해당한다. 이들 영화에서 여성은 각성이나 회복의 매개 내지 상실된 실재로 의미화된다. 그러나 〈꽃잎〉의 소녀는 그러한 의미에 고착되지 않고 끊임없이 훼손되면서 떠돈다. 그러면서 그녀는 오빠가 백마 타고 나타나 구해주길 기다린다. 그러나 그녀의 오빠는 이미 강제 징집되어 군대에서 죽었다. 따라서 '우리들'이 찾지 않는 이상 그녀가 외상의 늪에서 벗어날 희망은 없다. 그런데 그녀는 실종되었으므로 '우리들'은 그녀의 생사조차

〈꽃잎〉(장선우, 1996)에서 소녀(이정현)를 찾아다니는 '우리들'. 그들은 소녀의 흔적을 추적하지만 이미 절망한 듯 보이며 결국 찾기를 포기한다.

확인할 길이 없다. 영화에서 결국 '우리들'은 '그녀 찾기'를 포기한다. '우리들'이 포기했으므로 그녀는 영원히 실종 상태가 되고 만다.

그래서 이 영화는 불편하다. 소녀를 훼손된 상태로 떠돌게 하는 데 '우리들'을 연루시킴으로써 1980년대 '우리들'의 태도까지 문제 삼고 있기 때문이다. 또 국가의 폭력과 '우리들'이 연루된 시대의 폭력을 소녀의 몸에 겹쳐놓았기 때문에 그러하다. 이 영화가 더욱 문제적인 것은 그 폭력에 영화까지 포함시키고 있다는 점이다. 영화는 소녀를 마음껏 학대했으며 그 고통과 피학을 관객 앞에 전시했다. 그럼으로써 이 영화는 이 영화가 제기하는 1980년대식 폭력과 관음의 공범이 되며 스스로 모순된 시대의 영화로 자리매김된다. 이러한 맥락에서 보면 '장'이라는 인물 작명appellation에서 감독(장선우)을 떠올리게 되는 것은 우연도 비약도 아니라는 생각이 든다. 그래서 〈꽃잎〉은 1980년대의 문제에 철저하게 긴박된 영화다. 그러나 그러기에 〈꽃잎〉은 지금까지 광주항쟁을 재현한 어떤 영화보다 전위적이기도 하다.

소시민의 각성과 광장의 윤리

〈택시운전사〉의 만섭은 시민영웅의 맥락에 놓인 인물이지만 기존의 주인공들과 다르다. 그는 우선 서울 시민이다. 5·18 이전에 노스탤지어가 있었으며 그 이후에 그것을 상실했다고 주장하지 않는다. 정치적 신념이나 이상적 가치를 상정하지도 않는다. 먹고살기 바빠서 정치(민주주의)에 관심이 없으며, 세파에 시달리며 살아가는 (자본주의 도시) 생활인이다. 기회만 된다면 밀린 월세를 내기 위해 다른 택시운전사의 손님을 가로챌 수도 있다. 따라서 그가 광주에 가는 이유는 단지 돈 때문이다. 돈을 벌어야 하는 절박한 이유는 열한 살 먹은 딸을 혼자 힘으로 먹여 살려야 하기 때문이다. 이러한 만섭 역할은 '국민 배우' 송강호가 연기한다. 송강호는 누구인가? 그는 소심한 회사원(《반칙왕》)이자 생활형 조폭(《우아한 세계》)이었고, 아들을 죽인 아비(《사도세자》)이자 이중첩자(《밀정》)이기도 했다. 더구나 무엇보다 그는 '변호사 노무현'(《변호인》)이었다. 많은 관객들은 그의 이름만 보고도 영화를 선택한다. 그가 주인공으로 출연하는 영화를 보러 가는 관객은 이미 공감을 기대하고 준비한다. 주인공과의 심적 거리가 매우 가까운 상태에서 영화 보기를 시작한다는 뜻이다. 영화에서 만섭은 힌츠페터를 싣고 광주에 가지만 관객은 송강호가 연기하는 만섭을 따라 광주에 간다. 그리고 각자 1인칭의 '나', 혹은 '우리'로서 만섭의 눈을 통해 상황을 직접 목격하게 된다. 〈택시운전사〉에서 이 지점은 매우 중요하다. 이 영화를 보고 광주항쟁에 대해 비로소 알게 되었다는 반응은 이러한 '가상체험'과 연관이 있다.

그러한 만섭이 우리와 닮은 인물이라면 그 체험의 절실함은 더 커질 것이다. 여기에서 만섭은 철저한 직업인이다. 그가 데모하는 학생들을 싫어하는 이유는 그들이 '생활'에 충실하지 않기 때문이다. 교통체증을 유발하여 자신의 일을 방해하기 때문이다. 그러면서도 그는 산부인과에 가기 바빠 택시비를 못 챙겨온 젊은 부부를 축복할 줄 알고, 돈 없는 할머니를 차마 지나치지 못해 태워준다. 이러한 면모는 그가 광주에서 만나는 택시운전사들에게서도 발견된다. 광주 택시운전사 황태술(유해진)은 만섭이 힌츠페터에게서 택시비 5만 원을 선불로 받고도 슬그머니 도망치려 했다는 말을 듣고 말한다. "택시가 그러면 안 되고, 사람이 그러면 더욱 안 되지." 이 대사는 이 영화 속 광주 시민의 입장을 대변한다. 만섭이 정치적으로 각성해가는 과정은 그의 직업의식이 광주 시민이 있는 광장과 만나는 과정이다. 그 광장은 인지상정과 상식적 윤리를 요구하는 장이다. 만섭은 순천으로까지 도망갔다가 다시 광주로 돌아오며 "손님을 두고 와서"라고 말한다. 자신이 택시비를 받았으므로 힌츠페터를 공항까지 데려다줘야 한다는 걸 깨닫고, 택시운전사로서 애초에 한 약속을 지키겠다는 것이다. 나아가 그는 금남로의 학살 앞에 망연자실한 힌츠페터에게 외친다. "왜 그러고 있어? 이거 다 찍어야지. 약속했잖아, 알리겠다고. 당신 기자니까 찍어줘."

이 영화에서 인물들에게 중요한 것은 돈이다. 힌츠페터조차 왜 기자가 되었느냐는 물음에 손가락으로 돈 세는 모양을 하여 '돈 벌기 위해서'였다고 답한다. 그런데 돈을 벌기 위해 택한 직업이라 하더라도 지켜야 하는 상도商道가 있다. 그리고 그러한 생활도덕이 불의를 만나면 광장의 윤리로 확장된다. 여기에서 만섭이 광주로 돌아오는 계기가 주먹밥을 통해 이루어졌다는 점도 주목할 만하다. 순천 식당에서 국수를 시킨 만섭에게 주인 아주머니가 주먹밥을 서비스로 주자, 만섭은 광주에 도착했을 때 금남로에서 주먹밥을 건네주었던 젊은 여성이 계엄군에게 폭행을 당해 피를 흘리던 모습을 떠올리게 되고, 이는 만섭이 결정적으로 변화하는 계기로 작용한다. 요컨대 이 영화에서 주인공을 비롯해 관객과 공감대를 형성하는 광장의 인물들을 추동하는 힘은 이념이나 사상이 아니라 사회에서 지속적으로 먹고사는 데 기본적으로 요구되는 '직업윤리'다. 기자는 진상을 알리기 위해 최선을 다하고 택시운전사들은 운전을 통해 불의에 맞선다. 자본주의 사회의 생활인으로서 소시민이 광장에 참여하는 과정, 이것이 영화 〈택시운전사〉다. 그래서 광장에서의 소임이 끝났을 때 만섭은 다시 소시민이 되어 딸이 기다리는 단칸방으로 돌아간다. 기존의 광주항쟁 재현 영화 주인공들이 5·18 이전에 가지고 있던 것들을 그 이후에는 상실한 것과 비교하면 이는 새로운 결말이다.

이러한 결말이 가능했던 것은 이 영화가 광주항쟁을 재현하고는 있지만 광주항쟁에 관한 영화가 아니기 때문이다. 이 영화에서 광주학살의 책임자를 지목하지 않고, 광주항쟁의 사실史實에 대해서는 오히려 모르쇠로 일관하는 듯 보이는 것은 이 때문이다. 이 영화는 '광주항쟁'이라는 "실화를 바탕으로 재구성"된 '2016년 민주화의 광장에 관한 이야기'다. 만섭의 생활고와 그로 인한 정치적 무관심은 IMF사태 이후 먹고사

느라 바빴던 우리들의 모습을 상기시킨다. 그리고 만섭이 각성하는 과정에서 관객(우리)은 한동안 등한시했던 것들이 불현듯 잘못되었음을 깨닫고 광장으로 뛰어나갔던 '우리들'을 겹쳐놓는다. 한편 그의 실천은 우리로 하여금 간접적 참회의 기회를 제공한다. 우리는 2016년 겨울 광장의 경험이 있기에 그 면죄부를 받아 들 수 있다. 그래서 마지막에 만섭이 태운 손님이 "아저씨, 광화문 갑시다!"라고 하는 것은 상징적이다. 이에 만섭이 "광화문이요! 오케이!"라고 화답하는 것은 우리들의 목소리로 공명한다. 눈 내리는 광화문을 부감하는 장면으로 마무리되는 것은 이 영화가 2016년 겨울, 광장의 시민들에 대한 헌사임을 밝히는 직설적 고백일 것이다.

망각의 알리바이와 '우리들'의 참회

그럼 이제 되었는가? '광주항쟁'이 '촛불시민의 승리'라는 해피엔딩으로 마무리되었는가? 〈꽃잎〉의 마지막에 '우리들'은 소녀 찾기를 포기한다. 그리고 3년 후, 〈꽃잎〉에서 소녀를 찾아다니던 '우리들'의 대표 설경구는 〈박하사탕〉에서 광주학살의 가해자로 등장하여 깊은 죄의식을 드러낸다. 그런데 그 뒤로 광주 문제는 더 심화되지 못했다. '광주사태'가 '광주항쟁'이 되고, 다시 '광주민주화운동'으로 명칭이 바뀌었으니 그 문제는 끝났다고 미루어두고 '우리들'은 잃어버린 소녀에게 관심을 두지 않았다. 그래서 2000년대 광주항쟁 관련 영화들은 영혼 없이 부르는 '광주민주화운동'이라는 이름만큼이나 피상적이고 상투적이다. 그렇다면

270

광주항쟁이 현재진행형임을 증언하는 다큐멘터리 〈오월愛〉(김태일, 2011)의 한 장면.

"천만 관객이 본 5·18 영화", "촛불의 승리 이후의 영화" 〈택시운전사〉
는 이러한 혐의로부터 자유로운가?

이 영화는 1980년 광주를 통해 2016년 광장을 이야기하며 1980년 광
주항쟁과 2016년 촛불시위의 의미를 역사적으로 연결해주고 있다고도
할 수 있을 것이다. 광주학살의 책임자 이름을 드러내지 않은 것은 광
주의 의미를 현재로 확장하기 위해서라고 말할 수도 있을 것이다. 1980
년 광주에는 존재하지 않았던 정체불명의 사복형사들이 택시를 추격하
는 설정 또한 현재의 관점에서는 오히려 실감나는 것이라고 해명할 수
도 있을 것이다. 그러나 유감스럽게도 그러한 합리화는 불가능하다. 당
시 실제 상황을 담아낸 사진과 영상 자료에 충실하게 학살의 책임자를
노출하고 사복형사를 군인으로 설정한다 해도 이 영화가 말하고자 하는
현재적 의미가 퇴색하지 않으며 스릴이나 서스펜스와 같은 효과 또한
감소하지 않을 것이다. 따라서 이 영화는 그것을 지우고 기피하는 선택

을 했다고밖에 볼 수 없다.

무언가를 부정하고 기피하는 행위에는 그것을 불편해하는 심리가 깔려 있다. 다시 말해 이 영화에서 인물들이 '몰랐다'고 주장하고 관객이 거기에 공감하는 것은, 사실은 이미 알고 있었기에 '알았다'는 것을 불편해하고 있음을 드러낸다. 그리고 이러한 불편함을 바탕으로 사실의 결락을 묵인하고 진실과의 대면을 회피한 채 최근 광장의 승리로 비약하는 데 영화와 관객이 공모한다. 이로써 2016년 겨울 '우리들'이 촛불을 든 것은 그동안 광주의 비극을 잊고 있었던 것에 대한 소급적 알리바이가 된다. 그런데 여기에서 함정은 광주의 비극이 현재의 승리로 쉽게 환치되며 해결된 것으로 간주되어 다시 방치될 수 있다는 점이다.

5·18은 아직 배경으로만 끌어다 쓸 수 있는 사건이 아니며, 다른 것을 이야기하는 매개로만 간주될 수 있는 역사가 아니다. ('연세대의 선동열 스카우트'라는 허구를 외피 삼아 5·18을 에둘러 진실한 사랑을 그렸던 〈스카우트〉가 그 참신함에도 불구하고 주목받지 못했던 데에는 이러한 이유가 있었다.) 광주항쟁에 참여했던 시민들의 30년 후를 다룬 다큐멘터리 〈오월愛〉(김태일, 2011)가 증언하듯 광주의 비극은 여전히 현재진행형이다. 그러나 가해자들은 언제나 '그것은 지나간 일'이라고 말하며 미래를 논하자고 한다. 우리의 근현대사는 이러한 가해자의 논리에 길들여져 있다. 그래서 한국영화에서는 식민지부터 이념과 분단에 이르기까지 해결되지 않은 문제를 다룰 때 우리 모두가 피해자임을 내세우며 가해자를 추상화하곤 한다. 그러나 가해자에 대한 규명과 가해자의 합당한 사죄 없이 문제는 결코 해결되지 않는다는 것을 우리는 지난 역사를 통해 충분히 경험했다. 해결되지 않은 과거를 바탕으로 현재와 미래를 논했을 때 미래로 나아갈 수 있

었는가? 가해자와의 대면을 회피하며 과거와 현재를 역사적으로 연결하는 것은 언제나 허상이었다. '광화문'이라는 현재의 광장으로 서둘러 옮겨오며 1980년의 광장에 대해서는 무구함을 강조하는 데에는 그러한 허상을 승인하는 자기기만이 들어 있다. 이러한 허위에 안주하는 한 '우리들'도 방조의 혐의로부터 자유로울 수 없다.

3장

6월 민주항쟁

〈변호인〉(2013)에서 〈1987〉(2017)까지

'6월 민주항쟁' 이후

'6월항쟁六月抗爭'은 다음과 같이 요약된다.

1987년 6월 10일부터 6월 29일까지 대한민국에서 전국적으로 벌어진 반독재, 민주화 운동으로 6월 민주항쟁, 6·10 민주항쟁, 6월 민주화운동, 6월 민중항쟁 등으로 불리기도 합니다.

4·13 호헌 조치와, 박종철 고문 치사 사건 그리고 이한열이 시위 도중 최루탄에 맞아 사망한 사건 등이 도화선이 되어 6월 10일 이후 전국적인 시위가 발생하였고, 이에 6월 29일 노태우의 수습안 발표로 대통령 직선제로의 개헌이 이루어졌습니다.

이후 1987년 12월 16일 새 헌법에 따른 대통령 선거가 치러졌고 6월 항쟁은 대한민국의 민주화에 큰 영향을 주었으며, 사회운동이 비약적으로 상승하는 효과를 가져왔습니다.[81]

6월 민주항쟁 이후 대통령 직선제 개헌이 이루어지고 1987년 12월 16일에 대통령 선거가 치러졌다. 그러나 노태우가 선거에서 승리함으로써 군부정권이 계속 집권하게 되어 많은 국민을 실망시켰다. 그리고 분단체제 아래 오랫동안 국민을 지배해온 그들의 습성에 따라 민주화를 막고 역사적 흐름을 퇴행시키려는 시도는 계속되었다. 그럼에도 6월 민주항쟁이 결정적 계기가 되어 사회 전반에 걸친 민주화는 역행할 수 없는 흐름을 형성했고 그것이 현재에 이르렀다.

한국영화사에서도 1987년을 기점으로 시대 구분을 할 정도로 1987년은 한국영화의 패러다임이 바뀌는 해이기도 하다. 1980년대 말부터 등장하는 '코리안 뉴웨이브' 영화들은 민주화의 흐름 위에서 이전에는 불가능했던 소재를 취하고 새로운 상상력을 표현했다. 그러나 현대사의 항쟁을 직접적으로 표현하는 것은 여전히 어려운 일이었다. 이는 앞서 살폈던 '광주항쟁' 재현의 역사가 잘 보여준다.

분단체제 아래 역사에서 지워졌던 민주화운동이 본격적으로 재조명되기 시작한 것은 21세기 들어서다. 대표적인 예가 2000년도에 '제주 4·3특별법' 제정으로 '제주4·3'에 대한 정부 차원에서의 진상조사가 시작된 일이다. 이에 2003년에 채택된 『제주 4·3사건 진상조사 보고서』에서는 '제주4·3'에 대해 "1947년 3월 1일을 기점으로 1948년 발생한 소요 사태와 1954년 9월 21일까지 제주도에서 발생한 무력충돌·진압과정에서 주민들이 희생당한 사건"[82]이라고 정의하게 되었다. '4·3사건이라는 명칭은 역사적 평가 면에서 여전히 모호하게 처리되고 있음을 드러내지만, 공권력에 의해 주민들이 무고하게 희생된 반민주적 사건이었다는 점은 공식적으로 인정된 셈이다. 1997년에 4·3사건을 다룬 다큐멘터리 〈레드 헌트〉(조성봉, 1997)가 '이적표현물'로 규정되고 제2회 인권영화제에서 정부의 허락 없이 상영했다는 이유로 관련자들이 구속되었던 일을 상기하면 국가 차원에서 이루어진 이러한 인정이 얼마나 큰 변화인지 가늠할 수 있다.

과거에 4·3사건을 다룬 영화가 없었던 것은 아니다. 1970년대에 4·3사건 때 오빠를 죽인 해녀의 사연을 담은 극영화가 있기는 했다. 황순원의 단편소설 「비바리」를 원작으로 하는 〈갈매기의 꿈〉(최하원, 1974)이 그것이다. 이 영화는 황순원 원작의 문예영화인 데다 당시에 주목받지 못해서 알려지지 않았으나 지금 보면 희귀한 영화다. 이 영화는 원작이 역사의 수난 속에서도 질기게 살아남은 비바리의 생명력을 이야기하는 것과 달리 당시 제주도 개발 문제에 초점을 맞춘다. 그리고 원작의 결말과 다르게 비바리를 죽음에 이르게 한다. 이는 4·3의 비극을 재현하는 것에 대한 부담감이 은연중에 드러난 것으로 보인다.

4·3사건이 극영화에서 전격적으로 재현되는 시기는 2005년이다. 〈끝나지 않은 세월〉(김경률, 2005)은 영어 제목이 '4·3 Story'로, 2003년 가을 동시대를 살아가는 두 노인이 『제주 4·3사건 진상조사 보고서』에 대한 뉴스를 들으며 과거를 회상하는 형식으로 전개된다. 〈끝나지 않은 세월〉이 나온 지 7년 만에 '끝나지 않은 세월 2'라는 부제를 달고 나온 〈지슬: 끝나지 않은 세월 2〉(오멸, 2013 / 이하 〈지슬〉)는 회상 장치 없이 남한 단독

1. 〈갈매기의 꿈〉(최하원, 1974)에서 윤소라가 연기한 비바리. 비바리는 4·3때 입산했다가 병들어 내려온 오빠를 죽이고 살아남아 동네 사람들로부터 따돌림을 당하며 살아간다. 원작에서는 주인공 준이 요양 차 제주도에 머물던 중 그녀와 사랑에 빠져 그녀를 임신시키고 떠나는 것으로 되어 있다. 그런데 영화에서는 마을의 숙원 사업이었던 방파제가 완성되던 날 폭풍우로 무너지자 그 액운이 비바리에서 비롯되었다는 비난이 들끓고 결국 비바리는 자살에 이른다.
2. 〈서편제〉(임권택, 1993)의 후편에 해당하는 〈천년학〉(임권택, 2007)에서 소화(오정해)가 4·3때 부모를 잃은 고아로 설정된다. 고향 제주에 내려간 소화를 동호(조재현)가 찾아가 소화와 제주도를 거닐며, 4·3의 사연을 듣는다.

정부 수립 이후 민간인 학살이 자행되기 시작하는 1948년 11월 당시를 재현한다. 〈지슬〉은 도민들 내부의 민심과 무장대 내부의 부조리를 함께 보여주면서 균형 잡힌 시각을 견지했으며 재현 기법 면에서도 독창적인 영화로 호평받았다. 이 시기에 생존자의 증언을 중심으로 구성된 다큐 멘터리인 〈비념〉(임흥순, 2013), 〈오사카에서 온 편지〉(양정환, 2017) 같은 작품이 제작되기도 했다.

4·3사건을 본격적으로 다룬 극영화 〈끝나지 않은 세월〉과 〈지슬〉은 모두 독립영화 또는 다양성영화로 불린 저예산영화로 제작되었다. 지금 까지 상업영화에서 4·3사건을 전격적으로 다룬 예는 없다. 다만 〈서편 제〉(임권택, 1993)의 후편에 해당하는 〈천년학〉(임권택, 2007)에서 4·3사건 이 송화의 과거로 언급되기는 한다. 송화(오정해)는 민간인 학살 희생자

〈끝나지 않은 세월〉(김경률, 2005)
에서는 노인이 된 피해자들의 회고
를 통해 4·3사건이 재현된다.

〈지슬: 끝나지 않은 세월 2〉(오멸,
2013)는 회고가 아닌 당대 시점에
서 4·3사건을 다룬 영화다. 소재
가 문제적이었을 뿐만 아니라 재현
관점과 기법이 독특하여 선댄스 영
화제에서 심사위원 대상을 받는 등
국제적으로도 큰 관심을 받았다.

의 딸로 설정되어 있다. 또 4·3사건이 직접적으로 재현되지는 않고, 제
주도의 오름을 배경으로 송화와 동호(조재현)가 함께 걷는 가운데 송화
를 통해 구술된다.

4·19가 영화에서 재현된 것도 21세기 들어서다. 4·19라는 역사적 사
건 자체를 극영화에서 재현한 경우가 20세기에는 없었다. 그러다가
2004년에 개봉한 영화 〈효자동 이발사〉(임찬상)에서 주인공의 인생에 주
요한 계기가 되는 사건으로 4·19가 등장한다. 이 영화에서 이발사 성한
모(송강호)는 1960년 4월 19일 산기를 느낀 아내를 리어카에 싣고 시위
현장을 뚫고 조산소로 달려가 아들 낙안을 얻는다. 그런데 이듬해 5월
16일 그는 돌쟁이 낙안을 안고 집 앞을 거닐던 중 탱크 타고 청와대로

4·19는 〈효자동 이발사〉(임찬상, 2004)에 와서야 그나마 정면으로 재현되었다.
1. 주인공 성한모(송강호)가 학생들의 시위 현장을 뚫고 조산소로 아내(문소리)를 옮기는 장면.
2. 이듬해 봄, 성한모는 돌쟁이 아들을 안고 집 앞에 나와 있다가 청와대가 어디냐고 묻는 탱크 탄 군인을 만난다.

가는 군인을 만난다. 이 장면은 4·19가 영화에서 재현될 수 없었던 이유를 함축적으로 말해준다. 1960년대는 영화의 전성시대였다. 그럼에도 4·19 이후 1년 만에 5·16 쿠데타가 발발하고 그 결과 군부가 장기 집권하면서 시민혁명으로서 4·19는 영화로 제작될 기회를 잃어버린 것이다. 이는 〈하류인생〉(임권택, 2004)에서도 확인할 수 있다. 비중이 적기는 하나 이 영화에서도 4·19가 잠시 등장한다. 그런데 4·19는 혼란을 강조하는 신문기사만으로 처리되고 곧바로 5·16 쿠데타 이후 정치깡패 사형이 이어진다. 이 영화에서도 4·19가 5·16 쿠데타에 의해 금세 덮여버리는 것이다.

〈하류인생〉(임권택, 2004)에 재현된 4·19와 5·16쿠데타. 이 영화에서 4·19는 신문기사를 통해 거리의 혼란으로 제시된다. 그리고 5·16쿠데타는 정치깡패의 조리돌림으로 표상된다.

〈변호인〉의 징후

4·3사건이나 4·19에 비하면 6월 민주항쟁은 가까운 과거였고, 그만큼 현재형이었다. 따라서 6월 민주항쟁 이후 민주화의 흐름 속에서 많은 변화가 일어났지만 6월 민주항쟁 자체가 역사적 사건으로 재현되지는 않았다. 6월 민주항쟁이 극영화에 처음 등장한 것은 〈변호인〉(양우석, 2013)에서다. 〈변호인〉은 1980년대 초 부산에서 돈벌이에 몰두하던 한 변호사가 우연히 용공 조작 사건의 변론을 맡으면서 인권변호사로 거듭나는 이야기다. 이 영화는 1981년 신군부 정권이 벌인 대표적인 용공 조작 사건인 '부림釜林 사건'을 재현했다는 점과 실제로 이 사건의 변론을

〈변호인〉(양우석, 2013)의 마지막 시퀀스.
1. 송우석 변호사(송강호)가 박종철 추모집회를 주도하다 체포된다. 이 장면은 송우석 변호사의 실제 모델이 노무현 전 대통령임을 관객에게 결정적으로 각인시켰다.
2. 송우석의 재판이 시작되어 판사가 변론을 맡은 변호사를 호명하자 법정을 채운 대부분의 사람들이 송우석의 변호인임이 드러나며 영화가 끝난다.

담당했던 노무현 전 대통령을 모델로 했다는 점에서 화제가 되었다. 고전적인 영화 문법에 충실한 서사 구성과 적재적소에 배치된 배우들의 호연, 그리고 '국민 배우' 송강호가 주인공을 연기한 점 또한 한몫하며 이 영화는 천만 관객을 동원했다. 이는 당시 대중 감성에 저류하는 어떤 바람이자 징후로 읽히는 면이 있었는데, 이 영화의 마지막 장면 때문에 더욱 그러했다.

1987년 2월 주인공 송우석 변호사(송강호)는 박종철 열사 추도회를 주도하며 고문치사를 자행한 정권에 항의하다 체포되어 기소된다. 법정에 피고인으로 선 송우석의 재판을 시작하며 판사가 변론을 맡은 변호사를 호명한다. 호명과 대답이 계속되는 가운데 법정을 채운 사람들이 거의 송우석의 변호사임이 드러나고, "이날 법정에는 부산 지역 변호사 142명 중 99명이 출석했다"라는 자막이 뜬다. 이로써 이 영화는 사실감을

1987년 6월 민주항쟁의 기폭제가 되었던 박종철 추모집회.

6·29선언을 이끌어내는 데 결정적 계기가 되었던 이한열의 죽음에 항의하는 집회.

극대화하면서 훌쩍 현실로 넘어온다. 송우석은 바로 노무현이 되고 '변호인'이라는 제목이 한 사람을 가리키는 게 아닌 것으로 확장되며 민주주의에 대한 관객의 열망을 환기시킨다.

그리고 3년 후 겨울, 촛불혁명이 일어났고 그 이듬해인 2017년 겨울에 〈1987〉(장준환, 2017)이 개봉했다. 이 영화는 박종철의 죽음에서 이한열의 죽음까지 6월 민주항쟁의 과정을 전격적으로 다룬 첫 영화다. 이 영화가 개봉한 2017년은 6월 민주항쟁 30주년이 되는 해인 데다 촛불혁명으로 새 정권이 창출된 해였으므로 6월 민주항쟁 관련 영화의 개봉이 여러모로 시의적절한 해이기도 했다. 그런데 되짚어보면 〈변호인〉의 마지막 시퀀스는 송우석이 1987년 6월 민주항쟁의 기폭제가 된 박종철 추모집회를 주도하다 체포되는 내용이다. 그리고 〈1987〉은 박종철이 남영

동 대공분실에서 고문으로 사망하면서 시작한다. 이렇게 보면 〈변호인〉
은 〈1987〉의 전편이라고 해도 과언이 아니다.

'역사성과 대중성'이라는 해묵은 화두

〈1987〉은 1987년 1월부터 6월까지 전두환 독재정권과 싸웠던 기억을
30년 만에 재현한 영화다. 대한민국이 2016년 광장을 경험한 직후에 나
온 영화여서 이 영화에 대한 각계의 관심은 각별했다. "6월 민주항쟁의
완성은 촛불항쟁"이라는 말과 함께 문재인 대통령까지 영화를 관람하면
서, 〈1987〉은 〈택시운전사〉에 이어 장기 흥행한 2017년의 '정치적 역사
영화'가 되었다. 그러다 보니 이 영화를 대하는 관객의 기대와 반응은 다
양했다. 정치적 입장, 세대, 개인의 경험 등에 따라 〈1987〉을 바라보는
시각과 심정이 각양각색일 수밖에 없기 때문이다. 이를 예상하고 대응한
듯 〈1987〉에서는 사실의 재현, 극적 요소의 첨가, 스타의 활용 등에서 주
의 깊은 균형 감각이 발휘된다. 관람객 평점이 9점을 넘기고 기자·평론
가 평점도 8점을 상회하는 것은 이 영화가 지닌 적실한 시의성과 치밀한
짜임새, 이를 통해 성취한 폭넓은 공감대에 대한 화답일 것이다.

그럼에도 이 영화에 대한 기대가 워낙 컸던 탓인지 한편에서는 비판
의 목소리도 있었다. 애초에 '비호감'이었던 대중은 차치하고라도, 1987
년 광장의 주역이었고 이 영화에 가장 관심이 컸다고 할 수 있는 386세
대도 만족스러워하지만은 않았다. 그들 대부분은 2016년 광장에도 참
여했던 시민들로 자신들의 젊은 날이 영화화되었다는 데 감동했고 이

런 '정치영화'가 편안하게 개봉될 수 있는 현실에 안도했다. 그러면서도 1987년 12월 대통령 선거 결과를 아프게 기억하고 있기에 이 영화가 감상적이라고 비판하고 희망적 국면으로 마무리되는 데 불만을 표시했다. 한편 젊은 세대는 사회에서 기득권을 지닌 386세대가 자신들의 시대를 자축한다며 곱지 않은 시선을 보내는 경우도 적지 않았다. 이러한 반응에는 1987년의 광장과 2016년의 광장을 역사적으로 연결시키며 〈1987〉을 현재의 정치 상황과 겹쳐놓고 바라보는 관점이 깔려 있다.

여기에서 영화의 역사성과 대중성에 대한 해묵은 질문이 새삼 제기된다. 이 영화에는 약 145억 원이 투자되었고 15세 관람가로 개봉했다. 손익분기점을 넘기려면 청소년부터 어르신까지 취향을 두루 충족시켜 400만 이상을 동원해야 한다는 뜻이다. 폭넓은 관객을 수용하기 위해서는 기존 영화에서 성공을 거듭해온 관습적 요소를 활용하기 위해 사실성을 희생할 수도 있다. 〈1987〉과 함께 2017년의 영화로는 〈군함도〉(류승완)와 〈택시운전사〉가 그러한 선택을 보여준 대표적인 예일 것이다. 그런데 〈군함도〉는 역사의식 논란에 휘말려 흥행이 저지된 데 반해, 〈택시운전사〉는 사실성의 희생이 사소한 일로 용납되며 '천만 영화'가 되었다. 이러한 현상에서 일정한 규칙을 발견하기는 어렵다. 그것은 역동적인 시의성의 문제이기 때문이다. 그러나 그렇다고 어차피 도긴개긴, 복불복이려니 하며 손 놓고 바라볼 수만도 없는 문제이기도 하다.

영화제작비가 올라가면서 대중성과의 조응 문제가 영화에서 더 중요해지고 있고, 성공한 관습 안에서 움직이려는 경향 또한 강해지고 있다. 민주화가 진전되며 영화 재현에 대한 반응과 평가에서 계급과 세대는 물론 각자의 트라우마, 정치적 견해, 현재의 소망 등이 착종되어 나타나

1987년 6월 민주항쟁 당시 시청 광장 사진을 배경으로 한 영화 〈1987〉(장준환, 2017)의 포스터.

는 개인의 현시가 두드러지고 있다. 이러한 상황에서 역사성과 대중성은 어떻게 배치되고 작동하는가? 2017년에 쏟아져 나온 역사영화들은 이러한 질문을 계속해서 불러일으켰다. 그리고 연말에 개봉한 〈1987〉이 그 질문들의 집열판이 되어 일단 해답을 내놓은 것처럼 보인다.

혁명드라마, 그 이상의 서브플롯

〈1987〉은 사건, 장르, 코드가 정교하게 직조된 영화다. 사건은 1987년 1월 박종철 열사의 사인이 세상에 알려지는 것에서 시작하여, 같은 해 6월 국민의 저항이 거세지자 정권이 최루탄을 직사해서 이한열이 쓰러지기까지로 구성된다. 그리고 이 사건들을 풀어내는 과정에는 스릴러, 다큐멘터리, 멜로드라마가 결합되어 있다. 우선 박종철 죽음의 진상을 은폐·조작하려는 측과 캐내서 알리려는 측이 맞서는 전반부에서는 스릴러 문법이 기조를 이룬다. 기본적으로 범죄자들과 탐정들이 겨루는 형국인데, 범죄자는 '청와대'를 정점이자 배후에 두고 '안기부', '남영동'

순으로 위계를 이루는 집단으로 나타난다. 이에 비해, 탐정 역할을 하는 기자, 운동가, 종교인을 비롯해 탐정 편에서 증언자로 일조하는 인물들인 의사, 검사, 유족 등은 각자의 위치에서 제 역할을 하는 개인들로 나열된다. 그들의 행동은 역사의 한 장면을 이루며 바통 터치하듯 배치되어 거대한 그림의 퍼즐 조각이 된다. 인물이 등장할 때마다 실명과 직책이 타이프 소리와 함께 화면에 각인되는데, 이는 다큐멘터리를 방불케 하며 역사적 사실에 대한 실감을 불러일으킨다.

　박종철의 죽음을 알리는 데 '비둘기' 역할을 하는 87학번 연희(김태리)를 매개로 이한열(강동원)이 등장하면서 영화는 후반부로 넘어간다. 이때 1987년 항쟁 주체인 대학생이 화면에 등장한다. 이 부분부터 젊은이의 고민과 로맨스를 골조로 하는 청춘물과, 악의 축이 무너져가는 파국이 교직되며 영화의 리듬에 완급이 뚜렷해진다. 시대 분위기를 환기하는 음악, 패션, 어투 등이 보다 관습적으로 활용되고, 정서적 공감을 유도하는 멜로드라마 문법이 전면화된다. 그러다 이한열의 죽음을 계기로 이 영화가 구축해온 이야기의 겹들이 6월의 함성으로 수렴된다. 마지막에 두 청년의 죽음이 시민의 항쟁으로 이어지는 비계飛階가 놓이면서 〈1987〉은 멜로드라마의 기원을 상기시키는 혁명드라마가 된다.

　여기까지가 이 영화에 대한 개괄적인 구조 분석이다. 그런데 이것만으로는 무언가 석연치가 않다. 다 말하는 순간, 다 못한 이야기들, 분석사이로 빠져나간 잉여들이 눈앞에 어른거린다. 이 영화를 수많은 혁명주체들이 일구어낸 승리의 서사로 읽어내는 순간, 박 처장(김윤석)의 참혹한 가족사, 박 처장과 조한경(박희순)의 숨 막히는 격돌, 심심치 않게 카메라가 멈추었던 전두환의 사진, 그리고 실제 발표 시기와 상관없이 삽입된 유재하의 음악 등이 매직아이처럼 떠오른다. 이 잉여 아닌 잉여들을 어떻게 읽어낼 수 있을까? 우선 이 영화를 보고 나서 기억에 가장 오롯이 남는 인물이 박 처장이며, 실제로 이 영화에서 서사를 추동하는 가장 강력한 인물 또한 박 처장이라는 데 유의할 필요가 있다. 아울러 그는 장준환 감독의 전작인 〈화이: 괴물을 삼킨 아이〉(2013)에서 유괴한 아이를 양자로 키우고 그 아이로 하여금 친부를 살해하게 만든 석태(김윤석) 캐릭터와 겹치는 면이 크다는 점에서 감독의 복심으로 읽히기도 한다. 박 처장을 시작점으로 하여 이 영화를 읽으면 혁명서사에서 미처 포용하지 못하는 잉여들이 제자리를 찾고 보다 흥미로운 그림이 떠오른다.

실질적 주인공 '박 처장'과 폭력의 생리

박 처장은 평남 용강 출신으로 한국전쟁 때 월남한 인물이다. 그는 치안본부 대공수사처 치안감으로 남영동 대공분실의 책임자다. 그는 자신의 스토리를 가지고 있는데, 지주였던 아버지가 양아들처럼 키웠던 머슴이 공산주의자가 되어 아버지를 비롯한 가족을 학살했고, 당시 고등학생이던 자신은 대청마루 밑에 숨어서 그 광경을 모두 지켜봤다는 것이다. 이러한 스토리는 그가 공산주의자를 잔혹하게 대하는 이유이자 격멸해야 하는 명분이 된다. 그리고 '자신의 복수를 막는 자는 모두 빨갱이'라는 단순 논리로 비약한다. 이러한 억설億說이 가능했던 것은 분단 상황을 강조해 국가를 '예외상태'로 둠으로써 권력을 유지하려는 독재

정권이 그러한 복수심을 부추기며 '애국'으로 치환해주었기 때문이다. 박 처장은 청와대-안기부-남영동이라는 라인을 통해 승승장구하며 치안본부의 실세로 군림한다. 치안본부장은 물론이고 장관들까지 그 앞에서는 주눅이 든다. 그런데 이 골리앗과 같은 완강한 인물이 무너진다. 이 영화는 치명적인 악인 박 처장이 무너지며, 그의 실체가 밝혀지는 과정이라고 해도 과언이 아니다.

　그런데 그를 무너뜨리는 것은 다윗과 같은 한 명의 영웅이 아니다. 용감하고 양심적인 사람들만도 아니다. 물론 해직 기자 이부영(김의성), 기획자 김정남(설경구), 함세웅 신부(이화룡), 교도관 한병용(유해진) 같은 민주화운동 세력이 있다. 그런데 이 영화에서 사건 해결의 결정적 단서를 제공하는 사람은 그들이 아니다. 우선 시신 보존 명령을 내려 박종철 고문치사를 알리는 시발점이 된 최 검사(하정우)는 결코 선한 인물이 아니다. 안기부장(문성근)과 박 처장이 마시는 술병에서, 그들과 동일한 술을 마시는 화면으로 전환되며 최 검사가 등장하는 것은 그가 권력의 하수인임을 암시한다. 박 처장이 부검 명령서를 찢어버리자 미국 기자와 88 올림픽을 들이대며 박 처장을 설복시키는 장면도 그가 권력의 생리를 꿰고 있는 인물임을 말해준다. 그러한 그가 상부의 명령에 불복하는 이유는 세 가지다. 첫째는 대공처가 검찰을 마음대로 하려고 하는 데 자존심이 상했기 때문이고, 둘째는 부천서 성고문 사건 때 진상 은폐에 동조했다가 검찰이 '독박을 썼기' 때문이다. 마지막으로 서울대생이 죽었는데 여덟 시간도 안 되어 화장을 한다는 사실이 꺼림칙했던 것도 한 이유다. 요컨대 그가 대공처의 행보에 딴지를 거는 것은 검사라는 자존심에서 비롯된 행동으로 철저한 엘리트주의의 소치다. 최 검사가 업무 시간에도 노상 술을 마시고 누구에게나 반말을 일삼아도 될 만큼 검찰 조직은 호형호제로 돌아간다. 박종철의 고문치사를 기자에게 처음으로 흘리는 이 검사(서현우) 또한 최 검사의 직속 후배로서 대공처에 버릇을 가르치기 위한 일에 담합할 뿐이다. 여기에서 최 검사의 행동은 '권력의 개들'인 대공처와 검찰 간에 이미 균열이 생긴 데에서 비롯되었음을 드러낸다.

윤 기자는 특종을 잡고 사실을 알려야 한다는 직업의식으로 박종철 고문치사 진상 규명에 매달린다. 박종철의 시신을 처음 확인한 의사 오연상(이현균), 부검의 황적준(김승훈) 또한 증거가 너무 확실해서 의사로서는 거짓을 말할 수 없었기에 진실을 말한다. 그들에게 요구된 것은 침묵이 아니라 위증이었기 때문이다. 교도소의 보안을 맡은 안 계장(최광일)은 대공 형사들의 무법한 행동을 묵과할 수 없어서 민주화운동 세력에 협력한다. 그는 '가두고 지키는 것'에 충실한 교도관이었지만 그가 지키려는 원칙을 대공 형사들이 무너뜨리자 고문 경관 명단을 세상에 알린다. 이들은 모두 자신의 직업에 충실했다는 점, 혹은 자신이 몸담은 조직을 지키려 했다는 점에서 최 검사와 동궤를 이룬다. 이와 같이 최소한의 자존심 내지 직업윤리를 지키고자 했을 때 반독재 민주화운동에 협력하게 되었다는 것은 정권의 만행이 이미 도를 넘어섰음을 암시한다.

그리고 그것은 폭력적 권력 내부가 무너지는 데에서 직접적으로 드러난다. 스릴러에서 멜로드라마로 기조가 바뀌며 연희가 등장하는 후반부에서는 고문치사의 모든 죄를 뒤집어쓰고 수감된 고문 경관들과 정권 간의 갈등이 대두하며, 폭력적 권력이 유지되는 생리를 적나라하게 보여준다. 박 처장의 충직한 부하인 조한경은 자신이 '꼬리 자르기'의 희

〈1987〉의 실질적 주인공 박 처장(김윤석). '애국심'으로 고
문을 자행하는 박 처장은 〈변호인〉(양우석, 2013)의 차동영
경감(곽도원)과 겹친다.

생양이 되었다는 사실을 눈치채면서 애국이라는 명분으로 저질러온 잔
혹한 행동에 회의를 품는다. 이에 그가 박 처장에게 반발하자 박 처장은
자신이 당했던 고통을 그에게 맛보게 해주겠다고 협박한다. 그는 박 처
장과 온갖 만행을 함께해왔기 때문에 그 말의 의미를 더 잘 알아듣고 굴
복한다. 이는 자신의 피학에 매몰된 이가 어떻게 가해자가 되는지, 피해
자가 왜 폭력을 수용할 수밖에 없는지를 보여줌으로써 피학이 가학으
로 전승되는 폭력의 연쇄고리를 드러낸다. 폭력의 두려움을 맛본 이는
두려움을 떨쳐내기 위해 폭력을 행사한다. 괴물이 되어야 괴물이 무섭
지 않기 때문이다. '애국'이라고 자위하며 쉬지 않고 미친 듯이 폭력에
몰입해야 두려움을 견딜 수 있는 것이다. 그래서 생각을 하거나 의심하
면 그들은 무너진다. 그들이 생각하고 의심하는 것을 방지하기 위해 상
관은 무조건 약속을 지켜 부하들로 하여금 믿고 따르게 한다. 여기에 동
원되는 명분은 의리와 충성이다. 의리는 부하가 잡혀가자 박 처장이 물

붐 가리지 않고 뛰어가는 것으로, 충성은 부하들이 한결같이 사용하는 표현 "받들겠습니다!"로 상징된다. 그런데 상관이 부하를 지켜주지 못하여 의리-충성에 균열이 발생하자 바로 그들 관계의 민낯이 드러난다. 박 처장이 상부의 명령에 따라 부하를 잘라내고 부하가 반발하자 협박으로 굴복시키는 방식은 '청와대-안기부장-박 처장'으로 이어지는 관계에서도 마찬가지로 나타난다. 박 처장이 고문치사의 책임을 지고 잘려 나갈 때 박 처장이 사진 속 전두환을 노려보는 가운데 두 얼굴이 오버랩되는 것은 박 처장 권력의 본질, 즉 전두환의 개였던 박 처장의 실체를 폭로한다.

변혁의 원동력, 청년 감성

영화에서 박 처장과 가장 먼 대척을 이루는 인물은 '박종철-이한열-연희'로 이어지는 청년들이다. 후반부에서는 박 처장을 위시한 대공 형사 조직 내부가 드러나면서 한병용이 고문당하는 과정, 박 처장의 가족사, 박종철의 최후, 이한열이 쓰러지는 장면이 길게 처리된다. 이에 대해서는 전반부의 사실감을 깨는 과잉이라며 비판이 집중되기도 했다. 그런데 들여다보면 후반부에서는 박 처장으로 대표되는 폭압적 권력과 청년들의 순수를 선명하게 대비시키는 데 이 영화의 의도가 있음을 알 수 있다.

코스타가브라스^{Costa-Gavras}의 〈계엄령〉(1973)에서 필리프 산토레(이브 몽탕)는 남아메리카 독재정권을 배후조종하는 미국 정보부 거물인데 반정부 세력에 의해 납치된다. 그는 납치되어 이송되면서 복면을 쓴 반군 젊은이에게 묻는다. 무엇을 위해 이렇게 목숨을 걸고 싸우느냐고. 그러자 젊은이는 대답한다. "나약함을 위해서"라고. 나약함은 순하고 부드러워서 약한 것을 가리키고, 그래서 쉽게 무너지고 흔들릴 수 있는 것이다. 일반적으로 나약함은 강인함과 대비되어 부정적인 의미로 받아들여진다. 특히 개발독재기 남성 중심 사회에서 나약함은 악덕 중의 악덕이었다. 더구나 '예외상태'가 강조되는 분단국가에서는 순해서 무너지는 것은 물론이고 이분법 이외의 것을 상상하며 흔들리는 것 역시 허용되지 않았다. 박 처장이 조한경의 머리를 발로 짓누르며 "애국자야, 월북자야?"라고 다그치자 조한경이 어쩔 수 없이 '애국자'를 선택하는 것은 그것을 잘 보여준다. 그리고 이는 〈화이〉에서 아비 석태가 아들 화이에게 괴물이 두려우면 괴물이 되라고 다그치는 행위의 국가 버전이다.

〈1987〉에서 연희는 물론이고 박종철과 이한열이 가지는 이미지는 〈계엄령〉에서 젊은이가 말한 '나약함'을 연상시킨다. 그들은 신념에 찬 투사가 아니다. 그들은 착하고 여린 청년들일 뿐이다. 선배의 행방을 말하지 않고 고문 끝에 숨질 때 박종철(여진구)의 입에서 나온 마지막 한마디는 "엄마"다. 영화를 보여주겠다고 동아리로 초청하여 광주항쟁 다큐멘터리를 보여준 이한열에게 연희가 왜들 그렇게 잘났느냐, 가족들 생각은 안 하느냐며 항의하자 이한열의 입에서 나온 말은 "마음이 아파서"다. 임금투쟁을 하다 화병으로 돌아가신 아버지를 생각하며 "그날 같은 건 오지 않는다"라고 말하던 연희가 마지막에 거리에 나서는 것은 연희가 신발도 없이 혼자 버려졌을 때 운동화를 사들고 먼 길을 와주었던 해맑고 따뜻한 선배가 최루탄에 맞아 사경을 헤매기 때문이다. 여기서 청년들을 통해 드러나는 정서는 '슬픔과 공감'으로 박 처장이 지닌 '분노에 찬 가학성'과 대비된다.

이러한 정서는 유재하의 「가리워진 길」을 통해 대변된다. 연희가 영화에 처음 등장할 때 라디오에서 녹음하려다 실패하는 노래가 유재하의 「가리워진 길」이다. "보일 듯 말 듯 가물거리는 안개 속에 싸인 길"로 시작하는 이 노래는 어디로 가야 할지 모르는 청춘의 불안한 심경을 담고 있으면서도 무지개와 같은 미래와 서로 힘이 되어주는 연대에 대한 희망을 놓지 않는다. 유재하는 1987년 8월에 이 곡이 실린 첫 음반을 발표했고 11월 1일에 교통사고로 타계했다. 그가 떠난 이후 그가 남긴 유일한 음반은 신드롬을 일으켰고 1980년대 말 청년의 착한 영혼을 상징하며 한국 대중가요사에서 손에 꼽히는 명반으로 남았다. 영화에서 연희가 이 노래를 듣는 때는 대학에 입학하기 전인 1987년 초봄이므로 실제로는 이 곡이 발표되기 전이다. 그럼에도 이 곡이 87학번 연희의 테마 음악으로 쓰인 것은 1987년 젊은이들의 정서를 표현하기 위해서 의도적으로 채택되었음을 짐작케 한다. 그리고 이는 이 영화가 이해하는, 그래서 말하고자 하는 1987년 청년의 감성을 전해준다.

이 영화의 후반부가 "안이한 관습", "관행에 탑승", "신파적인 전개" 등으로 대중성에 쉽게 편승했다고 비판받은 것은 이 부분이 지닌 센티멘털리즘에 기인하는 바 크다. 물론 청년을 순일한 존재로 보는 것은 과거를 돌아갈 수 없는 노스탤지어로 상정하고 그리움을 알리바이 삼아 현재의 타락을 합리화하는 오랜 관습과 맞닿아 있다. 아름다운 세 배우(여진구, 강동원, 김태리)를 통해 1987년의 젊은이를 비극적 순수로 그리는 것은 386세대에 대한 헌사로 보이는 면도 있다. 그러한 비판의 일리를

인정하면서도 놓쳐서는 안 될 부분은, 이 영화에는 '청년의 순수'에 대한 깊은 믿음이 깔려 있다는 점이다. 젊음이 가질 수밖에 없는—흔들리기 쉽고 나약한 것, 혹은 센티멘털리즘의 다른 이름이기도 한—순수가세상을 바꾸는 동력임을, 역사는 눈 맑은 젊은이들에 의해 새 국면을 맞이함을, 그래서 1987년 폭압적 정권을 무너뜨린 힘의 출발점은 청년의착한 감성이었음을, 그러므로 그들의 희생이 헛되지 않았음을, 〈1987〉은 말한다.

역사적 장면 포개놓기와 부단한 균형 감각

이러한 역사 인식이 새롭다고는 할 수 없다. 그럼에도 나는 〈1987〉이'역사적' 영화라고 말하고 싶다. 무엇보다 이 영화는 가해자를 지목했다. 이는 〈택시운전사〉가 현재의 광장으로 서둘러 옮겨오기 위해 1980년 5월 금남로에서 학살 수괴의 이름을 지웠던 것과 대비된다. 〈택시운

1. 박종철 열사의 사진. 2. 배우 여진구가 분한 영화 속 박종철 열사의 영정 사진. 박종철 열사의 실제 모습과 구별하기 힘들 정도다. 이 사진을 찍을 때 여진구가 쓴 안경은 박종철 열사가 생전에 썼던 안경이었다고 한다.[83]

전사〉에서는 막판 택시 추격 장면을 통해 액션 장르의 관습으로 급히 탑승하여 눈 내리는 광화문 광장으로 비약했다. 그럼으로써 지난 10년간 광주를 잊고 각자의 집값 오르는 데 몰두했던 '우리들'에게 심리적 면죄부를 선사했다. 이것은 대중성을 빙자하여 역사를 기만한 위로의 방식이다. 그러나 〈1987〉은 '땡-전 뉴스'로 시작해 전두환 사진이 걸린 자리에서 공권력 회의가 이루어짐을 세심하게 보여준다. 그뿐만 아니라 카메라는 전두환의 사진이나 '靑'자가 들어간 전화기에 머물고, 박 처장의 상관들은 '청와대'와 '각하'를 자주 호명함으로써 그들의 배후에 전두환이 있음을 계속 누설한다. 박 처장을 중심으로 읽었을 때 이 영화의 의도가 보다 분명히 드러나는 것도 이 영화가 가해자에 주목했음을 일러준다.

또한 이 영화는 역사적 사실에 허구적 요소를 첨가하고 장르 문법을 도입하는 데 인색하지 않았지만 그 사이에서 균형을 잡기 위해 부단히 애쓴다. 예컨대 이한열 역에 강동원을 기용하여 스타 페르소나를 이용

연세대학교 정문 앞에서 진압 경찰
과 시위하는 모습(1987). 시위에
참여했던 이한열이 전경이 쏜 최루
탄을 맞는 사건이 일어났다.

〈1987〉은 이한열 열사가 쓰러진 연
세대 시위를 사실과 거의 똑같이
재현했다.

하면서도 이한열의 죽음을 최대한 사실에 가깝게 재연함으로써 강동원
의 허구성을 상쇄한다. 이와 같이 주지된 사실과 관습적 이미지를 활용
하여 자칫 진부해질 수 있는 겹침을 감행하면서도 그 안에서 균형을 잡
는 것은 이 영화에서 눈여겨볼 만한 대목이다. 이런 점은 역사를 포개놓
는 부분에서 가장 빛난다. 후반부에서는 1980년 5월과 1987년 6월이 여
러 번 덧놓인다. 택시운전사들의 경적 소리와 「애국가」 제창에서 광주
가 환기되고, 이한열을 향해 최루탄이 직사될 때 금남로의 발포가 떠오
른다. 그리고 그것은 다시 백남기 농민의 죽음을 연상시킨다. 이러한 방
식으로 이 영화는 일탈되고 왜곡되었던 민주주의의 역사를 정렬시킨다.
1980년 5월 광주학살이 있었고, 국민의 피를 밟고 집권한 살인 정권이
1987년에 박종철과 이한열을 죽였다. 젊은이들의 희생으로 국민은 대

통령 직선제를 쟁취했지만 살인정권은 되살아나 또 다른 악행을 저질렀음을 짚어낸다.

이 영화가 1987년 이후의 절망을 포착하지 못했다고 비판할 수 있다. 그러나 그러한 비판은 현재 정치상황에 대한 불안의 발로일 뿐이지 대안을 가지고 있는 것은 아닌 듯하다. 이 영화의 후반부가 신파적이고 진부하다는 평가는 일리 있다. 그럼에도 현 시점에서 이보다 더 나은 방식으로 관객 700만과 만날 수 있는 길을 나로서는 상상하기 힘들다. 이 영화가 만들어지기 전까지 10년 동안 이 영화에서 상기시킨 역사의 흐름은 잊힌 상태였다. 각자 알고는 있어도 지난일로 치워두거나 외면했다. 이 영화는 역사성과 대중성 사이에서 긴장을 유지하며, 그동안 망각되었거나 묻어두었던 맥락을 되살려 지난 수십 년의 역사를 바라보게 한다. 그것만으로 〈1987〉이 최고의 역사영화는 될 수 없을지 모르나, 촛불혁명 직후의 영화로서 최선임은 틀림없다.

4장

법치주의

〈검사와 여선생〉(1948)에서 〈소수의견〉(2015)까지

법의 표상으로서 '법정'

'법'이란 국가권력에 의해 강제되는 사회규범을 말한다. 절대주의 국가를 부정하며 태동한 근대 시민국가의 정치 원리는 법에 의한 지배를 근간으로 한다. 이러한 법은 공권력을 통해 실제화되는데, 영화에서는 주로 경찰이나 법조인의 행동을 통해 재현된다. 그중에서도 경찰은 영화 장르에 관계없이 자주 등장하므로 가장 보편적으로 목격되는 법의 표상이다. 한국영화에서 그려지는 경찰은 '법은 멀고 주먹은 가깝다'라는 속담이 '사실'임을 반복하여 증명해왔다. 개인의 억울함이 사적 복수를 통해 해결된 끝에야 사이렌을 울리며 비로소 경찰이 당도한다든가, 경찰이 주인공으로 등장하는 영화가 공직자의 부당 거래를 단골로 보여주는 것은 한국사회에 저류해온 공권력에 대한 뿌리 깊은 불신을 드러낸다.

이에 비해 법조인이 등장하는 영화에서는 법이 보다 전문적이고 고차원적인 세계로 재현되었다. 이는 실제 법조인의 사회적 지위나 법에 대한 대중의 인식과 깊은 관련이 있을 것이다. 그런데 이런 상황이 영화에서 재현될 때에는 '법정'이라는 공간이 결정적 역할을 한다. 영화는 공간의 서사인 만큼 어떤 공간에서 일어나는 일인지가 영화의 대표적인 표상과 정체성을 구성하는 핵심으로 작용한다. '법조인-영화'나 '재판-영화'보다 '법정-영화'라는 장르명의 조어가 자연스러운 것은 이 때문이다. 법정영화에서는 법의 대리자로서 특별한 권력을 부여받은 법조인이 그들에게만 발언이 허용되는 특수한 공간인 법정에서 권위와 논리, 언변으로 재판을 주도하는 장면이 반복적으로 재현되며 장르의 특수한 관습을 구성한다. 그러면서 '법이란 무엇인가?' 나아가 '사회 정의란 무엇인가?'와 같은 질문이 주제로 등장하며 '법'에 대한 사회적 인식을 반영하고 드러낸다. 재판 장면이 영화 서사의 중심을 차지하는 근년의 화제작들, 예컨대 〈도가니〉(황동혁, 2011), 〈부러진 화살〉(정지영, 2012), 〈변호인〉(양우석, 2013), 〈소수의견〉(김성제, 2015), 〈허스토리〉(민규동, 2018) 등 몇 편만 떠올려보아도 사회물의 면면을 쉽게 짐작할 수 있다.

그런데 한국영화에서 재판의 과정이 영화서사의 줄기를 구성하면서 그것을 통해 사회문제를 직접적으로 짚어내기 시작한 것은 그리 오래된 일이 아니다. 1990년대에 들어서야 그러한 법정영화가 나오기 시작했고, 장르로 묶일 정도가 된 것은 21세기 들어서다. 그 이전까지 법정은 주로 멜로드라마에 삽입되는 형태로 재현되었다. 가련한 주인공이 억울하게 범죄에 연루되고 그 억울함이 법조인들의 관용에 의해 '정상 참작'

이라는 명분으로 해원되는 것이 법정 재현의 오랜 관습이었다. 물론 그것이 어떤 논리와 방식을 취하느냐는 시대에 따라 변화하며, 법에 대한 당대의 인식에 반영되는 그 시대의 현실이 어떤 상태에 도달했는지를 증언하기도 하고 역사적 변동을 드러내기도 한다.

증거와 이성보다 인정의 윤리

1948년에 공포된 대한민국 최초의 헌법은 미국 헌법과 독일 바이마르 헌법을 모델로 삼았다. 헌법 조문으로 보면 한국의 정치체제는 해방 이후 곧 민주주의였다. 심지어 한국의 헌법은 부의 공정한 분배와 복지를 위해 사유재산권을 어느 정도 제한할 수 있는 사회민주주의 원리까지 담고 있었다.[84] 여성 참정권 또한 이 헌법의 발효와 함께 곧바로 인정되었다. 프랑스가 1946년, 스위스가 1971년에 이르러서야 여성의 투표권을 인정했던 것과 비교하면, 여성의 법적 권리 면에서도 대한민국 법은 서구 선진 민주주의 사회에 결코 뒤지지 않았다.

그러나 문제는 선포된 법과 법의 실제 적용 사이의 간극과 불일치가 너무 컸다는 데 있었다. 법이 이상적이고 선진적인 만큼 법만 훌륭할 뿐 그것의 집행은 제대로 이루어지지 않았다. 그래서 전태일 열사가 "근로기준법을 준수하라"라고 외쳤던 데에서 드러나듯 대한민국 민주주의를 위한 투쟁의 역사에서 오랫동안 주장된 것은 '법대로' 하라는 것이었다. 이러한 대한민국의 역사는 법에 대한 대중의 불신을 키웠고 법은 이론적으로는 공정하지만 현실에서는 공정하지 않다는, 뿌리 깊은 이중적

인식을 형성해왔다. 이를 반영하는 대표적인 속담이 '법은 멀고 주먹은 가깝다'일 것이다. 여기에서 법은 이상적 규범이기에 멀기도 하지만 또 한편으로는 '가진 자'의 전유물이기에 멀기도 하다. 또한 '가진 자'에는 '주먹을 가진 자'도 포함된다. 다시 말해 법은 현실적 힘에 의해 얼마든지 사유화될 수 있으며 정작 가까운 곳에서 실현될 때에는 폭력적이라는 경험까지 이 속담은 내포하고 있는 셈이다.

법은 있었으나 국민은 오랫동안 법의 존재조차 인식하지 못했고, 멀리 있는 힘 있는 자들의 전유물이거나 이상적 규범이었다. 그것이 가까이에서 발효될 때에 대중은 법적 절차가 아닌 '인지상정人之常情'이라는 심법心法에 의거하여 그 시비를 판단했으며 그것이 대중의 정의였다. 한국영화사에서 법정영화의 주류가 멜로드라마인 점은 이러한 상황과 관련된다. 멜로드라마는 주정적主情的 장르인 데다 한국 멜로드라마는 무엇보다 공감을 바탕으로 하는 심리적 리얼리티를 중시하며 전개되어왔다. 여기에 한국영화에서 1980년대까지 주류를 이루었던 가족 멜로드라마의 표면적 주제인 가부장을 중심으로 한 가족 화합에 대한 찬미와, 법이 규범으로서 지닌 근본적 보수성이 결합하며 한국 법정영화는 오랫동안 모든 문제를 가부장적 질서로 수렴하려는 보수적 경향을 유지한다. 그러다 보니 법정 멜로드라마에서는 가부장적 질서를 위협하는 범죄가 여성에 의해 일어나는데, 현명하고 인자한 남성 법조인에 의해 법정에서 '정상 참작'이라는 법적 관용의 이름으로 그것이 용납되고, 가부장적 질서가 재정립되면서 마무리된다. 결과적으로 법이라는 가부장이 여성의 가부장 살해 욕망을 무마하는 셈이다. 여기에서 사회 질서를 위협하는 여성의 사적 도발과 기성 질서를 유지하려는 남성적인 법은 길항 관계를 맺으며 오랫동안 한국 법정 멜로드라마의 관습을 형성해왔다.

'재판이 나오는 영화'라고 할 때 한국영화사에서 가장 먼저 떠오르는 화제작은 〈검사와 여선생〉(윤대룡, 1948)이다. 이 영화는 1936년에 김춘광金春光이 발표한 4막 5장의 대중극을 원작으로 하는데, 이 원작은 임선규의 〈사랑에 속고 돈에 울고〉(1936), 이서구의 〈어머니의 힘〉(1937)과 함께 1930년대에 가장 인기를 끌었던 대중극으로 꼽힌다.[85] 그 인기에 대한 향수를 반영하며 〈검사와 여선생〉은 이미 유성영화가 보편화된 1948년에 무성영화로 제작되었고 변사 해설로 공연되었다. 그리고 1958년에는 같은 감독에 의해 유성영화로 제작되어 역시 인기를 끌었고, 1966년에는 전범성 감독에 의해 〈민검사와 여선생〉이라는 제목으로 연출되었다. 이 영화는 여러 번 리메이크되었을 뿐 아니라 1950~70년대 법정영화의 모태가 되었다. 이러한 생명력은 가부장 질서의 문제가 계속 해결되지 않았음을 말해주는 동시에 법에 대한 인식 또한 크게 변화하지는 않았음을 드러낸다. 다만 봉합의 양상이나 세부적인 면에서는 시기에 따라 차이를 보인다.

이 영화의 줄거리는 너무나 잘 알려져 있다. 인정 많은 소학교 여선생이 가난한 제자를 극진히 돌봐주었는데, 나중에 여선생이 남편 살해범으로 기소되었을 때 검사가 된 제자가 법정에서 여선생의 무죄를 밝혀 석방시킨다는 것이다. 형사재판에서 검사는 피고인의 죄를 입증하여 논고를 하는 사람인데 오히려 피고인의 무죄를 밝힌다는 것은 검사의 소임에서 벗어나는 행동이다. 또한 범죄 현장의 증거보다 여선생의 과거 품행이나 인성에 기대어 무죄를 증명하는 것도 근대 재판의 원칙에 맞지 않는다. 그럼에도 이 영화가 많은 관객을 울리며 흥행에 성공한 것은

〈검사와 여선생〉(윤대룡, 1948)의 스틸컷들.
1. 여선생 양춘애 역을 맡은 배우 이은영.
2. 어린 제자 장손 역을 맡은 정웅.
3. 변호사 역을 맡은 신영균. 1960년대 최고 스타 신영균은 이 영화로 데뷔했다.

이성적인 법률의 적용보다 인정이라는 공감대에 기반을 둔 윤리가 대중의 인식에서 우선했음을 말해준다. 이는 이 영화가 근대적인 공판정을 무대로 설정하고 있기는 하되 아직 근대 재판의 원리를 수용하지 못했음을 말해준다. 또한 현재의 시선으로 보면 주인공 검사의 읍소보다 변호사 역을 맡은 신영균의 변론이 돋보이는데도 당대에는 초점이 검사의 읍소에 놓여 있었던 것은 이 영화가 지금과는 다른 기대 지평 위에서 관람되었음을 말해준다.

〈검사와 여선생〉의 1958년 버전은 유성영화라는 형식이 다를 뿐 1948년 무성영화와 감독도 동일하고 설정에서도 큰 변화가 없어 보인다. 그런데 1966년 영화에서는 기본적인 줄거리는 동일하나 제자가 검사로서 여선생을 변호하는 게 아니라 여선생을 변호하기 위해 검사를 그만두고 변호사가 되는 것으로 각색된다. 이러한 변화는 후대로 올수록 법정

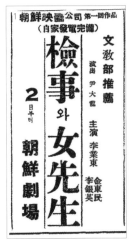

1. 〈검사와 여선생〉(윤대룡, 1948)의 신문 광고. 주연으로 선전되는 이업동은 이 영화에서 탈옥수를 맡아 실제로는 조연에 해당한다. 그런데 주연배우들이 월북하여 이름이 삭제되면서 이업동이 주연으로 처리된 것으로 보인다.

2. 윤대룡 감독이 1958년에 리메이크한 〈검사와 여선생〉의 포스터. 이 영화에서는 윤인자가 여선생을, 이향이 검사를 연기했다. 두 배우는 〈운명의 손〉(한형모, 1954)에서 북한 여간첩과 남한 정보원으로 출연하기도 했다.

3. 1966년 전범성 감독이 연출한 〈민검사와 여선생〉의 법정 장면. 실제 법정에서는 일어나기 힘든 상황이 연출되고 있어서 공간만 법정일 뿐 멜로드라마임이 잘 드러난다. 이 영화에서는 김지미가 여선생, 김석훈이 검사 역할을 맡았다.

의 재현에서 법적 형식주의*를 한층 의식하게 되었음을 드러낸다. 유사한 예로 〈눈 나리는 밤〉의 경우에도 1958년 영화에서는 아들이 어머니를 기소한 것 때문에 검사를 그만둔다는 내용이 없는데 1969년 버전에서는 검사를 그만둔다. 그리고 1974년 리메이크 작에서는 어머니의 살인 혐의가, 〈검사와 여선생〉에서 여선생의 혐의가 그랬던 것처럼 누명으

---

* 안진수는 〈검사와 여선생〉을 "사법 질서의 현실적 근간인 법적 형식주의에 뿌리를 두고 있지 않은" 텍스트로 분석한다(안진수, 「한국 법정 드라마 영화 연구: 법적 형식주의와 대중 정의의 관계를 중심으로」, 『영상예술연구』 제10호, 영상예술학회, 2007. 5, 163~184쪽).

로 밝혀짐으로써 어머니가 석방된다. 또한 1962년에 개봉한 홍은원 감독의 〈여판사〉에서도 판사 며느리(문정숙)가 살인범으로 몰린 시어머니(유계선)를 변호하기 위해 판사를 그만두고 변호사가 된다. 이러한 예들로 미루어볼 때 1960년대에는 법조인의 상이한 역할 구분이나 기본적인 재판 절차가 대중에게도 웬만큼 상식이 되었던 것으로 짐작된다.

법의 두 얼굴과 눈물의 봉합

한국 법정영화 중에서 절반 정도는 여성 주인공이 피고로 재판을 받는 과정을 보여준다. 그들은 대개 살인죄로 기소되는데 그중에서도 가장 큰 비중을 차지하는 이유가 '남편 살해'이고, 그다음이 '존속 살해'다. 영화에서 주인공이 이와 같이 끔찍한 죄를 저지르는 이유는 대개 무책임한 남편과 생활고 때문이다. 이러한 설정은 〈눈 나리는 밤〉과 〈검사와 여선생〉에서 시작하여 〈인디안 썸머〉(노효정, 2001)에 이르기까지 매우 오랫동안 한국 법정영화에 등장했고, 1950~70년대 법정 멜로드라마에서는 주류를 이루었다. 〈눈 나리는 밤〉과 〈검사와 여선생〉이 모두 영화로만 세 번씩 리메이크되었다는 것은 그 인기와 생명력을 짐작케 한다. 두 영화는 '살인범 어머니-검사 아들', 그리고 '살인범 여선생-검사 제자'의 설정을 보여주는데, 어머니가 선생으로, 그리고 아들이 제자로 환치되었을 뿐 기소된 범죄 사실이 남편 살해라는 점과 억울한 사연이 있다는 점, 그리고 법정에서 모자, 사제 간의 극적 재회가 이루어지며 판결에 반전으로 작용한다는 점 등에서 구조가 유사하다.

〈눈 나리는 밤〉은 전옥 주연의 악극이 원작이다. 이 악극에서 주인공과 연출을 맡은 이가 전옥이었는데,* 이 악극은 〈항구의 일야〉**와 함께 그녀의 대표작이며 그녀에게 '눈물의 여왕'이라는 별호가 붙을 정도로 관객석을 울음바다로 만들었다고 한다.[86] 그 인기 덕에 1958년 악극의 출연진이 그대로 출연하여 영화로 제작되었고 1969년, 1974년에 리메이크되었다.*** 이 세 편의 영화는 세부에서 다소 차이를 보이는데, 현재 영상을 확인할 수 있는 버전은 1969년 영화뿐이다. 이 영화는 세 아이를 홀로 기르던 최성녀(조미령)라는 여인이 자신의 막내 아이를 죽여 수감되면서, 남은 자식들(춘식, 춘영)을 담당 경찰관 이명삼(김진규)에게 맡기는 것으로 시작한다. 그녀는 세 아이를 데리고 근근이 살아가던 중 아편쟁이 남편(허장강)이 나타나 가진 것을 모두 빼앗아 가자 갓난아이를 데리고 죽으려다가 아이만 죽고 살아난 것이다. 최성녀가 옥살이를 하는 동안 세월이 흘러 남매는 이명삼의 자식들로 훌륭하게 자란다. 춘식(이순재)은 검사가 되었고 춘영(전양자)은 부르주아 집안의 자제와 약혼한

---

* 〈눈 나리는 밤〉은 원작자 또한 전옥으로 되어 있는데 원본이 된 것은 일본 소설이나 연극이라는 설이 유력하다. 이 원작의 수용 과정과 전옥 원작이 된 경위에 대해 추론한 정명문의 연구에 따르면, 〈눈 나리는 밤〉은 1927년 동아일보사 신축 기념으로 공연된 번안극인 야마모토 유조(山本有三)의 〈오일(五日)의 우(雨)〉(원제 '嬰兒殺し')와 기구치 칸(菊池寬)의 〈도라오신 아버지〉에 뿌리를 두고 있다. 이에 앞서 윤석진은 백조가극단의 배우였던 김영준 씨로부터 이 작품이 "기구치 칸의 〈에이지 고로시(핏덩이를 죽이다)〉라는 소설의 각색"이라는 증언을 들었다고 전하기도 했다(윤석진, 「대중 가극의 통속성, 〈눈물의 여왕〉」, 『한국대중서사, 그 끝임없는 유혹』, 푸른사상, 2004, 161쪽). 아무튼 1927년 공연 이후 방탕한 가부장 탓에 일어난 여성의 수난과 존속 살해를 화소로 지닌 유사한 이야기들이 인기를 끌며 신극〈오일의 우〉, 1927)을 비롯해 유성기 음반(「별 밧는 어머니」, 1934), 가극(〈눈 나리는 밤〉) 등으로 재구성되다가 해방 이후 백조가극단에 의해 악극으로 공연되며 1950년대까지 크게 흥행했다(정명문, 「백조가극단의 가극 연구: 〈항구의 일야〉, 〈눈 나리는 밤〉을 중심으로」, 『한국극예술연구』 제37호, 한국극예술학회, 2012. 9, 20~22쪽 참조).

** 〈항구의 일야〉는 1933년 원작자 왕평과 전옥이 녹음한 유성기 음반으로 나와 큰 인기를 끌면서 식민지시기에 후속 음반들이 출반되었다. 1945년에는 전옥 주연의 악극으로 초연되었고, 한국전쟁 이후까지 인기리에 순회 공연되었다. 1957년에는 김화랑 연출, 전옥 주연으로 영화화되었으며, 1960년대에는 레코드로 재생산되기도 했다(정명문, 위의 글, 19쪽).

*** 1958년에 전옥 주연으로 하한수 감독이 연출하여 크게 흥행했고, 1969년에 하한수 감독이 조미령 주연으로 한 번 더 연출했다. 그리고 1974년에는 〈설야〉라는 제목으로 김기 감독에 의해 리메이크되었다.

다. 그리고 경찰관이었던 이명삼은 명망 있는 변호사가 되었다. 최성녀
는 자식들을 보고 싶지만 그들에게 혹시라도 누가 될까 조심한다. 오히
려 이명삼이 최성녀의 모정을 이해하며 먼발치에서라도 아이들을 보게
해준다. 그러던 중 죽은 줄 알았던 아편쟁이 남편이 다시 나타나 최성녀
에게 금전을 요구하고 그녀가 들어주지 않자 아이들 앞에 나타나겠다며
협박한다. 이를 만류하던 최성녀는 우발적으로 남편을 살해하고 법정에
서게 된다. 그런데 하필이면 그녀의 사건을 맡은 담당 검사가 춘식이다.
최성녀는 아들이 자신의 존재를 알까 두려워 고의적 살인이었다고 자백
하고 사형을 자청한다. 아들이 생모에게 사형을 구형하는 것을 보고만
있을 수 없었던 이명삼은 최성녀의 변호사로 나서 법정에서 최성녀와
춘식의 관계를 밝히고 최성녀를 집행유예로 석방시킨다.

　이 영화에서 법은 두 얼굴로 나타난다. 하나는 최성녀가 생모인 줄 몰
랐던 검사 아들의 법적 논리이고, 다른 하나는 모든 진실을 알고 있는
증인으로서 부르주아의 관용을 실천했던 변호사의 호소에서 나타나는
인정의 윤리다. 검사는 "남편 살해는 간악한 범죄이며 윤리와 도덕에 역
행하는 반사회적 행위로 새로운 질서, 시민정신, 건전한 부부생활에 악
영향을 미치므로 일벌백계해야" 한다고 주장하며 사형을 구형한다. 이
에 대해 변호사는 최성녀의 살인에 고의성이 없을 뿐 아니라 "비정상적
이기는 하나 우리나라 고유의 숭고하고 거룩한 전통적 모성애의 발로"
라며 법의 눈물에 호소한다. 두 주장이 대립적인 만큼 주장되는 형량의
격차가 큰데, 이는 그만큼 법 적용에서 유동성이 컸음을 증명한다. 검사
는 당대의 보수적인 인식을 반영하며 남편 살해를 사회의 근본 질서를
흔드는 치명적인 중범죄로 단정한다. 전후 재건이 본격화되는 1958년

이후 한국영화에서는 무능한 아버지의 자리를 마련하며 가부장제를 기반으로 하는 경제 근대화로 정향되는 징후를 드러내기 시작한다. 이런 경향은 보수적인 멜로드라마의 번성으로 발현되어 1960년대까지 이어지는데, 〈눈 나리는 밤〉의 영화화와 리메이크는 이러한 맥락에 놓여 있었다. 그런데 한층 문제적인 것은 검사의 논고에 대한 변호사의 반론이다. 그것의 내용이 법의 임계를 넘어서기 때문이다. 그는 법의 논리와 형식을 넘어 피고의 동기에 주목하고 '눈물'로 상징되는 동정과 공감으로 죄를 바라봐 달라고 요구한다. 이 일은 아들의 출생 비밀을 법정에서 폭로함으로써 관철되고 결과적으로 아들로 하여금 검사직에서 물러나게까지 만든다. 이러한 전개는 결국 어머니와 아들의 재회와 화해로 겨우 봉합되기는 하나 여러 균열을 내보인다.

균열은 무엇보다 '남편 살해'라는 범죄 자체가 근대적 가부장을 내세우며 재건되고 있던 사회 질서에 너무나 위협적인 범죄라는 데 기인한다. 한국전쟁 이후 가정의 파괴와 붕괴는 커다란 사회문제였는데, 그 원인은 가부장의 무능에 있었다. 그리고 가부장의 무능은 제국의 침략과 함께 시작된 근대화의 뿌리 깊은 문제이기도 했다. 여기에서 검사와 변호사의 주장은 당대의 위기의식과 그에 대한 영화적 해결을 보여준다. 그런데 그 격차가 사형에서 석방에 이를 정도로 크다 보니 결정적 계기가 필요한데, '자식의 안위를 위한 절절한 모정'이 그것이다. 새로이 밝혀지는 물적 증거가 없는데도 변호사는 모정을 명분으로 관객의 인정에 호소한다. 이를 통해 결국 집행유예 판결이 나고 주인공이 풀려나는 것으로 봉합된다. 이는 법 적용이 그만큼 유동적이라는 점에 대한 공감대를 바탕으로 한 해결이다.

영화로만 세 번 리메이크된 〈눈 나리는 밤〉의 포스터. 1958년, 1969년, 1974년에 각각 전옥, 조미령, 태현실 주연으로 리메이크되었는데, 1974년 판에서는 제목이 '설야'였다.

그런데 법 적용의 유동성 안에서 변호사가 선택하는 명분은 모성이야 말로 거룩하고 숭고하며 전통적인 미덕이라는 것이다. 이렇게 주장하는 변호사 이명삼은 누구인가? 그는 자식을 못 낳는 아내를 감싸고 존속 살해범의 남매를 입양하여 훌륭하게 길러낸 아버지로서 사회 지도층의 양심과 권위를 상징하는 인물이다. 더구나 이명삼을 연기한 김진규는 1950~60년대에 양심적인 지식인—〈사랑〉(이강천, 1957)의 안빈, 〈흙〉(권영순, 1960)의 허숭, 〈오발탄〉(유현목, 1961)의 철호 등—이자, 든든한 만이—〈박서방〉(강대진, 1960)의 장남, 〈로맨스빠빠〉(신상옥, 1960)의 맏사위 등—역할을 단골로 맡았던 대표적인 배우다. 이렇게 형성된 스타 페르소나의 연장선상에서 그는 1970년대에는 '성웅 이순신'이었고

1980년대에는 '애마부인'마저 가정에 돌아오게 만든 '인자한 시아버지'로서 가부장 이념의 전도사 역할을 한다. 이러한 김진규가 분한 이명삼 변호사가 가부장제에 가장 치명적 도발일 수 있는 가부장 살해를 모성성으로 합리화하며 다시 가부장적 질서로 끌어들인다. 이 과정에서 발생하는 무리수는 아들이 검사직을 그만두는 것으로 그 대가를 치른다. 그리고 그것으로도 메워지지 않는 균열은 아들과 어머니가 눈물의 상봉을 함으로써 무마된다. 이와 같이 법 적용의 유동성에 대한 일반적 인식을 기반으로, 가부장적 질서를 위협하는 극단적 범죄와 법적 처벌의 대립을 법의 논리나 절차가 아닌 '눈물'로 해결하며 가부장제에 수렴되는 모성 이데올로기를 내세워 봉합하는 방식은 한국 법정 멜로드라마에서 가장 자주 등장하는 구도다. 앞서 살펴보았던 〈검사와 여선생〉 또한 모자가 사제로 변용되었을 뿐 기본적으로 이 구도를 따른다.

이러한 법정 멜로드라마가 얼마나 질긴 생명력을 지니고 있는지는 2001년 영화 〈인디언 썸머〉를 통해 다시 한 번 확인할 수 있다. 그런데 이 영화에서는 가부장적 가족의 문제로 풀어가지 않고 고아처럼 보이는 두 남녀의 사랑으로 변용한다. 국선 변호사(박신양)가 남편 살해범으로 기소된 여주인공(이미연)을 사랑하게 되어 처음에는 변론을 통해 그녀를 구하려고 백방으로 노력한다. 그러다 여의치 않자 법적 절차를 무시하고 감정에 따라 행동하며 불법까지 저지른다. 그러나 지고지순한 사랑으로 합리화되는 그의 행동은 여주인공을 구하는 데까지 이어지지 못한다. 오히려 여주인공이 남편의 정신병을 자극하여 간접 살해했음을 자백하고 법의 용서를 거부하며 스스로 사형을 택한다. 이는 자책감과 억울함 사이에서 머뭇대는 여주인공의 '결정 장애'와 그것을 구원하는 남성 법조인의 관용이 21세기에는 더 이상 매력적이지 않음을 보여준다.

법의 관용과 근대화 프로젝트

〈눈 나리는 밤〉이나 〈검사와 여선생〉과 마찬가지로 과학적 증거보다는 인정이나 동정과 같은 정情의 윤리에 기대어 판결을 이끌어내면서도 그것을 전후 재건의 논리로 수렴하는 영화가 있다. 1958년 최고 흥행작이었던 신상옥 감독의 〈어느 여대생의 고백〉이 그것이다. 이 영화는 전후 멜로드라마의 보수화를 선도하며 대세를 바꾼 영화[87]인데, 영화의 절정에서 재판을 통해 가족의 갈등을 모두 해결한다.

영화의 주인공 소영(최은희)은 전쟁고아다. 그녀는 할머니의 도움으로 대학에 다니다가 갑자기 할머니마저 돌아가시면서 생활고에 부딪힌다. 이때 소설가를 지망하는 친구가 우연히 발견한 기구한 여인의 일기장을 소영에게 건넨다. 그 일기장의 주인공은 국회의원 최림(김승호)의 연인이었던 여자로 최림의 딸까지 낳았지만 딸을 잃고 자신도 세상을 버리면서 비망록을 남긴 것이다. 소영은 이 비망록에서 딸이 죽었다는 부분을 찢어버리고는 최림을 찾아가 딸 행세를 한다. 그리고 최림의 후원으로 열심히 공부하여 대학을 졸업하고 변호사가 된다. 이제 소영의 앞에는 성공의 발판이 된 거짓을 해결해야 하는 과제가 놓인다. 최림의 부인(유계선)은 이미 소영이 가짜 딸임을 눈치채고 소영을 옥죈다. 이때 소영이 변호사로서 처음 변론을 맡게 되는데, 그 사건은 박순이(황정순)라는 여성의 남편 살해다. 이 부분부터 영화는 소영의 이야기 속에 박순이의 이야기가 삽입되는 액자 구조로 전개된다.

박순이는 사실혼 관계에 있던 남자가 있었으나 임신을 한 채 그 남자에게 버림받고 혼자 아이를 낳아 간난신고를 겪는다. 그러던 어느 날 아이가 병에 걸려 병원비가 필요한 상황에서 우연히 만난 동창생에게 돈을 빌리기 위해 찾아간다. 그런데 그 동창생의 남편은 바로 자신을 버린 그 남자였다. 놀람과 분노 속에서 그녀는 남자와 실랑이를 벌이다 곁에 놓여 있던 과도를 들어 우발적으로 그를 죽이게 된다. 박순이의 에피소드는 〈눈 나리는 밤〉과 〈검사와 여선생〉에 비해 살해 동기가 분명하기는 하나 의도성이 없다는 면에서는 공통점이 있다. 그런데 앞서 살핀 두 영화에서 피고의 모성과 인성을 강조한다면, 〈어느 여대생의 고백〉에서는 박순이가 처했던 어쩔 수 없는 환경에 초점을 맞추어 눈물에 호소한다. 이 영화는 '남편 살해범과 남성 법조인'의 구도에서 변호사를 여성으로 바꾼 점이 다른데, 변호사 소영은 "눈물 없인 변론할 수 없다"라며 실제로 법정에서 눈물을 훔쳐가면서 "눈물 없이 들을 수 없는 맥락"을 역설한다. 그리고 "한때의 과오는 누구에게나 있는 법"이라고 하며 박순이의 살인을 인간 보편의 죄악으로 일반화한다. 이 영화에서 주목할 지점은 이와 더불어 소영 자신이 저지른 거짓 또한 일반적 죄악의 범주 속에서 '재생과 회오'의 길을 열어주어야 하는 '한때의 과오'로 합리화된다는 점이다. 그리하여 박순이에 대한 소영의 변호가 성공하는 순간, 소영의 잘못도 "공판정을 통한 눈물의 자비" 속에서 면죄부를 받게 된다.

나아가 소영의 면죄부는 비단 소영에게만 그치지 않는다. 최림 의원은 출세를 위해 처자식을 버린 부도덕한 인물이다. 그러나 그의 죄 또한 소영의 변호 논리 속에서 '한때의 과오'에 포섭된다. 뿐만 아니라 최림이

〈어느 여대생의 고백〉(신상옥, 1958)
에서 고아 소영(최은희)은 친구를
통해 입수한 비망록을 통해 국회
의원 최림의 과거를 알게 되고, 그
의 딸로 행세하여 그의 지원을 받
는다.

재판이 끝난 후 소영 가족의 모습.
아버지 최림 의원(김승호)는 매우
기뻐하는 데 반해 소영은 고개를
떨구고 있고 그러한 소영을 날카롭
게 주시하는 의모(유계선)의 표정
은 소영의 정체가 탄로 났음을 암
시한다.

출세했기에 소영을 후원할 수 있었고, 그랬기에 소영이 훌륭한 변호사
로 성공할 수 있었다는 인과관계가 성립하면서 최림 또한 면죄부를 받
게 된다. 그리고 이제 자랑스러운 딸이 되어 최림 의원의 명예와 재산에
기여하게 된 소영을 의모義母가 굳이 쫓아낼 이유도 없다. 결과적으로 모
든 죄악을 '한때의 과오'로 묵과함으로써 '화목한 가정'이라는 이름의 가
부장 공동체가 재건된다. 여기에서 성공과 출세를 위해 동원되는 부도
덕한 방법은 결과만 좋으면 모두 용납될 수 있다. 법 적용의 유동성 내
지 탄력성, 그로 인한 법의 주관화가 가련한 피고 박순이에게도, 거짓말
로 출세의 길을 닦은 고학생 소영에게도, 그리고 부정한 과거를 지닌 정
치인에게도 모두 이로운 일이 되며 대화합의 발판으로 작용한다. 이는

식민지시기부터 관습화되어온 가부장제를 위협하는 남편 살해 화소가 인정을 경유한 법의 달램을 넘어, 근대화 드라이브에 필요한 가부장제를 강화하는 기제로 활용되는 순간이기도 하다.

그래서 〈어느 여대생의 고백〉이 보여준 '법의 관용'은 〈눈 나리는 밤〉이나 〈검사와 여선생〉의 경우와 구별된다. 두 영화에서는 인정에 의한 판결과 석방이 모자와 사제 간의 재회로 귀결되었다. 그런데 그러한 관계는 다분히 우연적이었고 그러기에 기구하고 특별한 경우로 간주된다. 두 영화 장르 표기에 '신파'가 따라다니는 것은 이러한 속성 때문이다. 이와 달리 〈어느 여대생의 고백〉에서는 눈물과 인정이 과거의 모든 잘못을 합리화할 수 있는 기반으로 작용하며 용서와 화해의 논리로 나아간다. 그러면서 과거의 책임을 묻지 않는 무조건적인 가부장 재건과 근대화 프로젝트가 손잡는 데 일종의 매개 역할을 한다. 이와 같이 '정情의 윤리'를 넘어서는 '정의 논리'는 당대 법의식의 상태를 보여주는 한편 그 뒤 전개되는 근대화의 본질과 작동 원리를 시사하며 역사의 징후를 드러낸다.

1966년 임권택 감독이 연출한 〈법창을 울린 옥이〉는 〈어느 여대생의 고백〉에 나타난 이러한 징후를 보다 확연히 드러낸다. 동시에 정의 논리로 봉합할 수 없는 근대화의 비정함을 보여주기도 한다. 황옥순(문희)은 사업가 아버지 슬하에서 유복하게 자라던 4남매의 맏이였다. 그런데 그녀가 고등학생일 때 아버지가 증권 투자에 실패하여 큰 빚을 지고 죽자 순식간에 온 가족이 가난의 나락으로 떨어진다. 이때부터 옥순은 밤낮으로 일하여 가족을 부양하고 빚을 갚아보지만 갈수록 가난은 더해갈 뿐이다. 어머니(주증녀)는 장남 주환에게 희망을 걸고 그의 학업만은 지원하라고 옥순을 종용하는데, 주환은 구두닦이로 가족을 도우려다 오히려 앵벌이 조직에 잡혀 경찰서에 드나들더니 소식이 끊긴다. 빚의 수렁에서 벗어날 수 없는 상태에서 건강이 악화되어 공장에서까지 쫓겨난 옥순은 결국 가족 생계에 짐이 되는 어린 두 동생과 함께 죽기로 결심한다. 옥순이 먼저 수면제 '세코날'을 먹고 어린 동생들이 배고프다며 따라 먹었건만 두 동생만 죽고 옥순은 살아난다. 이에 옥순은 존속 살해 혐의로 법정에 서게 된다.

법정에서 옥순에 대한 변호는 〈어느 여대생의 고백〉에서와 같이 상황논리를 앞세우고 감정에 호소하며 전개된다. 변호사(최무룡)는 미성년자가 감당하기 어려웠을 가난을 강조하면서 불가항력적인 상황을 변론의 근거로 활용한다. 그리고 "이 자리의 법은 무섭게 노려보는 법이 되지 말고 저 손을 붙잡고 같이 울어주는 법"이 되어달라는 호소 끝에 "법은 곧 교육"이라는 결론에 도달한다. 다시 말해 피고가 성숙하지 못한 미성년자로서 어쩔 수 없는 가난 앞에서 범한 잘못이기에 선고를 유예하고 속죄의 길을 열어주어야 한다는 것이다. 이 와중에 증인으로 나선 어머니가 부모 노릇 제대로 못한 자신의 죄라고 읍소하고, 남동생은 우리 누나를 살려주면 법관의 구두를 평생 닦아주겠다고 사정하며 동정을 불러일으킨 끝에 옥순은 집행유예로 풀려난다.

그런데 옥순의 사건이 법창法窓을 울리기는 했지만 현실적으로 해결된 것은 없다. 변론에서 변호사가 옥순에게 열어주어야 한다고 했던 '속죄의 길'은 바로 '봉양'이었다. 옥이에게 존속살해죄를 묻는 것보다 그녀를 석방시켜 가족을 부양하며 속죄케 하는 것이 '교육'이라는 것이다. 결과적으로 옥순이 석방되기는 했으나 그렇다고 빚이 탕감된 것도 아니

1. 〈법창을 울린 옥이〉(임권택, 1966)의 포스터. 포스터에서 법복을 입고 있는 최무룡은 이 영화에서 옥순의 변호를 맡았다. 그 앞에 있는 김운하는 옥순의 연인으로 기관사를 꿈꾸는 청년 철호를 연기했다.
2. 〈법창을 울린 옥이〉의 주인공 옥순(문희)이 어린 두 동생을 죽인 존속 살해 혐의로 법정에서 재판을 받는 장면.

고 어머니나 남동생에게 뾰족한 생활력이 생긴 것도 아니며 그녀의 건강이 나아지지도 않았다. 그녀는 다시 공장에 나가 죽어라 일해 어머니를 봉양하며 빚을 갚아야 하고, 어머니가 늙어서 의탁할 장남 주환을 공부시켜야 한다. 그나마 희망이 있다면 군복무 중인 연인 철호(김운하)가 있다는 것이나 그도 제 코가 석자인 철도 노동자다. 오히려 전보다 나아진 게 있다면 두 동생이 없어졌기 때문에 옥순이 먹여 살려야 할 입이 줄었다는 것이다.

이 영화의 마지막 장면은 옥순이 석방되어 어머니, 주환, 철호와 함께 네 명이 단출하게 걸어가는 뒷모습을 보여준다. 결말에서 주인공들이 재회하여 나란히 걸어가는 모습을 보여주며 화합으로 마무리하는 것은 당시 멜로드라마에서 자주 볼 수 있는 장면이다. 〈눈 나리는 밤〉은 기차역에서 어머니와 남매의 극적인 상봉으로 마무리되고, 〈검사와 여선생〉에서도 검사가 선생님을 모시고 가는 모습을 비추며 영화가 끝난다. 그런데 두 영화와 달리 이 영화에서는 주인공의 석방과 가족의 재회를 기뻐할 수만은 없다. 앞서 말했듯이 옥순 가족의 근본적인 문제, 즉 생활고가 해결되지 않았기 때문이다. 그나마 네 사람은 자기 먹을 것은 벌 수 있는 사람들이다. 온전히 먹여 살려야 하는 어린 동생들은 죽고, 경제활동을 할 수 있는 사람들만 살아남았는데 그게 나아진 상황으로 다가온다는 것은 너무나 참담하다. 결과적으로 옥순이 동생들을 죽임으로써 생활고가 부분적으로나마 해결된 셈이고, 법은 그러한 옥순에게 다시 일해서 속죄하라고 석방시키는 것이니 옥순은 죽고 싶어도 죽을 수도 없다. 법의 관용 뒤에서 비정한 경제 논리가 움직이고 있으며, 결과적으로 법은 죽어라 일해서 가난에서 벗어나라는 경제 근대화 드라이브에 힘을 보태는 셈이다. 이렇게 〈법창을 울린 옥이〉는 정의 논리에 기댄 법의 관용으로만 봉합할 수 없는 현실의 비정함과 함께 근대화의 그늘을 은연중에 드러낸다. 이는 〈어느 여대생의 고백〉에서 가부장의 재건과 근대화 프로젝트를 손잡게 하며 절묘한 봉합을 이루었던 것이 일시적 환시였으며, 거기에는 본질적 어긋남이 내재하고 있었음을 보다 분명히 드러낸다.

법보다 반공反共, 추리의 불가능성

그래도 1960년대까지는 법정의 권위와 법에 대한 믿음이 살아 있었다. 그런데 1970년대에 들어서 후반으로 갈수록 그 믿음은 현저히 깨져나간다. 그럼에도(아니 그래서인지) 1970년대 검열에서 가장 엄격하게 제한했던 항목은 군인이나 경찰의 권위를 손상시키는 부분이었다. 제복에 조금이라도 흐트러짐이 있어서는 안 되었고 국군이나 경찰은 언제나 반듯하게 걷고 정의롭게 행동하는 것으로 묘사되어야 했다. 〈바보들의 행진〉(하길종, 1975)에서 우선 문제되었던 부분이 장발 단속을 하는 경찰관의 머리가 장발이고 그가 우스꽝스럽게 묘사되어 경찰의 품위를 떨어뜨렸다는 것이었다. 이러한 검열 때문에 오히려 1970년대 영화에서는 법의 표상이 대중의 공감대보다는 국가의 의도를 반영하는 경우가 대부분이었다. 〈특별수사본부〉 시리즈와 같은 반공영화에서 공안검사 오제도가 가장 인격적이고 관용적으로 묘사되는 것이 대표적인 예다.

〈특별수사본부〉 시리즈는 동아방송(라디오)의 인기 연속 드라마였던 〈특별수사본부〉를 차례로 영화화한 것으로, 주로 김소산, 이난희, 배태옥, 김수임과 같은 해방기 여간첩의 이야기를 다루었다. 이 시리즈에서 여간첩들은 하나같이 오제도(최무룡)에게 감화되어 협조한다. 이렇듯 오제도로 상징되는 남한의 공권력을 노골적으로 미화하려는 의도가 강한데, 그 와중에 숨길 수 없는 모순과 균열이 노출되곤 한다. 시리즈의 마지막 편인 〈외팔이 김종원〉(이원세, 1975)에 이르면 그런 점이 한층 두드러진다. 김종원(박근형)은 남로당원으로서 특별수사본부을 위해 활동한 이중간첩으로 빨치산을 소탕하는 데 중요한 정보를 제공한다. 그러나 토벌이 끝나자 김종원은 체포되어 사형 선고를 받는다. 그가 믿고 있던 특별수사본부의 최운하 과장(문오장)이 작전 도중에 죽었기 때문이다. 북측에서는 당이 명령하고 남측에서는 특별수사본부가 안전을 보장했지만, 명령하고 약속한 당사자가 죽었을 때 아무도 책임지지 않는다. 법이나 원칙은 시스템이 아니라 사적 차원에서 편의적으로 통용될 뿐이다. 그래

〈특별수사본부〉 시리즈의 미지막 편인 〈외팔이 김종원〉(이원세, 1975)의 포스터. 이 영화에서 김종원 역을 맡은 박근형은 당시 위험한 매력을 지닌 개성 있는 미남 배우였다. 그는 이 영화에서 미워할 수 없는 이중간첩 역을 탁월하게 소화한다. 박근형은 〈군번 없는 용사〉(이만희, 1966)의 신성일로 시작해, 〈태극기 휘날리며〉(강제규, 2004)의 장동건, 〈포화 속으로〉(이재한, 2010)의 차승원, 〈강철비〉(양우석, 2017)의 정우성 등에 이르는 미남 인민군 이미지의 맥을 이어주는 배우다. 그는 〈특별수사본부〉 시리즈에 앞서 〈지하실의 7인〉(이성구, 1969)에서 인간적 매력을 지닌 인민군으로 분한 바 있다.

서 자신의 신념을 선택해 죽기로 했다면 모르지만 살아남고자 한다면 눈치껏 움직여야 한다. 이 영화에서 역시 이중간첩 노릇을 하다 사형당하는 임충복(이치우)의 말은 이를 대변한다. "살기 위해서 여기 붙었다 저기 붙었다 했다. 오로지 살기 위해서 버둥댔을 뿐이다." 이 영화는 해방기 이념 대립에 대해 1970년대의 강고한 반공주의를 내세워 해석한 영화다. 그만큼 해방기를 배경으로 하고 있지만 1970년대의 의식 구조와 상황을 반영하고 있다. 인물들의 의상이나 스타일에서 1970년대 액션물과 겹치는 것도 이를 방증한다. 그래서 이 영화에 나타난 무원칙하고 편의적인 공권력의 표상은 당시 국가의 상황과 연관되어 읽힌다.

1970년대에 심각한 모순을 드러낸 국가 공권력의 문제는 1980년에 이르러서야 폭로가 이루어진다. 1980년에는 유신체제에 의해 억압되었던 이야기들이 터져 나왔는데, 이장호 감독의 〈바람 불어 좋은 날〉, 임권택 감독의 〈짝코〉, 이두용 감독의 〈최후의 증인〉이 대표적인 영화다. 이 중에서 〈최후의 증인〉은 스릴러 장르를 통해 이념의 벽에 가로막힌 부조리한 남한사회와 여기에 기생하는 부패한 공권력을 총체적으로 보여준다. 이 영화는 1974년 《한국일보》 장편소설 공모전에서 당선한 김성종의 동명 추리소설을 원작으로 한다. 이 소설은 김래성 이후 창작 추리소설의 새 장을 연 베스트셀러였고, 1979년에 MBC에서 '6·25 특집극'으로 제작하여 화제가 되기도 했다. 영화는 원작에 비해 반공주의를 약화시키며 158분짜리 대작으로 완성되었는데, 검열에서 절반에 가깝게 잘려 나가며 흥행에서도 실패하고 만다. 그러나 이 영화는 1981년에 칸 영화제에서 지명 출품 요청을 받았고, 2016년에는 한국영상자료원에 의해 복원되며 재평가된다.

대졸 엘리트이면서도 대기 발령 중이던 형사 오병호(하명중)는 서장으로부터 양달수(이대근)라는 양조장 주인 살인 사건의 수사를 맡으라는 지시를 받는다. 오병호는 사건을 수사하던 중 이 사건이 양달수가 죽기 전에 살해된 김중엽 변호사(한지일)의 죽음과도 연관되어 있다는 사실을 알게 된다. 그리고 그 뒤에는 한국전쟁 이후 30년 분단으로 인한 비극적 역사가 있다. 빨치산 대장 손석진(최성호)은 외동딸 지혜(정윤희)를 위해 전 재산을 정리한 보물을 지리산에 묻어놓고 죽는다. 순박하고 충직한 머슴 황바우(최불암)는 손지혜를 지키기 위해 최선을 다하나 그녀와 보물을 노리는 속악한 인간들을 당할 길이 없다. 황바우는 지혜가 산에서 윤간당해 낳은 아들까지 보듬으며 지혜와 가정을 꾸린다. 그런데 토벌대 대장이었던 양달수와 당시 공안검사였던 김중엽은 황바우를 한동주

(태일)라는 인물을 죽인 살인범으로 몰아 지혜와 보물을 차지한다. '빨치산' 출신의 문맹자 하나를 사형수로 만들고 '빨갱이 딸'의 인생과 재산을 빼앗는 것은 토벌대장과 공안검사에겐 너무나 쉬운 일이었다. 그리고 20여 년이 지나 그 두 인물이 연쇄 살해된 것이다. 오병호는 남한의 현대사가 품고 있는 엄청난 부조리와 비극의 무게 앞에서 괴로워하면서도 점점 더 사명감에 불타올라 진실을 추적한다. 그러던 중 한동주가 살아 있다는 사실을 알게 된다. 그리고 한동주가 손지혜의 아들 태영을 사주하여 김중엽과 양달수를 죽였다는 것도 밝혀진다. 그러나 태영은 살인을 저지른 후 정신이상이 되고, 모범수로 풀려난 황바우는 태영의 죄를 자신에게 돌리며 자살한다. 황바우의 뒤를 따라 손지혜 또한 목숨을 끊는다. 오병호는 수사 과정에서 뇌물, 폭력, 과실치사에 연루되지 않을 수 없었고 마지막에는 체포되기에 이른다. 공권력은 부정한 방법으로 돈과 권력을 차지한 인간들의 것이기에 불법을 저지르지 않고는 수사조차 진행할 수 없었던 것이다. 그러나 결국 선량하고 억울한 이들만 미치거나 죽어버리고 마는 현실 앞에서 오병호마저 자살한다.

탐정이 자살하는 것은 추리소설의 역사에서 유례없는 일이다. 근본적으로 추리는 법을 기반으로 한다. 법을 믿을 수 없을 때 탐정은 존재 기반을 잃고 치명적 위기에 처할 수밖에 없다. (이때 추리 장르는 갱스터로 옮아간다.) 미국사회의 정경 유착 문제를 폭로하며 미국의 법과 질서를 총체적으로 비판한 로만 폴란스키의 〈차이나타운^{Chinatown}〉(1974)이 '하드보일드 장르의 묘비명'이라고 불리는 것도 바로 이러한 이유 때문이다. 그나마 〈차이나타운〉의 기티스(잭 니컬슨)는 사립탐정이었지만 오병호는 국가에 소속된 경찰이다. "사건을 해결하고 사회 질서를 유지해야 하는" 형사 오병호가 합리적 추리를 통해서는 돌파할 길이 없을 때, 그는 진실을 외면하고 수사에서 손을 떼거나 무력함을 인정하고 형사를 그만 두어야 한다. 그런데 그는 살인 혐의로 수배되어 오히려 경찰에게 쫓기는 처지에 놓여서도 수사를 계속한다. 오병호를 그렇게 만드는 힘은 양심과 감정이다. 영미 추리 장르에서 탐정은 표면적으로는 이성적 추리를 무기이자 의장으로 삼는다. 하드보일드 장르에서 냉정한 탐정이 양심과 감정 때문에 번민하는 것은 현대 추리물에서 볼 수 있는 균열이자 놓칠 수 없는 재미이기도 하지만, 그들은 양심과 감정을 명분으로 내세우거나 직설적으로 드러내진 않는다. 이와 달리 한국 추리 장르에서는 이 장르가 형성된 이후 지금까지 탐정이 양심과 감정을 표방해왔다. 이는 한국 추리 서사의 특징이라고 할 만하며, 재판이 이성적인 판단 이전에 인정에 호소하는 형태를 띠는 것과도 연관된 현상이다. 그만큼 한국의 대중 서사에서 '감정'이 중요하다는 점과 더불어 법은 유동적이어서 일관되게 적용되지 않는다는 현실과 인식을 반영한다. 원작에서 손지혜는 "법을 믿으라구요? 법을 믿었기 때문에 이분〔황바우〕은 20년 동안이나 억울하게 감옥에 갇혀 있었지요"라고 항변하기도 한다.

원작에서는 한동주가 장기간 암약해온 간첩이었던 것으로 판명되며 모든 죄악이 '간첩의 만행'으로 귀결된다. 영화는 원작의 서사를 비교적 충실히 옮기면서도 결말에서 한동주가 간첩임을 분명히 하지 않음으로써 반공주의를 약화시켰다. 그럼에도 수사 과정에서 제기된 문제와 진실이 봉합되지 못하기는 마찬가지다. 그래서 해결할 수 없는 역사적이고 총체적인 부조리의 무게는 그대로 남고 오병호는 양심과 감정 때문에 그 무게를 스스로 견디지 못해 자살하는 것이다.[88] 탐정의 자살은 이

〈최후의 증인〉(이두용, 1980)에서 손지혜(정윤희)는 산에서 온갖 수난을 당하고 황바우(최불암)는 그런 그녀를 목숨 걸고 지킨다.

산을 내려와 바우와 지혜가 가정을 꾸렸을 때 지혜와 보물을 노린 양달수(이대근)가 음모를 꾸민다.

마지막에 진실에 대한 추적이 끝났을 때 역사적이고 총체적인 부조리의 무게 앞에서 오병호(하명중, 전면 가운데)는 살아갈 힘을 잃는다.

례적이지만, 앞서 말했듯이 그렇다고 오병호라는 캐릭터가 한국영화사에서 특이한 탐정은 아니다. 한국에서는 1960년대 이후 사립탐정이 불법이었기 때문에 국가 공권력이 주로 탐정 역할을 수행했고 한국영화에서 그들이 긍정적으로 재현될 때에는 냉정한 판단보다는 '양심과 감정'을 앞세우는 것이 보편적이었다. 그래서 오병호의 자살은 상징적이다. 그것은 1970년대에 추리를 끝까지 밀고 나간 인물의 운명으로 해석되기 때문이다.

'추리推理'란 "알고 있는 것을 바탕으로 알지 못하는 것을 미루어서 생각하는 것, 증거나 정황에 따라 기지旣知의 판단으로부터 새로운 판단을 도출하는 사유 작용"을 일컫는다. 이러한 사유를 바탕으로 하는 추리 장르의 발달은 합리적 이성을 전제로 한 과학 수사와 증거 재판주의를 요체로 하는 근대 법제도의 전개와 맥을 같이한다. 그래서 추리 주체이자 양심적인 경찰이고자 했던 오병호의 자살은 최소한의 합리성과 공권력에 대한 믿음조차 찾아볼 수 없는 현실을 시사한다. 그리고 개인의 양심과 감정이 그러한 현실과 직면했을 때의 파국적 결과를 보여준다. 이는 해방 이후 법의 관용으로 간주되었던 인정의 윤리가 도달한 한계이기도 하다. 1970년대에 이미 한국사회는 정情에 기댄 편의적이고 무원칙한 공감으로 해결될 수 있는 단계가 아니었음에도 개발독재체제는 공권력으로 합리주의를 유예하여 역사적 파행을 초래했다. 1980년 영화 〈최후의 증인〉은 그것이 폭발한 지점을 보여준다.

법정 멜로드라마에서 법정 추리물로

한국영화사에서 '법정영화'라는 장르가 익숙해진 것은 오래되지 않은 일이다. 언론에서 '법정영화'로서 처음 주목받은 한국영화는 1990년에 나온 〈단지 그대가 여자라는 이유만으로〉(김유진)이다.[89] 그리고 나서 1990년대 후반에 나온 두 편의 코미디 영화, 〈박대박〉(양영철, 1997)과 〈생과부 위자료 청구소송〉(강우석, 1998)이 '법정영화 코미디'로 불렸

1990년대의 법정영화들.

1. 첫 번째 본격 법정영화로 기록된 〈단지 그대가 여자라는 이유만으로〉(김유진, 1990)의 포스터.

2. 판사 아버지와 변호사 아들이 법정에서 겨룬다는 설정의 가족 멜로드라마이자 법정 코미디 〈박대박〉(양영철, 1997)의 포스터.

3. 법정 코미디 〈생과부 위자료 청구소송〉(강우석, 1998)의 포스터.

다.[90] 1989년에 〈피고인The Accused〉(조너선 캐플런, 1988)이 개봉한 이후 할리우드 법정영화는 심심치 않게 한국 극장가에 소개되었고, 이와 더불어 신문에 '법정영화'와 함께 '법정 미스터리', '법정 스릴러', '법정 드라마' 같은 용어가 자주 오르내렸다. 그럼에도 이 시기에 법정영화로 지칭된 한국영화는 앞서 언급한 세 편 정도에 불과하다. 한국영화에서 '법정영화'가 본격적으로 나온 것은 2010년대에 들어서다. '한국 법정영화'라고 할 때 떠오르는 영화들인 〈의뢰인〉(손영성, 2011), 〈부러진 화살〉(정지영, 2012), 〈변호인〉(양우석, 2013), 〈소수의견〉(김성제, 2015), 〈성난 변호사〉(허종호, 2015), 〈침묵〉(정지우, 2017), 〈허스토리〉(민규동, 2018)만 보아도 이를 쉽게 확인할 수 있다. 주인공이 법조인이거나 사법 체계와 관련된 정의를 다룬 사회물인 〈부당거래〉(류승완, 2010), 〈내부자들〉(우민호, 2015), 〈더 킹〉(한재림, 2017) 등등으로 시야를 확대해도 마찬가지다.

이러한 현상에 대해서는 다각적인 설명이 필요하겠으나 우선 영화 장르의 전개 차원에서 보면 크게 두 가지 이유가 있다. 첫째, 1980년대까지 한국영화에서 압도적 우세를 보인 장르는 멜로드라마였다는 것이고,[91] 둘째, 법정영화와 동일한 기반을 공유했을 뿐 아니라 상위 장르이자 모태 역할을 한 추리물이 2000년대에 들어서야 비로소 본격화되었다는 것이다. 다시 말해 1980년대까지 법정 장면은 주로 멜로드라마에 삽입되는 형태로 재현되었으며, 재판 과정이 서사에서 핵심적 역할을 하는 영화가 있었다 해도 법정영화로 불리지는 않았다. 1990년대 이후에는 재판 과정을 메인 플롯으로 하는 영화가 등장하면서 장르가 다양해진다고는 하나 대표작으로 꼽히는 〈단지 그대가 여자라는 이유만으로〉만 해도 멜로드라마에 속한다. 〈박대박〉과 〈생과부 위자료 청구소송〉 역시 재판 과정을 통해 가족 간의 갈등과 화합을 다룬다는 점에서 멜로드라마 구조를 지니고 있다.

2000년대 들어서야 추리 장르가 부상하며 추리와 연계되어 법정이 재현되는 경향이 강화된다. 그리고 2010년대에는 법정추리물이 '법정영화'의 본령을 차지하며 화제가 되는 빈도가 높아진다. 과학적 증거에 입각하여 합리적 의심이 없을 정도의 증명에 이르러야 하는 근대 법정의 증거 재판주의는 불가사의한 범죄의 발생과 그 해결 과정을 중심 플롯으로 삼는 추리 장르[92]의 기반이므로 이는 자연스러운 현상이다. 또한 추리 장르가 번성하면서 재판 장면이 빈번하게 재현되고 그 과정에서 '법정영화'가 하나의 장르로 성립하는 것 또한 필연적인 전개다. 그렇다면 왜 이러한 현상이 1990년대에 시작되어 2000년대에 본격화되었을까? 그리고 2010년대에 들어서며 한국영화계에서 법정영화가 부상한 이유는 무엇일까?

2000년에 분단문제를 추리 장르로 풀어낸 영화 〈공동경비구역 JSA〉가 나온 것은 분단영화의 역사에서뿐 아니라 한국 추리 장르의 발달에서도 의미 있는 사건이었다. 그 뒤 〈공공의 적〉(강우석, 2002), 〈올드보이〉(박찬욱, 2003), 〈살인의 추억〉(봉준호, 2003), 〈범죄의 재구성〉(최동훈, 2004), 〈친절한 금자씨〉(박찬욱, 2005) 등이 잇따라 흥행하면서 스릴러 영화가 조금씩 늘어나다가, 2007년부터 이 장르의 제작 편수가 크게 증가하고 문제작—〈세븐데이즈〉(원신연), 〈극락도 살인사건〉(김한민), 〈궁녀〉(김미정), 〈추격자〉(나홍진) 등—도 늘면서 전성기를 맞는 듯했다. 그러나 2009년에는 제작 편수에 비해 눈에 띌 만한 흥행작이 사라졌고 2010년부터 추리 장르는 또 다른 국면을 맞이했다. 즉, 한 사건의 해결이나 범죄자의 사연에 국한되는 것이 아니라 국가권력과 자본의 유착 관계를 거대한 범인으로 지목하는 영화가 대세를 이루었다. 〈부당거래〉(류승완, 2010)에서부터 〈도가니〉(황동혁, 2011), 〈성난 변호사〉(허종호, 2015), 〈베테랑〉(류승완, 2015), 〈내부자들〉(우민호, 2015), 〈더 킹〉(한재림, 2017), 〈마스터〉(조의석, 2016), 〈침묵〉(정지우, 2017) 등 일련의 영화가 그런 사실을 잘 보여준다.

추리 장르 또한 다른 장르와 마찬가지로 궁극적으로는 선악이나 옳고 그름의 이분법에 기반을 둔다. 그러나 추리 장르의 묘미는 그것이 깨져나가는 데 있기도 하다. 그래서 추리물은 근대 이후 합리적 이성과 법제도에 대한 믿음에서 출발한 장르임에도 그 역사적 전개에서는 점점 더 그러한 믿음이야말로 인간의 오만임을 증명하는 역설이 발생한다. 근대 이성주의는 회의懷疑를 전제로 하므로 이성주의 안에 이미 그러한 역설이 본질적으로 내장되어 있기도 하다. 한편 사회학의 차원에서 추리

2010년대 대표적인 법정영화들의 포스터. 이 영화들은 모두 실화를 바탕으로 했다는 공통점이 있다.

1. 대학입시의 오류를 지적했다가 대학으로부터 해임된 교수가 부당한 판결을 내린 판사를 찾아가 석궁으로 가해했던 사건을 소재로 한 〈부러진 화살〉(정지영, 2012).

2. 청각장애인 특수학교의 성폭력 사건을 소재로 한 〈도가니〉(황동혁, 2011). 이 영화가 반향을 일으키면서 실제로 재심을 이끌어냈다.

3. 용산 참사를 소재로 한 영화 〈소수의견〉(김성제, 2015).

4. 관부 재판을 소재로 한 영화 〈허스토리〉(민규동, 2018).

소설에 접근했던 에르네스트 만델Ernest Mandel은 자본주의 사회가 발달할수록 추리물을 대하는 대중은 경찰과 법 집행을 점점 더 회의적인 태도로 대한다고 말한다.[93] 이러한 맥락에서 볼 때 2000년대 추리 장르의 부상은 일단 한국사회가 범죄에 대한 추리 과정 자체에 관심을 갖고 흥미를 기울이게 되었음을 보여준다. 그리고 이는 식민지 경험과 분단의 이분법에 고착되어 있던 이성적 사유와 합리적 추리의 날개가 움직이기 시작한 문화적 현대화modernization의 징후라고 할 수 있다. 그러면서 현재 추리 장르는 전지구적 자본주의화 속에서 국가권력에 대해 던지는 질문들을 반영하게 된 것이다.

이렇게 추리 장르가 진화하는 가운데 법정 묘사 또한 〈단지 그대가 여자라는 이유만으로〉에서도 확인할 수 있었던 인정의 윤리나 〈생과부 위자료 청구소송〉에서도 확연했던 선악 구도에서 벗어나 법을 둘러싼 여러 힘과 변수를 다각적으로 보여주기에 이른다. 그러면서 법은 자본과 기존 권력의 도구로 묘사되고, 법조인 표상에서 그나마 권위를 유지하던 판사 또한 권위를 상실하고 기득권을 지키려는 이익집단으로 재현된다. 〈부러진 화살〉에서 판사에게 테러했다는 이유로 판사들이 피고인에게 교묘하게 보복하는 것이 대표적인 예다. 그러나 이러한 표상이 선악 구도에 종속될수록 영화는 관습적으로 보인다. 〈부러진 화살〉이 의미 있는 문제 제기를 했는데도 진부해 보인 것은 이 때문이다. 기본적으로 대중의 공감대에는 기득권 세력에 대한 저항 심리가 저류하고 있지만, 이해관계나 맥락에 따라 누구나 선일 수도 악일 수도 있다는 것이 신자유주의 시대 서사의 흐름이다. 법정영화는 논리와 언어에 대한 의존도가 높은 만큼 이러한 흐름의 역학을 구조적으로 잘 보여준다.

법보다 자본의 시대, 균형적 역학의 필요성

〈소수의견〉은 다음과 같은 자막으로 시작한다.

"이 영화의 사건은 실화가 아니며 인물은 실존하지 않습니다."

자막의 내용대로 이 영화는 2010년에 출간된 손아람의 동명 소설을 원작으로 하는 픽션임이 틀림없다. 그럼에도 영화를 보는 내내 관객은 2009년 용산 참사를 떠올리게 되고 기시감을 경험하며 자연스럽게 리얼리티에 몰입한다. 허구이지만 관객으로 하여금 이미 알고 있는 사실처럼 받아들이며 영화를 체험하게 만드는 것, 이것이 이 영화의 강점이자 정체성을 잘 보여주는 지점이다.

이 영화에서 그 자연스러운 리얼리티를 구축하는 것은 다원적 균형 감각이다. 이런 감각은 이 영화가 이분법적 구도를 여러 측면에서 벗어나면서도 중심을 잃지 않는 데에서 드러난다. 우선 이 영화에서는 '철거민 대 경찰' 또는 '철거민 대 깡패'와 같은 대립 구도를 설정하지 않는다. 그런 점은 박재호(이경영)를 일방적인 피해자로 놓지 않은 데에서 잘 드러난다. 박재호와 같이 아들을 잃은 또 다른 아버지, 김의택 의경의 부친(장광)을 보여줌으로써 두 인물의 아픔을 동일선상에서 다룬다. 이러한 태도는 이 영화 전반에 걸쳐 있다. 예컨대 지방대 출신으로 '줄'도 '백(배경)'도 없는 변호사 윤진원(윤계상)을 주인공으로 삼으면서도 그 옆에서 학벌과 인맥으로 결정적 역할을 하는 장대석(유해진)을 동지로 설정함으로써 '지방 대 서울', '비주류 대 주류'와 같은 관습적인 이분법에서 벗어난다.

또한 변호사나 피고인의 시각보다는 언론인으로서 자기를 내세우며

〈소수의견〉의 재판 장면.
1. 홍재덕 검사 역할을 맡은 김의성.
2. 판사 역할의 권해효.
3. 재판을 취재하는 기자 역할의 김옥빈.

정보를 공개하는 기자 수경(김옥빈)이나, 동료의 죽음을 목격했기에 진실을 알지만 증언할 수 없는 의경 승준(엄태구)은 일정한 국면에서는 주인공에게 적대적이지만, 각자의 진실에 충실한 것으로 다루어짐으로써 전체적인 구도에서는 다원성을 구성한다. 그렇기 때문에 그들의 행동은 주인공에게 부정적 영향만을 미치지는 않는다. 수경의 폭로는 결과적으로 재판에 여론의 힘이 실리게 하고, 승준의 침묵은 그 행간에서 의외의 음모를 읽게 만드는 식이다. 그러한 아이러니가 흥미롭게 드러나는 대목은 윤진원이 시위 현장에서 체포되었다는 사실 때문에 품위 손상으로 징계를 받게 되었을 때다. 징계에서 그를 구해주는 것은 그의 친구나 동료가 아니다. 그것은 보수적인 원로 판사의 바늘조차 꽂을 데 없는 강고한 원칙이었다. 그것은 윤진원이 사전에 가장 염려했던 부분인데, 오히려 법대로 한다는 고집스러운 원칙주의가 징계를 면하게 해준 것이다. 이러한 사건들은 이 영화가 사람을 바라보는 태도를 드러낸다. 그것은 오프닝에서 제시되는 철거 현장 플래카드의 글귀("1% 자본가를 제외한 99% 온 국민 여러분이 우리 모두가 예비 철거민입니다")처럼 99퍼센트에 해당하는 사람들을 동지의 가능태로 대하는 것이다.

그 결과 다양한 힘들이 충돌하고 길항하면서 빚어내는 아이러니한 결들이 이분법적 긴장과는 다른 소소한 재미와 담박한 감동을 만들어낸다. 윤진원이 수임료 때문에 변호를 맡았던 조폭 보스에 의해 결정적 도움을 받는 것, 귀찮은 일에 휘말리기 싫어하지만 상식을 지닌 판사(권해효)가 증거 채택이나 판단에서 시종 난처해하는 것, 장대석이 스스로를 "386따라지, 하빠리 변호사"라고 비하하면서도 끝까지 윤진원을 돕는 것, 그리고 아들을 잃은 두 아버지가 눈물을 흘리며 상대방을 이해하고 잘못을 비는 것 등 국면마다 이어지는 작은 아이러니들이 이 영화를 촘촘하게 직조한다. 소수의견이란, 의사 결정이 다수결에 의해 이루어지는 합의체에서 다수의 의견에 포함되지 않아 폐기된 의견을 말한다. 이 영화에서 그 제목이 가장 잘 어울리는 부분을 꼽으라면 다양한 사람들과 처지 그리고 그 얽힘을 놓치지 않는 구성이라고 할 수 있을 것이다.

99퍼센트의 입장에서 권력의 책임을 묻다

그러나 〈소수의견〉은 여기에서 끝나지 않는 힘을 지니고 있다. 한쪽에 치우치거나 감정 과잉에 흐르지 않으면서 다양한 입장에 대한 균형 감각을 잃지 않는 과정에서 견지되는 조용한 뚝심이 그것이다. 이 영화의 마지막 장면에서 윤진원은 박재호 사건의 검사였던 홍재덕(김의성)과

법원 앞에서 우연히 마주친다. 홍재덕은 자신의 위법 행위를 국가에 대한 자발적 봉사라고 주장하며 윤진원에게 일갈한다. "네가 뭘 알아!" 그러자 윤진원은 당당하게 돌아서 가는 홍재덕의 뒷모습을 잠시 물끄러미 보더니 그가 방금 전에 건넨 명함을 바로 찢어버린다. 이 장면이야말로 이 영화의 화룡점정이다. 앞서 말했듯이 소소한 재미로 이루어진 이 영화를 관객은 끝까지 흥미롭게 보지만 영화를 통해 참신한 정보를 알게 되거나 충격적인 반전을 경험하지는 않는다. 박재호 관련 재판에서도, 국가에 대한 소송에서도, 재판 결과로만 본다면 주인공이 승리하는 대목은 없다. 그래서 해피엔딩은 아니면서도 이 영화는 묘하게 긍정적인 분위기를 만들어내며 막을 내린다. 그 결정타는 명함을 찢는 윤진원의 '시크함'에 있다. 권력의 개가 되어야 한다는 신념이 뼛속까지 밴 괴물 앞에서 '쫄지도' 머뭇대지도 않는 패기는 일상 속 대의의 실천이라고 말할 수 있을 것 같다. 그래서 윤진원과 장대석은 큰 요리를 할 줄 모르고 "짜장면과 짬뽕을 팔아 먹고사는 동네 중국집" 같은 변호사들이면서도 "100원에 법의 길을 묻고", 누군가 "박살날 때까지 끝까지" 갈 수 있었던 것이다.

〈소수의견〉은 다양한 입장에 대한 세심한 시선과 그것이 빚어내는 작은 아이러니들 덕분에 더 많은 관객들과 공감할 수 있는 지평을 확보한다. 그래서 이 영화는 날카로운 추리영화이기보다는 인물들의 여러 입장을 섬세하게 보여주는 멜로드라마를 닮았다. 여기에서 그 전사前史에 해당하는 법정 멜로드라마와 〈소수의견〉의 역사적 연관성이 발견되며, 〈소수의견〉이 '한국적인' 법정영화라는 인상을 주는 이유도 함께 설명된다. 그러면서도 이 영화는 신자유주의 시대 법을 둘러싼 역학을 균형적으로 재현하면서 '가여운 피고인'과 '그를 그렇게 만드는 몹쓸 세상'이라는 주정적인 이분법에서 벗어난다. 이는 이 영화가 21세기 법정영화 장르의 경향 안에 놓여 있음을 분명히 보여준다. 나아가 〈소수의견〉이라는 제목이 상징하듯, 99퍼센트의 입장에서 1퍼센트를 위해 존재하는 국가권력의 책임을 과감히 물음으로써 '법정영화'의 본연을 상기시킨다. 법보다 자본이고 법의 정의가 땅에 떨어졌다 하더라도 법이 어떻게 존재해야 하는지를 묻는 것이 법정영화의 본질임을 이 영화는 잊지 않은 것이다. 그런 의미에서 〈소수의견〉은 한국영화사의 전통을 이으면서 그것을 현재의 흐름에 맞게 혁신한 동시에 '법정영화' 장르의 본질에 다가가려고 한 '법정영화다운 법정영화'였다.

법정영화의 후발後發과 한국 근대화의 특수성

자본주의가 발달할수록 법과 질서와 국가에 대한 대중의 회의는 커지며, 그에 따라 추리물은 합리적 해결이 아닌 합리성의 실패를 향해 나아가게 된다. 한국사회가 글로벌 경제에 편입되는 시기에 추리물이 부상했다는 점을 생각하면 이러한 주장이 한국의 추리물에도 어느 정도 부합하는 것으로 보인다. 그런데 여기에서 짚고 넘어가야 할 것은 서구 추리물의 역사에서는 로빈 후드와 같은 불법적인 영웅이 근대 법치주의에 의해 악당이 되었다가, 후기 자본주의에 이르면서 다시 불법적인 영웅이 되어 귀환한다는 점이다. 한국 추리물에 불법적 영웅이 재현되었던 맥락은 이와는 달랐다.

한국영화에서는 오랫동안 증거에 근거한 논리적 추론과 법치주의의 원칙에 따라 문제가 해결되지 않았다. 재판 장면은 멜로드라마의 클라이맥스에 삽입되는 형태로만 존재해오다가, 1990년대에 이르러서야 메인 플롯을 이루는 몇 편의 영화가 '법정 멜로', '법정 코미디' 등으로 시도되었다. 그리고 2010년대에 비로소 사회물로서의 법정드라마 장르가 성립했다.[94] 할리우드에서는 1950년대 이후에 법정드라마 장르가 주요 장르에 진입했고, 일본에서도 제2차 세계대전 이후 법정드라마 장르가 발달했던 것과 비교하면 한국의 경우는 매우 늦은 편이다. 이는 한국에 법치주의가 정착하기 어려웠던 근대화의 과정과 연관되어 있다.

일본 제국주의와 함께 도래한 근대 법치주의는 대중에게 정당한 것으로 수용되기 힘들었다. 근대 시민국가의 정치원리가 수용될 토대도 미약했지만, 무엇보다 법에 의한 공권력은 가진 자의 전유물이었다. 가진 자는 일본 제국주의와 친일파에서 분단 이후에는 지주와 자본가, 그리고 군사정권으로 바통을 이어갔다. 그러니 법은 주먹보다 멀었고, 법적 관용은 관대한 법관을 만났을 때에만 가능했다. 그러다 보니 한국영화에 나타나는 법관의 판결은 감정에 좌우되는 편의적인 것이었고, 경찰은 사적 복수가 끝난 다음에야 사이렌만 크게 울리며 사건 현장에 당도하곤 했다.

21세기 들어서도 공권력이 부패하거나 무능하게 재현된다는 점에서는 별로 달라져 보이지 않는다. 그러나 이면을 들여다보면 결정적으로 달라진 점이 있는데, 적어도 법적 절차를 의식하고 논리적 전개가 이루어진다는 것이다. 애초에 법치주의에 대한 인식이 없는 것과 그러한 인식을 바탕으로 서사가 합리성에 의거하여 전개되는 것은 본질적으로 다르다. 20세기 한국영화에서는 억울함, 연민, 자학, 분노와 같은 파토스가 우선했다면 21세기 한국영화에서는 논리적 추론을 밀고 나간 끝에 합리성의 실패를 목도하게 된다. 후기 자본주의 사회에 나타나는 현상이 21세기 한국영화에서도 나타난 것이다. 그런 점이 가장 잘 드러나는 장르가 추리물이다. 추리물이 발달하면서 법정영화 성립의 기반 역시 마련되어 뒤늦게 법정영화가 나올 수 있었던 것이다. 서구 영화의 장르 발전 과정과는 다른, 이러한 동시다발적인 장르 발달 자체가 한국 근대화가 지닌 또 하나의 특수성을 증언한다.

4부

여성

숭배와 혐오는 동전의 양면과 같다. 대상을 고상하고 존엄한 것으로 받들 때 거기에는 범접하기 어려운 엄격한 기준이 존재하게 되므로, 대상이 그것에서 벗어나는 경우에는 도리어 단호하게 버려지고 천시될 수 있다. 여성에 대한 숭배와 혐오의 역사는 이를 가장 잘 보여준다. 여성은 닿을 수 없는 순수로, 돌아갈 수 없는 고향으로 선망과 동경의 대상이기도 했으나, 그렇기 때문에 현실에서는 더 쉽게 짓밟힐 수 있었다. 춘원의 『무정』 이후 1980년대 멜로드라마까지 여성의 정조가 강박적인 관심사가 되었던 것은 숭고와 비천, 보호와 버림의 경계가 허약하고 부질없음을 역설적으로 드러낸다. 그 경계는 '뒤웅박 팔자'를 만들 수 있을 만큼 아슬아슬했고, 때로는 중층적 정체성을 구성할 만큼 모호하기도 했다.

순수와 노스탤지어의 상징이었던 '첫사랑'부터, 근대에 들어서며 전근대의 야만과 미몽을 상징하는 존재로 배척되었던 '무당', 분단체제 안에서 이중의 타자가 되었던 '여간첩', 남성의 전유 공간이었던 법정에 공간 침입자로 등장했던 '여성 법조인', 엄연히 공적 영역에서 일하면서도 젠더 이분법 속에서 차별을 겪는 '여성 노동자'에 이르는 여성의 표상은 그러한 구별을 증언하는 동시에 그것이 얼마나 폭력적이고 부조리한지를 보여준다. 여간첩, 양공주, 여성 빨치산, 무당 등은 공적 영역에서 시민권을 인정받을 수 없었을 뿐 아니라 가부장의 보호로부터도 동떨어짐으로써 중층적인 예외상태에 놓였다. 그들은 분명히 누군가의 딸이었고, 아내이자 엄마였으며 첫사랑이기도 했으나, '양공주', '무당' 등으로 불리는 순간, 가정에도 사회에도 속할 수 없는 존재가 되곤 했다. 여간첩이나 여성 빨치산은 '간첩'이나 '빨치산'과 타자로서 동일성을 지니면서도 여성이라는 젠더의 맥락에서 다시 예외적인 존재로 간주되며 남성 간첩이나 남성 빨치산과는 또 다른 표상을 구성했다.

　이러한 대접은 비단 이단으로 낙인찍힌 여성들에게만 해당하지는 않았다. 가부장이 부재한 상태에서 여성들은 '미망인未亡人'으로, 효녀로, 소녀가장으로 생활을 꾸려가야 했다. 국가가 위기에 처했을 때 그들은 국가라는 더 큰 가부장 질서에 동원되어 헌신해야 했다. 그러나 국가는 필요할 때마다 여성의 노동을 이용하지만, 비상사태가 종료되었을 때 그들을 용도 폐기하는 경우가 허다했다. 그래서 경제위기가 닥쳤을 때 노동시장에서 가장 먼저 배제되고 감축되는 대상 또한 여성이었다.

　예외란 일반적인 규칙이나 통례에서 벗어나는 것인 동시에, 그러한 이유로 규칙, 표준, 보편, 주류, 중심 등에서 제외되는 경우를 가리킨다. 여성에게 그런 예외에 놓이는 위험한 순간은 일상일 뿐 아니라 탈선의 안팎은 샴쌍둥이같이 분리할 수 없기도 하건만, 선을 넘었다고 규정되었을 때 그 처벌은 혹독했다. 그럼에도 여성은 기성 질서에 포용되는 듯하면서도 금세 봉합을 찢고 임계에 출현하는 존재이기도 했다. 예외는 주류와 규칙 바깥으로 배제되지만, 예외가 쌓이면 흐름과 규칙을 바꾼다. 한국영화 속 여성이 이중, 삼중으로 타자화되는 관습 속에서도 끊임없이 임계에 설 때 그러한 에너지가 시스템을 지탱하는 규칙에 균열을 일으키며 임계에 변동이 생긴다. 그리고 이것이 한국영화 관습의 혁신을 추동해왔다. 그런 면에서 보면 한국영화의 진화는 여성 재현의 역사라고 해도 과언이 아니다.

1장

첫사랑

〈맨발의 청춘〉(1964)에서 〈건축학개론〉(2012)까지

우리 모두는 누군가의 첫사랑이었다

2000년대 멜로드라마로서는 드물게 400만 관객을 동원한 〈건축학개론〉(이용주, 2012)은 '첫사랑'에 관한 영화였다. 이 영화에서 주인공 승민(엄태웅)과 서연(한가인)은 15년 전 미처 고백하지 못했던 서로의 마음을 확인하지만 각자 현실적인 선택을 한다. 이승에서 이루지 못할 사랑이라서 함께 죽는다거나, 결혼식장에서 신부의 손을 잡고 뛰쳐나오는 일은 일어나지 않는다. 승민은 약혼했던 부잣집 딸과 문제없이 결혼하여 미국행 비행기를 타고, 서연은 위자료로 지은 제주도 집에서 피아노를 가르치고 아버지를 돌보며 살아간다. 그들은 결합하지 않지만, 그렇다고 해서 그들이 불행해 보이지도 않는다. 이로써 첫사랑은 유일한 사랑

〈건축학개론〉(이용주, 2012)의 포스터. 이 영화는 1997년에 첫사랑을 했던 남녀가 2012년에 다시 만나는 이야기다. 15년 전의 승민과 서연은 이제훈과 배수지가, 현재의 승민과 서연은 엄태웅과 한가인이 연기했다.

이어야 한다는 신화는 깨지고 그동안의 첫사랑 영화에서 결코 순치될 수 없었던 과거의 사랑과 현재의 사랑은 무리 없이 순치된다. 이는 〈건축학개론〉이 기존의 첫사랑 영화들과 결정적으로 달랐던 지점이다.

현재 한국의 중·장년층에게 '첫사랑' 하면 떠오르는 대표적인 작품은 황순원의 소설 「소나기」와 현제명의 가곡 「그 집 앞」일 것이다. 자연과 인간이 어우러지는 시골 마을에서 소년과 소녀가 만나고 소나기를 계기로 애틋한 감정을 느끼지만 소녀의 죽음으로 그 감정은 아픈 추억이 된다. 한국전쟁 이후 줄곧 국어 교과서에 실렸던 이 소설은 알퐁스 도데의 「별」과 함께 순수하고 아름다웠지만 이제는 돌아갈 수 없는 아련한 과거로서의 '첫사랑' 표상을 대중화하는 데 큰 역할을 했다. 이는 「그 집 앞」도 마찬가지다.

오가며 그 집 앞을 지나노라면 / 그리워 나도 몰래 발이 머물고 /
오히려 눈에 띌까 다시 걸어도 / 되오면 그 자리에 서졌습니다.

오늘도 비 내리는 가을 저녁을 / 외로이 이 집 앞을 지나는 마음 /
잊으려 옛날 일을 잊어버리려 / 불빛에 빗줄기만 세며 갑니다.

1절은 수줍은 사랑을 하던 과거를, 2절은 세월이 지나 화자가 중·장년이 되어 과거를 그리워하는 마음을 이야기한다. 화자는 수줍은 사랑을 했고 세월이 흐른 뒤에도 그 집 앞을 지날 때 이루지 못한 사랑이 떠오른다. 「소나기」의 소년이 어른이 되어 고향을 찾았다면 모두가 떠난 윤 초시의 집 앞에서 「그 집 앞」의 화자처럼 서성거리다 홀로 돌아섰을 것이다. 그때 스산한 가을비까지 내린다면, 그는 소녀와 맞았던 한여름 소나기를 떠올리며 "불빛에 빗줄기만 세며" 갔을지 모른다.

'첫사랑'은 언제나 과거형으로, 추억으로 환기될 뿐 현실에서 이루어질 수 있는 게 아니다. 그래서 첫사랑은 더 그리운 대상이기도 하다. 따라서 첫사랑은 돌아가고 싶지만 돌아갈 수 없는 노스탤지어로, 현실과 유리된 순수의 세계로 의미화되곤 한다. 그리고 그것은 대부분 여성, 그 중에서도 생머리 소녀로 표상되는데, 기억과 시선의 주체가 주로 남성이었기 때문이다. 이는 많은 영화에서 아름다운 고향이나 과거가 첫사랑 소녀와 연계되고 그것이 이미 사라졌거나 훼손되어 돌아갈 수 없는 세계로 그려지는 것, 그래서 결국 타락하고 부패한 현실을 긍정할 수밖에 없는 것과도 깊이 연루되어 있다. 그렇다면 한국영화에서 '첫사랑'이 이러한 의미로 일반화된 것은 언제부터일까? 결론부터 말하자면, 다소

놀랍겠지만, 불과 반세기 정도밖에 안 된 일이다.

첫 번째 사랑이 평생의 사랑

평생 지울 수 없는 화인火印을 남기거나, 죽음도 불사하는 순결한 사랑으로서의 '첫사랑'은 1960년대까지만 해도 한국영화에서는 일반적이지 않았다. 〈임금님의 첫사랑〉(이규웅, 1967), 〈황진이의 첫사랑〉(정진우, 1969)과 같은 영화 제목에서도 알 수 있듯이, '첫사랑'은 왕이나 기생처럼 사랑을 여러 번 할 수 있는 특별한 계층에게나 의미 있는 것이었지, 보통 사람들에게 '첫사랑'은 평생의 사랑이기도 했기 때문이다. 한국영화에서 첫사랑이 특별한 의미를 갖기 시작한 것은 1960년대 들어서며 〈맨발의 청춘〉(김기덕, 1964) 유의 청춘물이 유행하면서부터다. 〈맨발의 청춘〉은 계층이 다른 청춘남녀의 비극적인 사랑을 그린 영화다. 두수(신성일)는 깡패이고, 요안나(엄앵란)는 외교관의 딸이다. 두수는 위스키를 마시고 권투잡지를 읽고 대중가요를 듣지만, 요안나는 주스를 마시고 성경을 읽고 클래식을 듣는다. 너무나 다른 두 사람은 바로 그 다름에 끌려 치명적인 사랑에 빠진다. 그러나 그들은 현실에서의 결합이 불가능하다는 것을 절실히 깨닫고 동반 자살한다.

그들의 시신이 발견된 후 기자와 의사 간에 오가는 대화는 첫사랑의 표상을 살펴보는 데 흥미로운 단서를 제공한다. 기자가 "두 사람의 관계는 어땠습니까?"라고 묻자, 의사는 "네, 순결했습니다"라고 대답한다. 그러자 기자는 "아무 일도 없었다는 뜻이죠?"라며 '순결'을 확인한

〈맨발의 청춘〉(김기덕, 1964)의 한 장면. 두수와 요안나는 과천 물레방앗간에서 동반 자살한다.

다. 젊은이들의 사랑이 육체적으로 순결해야 한다는 것은 전근대에는 없었던 생각이다. 우리의 고소설에서 흔히 그렇듯이 남녀가 첫눈에 반하면 여러 절차 없이도 합방에 들어가곤 했다. 예를 들면 "양생은 여인을 유혹하여 판방으로 데리고 들어가려고 하였다. 여인도 뿌리치지 않았다. 그 두 사람은 거기서 보통 사람과 조금도 다름없이 남녀의 즐거움을 나누었다"[95]와 같은 식이다. 그런데 이 영화에서는 사랑하더라도, 아니 사랑할수록 육체적 관계를 갖지 않아야 한다는 것이 사랑의 윤리로 요구되며 사랑을 측정하는 척도가 된다. 이처럼 사랑의 기준이 된 순결은 1970년대에 가면 '죽음'과 맞물리며 첫사랑의 핵심적인 표상을 구성하게 된다. 〈맨발의 청춘〉은 그것을 보여주는 대표적인 영화다.

　그러나 1960년대 멜로드라마에 나타나는 첫사랑의 표상에서 〈맨발의 청춘〉이 보여주는 순결이나 죽음은 오히려 예외적인 것이었다. 이 시기에 첫사랑은 기본적으로 미래 지향적이다. 그런 점은 〈맨발의 청춘〉에 이어 신성일과 엄앵란 커플이 다시 주연을 맡았던 영화 〈첫사랑〉(김기,

1965)에 잘 나타난다. 진호(신성일)와 미경(엄앵란)은 서로 사랑하지만 양가의 계급 차이 때문에 진호 집안의 반대에 부딪힌다. 진호가 재벌가의 아들인 반면 미경은 가난한 여인의 사생아라는 이유로, 진호의 부모는 진호가 황 의원(김승호)의 딸 애란과 결혼할 것을 강요한다. 그런데 나중에 알고 보니 미경의 어머니(황정순)는 황 의원의 첫사랑이었음이 밝혀진다. 여기에서 진호의 부모가 '집안'을 들먹이며 강조하던 계급 차이는 한국전쟁 이후 불과 10여 년 만에 생겨났던 것이고, 그러한 차이를 만든 '성공'이 대부분 '운'에 빚지고 있음이 드러난다.

그러나 미경의 어머니가 황 의원의 첫사랑이었다고 해서 미경과 진호가 혼인할 수 있는 것도 아니고, 이제 와서 미경의 어머니와 황 의원이 새삼스럽게 결합할 수도 없다. 이에 영화에서는 매우 편의적인 서사를 취한다. 미경의 어머니를 죽임으로써 사생아였던 미경을 황 의원의 딸로 자연스럽게 입적시키고 진호와 결혼할 수 있게 한 것이다. 영화는 미경 어머니의 장례식에서 황 의원을 중심으로 가족이 재편되는 것으로 마무리된다. 이는 당시 경제발전의 가속화와 더불어 '가부장적 질서'가 강화되던 분위기를 반영한다. 아버지를 중심으로 앞을 향해 달려 나가야 했기 때문에 이 시기에는 과거를 돌아보거나 추억할 새가 없었다. 그래서 걸림돌이 되는 과거의 첫사랑은 사라져줘야 했다. 이러한 태도는 다른 영화에도 반영되어 1960년대 영화의 첫사랑은 현재형이었다. 주인공들은 열렬히 사랑하다가 혼인을 성취하거나(〈첫사랑〉), '법적 남매'라는 혼사 장애에도 돌파구를 모색하며 미래로 나아가고자 했다(〈젊은 느티나무〉).

불치병과 불가역의 청춘

1970년대에 가면 첫사랑에서 죽음이 핵심적인 요소로 부상한다. 1970년대 대표적인 청춘물인 '진짜진짜 시리즈'의 경우, 2탄인 〈진짜진짜 미안해〉(문여송, 1976)는 '건전한 이성 교제'를 강조하는 것으로 귀결되나, 1탄인 〈진짜진짜 잊지마〉(문여송, 1976)와 3탄인 〈진짜진짜 좋아해〉(문여송, 1978)에서는 주인공들이 죽는다. 이는 당시에 크게 흥행했던 〈러브 스토리〉(1970), 〈스잔나〉(1967), 〈사랑의 스잔나〉(1976)와 같은 외화들과 깊이 연관되어 있다. 이 영화들에서 여자 주인공은 모두 병으로 죽는데, 그들이 죽는 이유 중 가장 많은 경우가 백혈병이었고, 악성빈혈, 폐결핵, 급성 폐렴이 그 뒤를 이었다. 생머리의 청순한 소녀가 불치병으로 인해 창백한 얼굴로 죽어가고, 소녀를 사랑한 소년은 치유될 수 없는 상처를 안고 남겨진다는 것이 이 시기 영화에서부터 일반화된 첫사랑의 서사였다.

이때부터 꽃, 기차, 시, 자전거 등의 과거형 소품들이 첫사랑을 구성하는 '팬시' 요소가 된다. 이는 1960년대 영화에서 서구적이고 현대적인 최첨단의 기계, 스포츠, 패션—오픈카, 테니스, 다이빙, 사격, 스키, 칵테일 등등—이 첫사랑을 구성했던 것과는 달라지는 지점이다. 1970년대 영화에도 오토바이, 나팔바지, 미니스커트 등 당시의 유행 패션이 전시되기는 하지만, 주인공들의 사랑이 깊어가면서 화려한 패션은 밀려나고 오히려 꽃이나 편지와 같은 소박한 소품이 그 자리를 대신한다.

그러나 이 시기까지도 첫사랑이 먼 과거의 일로 플래시백되지는 않는다. 다시 말해 오랜 세월이 지나 주인공이 첫사랑을 추억하는 시점까지 나아가지 못하고, 영화는 언제나 첫사랑을 잃고 오열하는 상황에서 끝

1970년대 청춘 멜로드라마의 대표작 '진짜진짜 3부작' 중 1탄 〈진짜진짜 잊지마〉와 2탄 〈진짜진짜 미안해〉
의 포스터. 이 영화로 임예진은 '국민 첫사랑'으로 등극했고 '하이틴스타'가 되었다. 이때 임예진의 상대역
으로 많이 나온 스타가 이덕화다.

난다. 예컨대 〈진짜진짜 좋아해〉에서는 부잣집 딸 정아(임예진)와 가난한
마라토너 진이(김현)의 사랑이 줄곧 현재형으로 제시되다가 진이가 병으
로 죽고 그의 유품이 태워지는 상황에서 영화가 끝난다. 〈진짜진짜 잊지
마〉에서는 플래시백이 사용되기는 하지만, 그 시간적 거리는 3~4년 정
도다. 20대 초반의 남자 주인공(이덕화)이 미성년자의 이성 교제를 반대
하는 어른들에 의해 수난을 겪었던 고등학교 시절을 회상하는 것이다.
따라서 주인공이 첫사랑을 찾아가는 시점은 이미 돌이킬 수 없는 시기
가 아니라 성인이 되어 사랑할 자격을 갖춘 때다. 다만 그가 첫사랑 정
아(임예진)를 찾아갔을 때 그녀는 이미 폐렴으로 세상을 떠난 뒤일 뿐이
다. 그래서 이 영화도 첫사랑의 죽음이 확인되는 지점에서 끝이 난다.

1. 〈겨울 나그네〉(곽지균, 1986)의 첫 장면. 자전거를 타고 가던 민우(강석우)는 교정에서 첼로를 들고 가던 다혜(이미숙)와 부딪치게 된다. 2. 현태(안성기)는 수줍어하는 두 사람을 이어주는 역할을 하는데 나중에 민우가 전락하자 다혜를 아내로 맞이한다.

첫사랑이 과거형이 되는 것은 1980년대 후반에 들어서다. 그러면서 기차, 자전거, 비, 클래식 음악 등과 같은 추억을 환기시키는 장치들이 첫사랑 영화를 구성하는 관습이 된다. '7080세대'에게 대표적인 첫사랑 영화로 남은 〈겨울 나그네〉(곽지균, 1986)는 그 점을 잘 보여준다. 〈겨울 나그네〉에서 민우(강석우)와 다혜(이미숙)는 낙엽이 흩날리는 교정에서 우연히 만난다. 자전거를 타고 가던 의대생 민우가 첼로를 들고 가던 음 대생 다혜와 부딪치는 것이다. 두 사람의 만남 위로는 슈베르트의 교향 곡이 흐르고, 두 사람은 첫눈에 반해 서로 사랑하게 된다. 그러나 재벌 가의 서자였던 민우는 순수하고 유약한 성격 탓에 파멸해가고 그 과정 에서 다혜와 어긋난다. 민우의 선배로 민우를 아끼면서도 다혜를 짝사 랑하던 현태(안성기)는 다혜와 결혼한다. 영화의 마지막 시퀀스는 현태 와 다혜가 기차를 타고 기지촌으로 가는 것이다. 그곳에서 그들은 민우 의 무덤에 인사한 뒤 민우의 아이를 데리고 걸어간다. 그리고 현태의 내 레이션으로 "이제 다시 돌아오지 못할 우리들의 청춘, 우리들의 사랑"

이라는, 청춘과 사랑에 대한 애도사가 흘러나온다. 여기에서 청춘은 첫 사랑을 품은 영원한 과거형으로 의미화된다. 그것을 환유하는 민우가 죽음으로써 청춘과 첫사랑은 돌아갈 수 없는 세계가 된다.

훼손의 트라우마에서 경계 없는 사랑으로

〈겨울 나그네〉 이후 첫사랑은 줄곧 먼 과거로 그려지며 추억으로 재현 된다. 1990년대에 들어서면 이제 70년대 청년세대뿐만 아니라 386세대 도 첫사랑을 추억할 나이가 된다. 그만큼 첫사랑을 추억으로 향유할 만 한 관객층이 더 두터워짐에 따라 추억의 관습은 보다 공고해진다. 이명 세의 〈첫사랑〉(1993)은 1970년대 청년문화를 1990년대 추억의 코드로 재현한 영화다. 이전의 첫사랑 영화들이 남성의 서술과 관점을 취하고 있는데 이 영화는 소녀 화자를 취하고 있다. 첫사랑에 빠진 순진한 소 녀의 모습이 향수 어린 남성 감독의 시선으로 조형될 때 그 자체가 이전 첫사랑 표상의 자장 안에 머물기는 했으나, 그래도 소녀 화자 설정은 신 선한 시도였다.

대학교 1학년생 영신(김혜수)은 연극을 가르치는 강사 강창욱(송영창) 을 짝사랑한다. 이 영화는 강창욱이 독신인 줄 알고 사랑을 키웠던 영 신이 마지막에 그가 유부남인 것을 목격하는 것으로 마무리된다. 이 영 화에서 영신의 순수한 첫사랑을 구성하는 요소들은 연극과 시, 그리고 1970년대를 풍미했던 포크록이다. 연극반 학생들이 강창욱의 지도로 한 학기 동안 연극 연습을 한다는 것을 줄거리로 하여 장면과 장면 사이에는 라이너 마리아 릴케, 김춘수, 정호승, 박정민 등의 연시戀詩가 삽입된다. 그리고 「우리들의 이야기」(윤형주), 「웨딩케익」(트윈폴리오), 「맨 처음 고백」(송창식), 「그 애와 나랑은」(이장희)과 같은 음악이 배경으로 깔린다. 이러한 요소들은 대부분 이 영화가 제작되기 10~20년 전에 유행했던 것들이다. 그리고 이 영화에서 영신이 사는 거리도 1970년 전후前後의 거리를 상기시킨다.* 이로써 1990년대에 이르러 이제 첫사랑은 완벽히 과거형이 된다.

그래서 1990년대의 마지막 해인 1999년에 제작된 영화 〈박하사탕〉(이창동, 2000)에서 영호(설경구)가 첫사랑 윤순임(문소리)의 죽음 이후 기차 앞에 서서 "나 다시 돌아갈래!"를 외치며 죽는 것은 너무나 상징적이다. 이제 '첫사랑'은 죽지 않고는 돌아갈 수 없는 치명적 과거가 되었으며 현실에서는 결코 잡을 수 없는 불가능성의 세계가 된 것이다. 여기에서 '1980년 광주'로 상징되는 폭력성은 순수를 훼손한 원죄가 되며, 첫사랑으로의 회귀를 절대로 불가능하게 만드는 결정적 요소가 된다. 2000년대 첫사랑 영화들은 〈겨울 나그네〉와 〈첫사랑〉이 보여준 추억의 표상과 〈박하사탕〉이 드러낸 훼손의 트라우마를 관습화된 형태로 계속 재생산한다.

〈번지점프를 하다〉(김대승, 2001)는 2000년대 첫사랑 이야기를 연 영화이자 지금까지도 참신한 이야기로 기억되는 영화다. 시나리오 단계에서부터 주목받았던 이 영화는 인우(이병헌)와 태희(이은주)의 윤회하는 영원한 사랑을 그리고 있다. 대학 초년 시절 비 오는 어느 날 국문학도 인우

---

* 이는 이명세 감독의 2007년 영화 〈M〉에서도 마찬가지다. 〈M〉은 〈첫사랑〉의 디지털 시대 남성 화자 버전이라고 해도 과언이 아니다.

2000년대 첫사랑 영화의 문법을 새로 쓴 〈번지점프를 하다〉(김대승, 2001)의 장면들. 1과 2는 첫사랑 영화의 관습을 보여주고, 3은 이 영화의 개성을 보여준다.

의 우산 속으로 미대생 태희가 뛰어든다. 그날 이후 두 사람의 사랑은 시작되어 서로가 없는 삶을 상상할 수 없을 만큼 깊이 사랑하게 된다. 그런데 인우가 입대하는 날 인우를 배웅하기 위해 용산역으로 달려가던 태희가 교통사고로 죽고 만다. 17년 후 고등학교 국어 교사가 된 인우는 담임을 맡은 반에서 남학생 현빈(여현수)를 만난다. 인우는 현빈에게서 태희를 발견하고 결국 태희가 환생했음을 깨닫게 된다. 마지막에 인우와 현빈(태희)은 용산역에서 만나 뉴질랜드로 여행을 떠난다. 그들은 다음 생에서 다시 만날 것을 기약하며 안전띠를 풀고 함께 번지점프를 한다.

이 영화는 뉴 밀레니엄을 연 첫사랑 영화답게 '유일하고 영원한 사랑'이라는 관습에 동성애, 사제 간의 사랑과 같은 금기를 결합하여 결국 '경계 없는 사랑'을 역설했던 영화다. 당시로서는 파격적인 면이 있었으나, 첫사랑이 운명의 시원始原이자 영원한 과거형으로 의미화된다는 점에서는 기존 관습의 자장 안에 있었다. 인우와 태희의 첫사랑은 영겁 윤회를 반복한다 해도 두 사람을 서로에게 고착시키는 것이었고, 그러한 의미를 구성하는 데 여전히 기차, 소나기, 농촌, 편지와 같은 익숙한 장치가 동원되었다. 그럼에도 낯익은 관습 위에서 '번지점프'와 같은 파격이 빛났던 영화다. 그리고 그 파격은 경계를 넘나드는 번득이는 착상과 감각이 있어야 하는 2000년대의 요구 안에서 첫사랑 영화의 관습을 최대한 넘어선 것이었다. 그래서인지 이 영화를 넘어서는 첫사랑 영화는 그 이후 10년 넘게 나오지 않았다.

현실 장애에 순응하며 웃어넘기다

2000년대 초에는 첫사랑 영화가 많이 제작되었다. 뉴 밀레니엄을 맞이하여 한 세기를 정리하고 우리 존재의 시원을 알고자 하는 욕망이 확산되며, '기원', '탄생'이 붙은 제목이 문화계에서 크게 유행했는데, 첫사랑 영화의 양산은 그것과 맥락을 같이하는 현상이었다. 〈번지점프를 하다〉(김대승, 2001)를 비롯해 〈연애소설〉(이한, 2002), 〈클래식〉(곽재용, 2003), 〈하늘정원〉(이동현, 2003), 〈화성으로 간 사나이〉(김정권, 2003), 〈말죽거리 잔혹사〉(유하, 2004), 〈파랑주의보〉(전윤수, 2005), 〈그해 여름〉(조근식, 2006) 등이 모두 첫사랑 영화에 해당한다. 그중에서 〈클래식〉은 제목처럼 그야말로 첫사랑 영화 관습의 총화總和라고 할 만하다.

〈클래식〉은 현재 첫사랑에 빠져 있는 여대생 지혜(손예진)가 엄마의 비밀 상자에 숨겨져 있던 편지를 통하여 1968년 엄마의 첫사랑을 엿보게 되는 액자 구조로 이루어져 있다. 엄마인 주희(손예진)는 지혜 아빠(이기우)의 친구인 준하(조승우)를 사랑하지만, 계층의 차이 때문에 결합하지 못한다. 주희와 준하의 사랑에는 신분 차이, 소나기, 업어주기, 편지, 반딧불이, 사진 목걸이, '비창' 1악장, 포크댄스 등 그야말로 '클래식'한 요소들이 십분 활용된다. 게다가 마지막에는 준하를 가장 슬프고 비참하게 죽게 함으로써 화인火印과 같은 첫사랑의 서사가 완성된다. 이 영화는 매우 진부한 관습으로 구성되어 있는데도 그 관습들이 아귀 맞게 잘 배치되어 성공한 영화였다.

그런데 이 영화에서 주희와 준하를 갈라놓는 요소들에는 정치적인 문제가 개입한다. 주희는 공화당 의원의 딸이고, 약혼자인 태수는 공화당과 유착 관계에 있는 건설사 대표의 아들이다. 그리고 주희가 사랑하는 준하는 주희네 땅을 부치는 소작농의 아들이다. 1970년대를 배경으로 주인공들이 처한 이와 같은 정치경제적 관계는 개인적인 감정을 넘어 그들의 운명을 결정한다. 준하가 월남전에 나가 눈을 잃고 결국 비참하게 살다 죽게 되는 것도 시대와 더불어 준하의 계층적 상황이 빚어낸 결과다.

이와 같이 아름답고 순수하기만 하던 첫사랑 서사에 정치적·경제적 상황이 개입되는 것은 〈박하사탕〉 이후에 시작된 것으로 2000년대 초반 첫사랑 영화가 보여주는 하나의 특징이다. 〈그해 여름〉(조근식, 2006)에서 농촌활동을 간 윤석영(이병헌)이 사랑하게 되는 시골 처녀 정인(수애)은 백치에 가깝게 청순한 여인이지만 알고 보니 월북 인사의 딸이다. 그로 인해 두 사람은 헤어진다. 〈말죽거리 잔혹사〉(유하, 2004)에서는 1970년대 후반 강남 개발을 배경으로 대한민국 학교 문제가 고발된다. 〈연애소

〈클래식〉(곽재용, 2002)은 포스터에서부터 이 영화가 1970년대식 관습에 얼마나 많이 빚지고 있는지를 드러낸다. 1에서는 여주인공이 1970년대 청순 아이콘 올리비아 허시 주연의 〈로미오와 줄리엣〉을 연상시키고, 2는 '진짜진짜 시리즈'를 환기시킨다. 3은 소나기가 사랑의 계기로 작용하는 유명한 장면이다. 첫사랑의 시작에는 소나기가 있다.

설〉(이한, 2002)처럼 현실과 유리되어 있는 듯한 영화에서도 경제적 문제가 틈입한다.

1990년대 전반기까지는 현실적인 어려움이 닥치더라도 사랑으로 극복할 수 있다는 믿음이 있었다면 2000년대에는 애초에 극복은 불가능한 일이 된다. 이제 경제적인 계급과 실리적인 선택에 의해 첫사랑의 순수성은 쉽게 훼손될 뿐만 아니라 나중에도 노스탤지어로 기억되지 않는다. 〈건축학개론〉에서 '강북 청년' 승민(이제훈)은 '강남 선배'(유연석)의 유혹 앞에 놓인 서연(배수지)을 외면하고 돌아선다. 그러고는 서연을 '쌍년'으로 기억하여 자신의 열등감과 비겁함을 합리화한다. 15년 후 승민은 서연을 다시 만나 사랑을 확인했으면서도 그녀를 떠난다. 승민은 15년 전에도 그랬고 15년 후에도 마찬가지 선택을 하는 것이다. 그리고 서연 또한 그런 승민을 잡지 않는다. 이는 '현실이라는 운명'을 순순히 수락하는 것이 가장 상처받지 않는 길임을 아는 이들의 영리한 선택이다. 그들은 자발적으로 선택하는 것처럼 보이는데, 그것은 오히려 불가항력의 현실을 반증하는 것이다. '쿨함' 혹은 '명랑'으로 자발성을 가장하는 것은 2000년대 영화에서 어쩔 수 없는 상황을 수용할 때의 감성 표현 방식이기도 하다. 그래서 〈건축학개론〉의 결말은 주인공들의 행복한 포즈에도 불구하고 해피엔딩으로 다가오지 않는 것이다.

노스탤지어를 품는다는 것은 이상적 가치가 상정되어 있었음을 의미한다. 그것이 영원한 과거형으로, 현실과 유리된 형태로 남아있다는 것은 현실에서 실현 불가능함을 의미하지만 한편으로는 현실 원칙으로 훼손할 수 없는, 훼손되어서는 안 되는 가치가 있어야 한다는 믿음이 전제되어 있는 것이기도 하다. 그래서 '성장'이라는 명분으로, '현실'이라는 상황 논리로 순수했던 과거가 부정되면서도 다시 그 부정이 부정되며 그리움의 대상이 되고, 부정된 것에 대한 반대급부로서 순수성에 대한 집착이 일곤 했다. 그리고 그 순수성이 아름답고 순결한 여성에 유비되며 수많은 첫사랑 이야기를 만들었다. 그 시기가 근대화 프로젝트가 한창 진행 중이고 그러한 현실적 필요에 의해 가부장 질서가 강화되던 1960~80년대에 집중되어 있다는 것은 우연이 아니다.

그러나 개발과 계몽의 시대가 끝나면서 현실은 블랙홀이 되어 추억을

2000¹~2012년 영화에 등장하는 첫사랑의 이미지들.

1. 〈번지점프를 하다〉의 태희(이은주). 21세기 첫사랑의 문을 열었던 태희는 가장 적극적인 성격의 말괄량이였다.

2. 〈클래식〉의 주희(손예진). 주희는 역대 첫사랑 표상을 모두 합쳐놓은 것 같은 캐릭터이자 이미지였다. 이 영화에서 손예진은 엄마 주희와 딸 지혜 역을 모두 연기했다.

3. 〈말죽거리 잔혹사〉의 은주(한가인). 〈로미오와 줄리엣〉(프랑코 제피렐리, 1968) 포스터 속 올리비아 허시의 현신인 듯하다. 은주는 현수(권상우)와 우식(이정진) 사이를 오가는 이중적인 캐릭터를 보여주어 팜파탈의 기운이 있는 첫사랑이었다. 이러한 이미지의 연장선상에서 〈건축학개론〉에서는 서른다섯 살의 서연을 연기하기도 했다.

4. 〈건축학개론〉에서 대학 시절의 서연(배수지). 이 영화로 배수지는 '국민 첫사랑'이라는 별명을 얻었다.

둘러싼 경계를 허물고 오랜 흔들림 속에서 남겨져 있던 그 가치와 믿음을 빨아들였다. 이 와중에 노스탤지어의 오두막이 해체되며 그 안에 갇혀 있던 첫사랑의 의미 또한 와해되었다. 그러나 그렇다고 해서 시선의 주체가 남성인 이상 첫사랑의 대상이 되는 여성의 표상은 많이 변하지 않았다. 이은주, 손예진, 한가인, 배수지로 이어지는 21세기를 대표하는 첫사랑의 이미지들은 그것을 잘 보여준다. 다만 이제는 시선의 세대와 주체, 그리고 젠더 감수성이 변화하면서 이러한 이미지들은 더는 재생산되지 않는 추세다. 배수지 이후 '국민 첫사랑'은 나타나지 않고 있을 뿐만 아니라 그 말 자체가 과거형이 되어가고 있다.

2장

무당

〈고려장〉(1963)에서 〈태백산맥〉(1994)까지

붉은 무복에 빗갓을 쓴 여인이 작두를 타다

'붉은 무복에 빗갓을 쓰고, 한 손에는 부채, 다른 한 손에는 칼이나 방울을 든 여인이, 퍼렇게 날이 선 작두 위에 맨발로 올라가 춤을 춘다.' '무당' 하면 일반적으로 우리의 머릿속에 떠오르는 이미지다. 실제로 무당이 굿하는 것을 본 적 없는 사람도 무당이라고 하면 이러한 이미지를 떠올리곤 한다. 이러한 이미지들은 우리가 깨닫지 못하는 사이 대부분 영상매체를 통해 형성되어왔다. 한국영화는 식민지시기부터 현재에 이르기까지 꾸준히 무당을 재현해왔다. KMDb에서 '무당'이라는 키워드로 검색되는 영화는 70여 편에 이른다. 이외에도 목록에서 누락된 영화와 지엽적으로 무당이 나오는 영화까지 고려한다면 그 편수는 더 많을

무당을 다룬 다큐멘터리 〈영매〉(박기복, 2003)의 포스터.

것이다. 대중은 그러한 영화들을 보면서, 그리고 복식이나 소품 등에서부터 영화의 영향을 받은 여타 영상매체 속의 무당을 보면서, 실제 무당을 상상하고 무당의 심상을 구축해왔다.

사전에 의하면 '무당巫堂'이란 "한국의 전통 종교인 무巫/巫俗에서 신령과 사람을 잇는 중재자인 샤먼을 가리키는 말로, 길흉을 점치고 굿을 주관하는 무녀巫女와 무자巫子를 통칭한다." 지방에 따라 여자 무당은 단골, 심방, 만신 등으로 칭하고 남자 무당은 박수, 화랭이, 낭중, 양중이 등으로 부르기도 한다. 그러나 실제로 '무당'이라고 할 때에는 '여성 샤먼'이 먼저 떠오른다. 이는 '남성 샤먼'을 이를 때에는 '박수'를 붙여 '박수무당'으로 통용되는 데에서도 잘 드러난다. 1903년에 미국 선교사 헐버트가 쓴 글에도 "무당은 항상 여자가 되며 가장 최하위 사회계층에 속해 있다"[96]라고 나온다. 이는 '무당은 여성'이라는 인식이 최소한 개항기 이후에는 계속되어왔음을 말해준다. 그런데 그 명칭만큼이나 다양했을 무당의 형상 중에서도 유독 일정한 이미지가 떠오르는 것은 영상매체를 통한 대중 기억의 구축 과정과 무관하지 않다. 무당 하면 몸피가 두텁고 서글서글한 사람보다는 날카로운 선을 지닌 여인을 우선 환기하게 된 것을 보면 현재 우리 또한 그러한 대중 기억으로부터 자유롭지 않다.

'무당'은 한국영화사에서 꾸준히 재현되고 있는 대상으로서 지속적으로 문화적 영향력이 있는 키워드다. 그 기원을 거슬러 올라가면 무당 표상과 관련된 식민지시기 영화로는 미신 타파를 계몽하는 〈밝아가는 인생〉(이규환, 1933)과 정비석의 동명 소설을 원작으로 한 〈성황당〉(방한준, 1939) 정도를 꼽을 수 있다. 이후 문화접변의 혼돈 속에 있었던 1950년대에는 오히려 무당 표상이 눈에 띄지 않는다. 그러다가 1960년대에 이르러 〈고려장〉(김기영, 1963), 〈쌀〉(신상옥, 1963), 〈김약국의 딸들〉(유현목, 1963) 등에서 무당이 등장한다. 영상자료원의 KMDb를 토대로 무당이 재현된 영화를 통시적으로 살펴보면 1960년대 이전 영화는 세 편뿐이고 1960년대부터 12편으로 편수가 증가하여, 1970년대에는 13편, 1980년대에는 14편, 1990년대에는 13편, 2000년대 이후에는 16편 정도가 꾸준히 제작되었다.

'무당'이라는 단어와 부합하는 표상이 텍스트의 중심에 놓이며 한국영화사에서 가장 중요한 역할을 했던 시기는 1960년대에서 1980년대다. 그리고 우리가 무당 하면 떠올리는 전형적인 이미지, 즉 원색의 무복에 붉은 갓을 쓰고 부채나 방울 혹은 칼을 들고 춤을 추는 모습이 무당 표상의 주류를 형성한 시기는 1970년대에서 1980년대 전반이다. 1980년대 후반부터는 무복을 입지 않은 무당들이 나타난다. 1980년대 후반부터 1990년대 전반까지 두드러지는 경향은 무당을 어머니로 둔 딸이 '성욕이 강한 여인'으로 재현되며 에로티시즘과 연결되는 것이다.

1990년대 중반부터는 무당의 가계를 지닌 인물이 공포물이나 환상물의 주인공이 된다. 이때 무당은 도시적인 외양을 갖추고 굳이 무당으로도 불리지 않으며, 여러 장르에서 나타나는 가운데 표상의 스펙트럼이 확장된다. 그러면서 그런 다양한 표상들은 '무당'이라는 말에 담길 수 없게 된다. 2003년에 나온 다큐멘터리가 〈영매〉였던 것은 그러한 변화를 반영하는 것이다. 현재에도 샤머니즘과 관련된 다양한 장르의 영화가 생산되고 있기는 하다. 그런데 '무당'이라고 부를 때에는 1970년대에서 1980년대에 형성된 이미지로 소환되며 '과거'라는 시간성과 '토속'이라는 범주를 함의하게 되었다. 21세기 한국영화에서 불가사의한 신력을 지닌 인물들이 무당의 자손으로 설정되는 것은 무당이라는 말이 지닌 '과거형'으로서의 내포를 드러낸다.

야만과 미몽, 근대적 가치의 대척점

'무당'에 대한 천시와 폄훼의 역사는 길다. 조선시대에서부터 '무당'은 '광대'와 동일시되며 풍속을 교란하는 음탕한 집단으로 천시되었다.[97] 그리고 근대 이후에는 민중을 기만하는 사기꾼, 타파해야 할 전근대적 인습의 상징이 되어 음지로 추방되었다. 식민지 시대에나, 해방 이후에나 무당은 근대의 미덕과 대척점을 이루는 전근대적 악덕의 상징이었다. 이는 식민주의와 제국주의를 통해 세계 각 지역의 서양화 내지 근대화가 진행되면서 기독교 교리에 기반을 둔 종교관과 진화론에 바탕을 둔 근대주의가 계몽과 이성의 이름으로 샤머니즘을 배척한 맥락과 연관된다. 오히려 공산주의 국가에서는 "사회발전 단계설에 따라 무당은 봉건제 사회에서 민중을 기만하며 지배층에 봉사한 계층"으로 비판받고, 말살되어야 할 존재로 탄압되었다. 현대의 이념이라는 것도 결국은 진화론과 같은 근대적 사상과 가치의 자장 안에 존립하고 있는 것이기 때

〈고려장〉(김기영, 1963)에서 마을의 권력자로 군림하는 무당(전옥)의 모습. '눈물의 여왕'이었던 전옥은 중년을 넘어서며 대체할 수 없는 카리스마로 강렬한 캐릭터를 자주 연기했다. 무당 역할도 그중 하나였다.

문에 이는 당연한 결과일 수 있었다.[98] 한국영화사에서 샤머니즘에 대한 이러한 인식은 1960년대 전반기까지 비교적 분명하게 작동했던 것으로 보인다.

1960년대 전반기에 무당은 '야만'과 '미신'의 미몽에서 깨어나지 못한, 전근대적 인습을 답습한 인물로 재현되며 근대적 가치의 대척점을 표상한다. 그러한 무당 표상을 보여주는 대표적인 영화는 〈고려장〉(김기영, 1963)이다. 〈고려장〉은 구체적인 시대를 알 수 없는 산골을 배경으로 식욕, 성욕과 같은 본능과, 무속이 지배하는 폐쇄적 공간을 보여준다. 그곳에서 남자들은 힘으로 식량과 여자를 빼앗고, 무당은 예언을 통해 무소불위의 권력을 지닌다. 여자들은 자식을 지키기 위해 남편을 버리고 다른 남자에게 몸을 의탁하며, 남자는 자식을 얻기 위해 자식을 많이 낳은 여자를 취한다. 그리고 그곳에서는 노인이 되면 자식의 지게에 실려 선인봉에 올라가 죽음을 맞이해야 하는 고려장의 풍습이 지켜진다.

영화는 무당(전옥)이 고목나무 앞에서 굿을 하는 장면으로 시작한다. 세 번 상처喪妻에 가재家財를 다 털고 자식만 열 형제를 두게 된 남자(최삼)는 네 번째 처 금이(주증녀)를 맞아온다. 무당은 고목나무 앞에서 길목을 막으며 남자에게 복채를 놓고 가라고 하고 남자는 여러 번 장가드는 바람에 돈이 없다며 무당을 외면한다. 이에 무당은 "이번 혼사도 나를 내쫓고는 잘 살 리가 없다"라고 저주를 퍼붓는다. 그리고 이어지는 장면에서 열 형제의 계략으로 뱀에 물려 다리를 절게 된 금이 아들 구룡을 두고 무당은 "전실 자식들을 잡아 죽일 운명"이라는 예언을 한다.

영화는 무당의 저주와 예언 속에서 열 형제와 구룡(김진규)이 극단적으로 대립하는 양상으로 전개된다. 열 형제는 구룡을 괴롭히기 위해 강간과 살육을 서슴지 않는다. 그들은 구룡의 벙어리 신부를 강간 살해하고, 구룡네 우물에 시체를 처넣고, 구룡에게 남의 아내를 빼앗고 그 남편을 살해했다는 누명을 씌워 그 어머니 금이를 고려장 지내게 한다. 여기에서 열 형제로 하여금 이와 같은 극단적 폭력으로 치닫게 하는 사람은 무당이다. 무당은 열 형제에게 구룡에 대한 공포를 끊임없이 심어주어 구룡을 위기에 몰아넣는 점에서는 열 형제와 공모한다. 그리고 다른 한편으로는, 구룡의 복수심을 자극하여 열 형제도 파탄의 나락으로 떨어지게 함으로써 모든 악행의 근원으로 기능한다.

구룡이 열 형제와 혈투를 벌이는 마지막 시퀀스에서 "우리가 나쁜 게 아냐. 모든 것은 무당이 꾸몄어. 산 사람을 서로 원수지게 만든 것은 무

〈김약국의 딸들〉(유현목, 1963)에 나오는 무당(석금성)의 모습. 뒤쪽으로 서낭당에 빌고 있는 어머니(황정순)의 모습이 보인다.

당이야"라는 폭로가 열 형제의 입을 통해 이루어진다. 이로써 무당을 응징할 수 있는 정당성이 구룡에게 부여된다. 그리고 구룡은 "이 마을에서 없애야 할 것은 두 가지"라며 고목과 무당을 쓰러뜨린다. 그러고 나서 그는 "가르쳐주는 사람만 있으면 [무당이 없어도] 먹고살 수 있다"라고 결론 내린다. 여기에서 무당은 '계몽'의 가치와 대척되며 기근, 폭력, 살해와 같은 무질서를 조장하는 전근대적·비문명적 악惡을 상징한다

무당에 대한 부정적 표상은 비슷한 시기의 다른 영화들에서도 공통적으로 드러난다. 〈쌀〉(신상옥, 1963)에서 동네 무당 '갑순 어미'(전옥)는 동네 부자 송 의원(최삼)에게 매수되어 용이(신영균)의 개발 사업이 산신령을 노하게 한다는 소문을 퍼뜨린다. 여기에서도 무당은 근대화 프로젝트에 반하는 장애이자 악으로 표상된다. 이 영화는 근대화 드라이브가 시작되는 1960년대 초를 배경으로 하고 있어서 〈고려장〉에 비해 무당이 훨씬 힘없는 존재로 그려진다. 그런데 정작 무당을 유린하고 매수한 지주 송 의원은 사위가 될 용이의 관용으로 구원되는 데 반해 하층 계급인

무당은 딸을 잃고 만다. 이는 표면적으로는 농민을 위한다는 명분으로 움직이는 근대화 프로젝트가 그 이면에서는 가부장적 질서와 계급적 위계를 기반으로 작동하고 있었음을 내비친다.

〈김약국의 딸들〉(유현목, 1963)에서도 무당은 패배하여 몰락할 전근대적 가치를 상징한다. 이 영화는 '비상 먹고 죽은 귀신이 붙어 집안이 망한다'는 토속적 미신의 세계와 기독교도 용빈(엄앵란)으로 상징되는 근대적 합리주의를 대비시킨다. 전통적인 질서를 고수하는 아버지(김동원)와 무속을 믿는 어머니(황정순)의 선택으로 인해 딸들은 모두 불행에 빠진다.[99] 이때 어머니가 고목나무 서낭당에서 만난 무당(석금성)은 어머니가 죽을 운명이라며 굿을 권한다. 어머니는 액운을 피할 큰 굿을 벌이지만 결국 사위 연학(허장강)의 손에 살해됨으로써 굿의 헛됨이 입증된다. 이는 어머니의 패배이자 무당의 패배이며 어머니와 무당이 공통적으로 믿었던 무속이라는 전근대적 가치의 몰락을 의미한다. 흥미로운 점은, 그럼에도 아버지가 지닌 가부장적 의식은 근대적 엘리트인 용빈과 용빈의 약혼자를 통해 전승됨으로써 몰락하지 않는다는 점이다. 이는 〈쌀〉의 결말과 일맥상통하는 면이기도 하다.

1960년대 전반기 영화에 나타난 무당에 대한 일련의 부정적 표상이 〈갯마을〉(김수용, 1965)에서는 달리 드러난다. 이전 영화에서 야만과 미신의 미몽에서 깨어나지 못한 전근대적 존재였던 무당이 〈갯마을〉에서는 고기 잡으러 나가 돌아오지 못하고 죽은 자의 넋을 건져줌으로써 산 자들을 위로한다. 혼인한 지 아흐레 만에 출어했던 남편 성구(조용수)가 돌아오지 않자 해순(고은아)과 시어머니(황정순)는 무당을 통해 성구의 넋을 건진다. 무당(전옥)은 '천지사방의 용왕님네'를 부르며 굿을 벌임으로

〈갯마을〉(김수용, 1965)에서 무당이 고기잡이 나가 돌아오지 못한 어부의 넋을 건지는 모습. 이 영화에서도
전옥(맨 오른쪽)이 무당 역을 맡았다.

써 유족들에게 위안을 제공한다. 이러한 무당의 모습은 같은 시기 영화
들 중에서는 가장 긍정적인 것이라고 할 수 있다.

〈갯마을〉은 앞서 언급한 영화들과 달리 인물들이 자연과 운명에 순응
함으로써 미학적 성취를 이룬다. 여기에서 무속은 자연이나 운명과 유
비관계를 맺으며, 근대화 프로젝트로 인한 피로감을 위무하고, 긍정적
인 향토문화로서의 표상을 지니게 된다. 주목할 것은 이러한 〈갯마을〉이
우수영화보상정책의 수혜를 받은 첫 문예영화라는 점이다. 이뿐만 아니
라 이 영화는 비평과 흥행 양면에서 성공을 거둠으로써 문예영화의 교
과서 역할을 하게 된다. 이 영화에서 무당은 단역에 불과하나, 무속의
원초성이 여성 인물의 욕망과 순치되며, 그것이 야만과 미신으로 폄훼
되지 않고 자연과 전통을 함의하게 되는 변화의 단초를 보여준다.

운명에 대한 순응과 여성의 욕망

자연이나 운명에 순응하는 자로서 사람들에게 위안을 제공해주는 긍정적 의미의 무당은 1970년대에 이르러 전면화된다. 〈갯마을〉 이후 〈물레방아〉(이만희, 1966), 〈역마〉(김강윤, 1967)와 같은 1960년대 후반기 영화들은 샤머니즘적 홀림의 세계를 본연의 자연이나 생명과 유비시키며 불가사의하고 신비롭게 그려서, 무속에 대해 1960년대 전반기와는 다른 태도를 드러낸다. 그러나 이 영화들에서도 무당은 단역 내지 조역에 불과하다. 무당이 주인공으로 나서며 그 위상이 눈에 띄게 변화하는 것은 〈무녀도〉(최하원, 1972)부터다. 〈무녀도〉는 '무당'이라는 여성 인물의 욕망에 초점을 맞추는 영화로, 1970~80년대에 무당을 통해 여성의 수난과 욕망, 그리고 운명을 그리는 영화 유형의 시발점이자 대표작이다. 이 영화는 당시 최고의 여배우였던 김지미와 윤정희가 주연을 놓고 다툰 일로도 화제가 되었다. 1960년대에는 전옥이나 석금성과 같이 전성기를 벗어난 나이 든 여배우들이 무당 역할을 맡았다. 그런데 1970년대에 들어서자 전성기를 구가하던 미모의 여배우들이 그 역할을 맡지 못해 서로 다투며 법정 소송까지 벌인 것이다. 이 영화에서는 윤정희가 주인공 '모화' 역을 맡는데, 「무녀도」의 개작인 『을화』가 영화화될 때에는 결국 김지미가 타이틀 롤을 맡았다.[100] 이는 무당이 주인공으로서 전면에 나서는 변화를 단적으로 보여주는 사건으로, 무당에게 성적 이미지를 더하는 변화를 수반한다.

〈무녀도〉에서 '무당의 욕망'은 '물'의 원형적 심상과 긴밀한 연관을 보인다. 그리고 그것은 〈무녀도〉가 열어젖히는 새로운 단계의 무당 표상에서 핵심적 역할을 한다. 일단 상식적으로 생각해보아도 무당은 강이나 바다 같은 물과 깊은 상관관계를 지닐 수밖에 없다. 이는 영화 표상에도 반영되어, 무당이 나오는 영화들에서는 섬이나 어촌이 배경인 경우가 많다. 〈김약국의 딸들〉, 〈갯마을〉, 〈이어도〉(김기영, 1977), 〈신궁〉(임권택, 1979), 〈태〉(하명중, 1986) 등이 그러한 예에 해당한다. 〈신궁〉의 원작이 된 천승세의 동명 소설에서는 주인공 왕년이의 외삼촌이 새 섬에 터를 잡으려는 신참 무당 왕년이에게 "당골레라는 목자는 괴기배 읎는 곳에서는 못 사능겨. … 묵을 것이 읎어…"라고 충고하기도 한다.[101] 무당의 생존이 물과 뗄 수 없음을 잘 말해주는 대목이다. 다만 배경이 물가인 것과 무당이 물과 의

〈무녀도〉(최하원, 1972)의 신문 광고. 위쪽의 "애욕과 토속이 빚는 흥분"이라는 문구가 눈에 띈다.

미상 연관을 맺는 것은 다른 문제다. 예컨대 〈김약국의 딸들〉에서는 통영을 배경으로 하고 있는데도 무당이 벌이는 굿은 뭍에서 이루어지며 굿의 내용도 물과 직접적 연관이 없다. 반면에 뭍을 배경으로 하는 〈물레방아〉(이만희, 1966)에서는 불가사의한 홀림을 유발하는 장소가 계곡이다. 그리고 〈갯마을〉에서는 바다가 자연과 운명을 상징하며 여성의 욕망은 그 일부로 은유된다. 샤머니즘과 물과 여성이 겹쳐지는 것이다.

〈무녀도〉는 무당 모화(윤정희)가 강변 백사장에서 정혼하고 죽은 신랑의 진혼굿을 하는 장면으로 시작한다. 그리고 마지막에는 그 신랑의 정혼녀가 수절하다가 예기소에 몸을 던지자, 모화가 그 청상과부의 넋을 건지는 굿을 한다. 결국 모화도 예기소에 빠져죽는 것으로 영화는 끝난다. 한마디로 물에서 시작해 물에서 끝난다. 여기에서 물은 양반집 규수로 사당패 남자와 정을 통해 모화를 낳은 모화 어미가 집안 망신을 시켰다는 이유로 집안 남자들에게 살해당하는 곳이자, 모화가 양반집 도령의 아기를 배는 장소이자, 욱이를 배고 버림받은 모화가 '강강술래' 소리를 듣고 '몸주신'을 만나는 곳이다. 다시 말해 '물'은 모화의 운명과 욕망을 동시에 함의한다.

모화와 욱이, '몸주신'이 맺는 관계를 볼 때 물과 연관된 무당의 표상은 한층 더 흥미로워진다. 모화는 목욕재계하고 탕약을 마시고 붉은 옷을 입고는 몸주신을 모신다. 모화가 몸주신을 모시는 행위는 남녀 간의 정사를 방불케 한다. 또한 20여 년 만에 돌아온 욱이(신영일)는 과거에 모화가 사랑했던 도령(신영일)과 동일한 배우다. 그래서 모화가 욱이의 등목을 쳐주고 잠자리를 함께하는 것은 근친상간처럼 보이기까지 한다. 모화가 욱이의 등목을 치는 장면에서 카메라는 의도적으로 욱이의 등을 만지는 모화의 손을 클로즈업하고, 웃통 벗고 자는 욱이 옆에 누운 모화가 욱이의 장딴지와 몸을 더듬는 행위를 보여줌으로써 성적 상상력을 부추긴다.

따라서 이 영화에서 욱이가 기독교도라는 사실은 원작에서처럼 핵심적인 요소가 아니다. 욱이가 기독교도로서 근대적 가치를 지향하기는 한다. 그러나 욱이와 모화와의 관계 속에서 기독교는 전통이나 샤머니

〈무녀도〉에서 모화(윤정희)가 욱이
(신영일)의 등목을 쳐주는 장면. 모
자母子로 보기에는 어머니가 너무
젊다.

〈신궁〉(임권택, 1979)에서 장선포
큰무당 왕년이(윤정희)가 화살을
겨누는 장면. 윤정희는 1970년대
영화에서 무당 역할을 자주 했던
배우 중 한 사람이다. 그녀의 미모
는 그녀가 재현하는 무당을 에로틱
하게 보이게 하는 데 한몫했다.

즘의 대립 관념으로 표상되는 게 아니라 세대 차이 정도로 다가온다. 그
이유는 이 영화에서 근대적 가치나 종교적 문제보다 중요한 것이 모화
의 욕망이기 때문이다. 사랑하는 도령을 잃자 몸주신을 만나고 다시 도
령을 빼닮은 아들을 만나자 몸주신을 잘 모시지 못해 작두에 발을 베고
마는 모화의 욕망은 신의 영역이 아니라 인간의 영역이며, 한 여성의 영
역이다.

　그녀가 아들과 낭이(김창숙)를 떠나보낸 후 마지막 굿을 청하지만, 결
국 청상과부의 넋을 건지지 못해 스스로 예기소에 빠져 죽는 것은 무당
으로서 패배했음을 뜻한다. 그러나 그 죽음은 모화 스스로 자신의 욕망

에 따라 선택한 것이다. 그리고 그 선택은 물에 빠져 죽은 어미의 운명을 자발적으로 따르는 일이기도 하다.

〈무녀도〉부터 무당은 시대에 밀려나는 전근대적 가치라는 표피 안에서 여성의 수난을 보여주면서 그 속에 은닉된 여성의 욕망을 함께 드러내는 다중적 표상이 된다. 그러면서 자연의 생명력과 욕망의 원천, 차원을 가르는 경계로서 원형 상징을 지니는 물이 무당의 행동과 긴밀한 연관을 갖게 된 것이다. 이와 같이 물과 무당을 매개로 여성의 수난과 비극적 운명을 보여주는 방식은 〈이어도〉(김기영, 1977)와 〈한네의 승천〉(하길종, 1977)으로 이어진다.

불가사의, 그러나 현실적 존재

〈고려장〉이 김기영이라는 독특한 감독의 작품인데도 1960년대 다른 영화들이 보여주는 무당 표상의 특징을 공유했듯이, 〈이어도〉 또한 김기영의 영화적 개성을 보여주면서도 1970년대 다른 영화들과 특징을 공유한다. 〈이어도異魚島〉는 이청준의 소설 「이어도」를 원작으로 한 영화인데, 김기영에 의해 영화화되면서 이야기가 많이 변형되었다. 그중에서 주목할 점은 원작에 없는 무당이 설정되었다는 것이다. 이어도를 찾던 배에서 《제주일보》 기자 천남석(최윤석)이 실종되자, 그와 마지막 술자리를 했던 선우현(김정철)이 천남석의 고향을 찾는 데까지 이 영화는 원작을 따른다. 그런데 선우현은 천남석의 고향인 파랑도에서 무당(박정자)을 먼저 만난다. 이는 원작에서 파랑도가 이어도의 다른 이름으로 여겨

〈이어도〉(김기영, 1977)에서 천남석의 시신을 끌어당겨야 한다고 주장한 무당(박정자)이 결국 그 말을 실현하여 시신을 약혼녀(이화시)에게 준다.

지는 것이나, 선우현이 술집 작부부터 만나는 것과는 달라진 대목이다.

영화에서 무당은 천남석의 약혼녀 민자(이화시)의 이야기를 들려주며 남석의 시신을 이어도에서 파랑도로 끌어당겨야 한다고 주장한다. 무당은 섬 여인들의 성욕과 바다에 대한 공포를 부추겨 영매로서의 권위를 강화하는 동시에 섬과 뭍의 중재자로서 정보를 통제하여 이득을 취한다. 그리고 섬에 중요한 사안이 발생할 때에는 재판관 역할을 담당하기도 한다. 이러한 기능은 〈고려장〉에서 무당이 했던 역할과 유사하다. 그런데 〈고려장〉에서 무당의 예언은 사악한 인성에서 비롯된 음모로 드러나고 마을 사람들이 무당의 말을 믿었던 것은 미신에 현혹된 일로 결론이 나는 데 반해, 〈이어도〉에서는 마지막에 무당이 예언했던 대로 익사한 천남석의 시체를 끌어오는 데 성공함으로써 그가 지닌 초현실적 능력이 입증된다. 이와 같이 무당이 지닌 초현실적 능력의 진위 여부를 모호하게 만드는 것은 1970년대 이후 영화에 나타나는 특징이다.

무당을 둘러싼 불가해한 힘은 '불'로 표상되곤 한다. 그 점이 잘 드러난 영화가 〈불의 딸〉(임권택, 1983)이다. 〈불의 딸〉은 불의 여인 꿈을 꾸며 신몸살을 앓는 신문사 편집장 해동(박근형)이 자신의 근원을 찾아다니는 여정으로 이루어져 있다. 해동은 자신의 어머니(방희)가 강한 불에 끌리는 무당이었으며, 그래서 평생 강한 불을 가진 남자를 쫓아다녔음을 알게 된다. 이 영화에서 해동의 여정 중에 드러나는 해동의 어머니를 둘러싼 신비한 사건들은 독실한 기독교도인 해동 아내의 신앙과 대립한다. 그러나 〈무녀도〉나 〈을화〉에서와 같이 그 대립이 전근대적 가치와 근대적 가치의 충돌이 아니라 해석의 차이로 제시되며 상호 공통점이 있음이 암시되기도 한다. 진도의 앞바다가 갈라지는 사건을 두고 한편에서는 굿을 하는데, 한편에서는 모세의 기적이 재현되었다며 찬송가를 부르는 장면이 대표적인 예다. 양쪽은 소통하거나 화해할 수 없는 평행선처럼 보이지만, 합리성으로 접근할 수 없고 맹목적이라는 측면에서는 유사하다. 마지막에 주인공은 신어머니를 찾아가 자신의 어머니의 운명을 따름으로써 샤머니즘의 손을 들어준다. 이 영화는 '전통'의 이름으로, 그리고 '민중'의 이름으로 전근대 문화에 대한 재발견과 재평가가 이루어졌던 1980년대의 분위기를 잘 반영한 영화다. 이와 같은 경향은 〈태〉(하명중, 1986)나 〈나그네는 길에서도 쉬지 않는다〉(이장호, 1988)로 이어진다.

이와 같이 '무당'을 통해 전통을 보는 경향과 〈무녀도〉나 〈이어도〉에서처럼 여성 수난을 보여주는 경향은 운명에 순응한다는 점에서는 같지만 그 사이에는 엄연히 차이가 존재한다. 〈무녀도〉 등이 피학적인 순응을 보여준다면 〈불의 딸〉은 긍정적 순응을 드러낸다. 그리고 그 사이에는 〈을화〉(변장호, 1979)가 있다. 잘 알려졌다시피 김동리의 중편소설 『을화』는 단편소설 「무녀도」의 개작·확장판이다. 『을화』는 「무녀도」의 두 번째

1. 〈을화〉(변장호, 1979)에서 무당 을화(김지미)가 굿을 하는 장면.
2. 〈불의 딸〉(임권택, 1983)에서 불에 홀리는 해동 어미(방희)의 모습. 방희는 1970년대 후반부터 1980년대까지 무당 역을 자주 맡은 배우 중 한 명이었다. 그녀가 무당을 재현할 때 에로틱한 분위기는 한층 강화되었다.
3. 〈피막〉(이두용, 1981)에서 옥화(유지인)가 굿을 주관하는 장면.

개작에서부터 분명해진 주제, 즉 '샤머니즘과 기독교의 대립'을 그대로 둔 채 무속에 관한 세부 정보를 보충하면서 주인공 을화의 무당으로서의 삶을 보다 구체적으로 보여준다. 그러나 원작의 길이가 다르다 하더라도 영화화된 〈무녀도〉와 〈을화〉는 둘 다 100분이 넘는 장편이기 때문에 공통적으로 무당의 일생을 보여준다. 두 영화 모두 모화와 을화의 젊은 시절부터 아들이 장성하여 기독교도로서 그 어머니와 대립하기까지의 과정으로 구성되어 있는 것이다. 따라서 〈무녀도〉와 〈을화〉를 비교하면 1970년대 초반과 후반 무당 표상의 차이를 살펴볼 수 있다.

〈을화〉는 을화(김지미)에게 신이 내리는 장면으로 시작한다. 어린 아들

<궁화>(변장호, 1979)에서 을화의
신어머니 빡지 역을 맡은 정애란(오
른쪽). 그녀는 2년 후인 1981년부터
<전원일기>에서 김 회장(최불암)의
어머니로 출연한다.

을 간호하다 지쳐 쓰러진 을화에게 파도가 일렁이고 번개와 비바람이
내리치는 영상이 보이고, 을화는 "일어나거라! 앞마당 나무 밑 돌무덤
을 파거라!"라는 소리를 듣는다. 그리고 을화는 동네 무당 빡지(정애란)
를 찾아가 내림굿을 받고 무당이 된다. 그 이후 이야기는 한 동네에 두
무당이 생김으로써 빚어지는 빡지와 을화의 갈등으로 전개된다. 젊고
영험 있는 무당 을화는 방돌(백일섭)과의 공모 아래 빡지를 내쫓고, 원한
을 품은 빡지는 을화 가족에게 저주를 내린다. 이는 <무녀도>에서 모화
가 사랑을 잃고 무당이 되어 평생 사랑을 갈구하며 어쩔 수 없이 무당의
운명에 순응했던 것과는 다른 대목이다. 또한 원작 소설에 나타난 을화
와 빡지의 관계와도 완전히 다른 설정이다. 원작에는 을화와 빡지의 갈
등이 애초에 없으며, 오히려 마지막에 아들을 죽인 을화를 찾아와 보듬
는 사람이 신어머니 빡지다.

그런데 영화에서 을화와 빡지는 현실적인 이권이나 자리를 두고 다툼
을 벌이고 그 다툼에 자신들이 지닌 영적 능력을 사용하는 데 주저하지
않는다. 무당이 지닌 초현실적 능력에 대한 모호함을 넘어 이제는 그것

의 현실적 효용성을 인정하는 상태에서 복수담이 형성된 것이다. 그럼에도 결말에서는 큰 불로 인해 을화와 빡지, 아들 영술까지 모두 죽는다. 모호하나마 무속의 효험이 현실적 차원에서 입증되었지만 그 에너지는 무당 자신을 파괴하는 피학적 양상을 띠는 것이다.* 이런 점에서 이 영화는 과도적이다. 〈신궁〉이나 〈피막〉에 가면 복수의 방향이 바뀌기 때문이다.

약해진 영험과 피억압자로서의 복수

하길종 감독의 1977년 작 〈한네의 승천〉은 김기영 감독이 같은 해에 내놓은 영화 〈이어도〉와 더불어 감독의 작가의식이 두드러지는 영화다. 두 영화 모두 폐쇄적인 공간을 배경으로 환상적인 세계** 를 보여주는데, 그러면서도 시대적 특징을 공유한다. 〈한네의 승천〉은 동제洞祭를 관장하는 '제수 어른'(황해)이 지배하는 어느 마을을 배경으로 한다. 공간 설정부터 현실과 환상의 경계를 넘나든다. 그리고 무당의 설정에서도 혼란을 일으킨다. 이 영화에서 가장 명백한 무당은 제사장에 해당하는 '제수 어른'이다. 그런데 서사가 진행되면서 이 마을의 주민들 모두가 신들린 것처럼 보이게 된다.

이야기는 '만명'(하명중)이라는 마을의 머슴이 선녀당에서 자살하려는

---

* 정비석의 「성황당」을 원작으로 하는 영화 〈뻐꾸기도 밤에 우는가〉(정진우, 1981)에서도 원작과는 달리 성황당을 극진하게 모시는 순이(정윤희)가 김 주사(최봉)를 끌어안고 숯막에서 불에 타 죽음으로써 복수가 자기파괴의 양상을 띤다.
** 여기에서 '환상'이란 츠베탕 토도로프의 개념을 따라 '현실인지 환상인지 판단이 어려운 경계에 있는 것'을 가리킨다. 츠베탕 토도로프, 최애영 옮김, 「환상문학 서설」, 일월서각, 2013 참고.

1. 〈한네의 승천〉(하길종, 1977)에서 샤먼으로서 제사장(황해)의 모습.
2. 만영(하명중) 어미에 빙의된 한네(전영선)가 쓰러져 있는 모습. 이 모습은 제사장의 시점숏으로 포착된다.

'한네'(전영선)를 구하면서 시작된다. 그 이후 마을에는 불가해한 사건들이 일어나고 그 과정에서 마을의 비밀이 드러난다. 그 비밀은 제사장이 만명의 아비라는 것, 만명의 어미는 제사장과의 불륜에 괴로워하다 선녀당에서 자살했으며, 한네가 바로 그 만명 어미의 환생이라는 것이다. 제사장은 20년 전에 만명의 어미에게 그랬던 것처럼 한네에게 매혹되어 한네를 범한다. 그러면서 한네와 만명은 물론이고 제사장과 그를 따르는 온 마을 사람들이 억울하게 죽은 여인의 혼에 빙의된 듯이 행동한다. 그래서 이 영화에서는 제사장만을 무당으로 보기보다는 샤머니즘적 공간(무당 마을)의 지배자와 피지배자의 구도로 해석하는 것이 적절하다.

이렇게 볼 때 가장 크게 수난을 겪은 인물들, 즉 한네와 만명의 선택에 주목하게 되는데, 한네는 만명의 어미가 그랬던 것처럼 선녀당에 몸을 던지고 만다. 그리고 만명도 한네의 뒤를 따름으로써 결과적으로 자기를 파괴할 뿐 제사장을 응징하지 않는다. 그리고 모든 일의 시초이자 왜곡된 권력의 근원인 제사장에 대한 응징은 번개와 벼락을 통해 이루어진다. 결과적으로 수난을 겪어온 순한 백성은 복수의 에너지를 자신에게 돌린 채 순교에 가까운 자살을 택함으로써 가학의 과보果報를 만들지 않고, 처벌은 '하늘의 뜻'에 따라 이루어지는 셈이다. 그런데 이러한 처벌 방식의 방향이 〈신궁〉(임권택, 1979)과 〈피막〉(이두용, 1981)에 가면 달라진다.

〈신궁〉은 섬 무당 왕년이(윤정희)의 복수담이다. 한때 장선포를 주름잡던 당골네 왕년이는 굿을 하지 않은 지 오래되었다. 영화는 선주와 이장 등 섬 유지들이 떼로 몰려와 왕년이에게 굿을 종용하는 것으로 시작한다. 흉어로 살기 어려워진 것이 모두 왕년이의 굿이 없어서라는 것이다. 왕년이는 청원과 겁박에도 한사코 굿을 마다하고 화면은 플래시백되어 왕년이의 사연이 펼쳐진다.

왕년이에게는 금슬 좋은 남편 옥수(김희라)가 있었다. 그는 무당이었던 어머니의 뒤를 이어 양중이(남자 무당)가 되었지만 언제나 어부가 되기를 꿈꾼다. 남편의 희망을 알고 있는 왕년이는 굿으로 돈을 모아 남편에게 배를 사준다. 그러나 배를 부려본 경험이 없는 옥수는 섬의 최고 부자 최판수(홍성민)에게 고리高利로 돈을 빌리게 되고 최판수의 계략으로 배마저 빼앗기고 만다. 배를 빼앗기고도 어부의 꿈을 버리지 못한 옥수는 최판수가 부리는 배를 타고 나갔다가 죽어서 돌아온다. 선장이 배를 살리기 위해 어부들을 어창에 몰아넣고 갑판으로 나오지 못하도록 입구에 대못을 쳤던 것이다. 이것은 큰 문제가 될 사안이었지만 최판수를 비롯한 힘 있는 자들의 공모로 무마되고 만다. 왕년이는 바로 이 사건 이후부터 굿을 하지 않은 것으로 나온다.

그런데 왕년이는 아들 용만(김만)의 끈질긴 간청 끝에, 그리고 최판수와 며느리(방희)의 불륜을 알게 된 것이 결정적 계기가 되어, 다시 굿청에 서게 된다. 불륜은 원작에 없는 것으로 최판수를 보다 파렴치하게 만듦으로써 왕년이 복수의 정당성을 강화하기 위한 설정으로 보인다. 왕년이는 최판수에게 살맥이 굿*을 해주겠다고 자청하여 최판수의 머리에 바가지를 씌워 굿청 가운데 앉히고 그녀의 장기인 신궁을 집어 들어 최판수의 양 미간을 쏘아 맞힌다. 최판수는 피를 흘리며 모로 쓰러지고 왕년이는 회심의 미소를 짓는 것으로 영화는 끝난다. 이제 무당은 피지배층으로서 자신이 받은 수난을 삭이지 않는다. 억울함과 분노를 하늘의 힘을 빌려 풀려고 하지도 않는다. 자기 손으로 가해자를 직접 응징한다. 이로써 무당은 영매로서의 영험은 약화되고 피지배층의 분노를 집약하는 존재가 된다.

〈피막〉에 가면 무당의 영험에 대해 과학의 잣대를 들이댄다. 〈피막〉은 피막지기 딸의 복수담이다. '피막'이란 '사람이 죽기 전에 잠시 안치해 두던 외딴집'을 가리키는 말이다. 그곳은 이승과 저승의 중간 정거장으로 영매의 공간적 표상에 해당한다. 이 영화는 '동경' 유학까지 한 진사댁 도령 성민(현길수)이 이유를 알 수 없는 병에 걸려 위독하자 전국 무당

---

* 전라도 일대에서 하는 작은 굿으로, 특정한 굿 의뢰자의 살을 풀기 위해 하는 굿.

〈피막〉(이두용, 1981)에서
옥화(유지인)가 의연하게
뱀을 처리하는 장면.

을 모아 굿을 벌이는 것으로 시작한다. 방방곡곡에서 모여든 무당들이
각기 재주를 부리는 와중에 갑자기 지붕에서 뱀이 떨어지자 모두 혼비
백산한다. 그런데 옥화(유지인)라는 젊은 무당이 의연하게 뱀을 처리하
면서 옥화가 큰 굿을 벌일 무당으로 간택된다.

영화는 옥화가 굿을 준비하는 과정에서 진사댁의 비밀이 드러나고 그
비밀에 연루된 집안 어른들이 하나씩 의문사하는 것으로 전개된다. 결
국 이 모든 일은 옥화가 꾸민 범죄이고 옥화는 과거에 진사댁에 의해 억
울하게 살해된 피막지기 삼돌이(남궁원)의 딸임이 드러난다. 여기에서
추리를 담당하는 인물이 동경 유학생 성민이다. 그는 "세상이 달라지고
있다", "동경에는 지금 과학문명이 발달하고 있다"라며 무속을 미신이
라고 주장한다. 사건에 연루된 거의 모든 인물이 죽지만 성민은 살아남
게 함으로써 이 영화는 끝까지 합리적 이성의 손을 들어준다. 하지만 옥
화가 굿을 하고 나서 성민의 병이 갑자기 나은 것, 치밀한 음모였다고는
해도 우연적 요소가 없이는 불가능했던 연쇄살인 등은 풀리지 않는 수
수께끼로 남는다. 요컨대 이 영화는 추리물의 형식을 통해 무속에 과학

적으로 접근한 영화다. 그러나 합리적 이성만으로는 설명할 수 없는 초
현실적 부분에 대해서는 여전히 답을 유보하는 태도를 취한다. 무당에
대한 이지적 접근은 2000년대 다큐멘터리 〈영매〉(박기복, 2003)에서 본격
적으로 시도되나, 〈영매〉 역시 〈피막〉에서와 같은 태도로 귀결된다. 따
라서 〈피막〉에 나타나는 무속에 대한 인식은 21세기까지도 유효하다고
하겠다.

공포와 연민의 섹슈얼리티

'무당' 재현에서 1980년대부터 보다 본격화되는 경향은 '에로티시즘'
과의 결합이다. 〈무녀의 밤〉(변장호, 1982), 〈불새의 늪〉(고응호, 1984) 등과
같은 영화에서는 '무당의 딸'이 욕망을 통제할 수 없는 문제적 여성 인
물로 그려지며, '무당의 피'가 강렬한 성욕을 함의한다. 이 영화들에 설
정된 무당의 태생적 욕망은 한편으로는 두려움의 대상이 되고 한편으로
는 그들이 받는 천대나 불우한 운명과 엮여 연민의 근거가 된다. 그리고
이러한 공포와 연민은 '여성의 욕망'에 대한 이중적 태도로 확대 해석될
수 있다.

이런 이중적 태도가 잘 드러나는 영화는 억압자와 피억압자의 대립 구
도로 무당을 재현한 〈태〉(하명중, 1986)이다. 〈태〉는 천승세의 중편소설
『낙월도落月島』를 영화화한 것인데, 원작에서는 그림자처럼 존재하던 무
당 청백이 영화화되면서 중요한 인물로 부각되었다. 영화에서 청백(채희
아)은 섬 지주들의 이익을 대변하며 민중을 미혹하고 신의 뜻을 거스른

다. 신을 무서워하면서도 그녀는 섬 백성들에게 공포심을 부추기는 굿을 주도하고 섬 여인들을 제물로 희생시킨다. 그래서 그녀는 민중의 분노와 정의를 대변하는 종천(마흥식)과 대립한다. 마지막에 섬 지주들의 음모를 알게 된 종천이 섬 지주들을 살해하자 청백은 종천을 나무에 잡아 묶고 대침으로 고문한다. 종천이 끝내 청백에게 굴하지 않고 죽음으로써 청백은 패배한다. 그리고 청백의 청순한 딸이 신내림을 받아 새 무당이 되고, 종천의 여인 귀덕(이혜숙)이 종천의 아기를 낳아 "새 섬을 낳았다!"라고 외치면서 청백의 패배가 확증된다. 이는 원작에서 귀덕이 종천의 아이를 가진 채 최 부자의 씨받이로 들어가는 것과는 다른 결말이다. 영화에서는 부당한 지배 구조에 항거하는 민중 세력의 승리를 명시하면서 끝을 맺은 것이다.

  그런데 여기에서 짚고 넘어가야 할 점은 '왜 청백이 마지막까지 종천을 고문해야 했는가?'이다. 청백은 지배자들의 각종 범죄에 가담하지만 그녀가 괴로워하는 모습이 영화 중간에 인서트되면서 그녀의 어쩔 수 없는 상황과 그로 인한 고뇌가 엿보이기도 한다. 그런데 청백은 자신이 복종해야 했던 지배자들이 종천의 손에 모두 죽임을 당한 시점에 종천을 고문한다. 이러한 행동은 원작에 없는데 영화에서 새로이 설정된 것으로 의문을 자아낸다. 청백의 그러한 행동은 영화서사 안에서도 개연성이 떨어지기에 더욱 궁금해진다. 그런데 그렇기 때문에 그녀가 그리 행동하는 이유는 인물 성격의 개연적인 발전에서 찾을 것이 아니라 그녀가 그런 식으로 그려질 수밖에 없는 이유에서 찾아볼 필요가 있다.

  이 영화에서 청백은 하늘의 뜻을 읽는 영매인 동시에 성적 매력이 강한 인물이다. 그녀가 가진 성적 매력은 윤정희, 김지미, 방희가 보여주

〈태〉(하명중, 1986)에서 핏빛 폭력과 관능을 보여주는 그로테스크한 무당(채희아).

〈나그네는 길에서도 쉬지 않는다〉(이장호, 1988)에서 최 간호사(이보희)에게 신이 내리는 마지막 장면.

었던 것과는 다르다. 청백은 아름답지만 훨씬 공포스럽고, 매혹적이지만 한층 위험하다. 실제 무당이었던 채희아가 청백 역을 맡은 것은 청백이라는 캐릭터 구성에서 매우 중요한 역할을 한다. 그녀가 알몸에 원색의 동다리를 입고 옆트임 사이로 맨 다리를 드러낸 채 고뇌하는 모습은 그녀의 '팜 파탈'적인 면모를 잘 보여준다.

그녀가 하층 계급이면서도 지배자의 편에 서고 지배자가 없어진 상황에서 지배자의 대리 역할을 수행하는 이중적 위상은 바로 이러한 위험한 매력과 상관성을 가진다. 영화의 마지막에 아기의 탄생과 새 무당의 탄생(청백 딸의 신내림)을 병치함으로써 새로운 세대가 이끌어갈 미래의 세상에도 샤머니즘의 가능성을 열어놓는 점에서 드러나듯, 샤머니즘과 민중은 억압당해왔다는 면에서 동류에 해당한다. 무당은 전근대적 가치를 대변했지만 민중의 편에 서는 새로운 세력으로 바뀔 수 있는 계급인 것이다. 그럼에도 대립적인 면이 있다면 청백이 지니고 있는 섹슈얼리티다. 그것은 통제할 수 없는 여성의 욕망을 내포하며 '1980년대 민중'이 함의했던 지향과는 어긋날 수 있는 자질이다. 그래서 청백은 끝까지 악을 담당하여 존재가 부정될 필요가 있었던 것이다. 마지막에 새로운 가능성을 여는 새 무당이 청백이 지녔던 화려하고 그로테스크한 섹슈얼리티가 없는 청순한 소녀로 설정된 것은 청백이 대체될 수밖에 없는 존재였음을 확인시켜준다. 1980년대 후반의 민족·민중 담론은 섹슈얼리티가 배제된 '순수한 여인'으로서의 무당 표상을 필요로 했다. 그래서 청백의 딸이 보여준 순백純白의 이미지는 〈태백산맥〉(임권택, 1994)의 소화(오정해)에서 정점을 이룬다.

〈태백산맥〉은 1994년에 개봉했지만 1980년대에 기획된 영화다. 앞서 살펴본 영화들에서 알 수 있듯이, 1980년대는 '민중'이라는 차원에서 무당을 재발견하고 샤머니즘에 대한 긍정적 인식의 가능성을 모색했던 시대다. 이러한 발견과 인식은 〈태백산맥〉에서 보다 구체적으로 나타난다. 〈태백산맥〉에서는 전라도 세습무의 씻김굿을 고증하여 보여준다. 씻김굿은 전라도 지방에서 하는 사령제死靈祭를 이르는 말이다.* 전라도 씻김굿에서는 무당이 소복을 입고 머리에는 흰 고깔을 쓴 채 굿을 행한다는 점에서 앞서 살펴보았던 무당과 굿이 지니는 울긋불긋한 이미지와는 다르다. 이러한 이미지는 1980년대 후반 민중운동 차원의 문화예술제에

---

* 사람이 죽었을 때 하는 사령제는 지방에 따라 명칭과 풍속이 다르다. 전라도 지방에서 씻김굿이라 한다면, 경상도 지방에서는 오구굿. 경기 지방에서는 지노귀굿. 평안도 지방에서는 다리굿. 함경도 지방에서는 망묵이굿 등으로 부른다.

〈태백산맥〉(임권택, 1994)에서 마지막에 소화(오정해)가 씻김굿을 하는 장면.

〈영매〉(박기복, 2003)에서 진도 무녀 채정례가 역시 무녀였던 언니 채둔굴의 씻김굿을 하는 모습.

서부터 부각되기 시작하여, 〈그 섬에 가고 싶다〉(박광수, 1993)에서도 사용된 바 있다. 그리고 〈태백산맥〉에서 청순한 무당 소화를 통해 구현되며, 이념 대립이 낳은 원한과 오욕을 씻어 극락으로 보낸다는 '진혼'과 '정화'로 의미화된다. 이로써 굿은 냉전체제가 낳은 민족대립을 순화하고 그로 인한 분단의 고통을 위무하는 역할을 한다.

그러한 제의를 행하는 소화의 이미지에서 1970~80년대 무당에서 볼 수 있었던 에로틱한 면모는 찾기 힘들다. 그것은 색깔에서부터 드러나는바, 이전의 무당들이 주로 붉은색을 중심으로 하는 원색을 연상시켰다면 소화는 흰색으로 표백된다. 소화素花라는 이름부터가 '흰 꽃'이라는 의미를 지니고 있다. 순백으로 탈색됨과 동시에 이전의 무당 표상이

1. 〈그 섬에 가고 싶다〉(박광수, 1993)의 옥림(심혜진). 2. 〈웰컴 투 동막골〉(박광현, 2005)의 여일(강혜정).
천진한 그녀들의 희생으로 마을 사람들이 모두 다 죽을 수 있는 위기 상황이 해소된다.

함의했던 욕망과 섹슈얼리티도 배제된다. 기존의 무당 캐릭터가 지녔던
개성, 욕망, 목소리는 순백의 이미지 속에서 투명해지고, 소화는 무엇이
든 담을 수 있으면서도 언제나 정갈함을 유지하는 그릇과 같은 존재가
된다. 이는 1980년대 민족·민중 담론이 기대했던 샤머니즘의 표상을 보
여준다. 그리고 민중예술로서 샤머니즘이 수용될 때 배제되었던 점이
무엇이었는지를 드러낸다.

　'무당'에는 현실과 환상, 숭고함과 비천함, 순응과 욕망, 긍정과 부정
사이의 머뭇거림이 존재한다. 그런데 1980년대에 무당이 민중의 상징
이 되면서 모순되는 요소들의 긴장과 여성의 욕망은 배제되거나 순치되
었다. 1988년에 개봉한 영화 〈나그네는 길에서도 쉬지 않는다〉에서 최
간호사(이보희)가 보인 행동에서도 그러한 면이 드러난다. 최 간호사는
쓰러진 재벌 노인의 '위안부' 노릇을 하면서도 노인에게 마지막으로 북
쪽 고향 땅을 보여주기 위해 애쓴다. 이는 순백純白의 이미지를 가진 소

화가 무엇이든 감내하고 받아주는 이타적 성격으로 재현된 것과 같은 양상이다.

이러한 표상은 1990년대 이후에 나오는 분단영화들에서 제의적 기능을 하는 여성 인물들로 이어진다. 〈그 섬에 가고 싶다〉(박광수, 1993)의 옥림(심혜진)이나 〈웰컴 투 동막골〉(박광현, 2005)의 여일(강혜정)은 사람들이 서로 반목하여 죽고 죽일 위기에 처했을 때 희생양이 됨으로써 사람들을 구한다. 그런데 그들은 모두 '백치白癡'로 설정되어, 욕망이나 저항이 거세된 채 극단적으로 순치된 무당 표상의 연장선상에 놓인다. 1980년대 후반 사회운동 담론과 연계되면서 나타나기 시작한 '순수한 여성'으로서의 무당 표상은 해당 담론에서 볼 때는 진보라고 할지 모르나, 여성 재현 면에서는 1970년대보다 오히려 단선화되면서 퇴행한 것이다.

3장

여간첩

〈운명의 손〉(1954)에서 〈쉬리〉(1999)까지

간첩과 여간첩

'간첩間諜'이란 "한 국가나 단체의 비밀이나 상황을 몰래 알아내 경쟁 또는 대립 관계에 있는 국가나 단체에 제공하는 사람"을 가리키며, 비슷한 말로는 간인間人, 간자間者, 세인細人, 세작細作, 첩자諜者 그리고 스파이 등이 있다. 현행법상 간첩은 국가보안법과 형법의 제재를 받으며 그 죄과에 따라 7년 이상의 징역부터 사형에 이르는 처벌을 받게 되어 있다.

그런데 현재 중장년층 이상이 된 한국 대중의 기억 속에서 간첩은 축어적 의미 이상의 함의를 갖는다. '간첩'이라는 발화에는 의심, 불안, 두려움의 감정이 혼재되어 있으며 죽음에 대한 공포가 도사리고 있다. 그것은 간첩과 접촉하는 순간 죽음을 맞을 수도 있고, 간첩을 이롭게 하면이 사회에서 축출될 수도 있다는 뿌리 깊은 두려움에서 비롯된다. 이러한 공포는 1960년대 후반부터 1970년대까지 국가 차원의 반공 교육을 통해 조장되었다.

국가가 구성한 간첩의 표상은 "새벽에 등산복 차림으로 산에서 내려오고, 교각이나 해안선을 카메라로 찍고, 말투가 이상하고 담뱃값을 잘 모르는 사람", 또는 "이웃에게 친절하게 굴며 일정한 직업 없이 돈을 많이 쓰고 밤에 라디오를 듣는 사람"이었다. 전자가 낯선 사람이라면 후자는 이웃 사람에 해당한다. 따지고 보면 누구나 이 범주에 한두 가지 해당 사항이 있을 수 있기에, 이는 간첩에 대한 두려움과 더불어 자신도 간첩으로 의심받을 수 있다는 불안을 갖게 한다. 따라서 내가 간첩이 아님을 증명하기 위해서는 간첩을 만났을 때 곧장 고발함으로써 '간첩'과 '간첩 아닌 나'가 다름을 증명하는 것이 가장 확실한 방법이었으며, 이는 국민이 서로를 의심하며 끊임없이 '간첩'의 이름으로 호명되는 것들을 타자화하게 만들었다. 간첩이라는 말이 환기하는 불안과 공포는 이러한 시절을 거치며 국민에게 내면화되었다.

그런데 위에서 열거한 간첩 표상에서 일반적으로는 '남성'을 떠올린다. 그것은 〈113 수사본부〉나 〈추적〉과 같은 TV 반공드라마를 통해 구축된 간첩 표상, 즉 '얼굴이 검고 험상궂으며 선글라스를 즐겨 끼고, 권총과 독침을 가지고 다니는 무자비한 사람'이라는 이미지와 맞물리며 '강하고 무서운 남자로서 간첩'을 대중의 머리에 각인시켰다. 그렇다면 '여자 간첩'의 경우에는 어떠한가? 여간첩은 간첩으로서 타자화된다는 점에서는 남자 간첩과 동일성을 지니면서도, 한편으로는 '여성'이라는 젠더 이미지의 맥락에서 다시 타자화되며 남자 간첩과는 또 다른 표상을 구성해왔다. 일찍부터 '여간첩'이 필름누아르나 갱스터 장르의 '팜 파탈'과 유비되었던 것은 이러한 이중 타자화에서 비롯된 현상이다.

여간첩의 원조, '마가렛'의 모호성

〈운명의 손〉(한형모, 1954)은 한국 최초의 스파이 영화이자 여간첩 표상을 처음 보여준 영화다.[102] 이 영화의 주인공인 북한 스파이 마가렛(윤인자)은 남한 방첩대원 영철(이향)을 사랑하면서 간첩 활동과 사랑 사이에서 갈등한다. 여기에서 간첩 활동은 북한 공산주의를 이롭게 하는 이적행위이고 사랑은 여성으로서 개인적인 행복을 지향하는 태도다. 이러한 갈등 구조는 그 이후 여간첩 재현에서도 반복된다. 여간첩은 언제나 사랑에 빠지면서 간첩이 되기도 하고 전향을 하기도 한다. 그런데 그 사랑이 참 사랑이냐 거짓 사랑이냐에 따라 그녀의 이념적 선택의 시비도 결정된다. 여기에는 일정한 도식이 개입하는데, 남한의 반공 청년을 사랑하는 것은 올바른 사랑이고, 북한의 공산주의자를 사랑하는 것은 거짓 사랑으로 판명된다. 따라서 1960~70년대 반공영화에서 대부분의 여간첩은 공산주의자를 사랑하여 간첩 행위를 하다가 남한 남자를 만나면서 이전의 사랑이 거짓임을 깨닫고 전향한다.

그런데 〈운명의 손〉은 이와는 조금 다른 양상을 드러낸다. 마가렛은 영철을 사랑하면서 갈등하기는 하지만 자신의 임무를 충실히 수행한다. 그녀를 그렇게 만드는 힘은 '도깨비 반지를 낀 손'으로 표상되는데, 그것은 마가렛의 이념 의식을 일깨우며 마가렛과 영철의 결합에 강력

1. '여간첩의 원조' 마가렛(윤인자)을 보여주는 〈운명의 손〉
(한형모, 1954)의 포스터.
2. '21세기 얼짱 간첩' 림계순(김정화)이 주인공인 〈그녀를
모르면 간첩〉(박한준, 2004)의 포스터.
3. 〈7급공무원〉(신태라, 2009)에서 국가정보원 수지(김하
늘). 이제 코미디 장르에서 정보원은 국가에서 월급을 받기
때문에 위험한 일을 마다할 수 없는 공무원으로 재현된다.

한 혼사 장애로 작용하는 '절대악'으로서의 공산주의를 상징한다. 그것
이 바로 두 남녀의 운명을 좌우하는 '운명의 손'이다. 그런데 마가렛이
영철과 점점 더 깊이 사랑에 빠지면서 마가렛에 대한 '운명의 손'의 지
배력은 약해진다. 이를 눈치챈 '운명의 손'은 마가렛에게 영철을 죽이라
고 명령한다. '운명의 손'을 따르다가 다시 사랑 앞에서 머뭇거리며, 이
념과 사랑 사이에서 갈등하던 마가렛은 마지막 순간에 '운명의 손'을 쏜

다. 여기까지는 반공 서사의 전형적인 전개를 보여준다. 즉, 남측 정보원은 반드시 승리해야 하고 북측 정보원은 반드시 전향해야 한다. 그래서 '운명의 손'을 쏜 순간, 마가렛은 '이념'과 '사랑' 사이에서 결국 사랑을 선택하는 여성이자, 남성들의 대립 속에서 수난을 겪어온 관습적 여성 인물로 귀착되는 듯하다.

그런데 흥미롭게도 그녀는 여기에서 멈추지 않는다. '운명의 손'을 쏘고 쓰러진 마가렛은 영철에게 자신을 '마가렛'이 아닌 '정애'로 불러달라고 한다. 그리고 "적탄에 죽고 싶지 않으니 선생님 손으로 보내주세요"라고 말한다. 이러한 마가렛의 행동에 대해서는 상반된 해석이 가능하다. 사랑하는 사람으로 하여금 자신의 본명을 호명하도록 부탁하는 것은 공산주의에 포박된 가장된 삶에서 벗어나 본래의 자기로 돌아간다는 의미로 해석할 수 있으니 '전향' 내지 '회개'라고 볼 수 있다. 그러나 마가렛이 끝까지 이념을 포기한다고는 말한 적 없다는 사실을 생각하면, 마가렛은 양자택일을 거부하며 '사랑'과 '이념' 그 어느 것도 포기하지 않았기 때문에 '남측 정보원'인 '연인'의 손에 죽을 수밖에 없었으리라는 해석도 가능하다. 이러한 상반된 해석의 가능성 사이에 '마가렛/정애'라는 여성 인물의 모호함이 있다.

모호함은 '적탄'이라는 말이 발화되는 맥락에서도 발견된다. 한국전쟁 직후인 당대에는 '적탄敵彈/赤彈'이 당연히 공산주의자의 총알로 해석되었을 수도 있다. 그런데 마지막 시퀀스의 정황을 살펴보면 '운명의 손'까지 죽었으므로 그 자리에 공산주의자는 남아 있지 않다. 그리고 남측이든 북측이든 누군가가 온다는 암시도 없는 상황이다. 그렇기 때문에 '적탄'의 의미는 모호하다. 마가렛이 보여주는 이러한 모호성은 1990년

이전까지 한국사회에서 반공서사가 밀고 나갈 수 있는 임계점이었다.

이중간첩, '김수임'의 파국

1960년 후반부터 반공주의가 강화되며 영화에서도 반공영화 제작 편수가 급증한다. 이와 더불어 반공영화의 이분법적 도식도 공고해지면서 1950년대 영화가 보여주었던 모호성은 사라진다. 이 시기에 여간첩 표상은 '김수임'이 대표한다. '김수임'은 '김현희'가 나타나기 이전까지 한국에서 '마타 하리'와 같은 상징성을 지닌 여간첩이었다. 그래서 유일하게 두 번이나 영화화된 여간첩이기도 하다.

'김수임'이 처음으로 영화화된 것은 〈나는 속았다〉(이강천, 1964)에서였다. 이 영화에서 김수임(문정숙)은 미군 대령 베어드와 동거하면서 정보를 빼내 남로당에 넘긴다. 그녀가 그렇게 행동하는 것은 월북한 이강국(박노식)을 사랑하기 때문이다. 그러나 오제도 검사(신영균)를 통해 이강국이 북에서 다른 여자와 결혼했다는 사실을 알게 되면서 마음을 돌려 남한의 수사에 협조한다. 여기에서 김수임은 애초에 이념적 인간이 아니며 사랑에 따라 이념도 선택할 수 있는 '여자'로 재현된다. 이와 같이 남성 간첩과 달리 감정에 따라 좌우되는 연약하고 의존적인 존재로 여간첩을 그리는 것은 이 시기 반공영화의 관습이었다. 따라서 여간첩이 주인공인 경우 그들은 대개 이중간첩이 된다.

〈죽은 자와 산 자〉(이강천, 1966)에서도 이러한 관습이 반복되며, 이중간첩이 되는 여간첩이 나온다. 남향미(김혜정)는 공산주의자 남편을 둔 미모의 가수다. 그녀는 남편이 붙잡혀 총살당할 위기에 처하자 정보부 대령 이효중(신영균)을 찾아가 애원하지만, 남편은 사형당하고 만다. 이에 앙심을 품은 남향미는 이효중에게 복수를 하려다 붙잡힌다. 남향미의 미모와 영리함을 눈여겨본 이효중은 남향미를 감화시키고, 이효중을 사랑하게 된 남향미는 남한 정보원이 된다. 이효중을 위해 인민군 대좌(이예춘)에게 접근하여 위험한 임무를 수행하던 남향미는 결국 간첩임이 들통 나서 총에 맞아 죽는다. 김수임이나 남향미 같은 인물은 남한에 이로운 행위를 하지만 그녀들은 이적 행위를 한 적이 있기 때문에 그 죗값을 치러야 한다. 대개의 경우 그녀들이 죽음으로 파국을 맞이하는 것은 그녀들이 '이적 행위'라는 원죄에서 벗어날 수 없음을 말해준다. 이러한 관습은 1970년대에도 계속 이어져 김수임을 비롯해 김소산, 배태옥, 이난희 같은 여간첩의 표상을 시리즈로 생산해냈다.

라디오 반공드라마로 시작된 〈특별수사본부〉 시리즈는 1973~1975년에 영화로 제작되었고, 텔레비전 드라마로도 만들어졌다. 영화 시리즈에서는 다섯 명의 간첩을 다루었는데, 그중에서 〈외팔이 김종원〉(이원세, 1975)을 제외하고는 모두 여간첩이었다. 김수임, 김소산, 배태옥, 이난희가 그들이다. 우선 김수임을 모델로 삼은 두 번째 영화 〈김수임의 일생〉(이원세, 1974)에서 김수임은 1964년 영화에서와 다소 다른 양상으로 재현된다. 이 영화는 제목대로 '김수임의 일생'에 좀 더 포커스를 맞추었는데, 이 영화에서 김수임(윤소라)이 이강국(신일룡)을 사랑해서 간첩 활동을 하는 것은 이전 영화와 동일하나, 김수임이 남로당에 입당하고 다시 전향하게 되는 계기는 다르다. 이 영화에서는 월북한 이강국이 배신하는 것이 아니라, 남파 간첩인 최만용(문오장)이 이강국을 미끼로 김수

1. 〈죽은 자와 산 자〉(이강천, 1966)의 남향
미(김혜정).
2. 〈김수임의 일생〉(이원세, 1974)에서 김수
임을 맡은 윤소라. 김수임은 '한국의 마타하
리'로 불릴 만큼 영상매체에서 가장 자주 재
현되며 대표적인 여간첩 표상을 만든 캐릭
터다. 김수임 역할은 당대의 스타 여배우들
이 맡았는데, 〈나는 속았다〉(이강천, 1964)
에서는 문정숙이 김수임으로 분했다.

임을 이용하는 것으로 설정함으로써 이강국이라는 인물에 대한 직접적
인 비판을 피해간다. 그러나 거짓말을 하는 남성 인물이 누구로 설정되
었든, 여간첩은 공산주의자의 거짓에 속아 이적 행위를 하는 어리석은
인물로 그려진다는 점에서는 이 영화도 1964년 영화와 마찬가지다.

'남남북녀' 도식 속의 팜 파탈

김수임, 김소산, 이난희는 각각 미군 헌병대 직원, 기생, 여대생 등으로 그 직업이 다양하다. 이런 직업은 고위층을 만날 수 있는 도회적인 직종이라는 공통점이 있다. 또한 다양한 패션을 선보일 수 있다는 공통점도 있다. 화려한 패션은 매혹적인 여간첩의 표상을 구성하는 데 핵심적 역할을 한다. 그로 인해 그녀들은 매혹적인 만큼 위험하고 또한 위험한 만큼 더욱 매혹적이기도 한 팜 파탈의 맥락에 놓인다. 이 점은 장르상 스파이스릴러 멜로드라마였던 〈운명의 손〉에서부터 나타난 특징이다.

〈운명의 손〉의 마가렛은 등이 드러나는 서구식 드레스로 도발적인 매력을 발산하기도 하고, 한복을 입고 숄을 쓴 채 권총을 다루는 파격적인 형상을 보여주기도 한다. 이러한 도발성과 파격성은 여간첩 역할을 맡은 배우들이 지닌 페르소나이기도 하다. 〈운명의 손〉의 윤인자를 비롯해, 김수임을 맡았던 문정숙과 윤소라, 〈죽은 자와 산 자〉의 김혜정, 김소산을 맡았던 윤정희, 이난희를 맡았던 안인숙 등은 모두 도회적인 이미지를 지닌 배우들이었다. 전반적으로 그녀들은 현모양처보다는 카페걸이나 애인의 역할이 더 잘 어울렸다. 그녀들의 필모그래피는 그 점을 말해준다. 문정숙은 도시 여인의 복잡한 내면을 연기하는 데 특기가 있었다. 그녀의 대표작으로는 〈만추〉(이만희, 1966), 〈귀로〉(이만희, 1967) 등이 있다. 그리고 김혜정은 '당대 최고의 육체파 여배우'로 각광받았으며, 대표작으로는 〈육체는 슬프다〉(이해랑, 1962), 〈천년호〉(신상옥, 1969) 등이 있다. 윤정희는 세련되면서도 퇴폐적인 매력을 가진 배우로 평가되며, 대표작으로는 〈청춘극장〉(강대진, 1967), 〈안개〉(김수용, 1967), 〈내시〉(신상옥, 1968) 등이 있다. 윤소라는 서구적인 얼굴 때문에 배역에 제한을 받았던 배우다. 그녀는 〈화분〉(하길종, 1972), 〈쇠사슬을 끊어라〉(이만희, 1971) 등에서 이국적인 이미지를 보여주었다. 그녀들의 이미지에 내장된 도회적이거나 퇴폐적인 매력과 현모양처로 포획되지 않는 자질은 공산주의자 재현에 동원되던 부도덕하고 패륜적인 요소와 접속하며 여간첩의 표상을 구성했다.

여기에서 여간첩 서사를 구성하는 남남북녀의 도식에는 젠더적인 맥락이 개입되어 있다. 예를 들어 만약 〈운명의 손〉에서 북측 스파이가 남자로 설정되었다면 마가렛처럼 유연하게 변화하기 힘들었을 것이다. 의식의 변화는 물론이고 직업, 패션 등에서도 여성 인물일 때 다양한 변화가 보다 용이하게 표현될 수 있다. 정애의 직업은 '술집 여급'이기 때문에 더 변화무쌍한 모습을 보일 수 있으며 그것이 성적 매력을 증폭시키는 면이 크다. 그것에 상응할 만한 남성의 직업은 상상하기 어렵다. 따라서 북측 스파이를 남성 인물로 설정하려 한다면, 그 성격이 〈남과 북〉(김기덕, 1965)의 장일구 소좌(신영균)처럼 우직하거나, 〈피아골〉(이강천, 1955)의 철수(김진규)처럼 고뇌하는 인텔리여야 한다. 그러나 그러한 인물은 스파이스릴러의 문법과는 거리가 있다.

또한 북측 스파이는 이념과 사랑 사이에서 갈등하다 결국 어느 쪽이든 배신할 수밖에 없는데, 이 배신의 모티프를 남성 주인공에게 적용하는 것은 부담스러울 수 있다. 관습상 남성 인물이 배신을 하고 변화무쌍한 모습을 보일 때 결코 관객이 호감을 가지는 긍정적 인물이 되기는 어려웠기 때문이다. 아울러 최종 이념 대립에서의 승리가 보다 대중적인 설득력을 확보하며 봉합되기 위해서는 물리적으로 힘이 세고 태도에 일관성을 견지하는 남성 인물이 이념의 중심을 잡아줄 필요가 있었다. 따라서 '남남북녀'의 설정은 관습적인 젠더 의식과 반공주의의 도식 사이에서 장르영화의 서사가 취할 수 있는 전략적 선택이었다고 할 수 있다.

왼쪽부터 〈기생 김소산〉(설태호, 1973), 〈여대생 이난희 사건〉(설태호, 1973), 〈배태옥 사건〉(이원세, 1974)
에 나오는 여간첩의 이미지. 세 얼굴은 공통적으로 당시 일반적인 멜로드라마의 주인공과는 결이 다른 퇴
폐적이고 도발적인 이미지를 보여준다. 윤정희, 안인숙, 윤소라가 각각 타이틀 롤을 맡았다. 다른 영화들에
서 윤정희는 분방한 도시 여성(〈야행〉, 1977), 자유로운 화가(〈화조〉, 1979), 안인숙은 호스티스(〈별들의 고
향〉, 1974), 약혼자의 형을 사랑하는 여대생(〈어제 내린 비〉, 1974), 윤소라는 '푸른 집'에 사는 기묘한 소녀
(〈화분〉, 1972), 빨치산 오빠를 죽인 비바리(〈갈매기의 꿈〉, 1974)의 역할을 맡았는데, 이러한 역할들의 표
상은 여간첩이 지닌 이미지와 연관성을 지닌다.

이러한 관습은 1960~70년대 반공영화들로 계속 이어진다. 〈특별수
사본부〉 시리즈에서 오제도 검사와 여간첩들의 관계는 대표적인 사례
다. 그뿐만 아니라 〈쉬리〉(강제규, 1999)의 남녀 설정에서도 이 점을 확인
할 수 있는데, 이는 이러한 관습이 얼마나 변하기 힘든지 말해준다. 팜
파탈로서 여간첩의 표상은 이러한 한계 속에서 구성된 이념적·장르적
타협물인 셈이다.

표상의 다양화와 근본적 한계

〈쉬리〉에서 이방희(김윤진)는 박무영(최민식)의 명령을 따르면서도 연

〈쉬리〉(강제규, 1999)의 킬러 이방희
(김윤진).

〈스파이 파파〉(한승룡, 2011)의 의리
형 간첩 붉은 뱀(이승연).

〈간첩〉(우민호, 2012)의 '엄마 간첩'
이자 '생활형 간첩' 강 대리(염정아).

인인 유중원(한석규)과의 사랑 사이에서 모호성을 보여준다. 이러한 모
호성은 〈운명의 손〉 이후 45년 만에 다시 나타난 것이다. 1950년대의 혼
돈 속에서 그 임계점이 설정된 이후 1990년 이전까지 오히려 그 지점에
조차 도달하기 힘들었다는 것은 그 이후 한국사의 전개가 얼마나 억압
적이었는지를 새삼 말해준다.

　〈쉬리〉 이후 여간첩의 표상은 많이 변화했다. 〈그녀를 모르면 간첩〉(박

한준, 2004)의 '얼짱 간첩' 림계순(김정화)부터 〈스파이 파파〉(한승룡, 2011)의 의리 있고 도덕적인 여간첩 '붉은 뱀'(이승연), 그리고 〈간첩〉(우민호, 2012)의 '엄마 간첩'(염정아)에 이르기까지 냉전시대에 병치될 수 없었던 특징들, 즉 순수함, 도덕성, 의리, 모성성 등이 여간첩의 표상을 구성하며 복합적인 이미지들을 산출한다. 그러면서 죽음을 통해 간첩을 응징하는 경우도 감소하는 추세다. 〈쉬리〉 이외에 앞서 언급한 탈냉전시대 영화에서 여간첩이 죽는 경우는 없다. 이러한 현상은 여간첩이 코미디와 같이 유연한 장르 속에서도 재현될 수 있게 되면서 냉전시대 이분법에 따른 처벌 관습 또한 깨졌음을 말해준다.

그러나 기억해야 할 것은 그것은 어디까지나 대상과 심각하지 않은 거리를 확보하는 '웃음'과 같은 요소가 전제되어야 가능하다는 점이다. 만약 자신의 이념에 투철한 여간첩이 진지하게 재현된다면 여전히 그녀는 목숨을 건지기 어렵다. 다시 말해 이념적인 부분이 웃음을 통해 희미해질 때에만 여간첩은 엄마도 연인도 선생님도 될 수 있는 것이지, 그렇지 않은 여간첩은 여전히 받아들여질 수 없다는 말이다. 따라서 〈운명의 손〉의 임계점이었던 모호성은 지금도 유효하다. 모호성 안에서만 여간첩의 이념적 측면을 말할 수 있다는 것, 이 한계는 20세기의 경계들이 해체되어 가는데도 여전히 버티고 있는 분단 장벽과 같이 완강하다.

4장

여성 법조인

〈어느 여대생의 고백〉(1958)에서 〈침묵〉(2017)까지

법의 젠더 이분법

주지하다시피 법은 오랫동안 남성의 정체성에 부합하는 영역으로 인식되었다. 페미니즘 법학자 프랜시스 올슨Frances Olsen에 의하면 대부분의 사고 구조는 대립적 대칭 개념을 중심으로 형성되는데, 그 이원론 자체가 '남성적 대 여성적'이라는 젠더 이분법에 의해 구축된다. 아울러 그 안에는 상하의 위계가 존재하며 남성적 우위를 대표하는 영역이 법이다. 법은 남성적으로 보이는 요소들—합리적, 능동적, 사고, 이성, 문명, 힘, 객관적, 추상적, 원리원칙 등의 속성—과 깊이 결부된다고 인식된다. 여성적인 것은 이와 대립하는 속성들—불합리한, 수동적, 감정, 감성, 자연, 나약이나 섬세함, 주관적, 구체적, 개별화 등—을 내포

한다.[103] 전자가 공적 영역이라면 후자는 사적 영역이라는 인식이 통념화되어 있다. 이와 같은 구분은 '사회화된 노동(직장)이나 정치 활동 영역' 대 '가족의 영역'을 가정하는 이분법적 사회 관계의 모델이다.[104] 근대 산업화와 함께 이러한 모델 인식이 일반화되었으며, 여기에 이분법적 젠더 인식이 합류하며 '남성의 공적 영역' 대 '여성의 사적 영역'이라는 인식을 구성했다.

이러한 이분법이 관념적 허위라는 사실은 여성의 공간이자 사적 영역을 대표하는 가정이 근대적 노동 기획의 출발점[105]이라는 점에서부터 드러난다. 근대의 분업화된 환류 시스템에서 여성의 가사노동은 남성의 공적 노동력의 원천이 된다. 또한 부르주아 여성의 사적 공간이 하녀에게는 공적 공간이기도 하다. 그러나 이분법적 인식의 틀은 공고해서 남성의 영역으로 당연시되는 공간에 여성이 등장했을 때 그것은 위험한 침입으로 간주된다. 1910년대 영국 여성의 참정권 투쟁을 다룬 영화 〈서프러제트Suffragette〉(사라 가브런, 2015)에서 보수적인 정치인들은 이렇게 말한다. "여자들에게 투표권을 주면 국회의원, 국무위원, 심지어 판사까지 되겠다고 주장할 겁니다." 법의 정의를 여신으로 표상하는 서구 사회에서도 여성이 법적 판결을 하는 것은 용납하기 힘든 일이었다. 법정은 근대 이성과 합리주의에 의해 진화해온 공간이지만 이성과 합리주의는 여성에게는 원천적으로 해당하지 않는 덕목이었다. 그러므로 법정은 여성을 배제하는 가장 보수적인 공간으로서 "공격적이고 영토 구획적이며 형제애적인 정치의 장"[106]이 된다.

이러한 현실 속에서 여성 법조인은 상상하기 힘든 표상이었고 그렇기 때문에 그만큼 드물게 재현되었다. 2010년대에 들어서 법정영화의 제작 편수가 괄목할 만하게 늘어나면서 법조인의 재현도 늘어났다. 한국 영상자료원 KMDb에서 '판사'라는 키워드로 한국영화를 검색하면 11편, '변호사'로는 119편, '검사'일 때에는 138편이 뜬다. 그러나 여성 법조인의 재현 비율은 현저하게 낮아서 주인공인 경우는 여섯 편 정도에 불과하다. 여성 법조인의 표상에서 주류를 이루는 직업은 변호사인데, 근년 들어 〈성난 변호사〉(허종호, 2015)나 〈더 킹〉(한재림, 2017), 〈불한당: 나쁜 놈들의 세상〉(변성현, 2017) 등에서 여성 검사가 등장한 것이 그나마 눈에 띄는 변화다. 여성 판사의 모습은 단역으로 잠깐 나오는 정도이고 중심적인 역할로 설정되지는 않는다. 법의 보수성을 생각하면 자연스러운 현상이라고도 하겠으나 최근에 영화보다 오히려 현실에서 여성 판사의 뉴스를 자주 접하는 것을 보면 이 부분에서는 영화의 반영이 매우 늦다는 사실을 확인하게 된다. 이는 여성 법조인 재현의 역사를 훑어보면 보다 확연히 드러난다.

대한민국 최초 여성 변호사와 여판사

1953년 7월 3일자 한 신문에는 "최초 여판사 이태영 여사"라는 제목의 기사가 뜬다. "우리나라 여성 중 '넘버원'으로 사법고시에 합격한 이태영 여사가 1년간의 시보 실무실습을 마치고 최근 판사시험에 합격하여 머지않아 서울지방법원에 취임"[107]하리라는 내용이었다. 그러나 이태영은 당시 대통령이던 이승만의 반대로 판사에 임용되지 못했다. 이에 그는 변호사로 개업하며 한국 최초 여성 법조인으로 기록된다. 이로써 대한민국 여성 법조인은 '판사'가 아닌 '변호사'로 시작된다. 이를 반영하듯 한국영화 최초의 여성 법조인 표상도 변호사로 시작된다. 한국영화에서는 현실에서 최초의 여성 변호사가 탄생한 지 5년 후에야 처음으로 재현된다. 3부에서 언급했던 〈어느 여대생의 고백〉(신상옥, 1958)이 그것이다. 앞서 살펴보았듯이 이 영화는 남편 살해범을 여성 변호사가 눈물로 변론하면서 자신의 과오는 물론 아버지의 부도덕까지 합리화하는 데로 이어졌다. 여기에서 눈물이 가부장제의 복원과 강화를 위해 활용될 수 있다는 점, 그것이 법정에서 관심의 초점이 되는 여성 법조인의 눈물일 때 그로 인해 유발되는 감정의 파고와 그에 따른 효과 또한 크다는 점이 드러났다.

이 영화에 이어 인상적인 여성 법조인의 표상을 보여준 영화는 〈여판사〉(홍은원, 1962)였다. 이 영화가 개봉했던 1962년 즈음에 '여판사'라는 말이 신문에 자주 오르내렸다. 대한민국 최초의 여성 판사였던 황윤석의 죽음 때문이었다. 이태영이 고등고시에 합격한 이듬해인 1953년에 황윤석이 제3회 고등고시에 합격하고 1954년 판사에 임용되며 '대한민국 최초의 여판사'가 되었다.* 1962년 가을, 영국 최초로 지방재판소 판사에 엘리자베드 카트린 레인이라는 여성이 임명되었다는 기사[108]가 난 것을 보면 한국에서 여판사의 임용은 빠른 편이었다. 그런데 화제를 불러일으켰던 황윤석 판사가 1961년 자택에서 의문의 죽음을 맞으면서 더 큰 화제를 불러일으켰다. 처음에는 독살로 보도되었다가 자살이라는 기사가 나오고, 다시 타살로 의심되어 남편과 가족들이 조사를 받게 되

---

* 대한민국 최초의 여성 법조인 이태영(1914~1998)은 1952년 제2회 고등고시에 합격하고 1954년 여성 변호사로 개업하여 1956년에는 여성법률상담소를 창설한다.

자 당시 '여판사'라는 말은 매우 센세이셔널하게 통용되었다.[109] 황윤석 판사 이후 여판사가 배출된 것은 1973년이었으니* 1962년만 해도 여판사란 풍문으로만 존재할 뿐, 대중에게는 상상하기 힘든 표상이었다.

이러한 상황에서 개봉한 〈여판사〉는 제목에서 드러나듯이 판사가 되는 여성을 주인공으로 삼고 있으며 장르상으로는 멜로드라마다. 주인공 허진숙(문정숙)은 의사 연인을 약혼자로 둔 여성인데 보장받은 결혼에 만족하지 않고 사법고시 공부를 한다. 진숙의 약혼자로 의사인 동훈(박암)은 이를 반대하지만 진숙은 뜻을 굽히지 않고 끝내 합격하여 판사가 된다. 약혼자는 판사 아내는 부담스럽다며 판사를 그만두지 않으면 파혼하겠다고 통보하고 진숙은 동훈과 결별한다. 그 이후 진숙이 절에서 고시 공부를 할 때부터 그 기개를 높이 사던 채 사장(김승호)은 진숙을 며느리로 맞이한다. 결혼하면서부터 진숙은 남편과 시댁 식구들의 편견에 시달린다. 진숙은 판사 업무와 며느리에게 요구되는 의무를 다하려고 최선을 다하지만 시댁 식구들은 그녀가 조금만 실수를 해도 판사여서 오만하거나 가사家事에 무능해서 그렇다고 생각한다. 급기야 그녀가 바쁜 업무로 퇴근이 늦어지자 시누이는 오빠 규식(김석훈)을 외도로 이끈다. 진숙과 규식의 관계가 파탄 직전에 이르렀을 때 시어머니(유계선)의 숨겨놓은 아들(추석양)이 나타나 생모에게 돈을 요구하는 사건이 발생한다. 아들은 생모에게서 원하는 것을 얻지 못하게 되면 생모와 함께 죽으

---

* 1973년 3월 27일 강기원, 황산성 2명의 여성이 판사로 임명된다. 황윤석 판사 이후 12년 만의 일이었다(「12년 만에 여판사 2명 탄생」, 《경향신문》, 1973. 3. 27). 1973년에도 여성 법관은 여러모로 큰 화제였는데, 당시 대법원 행정회의에서는 12년 만에 등장한 여판사에게 어떤 법복을 입힐 것이냐를 두고 논란이 일었다. 황윤석 판사 때는 목이 높은 법복을 입었기 때문에 별 문제가 되지 않았으나 그 뒤 바뀐 법복은 앞가슴 부분이 패여 남자들은 검은 바탕에 흰 줄무늬 넥타이를 매어왔는데 여성은 곤란하지 않겠느냐는 것이다. 장시간 논의 끝에 당분간 여판사들은 흰 블라우스에 까만 줄 넥타이를 매는 것으로 결정되었다(《동아일보》, 1973. 4. 5).

1. 〈어느 여대생의 고백〉(신상옥, 1958)에서 소영 역으로 최초의 여성 법조인 표상을 보여준 최은희.
2. 최초의 여판사 표상이 나오는 영화 〈여판사〉(홍은원, 1962)의 신문 광고. 이 영화에서 여판사 허진숙(문정숙)은 결국 판사직을 유지하지 못하고 변호사가 되어 시어머니를 변호한다. 이 영화는 한국영화 사상 두 번째 여성감독으로 꼽히는 홍은원이 연출하여 또한 화제가 되기도 했다.
3. 〈여사장〉(한형모, 1959)에서 페미니스트를 자처하는 잡지사 여사장 요안나(조미령)의 모습. 그녀는 신입사원 용호(이수련)에게 반해 그에게 경영권을 넘기고 그의 아내가 되어 가정으로 들어간다.

려고 독毒이 든 주스를 준비한다. 그런데 이것을 우연히 시할머니(복혜숙)가 마시는 바람에 시어머니가 살인범으로 몰려 법정에 서게 된다. 이에 진숙은 판사를 그만두고 변호사로서 법정에 나가 시어머니를 변론하고 위기에 처한 가정을 구한다. 1962년에 제작된 이 영화는 제목만큼은 파격적이었으나 〈여사장〉(한형모, 1959)이 그랬던 것처럼 결국 가장 보수적인 타협에 이른다. 이는 1962년 당시에 여성 판사라는 것은 멜로드라마의 여주인공이 끝까지 견지하기 힘든 부담스러운 표상이었음을 말해준다. 또한 재판을 주재하며 최종적인 판결을 내리는 판사보다는 변호사의 이미지가 여성에게 적합하다는 인식이 있었음을 짐작케 한다. 지난 2017년 3월 헌법재판소의 탄핵 인용 때 판결문을 읽었던 여성 헌법재판관의 화제성을 상기해보면 1962년에 '여판사'의 표상이 얼마나 파격적이었을지 헤아릴 만하다.

숙녀복 입은 신사

〈어느 여대생의 고백〉 이후 성공한 여성 변호사의 표상을 보여준 영화는 〈단지 그대가 여자라는 이유만으로〉(김유진, 1990)다. 이 영화는 여성들이 남성 중심적인 법에 저항하는 이야기이자 재판 과정을 서사화한 본격적인 법정영화로 화제가 되었다. 앞서 언급했듯이, 근대 재판 제도는 소송에 대해 원고와 피고 측의 주장을 듣고 과학적 증거와 합리적 판단에 의거하여 판결에 이르는 것이다. 영화의 주된 소재가 되는 형사재판의 경우, 검사의 논고와 변호사의 변론, 판사의 판결로 이루어지고 중대한 사건일 때에는 검사와 변호사 간의 논리적 공방이 여러 차례에 걸쳐 진행되며 오랜 기간이 소요된다. 1990년대 이전까지 법정 장면은 주로 멜로드라마의 절정 부분에서 극적 해결을 보여주기 위해 부분적으로 삽입되는 정도였다. 재판 과정이 영화의 줄기를 구성하기 시작한 것은 1990년대 들어서이고, 그 시작을 알린 영화가 〈단지 그대가 여자라는 이유만으로〉였다. 그리고 이 영화는 여성들의 공분을 샀던 실제 사건을 바탕으로 제작되어 더욱 화제가 되기도 했다.

1987년 6월민주항쟁 이후 민주화의 요구가 각계에서 터져 나왔고 여성계의 목소리도 높아졌다. 이에 1988년에 여성정책 총괄 기능을 맡은 정무 제2장관실이 출범하고 남녀고용평등법이 시행되었다. 그런데도 여성계의 숙원인 가족법 개정안이 국회에서 통과되지 못할 정도로 여성 문제에 대한 보수성은 여전했다. 바로 이 해에 "강간을 피하기 위해 치한의 혀를 깨물어 자른 주부가 과잉방어로 유죄 판결"을 받는 사건이 일어났고 '여성의 정조는 남성의 혀만도 못한 것이냐'는 논란을 불러일으켰다.[110] 이 사건을 재구성한 영화가 〈단지 그대가 여자라는 이유만으로〉다. 이 영화는 "80년대의 실제 사건들을 참조하여 제작진이 영화적 시각으로 재구성한 것입니다. 이 같은 사건의 피해자로 고통받고 있는 이 땅의 여성들에게 이 영화를 바칩니다"라는 헌사로 시작한다.

주인공 임정희(원미경)는 재혼한 남편(이영하)과 함께 전남편 소생의 장애인 아들을 키우며 음식점을 운영한다. 그녀는 의도치 않게 시누이의 일에 휘말려 밤에 술을 마시고 귀가하던 중 청년들에게 성폭행 당할 위기에 처한다. 그들 중 한 명의 혀를 깨물고 도망치지만, 사후에 오히려 상해죄로 고소당하자 그녀 또한 강간치상죄로 맞고소를 한다. 그런데 재판은 '전도유망한 대학생 대 이혼 경력이 있고 술장사를 하는 여자'의 구도로 전개된다. 그녀는 "혀를 약간만 깨물어 고통을 줌으로써 키스 등 강제추행을 충분히 저지할 수 있었으나 혀를 힘껏 물어뜯어 1/5가량 절단시킨 행위는 방어 한계를 넘었다고 판단되기 때문에 폭력 행위 등 처벌에 대한 법률 형법에 의거 징역 1년, 집행유예 1년 6개월에 처한다"라는 판결을 받는다. 그 이후 그녀는 온갖 소문, 비방, 야유에 시달려 일상생활이 어려워지고 그녀 때문에 힘들어진 가족들마저 그녀에게 등을 돌리기 시작한다.

그때 여성 변호사 조명성(손숙)이 나타나 "정희 씨가 당한 일은 혼자만의 일이 아니"라며 항소를 권유한다. 남편은 항소를 반대하지만 임정희는 가족과의 관계를 회복하기 위해서라도 재판을 통해 오명을 벗으려한다. 이때부터 본격적인 법정 싸움이 시작되고 임정희의 과거와 사생활이 발가벗겨진다. 이혼한 경력, 술집 여급으로 일한 과거, 그러한 여자가 심야에 술을 마시고 돌아다녔다는 것 때문에 그녀의 몸은 '보호할 가치가 없는 정조'로 간주된다. 상대편 변호사(이경영)는 법정에서 그녀에게 "음부를 만졌습니까? 음부에 상처 자국이 있습니까?"와 같은 질문을 서슴지 않고 "이런 여성의 정조를 위해서 장래가 촉망되는 젊은 대학생의 혀가 잘렸습니다. 여성의 정조는 보호받아 마땅하지만 법은 보호받을 수 있는 가치가 있는 정조만을 보호합니다"라고 공언한다.* 이러한 상대편 변호사의 발언에는 임정희 측 변호사와 강간미수범 측 변호사를 선악 구도로 대립시키는 과정에서 자극적으로 표현된 측면이 있기는 하다. 그러나 이를 통해 이 영화는 한국사회에서 여성에게 적용되어온 통념이 얼마나 차별적이었는지를 폭로한다. 또한 이러한 폭로가 여성 법조인에 의해 이루어지며, 여성 법조인이 남성 중심적 법정에서 기존의 통념과 관행에 맞서는 모습을 보여준 것도 이 영화의 성취였다. 〈어느 여대생의 고백〉과 〈여판사〉에서는 능력 있는 여성 법조인이 등장하기는 했으나 결국 근대화 프로젝트와 가부장제에 복무하는 것으로 타협했던 점을 상기하면, 조명성 변호사는 남성이 독점해온 법정에서 여

---

* 이 말은 『법창의 봄』(정음사, 1955)이라는 회고록을 남기기도 했던 권순영 판사가 70여 명의 여성을 농락한 박인수에 대해 무죄 판결을 내리며 말했던 판결 사유에서 유래한다. 그는 "법의 이상에 비추어 가치 있고 보호할 사회적 이익이 있는 정조만을 법은 보호하는 것이다. 정숙한 여성의 건전한 정조만을 보호하여야 할 것이다"라고 말했다(「법원 검찰 정조관념 견해차/ 무죄로 석방된 문제의 박인수 사건」, 《경향신문》, 1955. 7. 23;「박인수에 무죄 언도」, 《동아일보》, 1955. 7. 23).

성의 입장으로 문제 제기를 한다는 점에서 의미 있는 인물이다.

그런데 여기에서 '조명성 변호사가 여성이어야 했는가?'라는 질문을 던져볼 수 있다. 그녀의 당당함은 관객에게 통쾌함을 선사하기는 하나 한편으로는 그녀가 남성이어도 상관없는 캐릭터임을 드러낸다. '남성이어도 이렇게 재현되었을까? 여성이어도 저렇게 그려졌을까?' 등으로 젠더 차원에서 환치해보는 것은 비가시적 차별을 발견하는 데 도움이 된다. 그녀는 강간 미수로 고소된 청년들에게 포르노 잡지를 펼쳐 보이며 "이런 사진을 얼마나 자주 보느냐? 자위를 얼마나 자주 하느냐?"라고 묻는다. 그러면서 검사를 향해 과거 있는 여성의 욕정을 문제 삼으면서 20대 초반 한창 때인 청년들의 성욕은 왜 문제 삼지 않느냐고 반박한다. 이는 여성의 정조를 문제 삼던 검사의 논리를 그대로 뒤집은 것으로 동일한 층위의 이분법적 반론이다.

이와 함께 짚어보아야 할 부분은 그녀의 표상이다. 그녀는 일반 남성들보다 더 똑똑하나 정숙한 숙녀. 똑똑하지만 정숙한 숙녀라는 표상은 사회적으로 가부장적 법정이 허용하는 범위를 결코 벗어나지 않는다. 임정희가 그녀에게 강간당한 경험이 있느냐고 묻자 그녀는 부인하며 "정희씨가 당한 고통을 이해하려고 노력"한다고 대답한다. 이는 경험하지 않고도 공감할 수 있다는 확장성으로 읽힐 수도 있지만 한편으로는 조명성이 임정희와는 다른 부류의 여성으로 보이게 한다. 그리고 이러한 구별은 법정에 서는 여성의 특이성과 훼손되어서는 안 되는 법정의 권위의 상관성을 생각하게 한다. 다시 말해 그녀는 남성 이상의 능력을 보여주는 유능한 여성 변호사이지만 이 영화에서 그녀의 역할이나 발언을 남성 인권 변호사가 했다고 해서 어색해질 부분은 없다. 이 영화

에서는 기존의 보수적 입장을 대변하는 남성 검사와 여성을 변론하는
여성 변호사로 젠더 이분법적인 대립을 보여주기 위해 여성 변호사가
활용되고 있을 뿐이다. 그러한 역할 이상으로 조명성이 임정희와 연대
하는 표지를 찾아보기는 어렵다.

다른 면에서도 이 영화는 기존의 관습적인 이분법에 기대고 있다. 이
영화에서 드러나는 여성의 표상은 이 영화가 비판하는 여성에 대한 통
념에 여전히 사로잡힌 면모를 보인다. 예컨대 시누이(진희진)가 위증을
할 때에는 화려한 옷에 붉은 매니큐어를 바르고 나오는데, 마지막에 진
실을 말할 때에는 흰옷을 입고 등장하는 것은 너무나 관습적인 클리셰
다. 또한 임정희가 이혼 경험이 있고 성매매를 한 과거가 있기는 하지만
시댁 식구들에게 잘하는 며느리임을 반복적으로 보여주고 윤락가에 나
간 것이 모성애에서 비롯된 일로 설정한 것 또한 가부장제 안에 임정희
를 순치시킴으로써 결국 '보호해야 할 정조'로 보이게 만든다.

이 영화가 제작되기 한 해 전인 1989년에는 1983년 미국 매사추세
츠에서 발생한 집단강간 사건을 다룬 법정영화 〈피고인〉(조너선 캐프런,
1988)이 한국에서 개봉했다. 이 영화는 당시 한국영화계의 큰 반발에 부
딪혔던 UIP 직배로 개봉하여 흥행 면에서는 저조했다. 그러나 성폭행
피해자 역을 맡은 조디 포스터가 아카데미 여우주연상을 수상한 작품으
로 화제가 되었고, 성폭행을 둘러싼 논란이 비단 한국만의 문제가 아님
을 알려주며 성폭력 범죄 판단의 기준과 적용 범위에 대해 생각하게 만
드는 계기가 되었다. 〈단지 그대가 여자라는 이유만으로〉의 제작과 개봉
에도 〈피고인〉이 세계적으로 촉발시킨 법의 젠더 차별에 관한 비판적 담
론이 작용했다. 그런데 〈피고인〉이 세계적으로 이슈가 될 수 있었던 것

〈단지 그대가 여자라는 이유만으로〉(김유진, 1990)의 포스터. 죄수복을 입은 주인공(원미경)의 머리 위로 '有罪(유죄)'라는 글귀가 두드러진다. 오른쪽 작은 사진에는 위로부터 남편(이영하), 주인공의 변론을 맡은 여성 변호사 조명성(손숙), 상대편의 변론을 맡은 남성 변호사(이경영)의 얼굴이 차례로 종렬되어 있다.

〈단지 그대가 여자라는 이유만으로〉에 영향을 미친 할리우드 영화 〈피고인〉(조너선 캐프런, 1988)의 포스터. 이 영화도 성폭력 피해자(조디 포스터)와 그녀를 변호하는 여성 변호사(켈리 맥길스)의 연대를 보여준다.

은 주인공 사라 토바이어스(조디 포스터)를 하층 계급 여성의 전형성에 충실하게 그림으로써 성폭력 문제에 본질적인 질문을 던졌기 때문이다. 그러나 이 지점에서 〈단지 그대가 여자라는 이유만으로〉는 한계를 드러 냈다.

1990년 10월 17일에 '시민 영화마당'이라는 제명 아래 YMCA 주최로 〈단지 그대가 여자라는 이유만으로〉에 대한 공개토론회가 열린다. 여기 에서 "이 영화가 강간미수 피해 여성이 법정투쟁을 통해 얻은 승리를 소 재로 삼고 있음에도 불구, 사건을 여성 전체의 문제로 인식시키는 데 실패했다"라는 비판이 나온다. 이러한 비판이 불거진 것은 임정희와 조명성이 생물학적 성이 여성이라는 점 이외의 공통분모를 확보하지 못함으로써 특별히 운이 좋지 않았던 피해자 여성과, 일반 여성과는 다른 남성 이상의 능력을 지닌 여성 변호사로 개별화된 점과 연관된다. 이에 대해 김유진 감독은 "실제 사건을 그대로 다루기보다는 하나의 소재로 삼아 한 여자의 일생을 담담히 그리고 싶었다"[111]라고 말한다. 이는 이 영화가 멜로드라마 관습의 자장 안에 있음을 방증하는 동시에, 그렇기에 한계를 보일 수밖에 없었음을 짐작케 한다. 그런데 이 한계는 감독 개인의 한계라기보다는 시대의 한계라고 보는 게 더 적실할 듯하다. 1989년 12월에 비로소 가족법의 대폭적인 개정이 단행되었는데도 호주 제도와 동성동본불혼 제도가 존치된 것을 보면 여성계의 목소리가 높아도 그 요구에 대한 수용이나 변화의 속도는 그만큼에 이르지 못했음을 알 수 있기 때문이다.*

가부장 질서에 저항하는 법조인의 등장

1990년대 후반에 가면 장르의 다양화와 함께 법조인에 대한 인식의 변화가 감지되기 시작한다. 우선 재판을 다루는 영화가 멜로드라마의 관습에서 벗어나는 조짐이 확연해진다. 그리고 변호사는 법리나 신념에 따라 행동하는 '높은' 사람이 아니라 자신이 가진 전문지식을 팔아 수임료

---

* 동성동본 금혼 조항은 1997년에 위헌 판결을 받았고, 호주제 폐지는 2005년에야 국회를 통과했다.

를 챙기는 '평범한' 사람으로 묘사된다. 그러한 변화를 잘 보여주는 영화가 〈생과부 위자료 청구소송〉(강우석, 1998)이다. 동명 희곡*을 원작으로 하는 이 영화는 제목에서 드러나듯이 설정부터 문제적인 코미디다. 파격적인 제목과 그에 걸맞은 코미디 장르를 택한 것에서부터 법정영화 계보에서 이 영화가 지니는 새로움이 드러난다. 코미디에서는 웃음을 외피로 삼음으로써 발언이나 표현에서 운신할 수 있는 수위나 폭이 진지한 드라마에 비해 높아진다. 이 영화 역시 다소 황당해 보일 수 있는 설정을 웃음으로 풀어 나가며 경제 논리 때문에 미루어졌던 개인의 자유와 인권에 대한 문제를 날카롭게 제기한다. 이러한 문제 제기가 여성 원고와 여성 변호사에 의해 이루어지는 점 또한 눈여겨볼 만한 대목이다.

추형도(문성근)는 회사에 기여하는 것이 자신의 보람이자 행복이라고 믿고 입사 후 10여 년 동안 회사 일에만 몰두해온 30대 후반의 과장이다. 그런데 어느 날 갑자기 대기발령을 받는다. 회사는 개인의 성심誠心이나 노력에 상관없이 필요가 없다고 판단되면 사람도 물건처럼 폐기처분하는 것을 당연하게 여긴다. 그러자 추형도의 아내 이경자(황신혜)는 회사를 상대로 2억 원의 위자료를 청구한다. 남편을 회사에 빼앗기고 생과부로 살아온 자신의 지난 세월에 대해 보상하라는 것이었다. 이 재판에서 명성기 변호사(안성기)가 회사 측의 입장을 대변하게 되는데, 그의 아내 이기자 변호사(심혜진)는 이경자의 변론을 맡는다. 이에 재판은 개인과 회사의 싸움이자 양성兩性 대결의 양상을 보이며 전개된다. 그리고 〈단지 그대가 여자라는 이유만으로〉에서와 마찬가지로 재판 과정에

---

* 〈생과부 위자료 청구소송〉은 엄인희의 동명 희곡이 원작이며 이 희곡은 1997년 7월 11일에서 8월 31일까지 극단 이다 제작, 엄인희 연출로 동숭아트센터에서 공연되었다.

서 개인의 사생활이 까발려진다. 부부 사이에 건넨 성적 대화는 이경자가 성욕이 유난히 강한 여성이라는 증거가 되고 현모양처답지 못한 행실로 간주되어 회사에 유리하게 작용한다.

이 영화의 백미는 이에 대응하는 이경자의 거침없는 태도다. 그녀는 자신의 성욕이 남편에 대한 사랑에서 비롯되었고 공권력이 부부 간의 사적인 성적 표현에 일정한 잣대를 들이대 왈가왈부할 수 없다고 당당하게 항변한다. 이러한 여성 캐릭터는 〈결혼 이야기〉(김의석, 1992) 이후 등장한 신세대 여성의 연장선상에 놓이며 한국영화사에 새로운 흐름을 형성했다. 〈결혼 이야기〉에서 여주인공 지혜를 맡았던 심혜진은 이 영화에서는 유능하면서도 발랄하고 자신의 욕망에 솔직한 동시에 강한 자와의 대결을 두려워하지 않는 신세대 여성 변호사로 나온다. 그녀의 성격은 자신의 합리적 판단이나 가치관에는 상관없이 회사의 명령대로 움직이며 돈 많이 주는 의뢰인의 비위를 맞추어 명성을 쌓은 남편 명성기 변호사와는 대조된다. 또한 〈단지 그대가 여자라는 이유만으로〉에서 계몽적이고 사명감에 불탔던 조명성 변호사와 결이 다른 캐릭터이기도 하다. 이는 무엇보다 장르의 차이에서 발생하는 면이 크다. 진지하게만 접근되던 법정에 코미디로 접근할 수 있었던 것 자체가 시대의 변화를 드러낸다.

이 영화는 가벼운 터치 속에서, 가볍기 때문에 오히려 신랄하게, IMF 외환위기를 통과하는 시기 한국사회의 면면을 포착한다. 이제 '근면한 노동=회사의 성장=국가 번영=(개인이기에 앞서) 국민으로서의 보람이자 행복'과 같은 경제개발기의 공식이 깨져 나가면서 개인의 인권과 자유에 대한 문제가 부상하고 남성 중심적이고 가부장적인 위계가 붕괴되

〈생과부 위자료 청구소송〉(강우석, 1998)에서 이경자(황신혜)의 변론을 맡은 변호사 이기자(심혜진)가 법정에서 변론하는 모습.

〈결혼 이야기〉(김의석, 1992)에서 방송국에서 사내 결혼한 신부 최지혜를 통해 유능한 신세대 여성의 표상을 보여준 심혜진. 〈생과부 위자료 청구소송〉의 이기자 변호사 이미지는 이러한 이미지의 연장선상에 있다.

어가는 것을 보여준다. 재판은 여성 측이 승소하고 회사가 패소하며, 으레 로맨틱코미디가 그렇듯이, 추형도-이경자 부부와 명성기-이기자 부부가 화합하는 것으로 봉합된다. 중요한 것은 여성 측이 승소하지 않았다면 화합으로 봉합될 수 없었다는 점이다. 그래서 판결에 이르는 과정을 들여다볼 필요가 있다.

흥미롭게도 판사 부인의 한마디가 이경자의 승소 판결에서 결정적인 역할을 한다.* 판사가 아침 식사 자리에서 부인에게 농담조로 당신에게도 성욕이 있느냐고 묻자 부인은 살짝 부끄러운 듯하더니 정색을 하고는

---

* 이전에 판사 부인이 판결에 관여하는 설정을 보여준 영화로는 〈판사 부인〉(강대선, 1972)이 있다. 이 영화에서는 젊은 판사(최무룡)가 재벌 관련 소송에서 온갖 회유와 협박에 시달릴 때 판사 부인(김지미)이 내조를 잘하여 재벌에게 중형을 내리게 한다.

왜 없다고 생각하느냐고 되묻는다. 판사의 질문에는 이미 자신의 아내는 성욕이 없다는 답이 내포되어 있었다. 이에 판사는 충격을 받고 남성의 욕망과 마찬가지로 여성의 욕망에 대해서도 고민하게 되어 이경자의 손을 들어주기에 이른다. 영화에서 판결의 내용은 다음과 같았다. "원고 이경자가 남편에게 성적 요구를 하는 것은 여자로서, 아내로서 정당한 권리이며 성적인 욕망 과다로는 볼 수 없다. 피고 주식회사 일산은 고의, 과실로 타인에게 손해를 끼쳤을 때 손해배상을 해야 한다는 민법 제750조에 의거하여 이에 상당한 금액 2억 원을 원고 이경자에게 지급하라." 이러한 판결과 판사의 모습은 여러 가지를 말해준다. 우선 판결에서 판사의 주관이 중요하다는 인식이 일반화되어 있었음을 보여준다. 그리고 명성기 변호사가 보여주듯, 변호사는 이미 '돈만 주면 정의에 상관없이 무엇이든지 다 변론하는 직업인'이 되어 있는 데 비해 그래도 판사의 권위는 살아 있었음을 시사한다. 여성의 성욕에 대해서는 농담을 빌리는 형식이지만 보다 솔직한 표현이 가능해졌다는 것 또한 알 수 있다.

법정추리물의 젠더 보수성

1990년대 이전까지 법정 장면이 주로 멜로드라마 장르에서 결정적 계기로 삽입되다가 1990년대에 이르러 재판 과정을 메인 플롯으로 삼은 영화가 등장했다면 2000년대 들어서면서 추리 장르와 연계되는 경향이 강화된다. 그러면서 법은 자본과 기성 권력의 도구로 묘사되고 법조인 표상에서 그나마 권위를 유지하던 판사 역시 권위를 상실하고 기득권을 지키려는 이익집단으로 재현된다. 이를 통해 법에 대한 비판적 인식이 전면화되며 선악이나 시비에 대한 문제 제기가 일어나는 상황에서 오히려 법조인으로서 여성의 역할은 보이지 않게 된다. 예를 들어 〈세븐데이즈〉(원신연, 2007)에서 승률 99퍼센트를 자랑하는 유능한 변호사 유지연(김윤진)이 최고의 능력을 발휘하게 되는 계기는 그녀의 아이가 유괴되었기 때문이다. 유괴범은 일주일 뒤에 열리는 재판에서, 사형 구형을 받은 정철진(최무성)을 빼내지 않으면 아이를 죽이겠다고 협박한다. 유지연은 서슴없이 불법을 행하며 사력을 다해 정철진의 무죄 선고를 이끌어내고 자신의 아이를 구한다. 그런데 아이의 유괴범 또한 딸을 가진 엄마였다는 사실이 드러난다. 정철진에 의해 딸을 잃은 한숙희(김미숙)가 정철진에게 사적으로 복수하기 위해 유지연의 딸을 유괴했던 것이다. 이 영화는 유지연과 한숙희가 보여주는 "지뢰밭 같은 모성"[112]에 대해 공감을 이끌어내는 데 성공하는데, 이를 통해 유지연의 행동은 감동적인 모성성으로 합리화된다. 여기에서 모성은 자신의 아이에 대한 무조건적 사랑으로, 감정이 우선하는 사적 영역으로 재현된다. 그리고 복수가 끝나자 한숙희가 자수함으로써 모성은 보살피고 희생하는 것이라는 본질주의로 귀결된다. 아울러 유지연은 엄마의 입장을 이해하는 차원에서 한숙희를 변론할 것임이 암시된다.

여성 캐릭터를 본질적인 모성성 차원에서 포착하여 감정이 앞서면서 희생하고 헌신하는 이미지로 재현하는 관습은 법정영화에서 오랫동안 유지되고 있다. 여기에 더해지는 이미지는 조직의 생리를 몰라서 정의감만 앞세우다 이용당하는 것이다. 예컨대 〈성난 변호사〉(허종호, 2015)의 진선민 검사(김고은)는 정의감에 불타지만 검찰 조직 위에서 움직이는

〈세븐데이즈〉(원신연, 2007)에서 살인자를 변호하는 유지연 변호사(김윤진).

〈성난 변호사〉(허종호, 2015)에서 논고하는 진선민 검사(김고은).

〈침묵〉(정지우, 2017)에서 살인 혐의로 기소된 제자를 변호하는 최희정 변호사(박신혜).

카르텔이나 이면의 음모를 파악하지 못해 라이벌인 변호성 변호사(이선균)에게 번번이 패배한다. 이 영화에서 매번 눈만 흘기며 화만 내는 것처럼 보이는 김고은의 연기 논란은 진선민 검사의 답답한 캐릭터에서 기인하는 바 크다.

〈침묵〉(정지우, 2017)은 이러한 관습적 여성의 이미지를 영화 서사에서 적극적으로 이용한 경우다. 최희정 변호사(박신혜)는 재벌 회장 임태산(최민식)으로부터 살인 혐의로 기소된 그의 딸 미라(이수경)를 변호해달라는 제의를 받는다. 그녀는 학생 시절 미라의 가정교사였기에 누구보다 미라의 무죄를 믿고 헌신적으로 변론할 것이라는 게 임태산이 그녀를 선임한 이유였다. 그러나 임태산이 얼마든지 살 수 있는 거대 로펌의 에이스 변호사들을 두고 젊고 경험 없으면서 정의감과 열정만 넘치는 최희정을 고용한 진짜 이유는 자신이 딸 대신 살인범이 되기 위해서였다. 그는 최희정의 순진함을 이용하여 그녀로 하여금 자신에 대한 의심을 키우도록 만들고 그녀의 정의감을 자극하여 자신이 조작한 결정적 증거가 재판에 채택되도록 유도한다. 결국 그가 계획한 대로 딸은 무죄로 석방되고 자신이 살인범이 됨으로써 그의 불법적이고 무도한 행동은 모두 절절한 부정父情으로 합리화된다. 그리고 〈세븐데이즈〉에서 한숙희가 그랬던 것처럼 임태산 또한 마지막에 최희정에게 자신의 변론을 부탁한다.

〈침묵〉은 〈세븐데이즈〉의 부정父情 버전으로 보이기도 하나, 범인이 행동하는 동기가 모성이 아니라 힘 있는 자의 부성이어서 그가 운용할 수 있는 불법의 폭과 규모가 커진다. 그는 자본과 언론을 움직이고 법 절차까지 계산하여 자신의 목적을 이룬다. 결국 이 영화에서 최희정의 역할은 임태산을 도와주고 그의 마음을 이해하며 그를 변호하는 데까지 이른다. 남성 변호사로 대체할 수 없는 역할을 그가 여성 변호사이기에 할 수 있었던 것인데, 이는 〈어느 여대생의 고백〉에서 부정한 아버지에게 면죄부를 주었던 여성 변호사의 눈물을 환기시킨다. 여성 표상 측면에서 결정적으로 달라진 점이 있다면, 당시에 여성 변호사는 그 자체만으로도 눈길을 끌었지만 이제는 그렇지 않다는 점이다. 최희정은 관객이 일반적으로 인식하고 있는 변호사의 생리를 따르기보다는 관습적인 여성성을 보여줌으로써, 법조인으로서 그녀의 표상은 희미해진다. 그래서 〈침묵〉은 아버지 임태산을 연기한 최민식의 영화로 기억된다.

또 하나 차이점을 짚어보자면 1958년의 최소영 변호사는 변론을 통해 아버지를 구원했지만, 2015년의 최희정 변호사가 그럴 수 있는 가능성은 없어 보인다는 점이다. 이는 그만큼 임태산 회장이라는 아버지의 기획이 치밀했다고 볼 수도 있다. 그러나 그 기획을 통해 최대한 법적 절차를 이용했을 때 그가 선택할 수 있었던 종착점이 감옥이라는 것은 흥미롭다. 여전히 법은 가진 자의 것이고 법의 집행은 불공정하지만 최소한 미디어를 통해 대중에게 공개되는 법적 절차를 무시할 수는 없음이 드러나기 때문이다. 그래서 최희정 변호사에게 변론을 부탁하는 임태산의 표정은 개발독재기의 종장終章을 보는 듯한 아련함을 자아낸다.

그런데 법정영화가 추리물과 손잡으며 사회 현안을 전면화하는 장르로 전개될수록 그 속에서 젠더 이분법은 오히려 중요하지 않은 문제로 후경화되어, 보이지 않는 질서로 저류하며 젠더 보수성을 강화하는 요인으로 작용한다. 그러면서 한국 법정영화는 멜로드라마 관습에서 벗어나 이성과 논리에 의거하여 사회의 합리적 절차를 문제 삼기 시작한 2010년대 들어서며 도리어 남성 주인공의 장르가 되었다. 이러한 현상은 여성 법조인이 늘어나고, 그 표상이 일상화되는 가운데 다시 변화할 것이다. 그러나 법정영화 장르에서 현실을 반영하는 속도는, 지금까지 살펴본 역사가 증언하듯이, 느릴 수밖에 없을 것이다. 이는 법이 지닌 본질적인 젠더 보수성에 기인하는 바 크다.

5장

여성 노동자

〈청춘의 십자로〉(1934)에서 〈성실한 나라의 앨리스〉(2015)까지

여성±노동자

근대화란 경제적으로는 자본주의, 정치적으로는 민주주의의 발전을 함의한다. 자본주의가 도래하면서 생산의 증대를 위한 노동의 효율적 운영이 체계화되고 분업화가 촉진된다. 그 와중에 공적 영역인 사회(직장/노동)와 사적 영역인 가정(가사)이 구분된다. 한편 근대 민주주의의 발전과 함께 시민의 자유와 권리에 대한 인식이 심화되고 개인의 자율적 주체가 정립되어갔다. 그러나 여성은 사적인 가정에 속한다고 간주되어 공적 사회에 참여하는 자율적 주체로서 시민권을 제대로 부여받지 못한다.* 그

---

* 이에 대해 리타 펠스키는 근대 자율적 주체로서 개인이란 "가족적·공동체적 유대에서 벗어난 자율적 남성"으로 가정된다고 말한다(리타 펠스키, 김영찬·심진경 옮김, 『근대성의 젠더』, 자음과모음, 2010, 24쪽).

러한 불공정과 배제는 가정에 속하는 여성이나 그렇지 않은 여성 모두에게 해당했고, 여성은 가정 안팎에서 이중으로 소외되는 모순에 처한다.

그러나 가정은 가부장이 공적 영역에서 노동을 수행하기 위해 필요한 것들을 제공받는 곳이다. 따라서 자본주의 환류 시스템에서 노동의 이분법적 구분은 관념적이고 다분히 편의적이다. 그래도 가부장이 책임감 있고 성실하게 공적 활동을 수행할 경우에는 '스위트홈'의 이상이 실현되는 것 같기도 하다. 그런데 가부장이 제대로 역할을 하지 못할 때에는 어떨까? 여성은 시민권이 없는 상태에서 사회에 내던져지고 사회적 노동으로 대접받지 못하는 가운데 엄연히 노동하며 가족의 생계를 꾸려가야 한다.

일하는 여성을 두고 '여성 노동자'라는 개념으로 접근하는 담론이 형성된 것은 2000년대에 들어서다. 유사 이래 여성은 끊임없이 일해왔고,[113] 자본주의 생산양식의 구성 요소로서 '노동labour'과 '노동자labourer' 개념[114]이 성립된 이후에도 여성은 가정 안에서뿐만 아니라 가정 밖에서도 '노동'해왔다.[115] 그러나 여성은 줄곧 '2차 노동자'로 간주되거나 남성의 하위 인력으로 취급되었고, 경제위기 상황에서는 노동시장에서 가장 먼저 배제되고 감축되는 대상이었다.*

한국사회에서 여성 노동자는 1960~70년대 경제 근대화 과정에서 급증했다. 이때 농촌에서 도시에 유입된 여성 노동자는 '식모'나 '공순이'와 같은 차별적 호칭으로 불리며 남성 중심의 사회적 노동계급의 범주

---

* IMF 금융위기 이후 고용 유연화 정책에 의한 전격적인 구조조정 과정에서 기혼여성들이 가장 먼저 해고 대상이 되었고, 이는 이후 비정규직 여성 노동자의 양산, 가부장 이데올로기에 입각한 감정노동의 강요로 이어졌다. 이러한 문제에 대해서는 2000년대에 사회학계에서 많은 연구가 산출되었다.

에서 배제되었다. 그리고 1970년대 후반부터 1980년대까지 가파른 경제성장이 이루어지는 가운데 노동인력에 대한 수요가 증가하며 기혼여성까지 노동시장에 나서게 된다.[116] 이 시기 노동자 문제에 대한 인식은 민족·민중 담론 속에서 남성 중심의 '노/사' 이분법에 의해 구성되며 '여성 노동자'의 특수성은 논의의 장에서 고려되지 못했다. 다시 말해 '여성'은 결락된 채 '노동자'로 포괄되었다.[117] 잠재되어 있던 이러한 문제들이 가시화된 것은 1997년 IMF 금융위기 이후 신자유주의적 고용유연화가 본격적으로 나타나면서부터다. 구조조정 과정에서 기혼여성이 우선적인 조정 대상이 되는 것을 시작으로 국가 차원의 전격적인 고용 유연화 정책에 따라 여성이 비정규직으로 고용되는 비율이 급증하자 여성 노동자 문제가 사회문제로 대두한다.

한국영화사에서 여성 노동자를 재현하는 양상은 이러한 담론 지형과 맥을 같이한다. 1960~70년대에는 식모, 버스차장, 택시운전사, 호스티스 등 산업화 과정에서 다양해지는 도시의 직업군이 영화의 새로운 소재로 재현되었다. 1980년대에 들어서면서부터는 개발독재기에 다루지 못했던 도농 갈등, 빈부 격차 등 자본주의 사회의 모순에 대한 주제가 영화에서 다루어지기 시작했다. 그리고 1987년 민주화 이후에는 〈구로아리랑〉(박종원, 1989), 〈파업전야〉(장산곶매, 1990)를 비롯해 노동계급의 시각에서 노사 갈등을 다룬 영화들이 나온다. 그러다 1990년대에는 이러한 사회문제들에 대한 접근이 다원화된다. 이때 다큐멘터리 양식이 영화운동 차원에서 사회의 현안들을 짚어내는 역할을 한다. 그리고 IMF 금융위기 이후에 노동문제에 대한 문제의식이 복잡해지고 디지털 정보화라는 매체 패러다임의 변화와 함께 영상 제작이 일상화되면서 다큐멘

1. 전후재건기 모든 것이 잘될 것 같다는 희망에 차 있던 영화 〈또순이〉(박상호, 1963)의 한 장면. 이 영화의 부제는 '행복의 탄생'이기도 하다.
2. 개발독재기 상경 처녀의 수난을 그린 〈영자의 전성시대〉(김호선, 1975)의 포스터.
3. 신자유주의 시대 노동과 계급의 문제를 블랙코미디로 다룬 〈성실한 나라의 앨리스〉(안국진, 2015)의 포스터.

터리 제작이 한층 용이해지고 다양해진다. 그 와중에 여성 노동자의 문제를 다룬 다큐멘터리가 전례 없이 많이 등장한다.

그러나 여성 노동자의 시각에서 여성 노동자 문제를 다룬 극영화 제작은 여전히 미미하다. 이제 노사문제를 소재로 삼는 데 대한 정치적 검열은 약화되었다 해도 대중이 영화를 통해 어두운 현실 문제를 보고 싶어 하지 않게 되면서 대중의 소구에 기민하게 반응하는 자본의 검열이 그러한 제재를 배제하기 때문이다. 게다가 영화들이 여성 노동자를 다룬다 하더라도, 여성 노동자의 특수한 입장을 고려하지는 않은 채 남성 중심의 노동자 개념으로 포착하는 관습 역시 여전히 일반화되어 있다. 그럼에도 2000년대 여성 노동자를 다룬 영화들이 이전의 영화와 다른 양상과 지형을 서서히 드러내고 있음은 분명하다.

근대 여성 노동자 영화 약사

한국영화사에서 여성 노동자가 재현되기 시작한 것은 식민지 조선의 영화로 거슬러 올라간다. 현전하는 최고最古의 조선영화인 〈청춘의 십자로〉(안종화, 1934)에는 주유소에서 일하는 여성과 양장한 카페 여급이 등장하고, 〈미몽〉(양주남, 1936)에는 백화점 판매원, 미용사 등이 나온다. 그리고 〈어화〉(안철영, 1939)에는 버스차장이 등장하여 새로운 직업의 면모를 보여준다. 이러한 여성 노동자들의 출현과 직업의 분화는 식민지시기 도시화에 따른 현상이었다. 1931년 만주사변 이후 일제는 대륙 침략을 위해 조선을 병참 기지로 만드는 데 본격적으로 착수했는데, 그 과정에서 식민지 공업화와 도시 개발이 수반되었다. 1934년 조선총독부는 '조선시가지계획령'을 내려 일제의 필요에 맞게 도시의 구조를 대대적으로 개편했고, 그러면서 도시화가 가속화되었다.[118] 특히 경성은 그

〈미몽〉(양주남, 1936)에 나오는 백화점 직원.

〈청춘의 십자로〉(안종화, 1934)에서 주 유소에서 일하는 계순(김연실).

〈어화〉(안철영, 1939)에서 경성으로 올 라와 차장으로 취직한 '모던껄' 옥분(계 성애).

영역이 확대되며 철도와 자동차 도로는 물론이고, 백화점, 영화관, 동물 원, 케이블카 등을 갖춘 거대 도시가 되어갔다. 그리고 1936년에는 도 쿄, 오사카, 나고야, 고베, 요코하마, 교토에 이은 '제국 7대 도시' 반열 에 오른다.[119] 이러한 도시화는 자본주의 생산양식의 발달뿐만 아니라

4부 | 여성

소비문화와 연동되었고, 농촌 인구의 도시 유입과 여성 노동자 계급의 형성을 수반했다. 1930년대 영화에 여성 노동자가 나타나기 시작한 현상은 이러한 역사적 맥락에 놓여 있다.

해방 이후 한국영화에서 이러한 변화가 다시 한 번 두드러지게 나타나는 시기는 1960~70년대다. 이 시기에 경제 근대화가 가속화되면서 도시 노동계급의 인구가 현저하게 늘어났다. 이에 따라 여성 노동자의 인구도 급증했을 뿐 아니라 새로운 직업 분화가 이루어졌다. 그러나 여성 일의 대부분은 '노동'으로 인식되지 않았고, 일하는 여성들이 노동자로 간주되지도 않았다. 그러한 직업으로 한국영화에서 가장 먼저 등장한 것은 '식모'다. 실제로 근대 교육을 제대로 받지 못하고 농촌에서 농사와 가사를 돕다가 상경한 미혼여성이 가장 쉽게 구할 수 있는 일이 식모였고 1960년대에 도시 중산층 가정에서 식모의 비율은 계속 증가했다.[120] 식모가 가장 문제적으로 재현된 영화는 김기영 감독의 1960년 작 〈하녀〉인데, 〈하녀〉 이외에 '하녀'가 제목에 쓰인 1960년대 영화로는 〈하녀의 고백〉(심우섭, 1963) 정도만 검색되는 것으로 보아 이때 '하녀'라는 말이 일반적으로 쓰인 것 같지는 않다. 이에 비해 '식모'는 1960년대 후반 '식모' 시리즈—〈식모〉(민제, 1964), 〈남자식모〉(심우섭, 1968), 〈식모 삼형제〉(김화랑, 1969), 〈팔도식모〉(전우열, 1970) 등—를 비롯해 1970년대 중반 〈영자의 전성시대〉(김호선, 1975)에 이르기까지 꾸준히 영화에서 재현된다.

그 외에 등장하는 직업으로는 여공을 비롯해 버스차장, 택시운전사, 카페 여급의 변용이라고 할 수 있는 호스티스 등이 있다. 여공은 1960년 〈하녀〉에서부터 등장하는데, 근대 교육을 받은 미혼여성이 선택할 수 있

〈별들의 고향〉(이장호, 1974)에서 경아(안인숙)는 도시에서 혼자 살며 사무직에 종사하다가 첫사랑과 결혼에 연이어 실패하면서 포르노 사진 모델과 술집 여급으로 전락한다.

〈영자의 전성시대〉(김호선, 1975)에서 상경하여 식모로 일하는 영자(염복순).

는, 식모보다는 고급스러운 직업으로 그려진다. 이 영화에서 여공들은 일과 후에 음악 교육을 따로 받고 사생활에 해당하는 '품행'까지 회사의 관리를 받음으로써 학생과 유사한 신분으로 묘사된다. 1960년대 영화에서 이러한 여공의 표상이 〈하녀〉 이외에는 나타나지 않는 것으로 보아 보편적인 것은 아니었던 듯하다. 그 후에 여공이 주인공으로 나오는 영화로는 〈안개 속의 초혼〉(전성배, 1974) 정도가 있다.

1970년대 영화에서는 택시운전사가 능력 있는 근대 여성의 덕목을 보여주는 직업으로 그려지는 한편, 버스차장은 인권을 보호받지 못하는 고달픈 직업으로 재현된다. 식민지시기 영화 〈어화〉에서 버스차장이 당당하고 독립적인 첨단 도시여성 옥순의 직업으로 그려졌던 점을 상기하

〈모범운전사 갑순이〉(이형표, 1972)에서 모범운전사 제복을 입고 운전하는 갑순이(윤정희).

〈O양의 아파트〉(변장호, 1978)에서 투철한 경제 관념과 직업의식을 가지고 호스티스로 일하는 오미영(김자옥).

면 격세지감을 느끼게 되는 대목이다. 버스차장, 택시운전사 같은 새로운 직업군이 재현되는 영화로는 〈또순이〉(박상호, 1963)를 비롯해 〈나는 여자운전사〉(장일호, 1965), 〈모범운전사 갑순이〉(이형표, 1972), 〈영자의 전성시대〉(김호선, 1975) 등이 있다.

1970년대 후반에 두드러지는 여성 직업은 호스티스다. '호스티스 영화'라는 장르 명칭이 생겨날 정도로 호스티스는 영화에서 자주 재현되는 직업이 된다. 이렇게 불린 영화로는 〈별들의 고향〉(이장호, 1974), 〈나는 77번 아가씨〉(박호태, 1978), 〈O양의 아파트〉(변장호, 1978), 〈꽃순이를 아시나요〉(정인엽, 1979) 등이 있다.[121] '호스티스'를 노동자의 범주에서 논의할 수 있느냐에 대해서는 지금도 논란의 여지가 있기는 하나, 2000년대 이후 비정규직과 감정노동 문제가 부각되면서 유흥업에 종사하는 사람들에 대

'버스안내양'의 애환을 다룬 〈도시
로 간 처녀〉(김수용, 1981).

'여공'을 주인공으로 내세워 노사
갈등과 계급문제를 다룬 〈구로 아
리랑〉(박종원, 1989).

해서도 '성 노동자'라는 개념으로 접근하는 인식이 확산되고 있다.

1980년대에는 사회과학 담론의 활성화와 더불어 노동문제에 대한 비
판적 인식이 높아지며 사회물 경향의 영화들이 출현하기 시작한다. 이
때 〈바람 불어 좋은 날〉(이장호, 1980)과 같이 도시로 온 젊은이들의 이야
기가 한국영화계에 새바람을 일으키고 〈도시로 간 처녀〉(김수용, 1981)와
같은 영화도 나온다. 그리고 1980년대의 민주화운동이 직선제 개헌을
통해 어느 정도 성과를 거둔 1980년대 말에, '공순이'라는 폄훼적인 별
칭으로 불려 온 공장 여성 노동자에 대한 영화가 비로소 등장한다. 동명
의 이문열 소설을 원작으로 한 〈구로 아리랑〉(박종원, 1989)이 그것이다.
그러나 이 영화는 검열로 논란에 휩싸였고 한국사회에서 노동자 재현이

〈소금: 철도여성 노동자 이야기〉
(박정숙, 2003)의 한 장면.

극영화 〈카트〉(부지영, 2014)의 소
재가 된 2007년 홈에버 점거 농성
과정을 찍은 다큐멘터리 〈외박〉(김
미례, 2009).

여전히 쉽지 않은 문제임을 보여주었다. 그 후 한동안 노동문제는 다큐
멘터리에서 도맡는다. 노동자 영화라는 것 자체가 계몽적이고 비극적인
내러티브에 별다른 스펙터클도 제공하기 힘들 것이라는 선입관이 이미
형성되어 극영화 소재로서는 매력이 없어진 터였다.

　그런데 최근 몇 년 전부터 영화 형식의 다원화와 함께 다양성 영화의
일환으로 여성 노동 관련 극영화들이 제작되었다. 〈카트〉(부지영, 2014)를
비롯해 〈성실한 나라의 앨리스〉(안국진, 2015), 〈또 하나의 약속〉(김태윤,
2014) 등이 그런 영화다. 이 영화들은 대중에게 널리 알려지거나 크게 흥
행하지는 않았지만, 색다른 주제와 참신한 문제의식으로 한국영화 다양
성의 지평을 넓혔다.

노동자 관련 다큐멘터리의 관습을 깬 〈위로공단〉(임흥순, 2015)의 한 장면.

IMF 금융위기 이후인 1999년부터 여성 노동자 관련 다큐멘터리의 제작이 급증한다. 다큐멘터리는 IMF 금융위기 이후 구조조정에서 해고된 다양한 비정규직—마트 판매원, 대기업 식당종업원, 경기 보조원, 경찰청 고용직 공무원 등—의 목소리를 담는 일에서부터 이주노동자, 성노동자, '88만원 세대' 여성의 이야기, 'YH 여공 사건'을 비롯해 여성 노동운동의 역사를 회고하는 것에 이르기까지 다양하다.[122] 2014년에는 〈위로공단〉(임흥순)과 같이 노동운동 관련 다큐멘터리의 관습을 넘어서며 전위적인 예술성을 장착한 다큐멘터리가 제작되기도 했다. 그것에 비하면 극영화의 제작은 현저하게 적었다. 그러다가 2014∼2015년에 극영화가 연이어 개봉되었다. 극영화는 다큐멘터리보다 순발력이 떨어질 수밖에 없다는 점을 감안하면 이제 비로소 신자유주의 시대 노동 현실의 반영과 여성 노동자의 재현이 본격적으로 시작되었다고 할 수도 있다.

시민운동과 가족주의

〈또 하나의 약속〉(김태윤, 2014)은 삼성반도체 희귀암 발병 노동자들의 투쟁을 촉발시킨 고故 황유미 씨의 실화를 다룬 영화다. 이 영화가 제작되던 2013년은 반올림(반도체 노동자의 건강과 인권 지킴이)과 삼성전자 간의 협상이 진행되던 시기다. 그러나 협상은 난항을 거듭하며 교착 상태에 빠지는데 2014년 2월에 이 영화가 개봉하여 사회적 관심을 끌면서 삼성전자의 사과와 보상을 이끌어내는 데 일조한다. 요컨대 이 영화는 시민운동으로서 영화의 역량을 보여준 사례라고 할 수 있다.

그런데 이 영화는 관습적인 멜로드라마 구조를 통해 가부장적 가족주의 감성에 호소하여 미학적으로는 매우 보수적인 태도를 보여준다. 실화 기반의 영화들이 으레 그렇듯이 "이 영화는 실화를 바탕으로 극화했으며 영화상에서 나온 인물명, 기관명 및 회사명 등은 실제와 다름을 알려드립니다"라는 자막으로 시작한다. 그런데 인물명과 기관명은 실제와 최대한 가깝게—'황유미'는 '한윤미', '황상기'는 '한상구', '삼성'은 '진성'과 같이— 작명되어 실화를 연상시키면서도, 이야기는 한윤미가 아닌 아버지를 중심으로 전개된다. 그리고 그것은 보잘것없고 평범한 인물이 영웅으로 거듭나는 할리우드 휴먼 드라마의 관습을 그대로 따른다. 다시 말해 이 영화는 지방 소도시의 택시운전사였던 한 인물이 딸의 억울한 죽음을 겪으면서 시민운동가로 거듭나는 과정에 초점을 맞춘다.

이 영화의 보수성은 이분법적 구도를 통해 한층 심화된다. 이 영화의 갈등 구도는 주인공 한상구(박철민)와 그를 돕는 사람들, 그리고 진성 편을 드는 인물들로 구성된다. 그리고 점차 한상구를 돕는 사람들이 늘면서 영화는 낙관적 결말에 이른다. 처음에는 가족들에게조차 이해받지 못하는 상황에서 한상구 혼자 싸우다가 노무사 난주(김규리)를 만나고, 한상구와 난주가 손잡으면서 제보자들이 늘어난다. 그 과정에서 남편이 돈 때문에 싸운다고 오해했던 한상구의 아내(윤유선)가 그의 편으로 돌아서고, 회사 측의 회유에 넘어가 진성그룹의 사원이 되었던 아들 윤석(유세형)이 집으로 돌아온다. 결국 아버지를 중심으로 한 화목한 가정이 복원됨으로써 아버지가 이루고자 한 정의도 실현된다.

이러한 가족주의가 대표적으로 드러나는 부분은 아내와 윤석이 한상구에게 돌아오게 만드는 계기다. 두 인물 모두 윤미(박희정)가 남긴 일기장을 우연히 읽으면서 심경의 변화를 일으킨다. 그런데 그 내용은 가족에 대한 걱정과 미안함으로 점철되어 있다. 일기장은 불쌍한 딸이자 기업 논리의 희생자로 대상화된 윤미가 아닌, 윤미 내면의 진솔한 목소리를 관객이 직접 들을 수 있는 설정이다. 그런데 거기에서조차 가족 내부의 온정과 보은報恩에만 호소하는 것은 눈여겨볼 문제다. 가족들은 윤미의 죽음이 지닌 사회적 맥락이나 한상구의 활동에 내재한 의미를 이해해서가 아니라, 딸로서, 또는 누나로서 윤미의 사랑을 확인했기에 한상구에게 돌아온다. 한상구가 난주를 비롯한 피해자 가족들을 일컬어 삼성 광고를 역설적으로 인용하며 '또 하나의 가족'이라고 말한 것은 이 영화의 가족주의를 잘 드러낸다.

그런데 이러한 가족주의로 서사를 구성할 때 많은 부분이 배제되고 결락될 수밖에 없다. 우선 사건의 당사자인 윤미부터 착한 딸로만 자리매김됨으로써 노동자로서의 입장이나 정체성은 드러나지 않는다. 또한 진성그룹에 취직했던 윤석의 경우에도 누나에 대한 애정으로 회사를 그만두는 것으로 단순하게 그려지면서 이 심각한 구직난 속 청년 실업자의 복잡한 심경이나 처지는 영화에서 결락된다. 그가 군대를 선택하고 아버지는 그런 아들에게 '말뚝 박으라'고 말하는 것은 너무나 쉬운 해결이기에 그만큼 현실성의 결여를 노출한다.

이 영화가 아버지의 서사와 가족주의를 선택함으로써 배제하는 부분은 동일한 사건을 다룬 다큐멘터리 〈탐욕의 제국〉(홍리경, 2014)과 비교해 보면 보다 확연해진다. 〈탐욕의 제국〉은 2011년에 서울행정법원이 황유미 씨를 비롯한 두 명에게 최초로 산업재해를 인정한 후 다른 피해자들과 삼성의 협상이 한창 진행되던 2012년에 제작되었다. 이 영화에서는 삼성반도체에서 근무했던 백혈병 환자 혹은 희귀병 환자들이 증언을 했고, 그들이 항의하고 시위하는 모습이 카메라에 담겼다. 여기에서 황유미 씨의 아버지 황상기 씨는 싸움을 진두지휘하는 사람 중 하나로 포착되지만, 영화가 피해자들의 목소리를 담는 데 주안점을 두다 보니 그는 후경에 배치된다. 그 대신 이 영화 서사의 중심에는 남편과 두 아이를 둔 기혼여성 이윤정 씨와 어머니의 보살핌을 받는 미혼여성 한혜경 씨가 놓인다. 그리고 황유미 씨의 일기가 수시로 인서트되는데, 거기에는 회사 업무에 대한 메모와 회사 생활에서 비롯되는 갈등이나 피로감 등이 주로 적혀 있다.

이와 같이 〈탐욕의 제국〉은 피해자들의 목소리를 다각적으로 배치하는 가운데 거대한 자본주의의 맥락에서 이 사건을 바라보게 한다. 롱숏과 다운앵글 숏으로 포착된 삼성 본사 건물이나 컨테이너 박스가 자주 인서트되는 점, 마지막에 특성화고 졸업식장에서의 해맑은 학생들의 모습을 보여주는 점, 그리고 다른 아시아 국가의 쓰레기장에 폐기된 전자

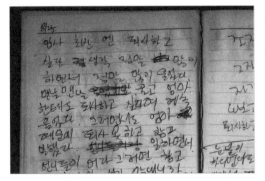

〈탐욕의 제국〉(홍리경, 2014)에 나오는 고 황유미 씨의 일기와 시위하는 피해자 가족들.

부품들을 비추는 점 등은 이 영화의 관점을 드러낸다. 그래서 이 다큐멘터리를 보고 나면 '사실을 바탕으로' 했다는 극영화 〈또 하나의 약속〉이 얼마나 협소한 영역으로 사건을 재구성했는지 선명히 반추된다.

그럼에도 이 영화가 시민운동으로서의 영향력을 최대화할 수 있는 최선의 현실적 선택 아니냐고 반문한다면 반박하기 조심스러운 면이 있다. 개봉 당시 네티즌의 반응과 전문가 그룹의 평가를 비교해보면 이 영화의 입지를 가늠할 수 있다. 이 영화는 '네이버 영화'에서 관람객 평점 9.25, 네티즌 평점 9.26, 기자·평론가 평점 6.26,[123] 그리고 '다음 영화'에서는 네티즌 평점 9.77, 전문가 평점 6.00[124]을 기록하여 일반 관객에게는 매우 높은 평점을 받은 데 비해 전문가 집단으로부터는 좋지 않은 평가를 받았다. 대개 영화를 직업적으로 보고 비판적으로 접근하는 전문가 집단

〈또 하나의 약속〉(김태윤, 2014)에서 아버지(박철민)와 아들(유세형)이 대화하는 장면.

은 관습적인 영화에 대해 박하게 평가하기 마련이다. 그에 비해 일반 관객은 영화 형식이 관습적이라고 하더라도 실화의 충격이나 그것에 대한 관심도, 혹은 개인의 취향에 따라 감동을 받으면 좋은 평가를 내릴 수 있다. 영화진흥위원회 통계에 따르면 이 영화는 누적 관객 49만 7994명을 기록했다. 그런데 이 영화는 100퍼센트 크라우드 펀딩으로 제작비 10억 원을 마련했으며, 10억 원이 모금된 이후에도 약 1만 명이 투자에 더 참여했다. 따라서 이 영화의 관객수와 평점에는 투자자들의 참여, 영화의 제재에 대한 애초의 지지가 상당한 영향을 미쳤다고 볼 수 있다. 이 지점에서 영화가 정치적 영향력을 극대화하려고 할 때 관습의 수용과 혁신의 수위를 조절하는 것이 쉽지 않은 문제임이 새삼 확인된다.

여성 중심의 서사와 상업영화로서의 곤경

〈카트〉(부지영, 2014)는 2007년 홈에버 비정규직 노조 투쟁을 소재로 삼음으로써, "여성 노동자 관점에서 비정규직 노동운동을 재현한 최초의 상업영화"로, "신자유주의 시대 감정노동 문제를 다룬 첫 영화"로 평가된다.[125] 이 영화의 감독이 여성이라는 점도 '최초'라는 의미 부여에서 한몫을 담당한다. 그만큼 이 영화에 대해서는 격려와 찬사가 많았고,[126] '헤테로토피아적 저항 공간'을 보여준다는 분석이 제출되기도 했다.[127] 이 영화는 기존 여성 노동자를 다룬 영화들에 비해 여성 인물의 입장과 시선을 통해 서사가 전개되긴 한다. 예를 들어 1989년 영화 〈구로 아리랑〉에서 극영화로서는 처음으로 공장의 여성 노동자들이 주인공으로 등장하지만 그들의 모습과 목소리는 타자화되었다. 그들의 모습은 동료 남자 노동자들에 의해 '훔쳐보기'를 당하고, 계몽적이고 권위적인 카메라의 시선에 의해 ('여성 수난'의 연장선상에 있는) '여공 수난'의 여러 유형을 보여주는 식으로 대상화된다. 이와 달리 〈카트〉에서는 두 아이를 둔 기혼여성 비정규직 노동자 한선희(염정아)를 주인공으로 설정하고 그의 입장과 시선을 통해 서사를 전개함으로써 여성 중심 서사를 어느 정도 성취한다.

그러나 이 영화가 구현한 것이 저항적인 헤테로토피아 공간이라는 견해에는 동의하기 힘들다. 결론부터 말하면, 이 영화 또한 〈또 하나의 약속〉과 마찬가지로 할리우드 영화의 고전적인 관습을 적극적으로 수용하고 있을 뿐 아니라 계몽적 주제를 부각시키기 위한 작위적 전형을 창조했기 때문이다. 우선 이 영화도 선량하고 평범했던 인물이 어느 날 갑자기 부당한 일을 당하면서 저항운동의 선봉에 서는 인물로 거듭나는 과정을 담았다. 이러한 서사 구조는 최초의 노동영화로 평가되는 〈파업전야〉(장산곶매, 1990)*의 관습에 맞닿아 있는 것이기도 하다.

"이 영화는 실화를 바탕으로 만들어졌으며 등장인물과 세부사항은 영화적으로 재구성한 것임을 밝힙니다"라는 자막에 이어, 마트 조회 시간에 주인공 '한선희 여사님'(염정아)이 다음 달에 정규직이 된다고 공표되는 것으로 시작한다. 남성 관리직원은 자신 있게 말한다. "부러워들 말고 열심히 일하면 정직원 되는 거예요." 그리고 직원들이 일제히 입을 모아 "고객은 왕이다! 회사가 살아야 우리가 산다! 사랑합니다, 고객님!"이라고 외치며 업무가 개시된다. 이러한 오프닝에는 성실한 주인공의 캐릭터, 회사의 거짓, 직함 없이 '여사님'이라는 이상한 호칭으로 불리는―그러다가 언제든지 수틀리면 '아줌마'로 불릴 수 있는―비정규직 여성 노동자들의 상황, 사랑이라는 감정까지도 팔아야 하는 그들의 현실이 집약되어 있다.

그리고 영화의 도입부에는 무례한 고객에게도 무릎 꿇어야 하고, 학생처럼 야단맞으며 반성문을 쓰고, 무시로 요구되는 잔업 요구에 군말 없이 응해야 하고, 도시락 먹을 휴게실 하나 없어 먼지 풀풀 나는 창고 바닥에 박스를 깔고 앉아 식사해야 하는 노동자들의 상황이 제시되고, 이와 더불어 이혜미(문정희), 옥순(황정민), 강동준 대리(김강우), 순례 여사(김영애), 그리고 한선희의 아들 태영(도경수) 등의 조연들이 소개된다. 그 뒤 영화는 회사의 부당해고에 맞서 이 인물들이 연대해가는 과정으로

---

* 〈파업전야〉는 1980년대 말 민주화운동에서 큰 역할을 했으나, 그 당시에 이미 "영화의 드라마투르기(dramaturgie)가 전형적인 할리우드 영화의 구조를 답습하고 있다는 점" 때문에 진보적인 역할에 걸맞지 않은 형식이라고 비판받은 바 있다(조영각, 「파업전야」, 『한국영화 100선』, 한국영상자료원, 2014, 167쪽).

구성된다. 그중에서 주인공 선희와 가장 첨예한 갈등을 빚는 인물은 회사 동료 혜미와 아들 태영이다. 혜미는 다른 회사에서 정규직 사무원이었다가 임신했다는 이유로 해고당한 인물로 선희의 순응적인 태도를 비판적으로 바라본다. 그러나 노조가 결성되고 선희의 성실함과 정직함이 노조 활동에 긍정적 영향을 미치면서 혜미는 선희를 인정하게 된다. 아들 태영은 가난한 집안 형편과 바쁜 엄마에 대해 불만이 많은 사춘기 소년으로 수학 여행비를 못 내고 휴대폰을 바꾸지 못하는 눈앞의 현실이 가장 참기 힘들다. 그러나 수학 여행비를 벌기 위해 편의점에서 일했는데 임금을 제대로 받지 못하는 상황에 직면하자 엄마의 입장을 이해하게 된다.

여기에서 이러한 인물들 간의 화해와 연대를 구성하는 계기이자 힘으로 작용하는 것은 노동자로서의 공감대인데 그것은 결국 자매애와 가족애로 수렴된다. 회사가 전기를 차단하여 농성장에 어둠이 드리운 가운데 혜미는 여자로서 부당하게 겪어야 했던 과거의 해고 경험을 선희에게 고백한다. 임신과 출산이라는 여성 경험의 공감대를 바탕으로 하는 연대가 이루어지는 순간이다. 이때 혜미는 선희를 '언니'라고 부름으로써 그 연대를 분명히 한다. 또한 아들 태영은 임금을 제대로 지불하지 않는 편의점 주인과 시비가 붙어 경찰서에까지 가게 된다. 이때 선희는 자신 없고 못난 엄마의 모습에서 벗어나 같은 비정규직 노동자로서 아들의 권리를 당당하게 주장하여 임금을 받아낸다. 이 사건을 계기로 태영은 엄마의 상황과 심경을 이해하게 되고 모자간에 화해가 이루어진다. 이는 순례 여사와 강동준 대리의 관계나 선희와 옥순의 관계에서도 마찬가지로 적용된다. 순례 여사는 강동준에게 회사에서 어머니와 같은 존재이고, 옥순은 딸 많은 집에 꼭 하나씩 있을 성싶은, 푼수없지만 인정 많은 자매를 떠올리게 한다. 마지막 장면에서 끝까지 싸우는 선희와 복직한 혜미가 다시 연대를 이루며 물대포에 카트로 맞설 때 외치는 말이 "언니!"와 "혜미야!"인 것은 가족주의적 연대, 그중에서도 자매애sisterhood를 다시 한 번 확인해준다.

한편 각 인물들은 다양한 비정규직의 처지를 전형적으로 보여주기도 한다. 다시 말해 "순례로 대표되는 중고령 여성 청소 노동자, 태영으로 대표되는 알바 노동자, 선희와 혜미로 대표되는 젊은 여성 비정규직 노동자"는 "한국사회를 대표하는 비정규직 유형들"[128]이다. 이러한 전형성은 철저하게 회사 편에 서는 점장(박수영)과 최 과장(이승준), 그리고 정규직 노조를 결성하여 비정규직 노조와 협력하는 강동준 대리에게도 적용된다.[129] 그런데 그러한 전형화가 노조 편 대 회사 편이라는 이분법에 의해 통어統御되기 때문에 인물이나 국면의 중층적이고 모순된 면모는 드러내지 못한다. 한 예로 최 과장은 "마누라에 애 셋 딸린 가장"이라 미

〈카트〉(부지영, 2014)에서 여성 노동자들의 남편은 등장하지 않는다. 주인공 선희의 남편도 다른 지역에서 일하는 것으로 설정되어 있고 전혀 등장하지 않아 한부모 가정으로 보인다.

혼인 강동준 대리처럼 행동할 수 없다. 그러나 그의 사정은 강동준 대리의 대사를 통해 전달될 뿐이고, 정작 최 과장은 "잘린 직원들은 문제가 있어서 잘린 것"이라고 말함으로써 적敵의 위치에 고착된다.

이 영화에서 이러한 이분법적 전형화에 의해 배제되는 것 중 가장 문제적인 존재는 '남편'이다. 이 영화에서는 남편의 모습이 전혀 등장하지 않는다. 선희의 남편은 집 짓는 일을 한다고 하는데 멀리 가 있다고 할 뿐 파업이 진행되는 몇 달 동안 나타나지 않는다. 혜미는 아들 하나를 키우고 있는 이혼녀이고, 옥순은 남편 눈치 보느라 농성장에 나오지 못한다고 하지만 그들의 갈등이 어떤 것인지 표면화되지 않는다. 이에 비해 동일한 사건을 다룬 다큐멘터리 〈외박〉(김미례, 2009)에서는 제목에서부터 드러나듯이 비정규직 여성 노동자들의 파업과 농성이 회사에 대한 저항일 뿐 아니라 가정으로부터의 일시적 해방이었음을 포착한다.[130] 이를 통해 보면 〈카트〉에서는 여성 노동자들이 처한 어려운 상황 중에서 핵심적인 국면을 고의적으로 배제하고 있다.

IMF 이후 노동 유연화 정책이 본격화되면서 여성은 2차 노동자로 간주되는 동시에 희생과 헌신이 본질을 이루는 존재로 고착되었고, 이에 따라 그들의 감정노동까지 합리화되었다. 여성 노동자를 두고 전통적인 성 구분에 바탕을 둔 가부장 이데올로기와 자본주의의 논리 간의 공모가 이루어진 것이다. 비정규 서비스직 여성 노동자는 이 공모의 지점을 가장 잘 보여준다. 따라서 남편을 간과하고서는 여성 노동자 문제의 본질에 다가서기 힘들다. 앞서 언급한 〈외박〉에서는 남편의 동조 여부가 여성 노동자의 임금투쟁에서 관건임을 여러 국면에서 드러냄으로써 그것이 여성 노동자 보편의 문제임을 말해준다. 그러나 기존에 노동 문제를 다루어온 극영화 관습으로 이러한 국면을 반영하고 재현하기는 쉽지 않다.

더구나 이 영화는 30억 원의 제작비가 투입된 상업영화[131]인데, 그 자본은 지지자들의 크라우드 펀딩으로 조성된 것이다. 그러니 제작비 회수에 대한 부담에 정치적 소명의식까지 개입하는 상황에서 영화형식을 혁신하기는 더욱 어려웠을 것이다. 이에 대해 부지영 감독은 "〈파업전야〉 이후 24년 만에 이런 영화를 만들었다고 언론에서 너무 이슈화시키는 바람에 이 영화가 오히려 흥행에 성공하지 못할 수 있다"[132]라며 부담과 아쉬움을 토로하기도 했다. 노동 현실의 새로운 국면을 재현하기 위해서는 그에 걸맞은 영화언어의 모색이 필요하다는 것은 누구나 알고 있다. 그러나 상업영화를 만들면서 혁신의 노선을 선택하기 힘든 것 또한 현실이다. 여성 노동자가 처한 특수한 국면들을 충분히 보여주지 못한 〈카트〉의 한계는 일차적으로 제작진의 창작 역량에서 기인했을 것이다. 그러나 자본과 관객의 지지를 벗어나서는 존립할 수 없는 영화 매체의 곤경이 그러한 한계에 중요하게 작용했음을 가벼이 볼 수는 없다.

저예산 하이 콘셉트와 딜레마의 수사학

〈성실한 나라의 앨리스〉(안국진, 2015)는 마케팅 비용을 포함해 총제작
비 약 3억 원으로 만들어진 저예산영화다.* 그런데 이 영화는 한류 스타
이정현을 원톱으로 캐스팅함으로써 일반적인 저예산영화와는 출발점이
달랐다. 이정현이 장쯔이와 함께 2013년 아태영화제 여우주연상 후보
에 오르고 2014년 8월에 〈명량〉에서 보인 인상 깊은 연기로 언론에 오
르내릴 때마다 〈성실한 나라의 앨리스〉라는 '독립영화'를 찍고 있다는
사실이 노출되었다. 그리고 2015년 봄에 이 영화가 제16회 전주국제영
화제 한국 경쟁 부문에서 대상을 수상하면서 이정현의 맞춤 연기와 함
께 작품의 완성도에 대한 입소문이 나기 시작했다.

이 영화는 '이정현에 의한, 이정현을 위한, 이정현의 영화'라고 해도
과언이 아닐 정도로 이정현이라는 스타와 영화의 콘셉트가 조응한다.
잘 알려져 있다시피 이정현은 소녀와 광녀의 모순된 이미지를 함께 지
닌 드문 배우다. 그러한 그의 이미지가 '이상한 나라의 앨리스'라는 다
분히 그로테스크한 동화적 설정과 만날 때 보다 중층적으로 강화된다.
이 영화의 포스터는 그러한 이미지를 잘 보여주며 홍보 전략으로 이용
하고 있음을 시사한다(426쪽 포스터 참조). 포스터 속에서 이정현은 동화
속 앨리스처럼 차리고 미소 짓고 있지만 앞치마에는 피가 묻어 있고 피
를 닦은 듯한 대걸레를 들고 있다. 그리고 "열심히 살아도 행복해질 수
없는 세상", "단지, 행복해지고 싶었어요"라는 문구는 이 영화의 주제를

---

* 〈성실한 나라의 앨리스〉는 2만 명의 관객을 동원해 손익분기점을 넘기지는 못했다. 영화진흥위원회 통계자료(http://
www.kobis.or.kr/kobis/business/mast/mvie/searchMovieList.do) 참조.

〈성실한 나라의 앨리스〉(안국진, 2015)에서 주인공 수남으로 분해 대체 불가능한 연기를 보여준 이정현.

요약한다. 또한 '생계밀착형 코믹 잔혹극'이라는 장르 명칭은 관객이 이 영화에 기대할 만한 모순되고 복합적인 이미지를 한 줄로 설명한다. 한편 이러한 혼성적 경향은 많은 지점에서 박찬욱 영화의 감각을 환기시키는데, 실제로 박찬욱 감독이 사전 단계에서 시나리오를 극찬했고 이정현을 캐스팅하라고 추천하고 도왔다는 사실이 화제가 되기도 했다. 또한 이정현도 여배우가 원톱이 되는 기회가 거의 없기에 저예산영화임에도 이 영화에 선뜻 출연했다고 밝힌 바 있다.

종합해보면 이 영화는 저예산영화이지만 제작이나 홍보 과정 면에서 볼 때 '독립영화'는 아니었다. 사전적 의미로 독립영화란 기존 상업자본에 의존하지 않고 창작자의 의도에 따라 제작한 영화를 말한다. 한국에서 독립영화가 대두한 것은 1980년대 사회변혁운동의 일환으로서 영화운동이 상업자본과는 독립된 영화를 지향하면서부터였다. 그러나 자본주의 사회에서 자본으로부터 자유로운 영화란 존재하기 힘들다는 인식이 심화되고, 1990년대 이후에는 유능한 독립영화계의 인력들이 상업영화계로 진출하는 비율이 점차 높아지면서 그 의미가 퇴색했다. 현재 독립영화의 개념은 전위적인 다큐멘터리 정도에서 유효하다. 오히려 〈성실한 나라의 앨리스〉는 기존에 대중적으로 널리 알려진 텍스트와 스타, 영화계의 권위를 십분 활용하여 영화의 정체성을 구성한다. 그리고 그런 요소들을 관객에게 보다 용이하게 각인시키는 장르 및 광고 전략을 취한다는 점에서 일종의 한국에서 통하는 하이 콘셉트high concept* 전략을 저예산 영화에 전유한 예다.

이 영화가 취한 주제나 혼성장르적 특질에 대해서는 비교적 많은 분석이 이루어졌다. 이정현이 쟁쟁했던 후보들(전지현, 김혜수, 한효주 등)을 물리치고 청룡영화제 여우주연상을 수상하자 이 영화는 한층 더 언론과 비평계의 주목을 받았고, 새로운 영화에 목마르던 한국영화계에서 저예산영화의 성공 사례로 떠올랐기 때문이다. 특히 이 영화에 대해서는 신자유주의 경제체제 아래에서 살아가는 '다포세대'를 대변하고 그러한 현실을 풍자하는 영화로서의 형식과 의미를 보여준다는 평가가 주류를 차지한다. "후기 자본주의 시대의 미학적 전략"[133]을 비롯해 "성실의 역설 그리고 분열증",[134] "절망적인 현실을 견디는 그녀만의 방법",[135] "빈곤층을 마비시키는 낭만적 사랑의 판타지",[136] "성실의 귀결은 실성"[137] 등은 모두 이 영화를 설명하는 키워드다.

이러한 프레임에서 한 걸음 더 나아가 구조와 수사학의 심층을 들여다

---

* 일반적인 시사용어로는, 무관해 보이는 아이디어를 결합해 남들이 생각하지 못한 새로운 아이디어를 만드는 역량, 경향과 기회를 파악하는 능력 등을 종합적으로 지칭하는 개념이다. 미래학자 대니얼 핑크(Daniel H. Pink)는 『새로운 미래가 온다(A Whole New Mind)』(2006)에서 창조적·독창적·예술적 콘텐츠에 바탕을 둔 패러다임인 '하이 콘셉트'가 이 시대를 대표하는 소비 가치의 기준이라고 주장한다(《시사상식사전》, 박문각, http://terms.naver.com/). 한편 영화에서는 영화의 주제, 스타, 마케팅 가능성을 결합해 막대한 수익을 올릴 수 있는 영화를 기획하는 것을 일컫는다. 할리우드에서 쓰이기 시작한 용어로 〈쥬라기 공원〉(1993), 〈타이타닉〉(1997), 〈진주만〉(2001) 같은 영화들이 대표작으로 꼽힌다(《네이버영화사전》, http://terms.naver.com/). 최근 한국에서도 천만 관객을 겨냥하는 '기획영화'가 제작되면서 이 개념이 전유되고 있다.

4부 | 여성

보자면, 이 영화는 세 개 장(1. 심리치료/ 2. 님과 함께/ 3. 신혼여행)으로 구성되어 있다. 그런데 서사 구조로 보면 주인공 수남(이정현)이 형석(이준혁)에게 잡혀 고문당하다 세탁기에 들어가는 시점을 경계로 하여 크게 두 부분으로 나뉜다. 수남이 세탁기에 들어가기 전까지가 사랑하고 행복해지겠다는 일념으로 성실하게 살아가는데도 세상으로부터 어김없이 배신당하는 과정이라면, 그 이후는 세상에 대한 수남의 복수가 이루어지는 부분이다.

수남의 노력	세상의 배신
자격증 취득과 스펙 쌓기	사회에서는 폐기된 기술들
거액을 들인 남편의 청력 수술	수술 실패와 의사의 무책임으로 청력과 손가락까지 상실
남편을 위해 집을 사기 위한 노동과 저축	저축보다 빨리 상승하는 집값
남편을 행복하게 해주기 위해 대출 받아 집 장만	남편이 자살을 기도하여 식물인간이 됨
남편을 극진히 간호하는 수남	병원비 미납 때문에 남편의 안락사를 종용하는 의사
우연히 재개발 호재를 만나게 된 수남	지역 이기주의로 재개발 무산 위기
재개발 무산을 막기 위한 수남의 노력	수남을 이용하는 공무원과 그녀를 막는 사람들

위와 같이 전개되고 나서는 수남이 자신을 막는 인물들을 죽이는 과정으로 진행된다. 수남은 재개발 찬성 서명을 받으러 다니다가 반대 세력의 우두머리인 최원사(명계남)와 마주치고 그동안 애써 받은 서명이 그에 의해 모두 훼손된다. 수남은 홧김에 최원사가 걸어놓은 재개발 반대 플래카드를 떨어뜨리기 위해 종이에 불을 붙여 던지는데 그것이 그만 화재와 가스 폭발로 이어져 최원사가 죽는다. 이는 의도적 살인이 아니

라 과실에 의한 치사였다. 이 일을 계기로 수남은 경찰의 수사선상에 오름과 동시에 재개발 반대 세력에게 쫓긴다. 그러다 급기야 분노조절장애가 있는 세탁소 사장 형석에게 잡혀가 다리미로 고문을 당한다. 그런데 형석은 수남의 자백을 다 받아내고 재개발 발표 날까지 감금하겠다고 말하고는 갑자기 수남을 세탁기에 넣고 돌려버린다.

여기에서 한 가지 의문이 생긴다. 사람이 세탁기 안에 들어가 빨래처럼 돌려지면 살아 나올 수 있을까? 이 영화는 비현실적이고 판타지적인 요소를 가지고 있기 때문에 그러한 개연성을 따지는 것은 무의미하다고 할 수도 있다. 그런데 수남이 세탁기에 들어가 물이 차오르자 장면은 플래시백되어, 수남이 가장 행복했던 순간이었던 남편과의 첫 만남으로 옮겨간다.* 그러다 다시 현대로 돌아오면 수남은 어느새 의자에 앉아 있다. 그리고 형석이 건네준 빵 속에 들어 있던 딱지를 형석의 눈에 꽂아 넣고 그를 대걸레로 찌른 뒤 세탁기에 집어넣어 버린다. 세탁기에서 흘러나오는 붉은 피는 그의 죽음을 알려준다. 이는 세탁기에서 소생한 이후 수남의 행보는 환상일 수 있음을 암시한다. 다음 장면들에서 가냘픈 수남이 건장한 형사 둘을 죽이고 경숙(서영화)까지 죽여 재개발에 걸림돌이 되는 요소들을 거침없이 모두 제거해버리는 것은 그러한 암시에 심증을 더한다.

수남이 형석에게 잡혀 고문받는 데까지는 현실의 리얼리티를 반영하고 있는 부분이다. 블랙코미디와 그로테스크한 과장에도 불구하고 그것이 보여주는 현실의 잔혹함은 심리적 리얼리티를 확보한다. 그리고 그

---

* 물은 인간의 삶에서 가장 본질적인 요소이기에 가장 원초적인 상징성을 지닌다. 그것은 생명의 근원으로서 여성을 상징하거나 여성성과 유비되고 예술에서는 오랫동안 재생과 죽음의 상징으로 사용되어왔다.

수남이 사는 지역의 재개발을 반대하는 투기 작전 세력인 최원사(명계남)와 경숙(서영화)의 모습. 그들의 표정과 손짓에서 파시스트가 연상된다. 수남은 그런 최원사와 경숙을 응징한다.

러한 전개에서는 수남이 형석에 의해 살해당하는 게 당연한 귀결이다. 재개발 발표 날까지 수남을 꼼짝 못하게 하는 가장 좋은 방법은 수남을 죽이는 것이기 때문이다. 설사 형석이 언제가 될지 모르는 발표 날까지 수남을 먹이고 감시하는 수고를 감수한다 하더라도 수남에게 온갖 가혹 행위를 한 상태에서 수남을 풀어줄 수도 없는 노릇이다. 따라서 수남의 의도적 살인이 이어지는 부분에서부터 영화는 보복의 판타지로 전환된 다고 보는 게 타당하다. 수남은 부조리한 현실에서 억울하게 죽었지만, 그녀에 대한 관객의 연민과 공감이 극대화되며 심리적 리얼리티가 정점 에 달한 지점에서 수남의 비현실적인 복수는 카타르시스와 함께 봉합된 다. 그리고 결국 수남은 집을 팔아 남편의 병원비를 갚고 남편을 오토바 이에 태워 신혼여행을 떠나는 해피엔딩의 판타지로 영화는 마무리된다.

이 영화에서는 모순되고 불균질한 코드들, 예컨대 동화童話, 19금禁 옷음, 잔혹, 희망, 비성, 연민, 역겨움 등이 병치되고 혼성된다. 이러한 특성은 전통적으로는 그로테스크 미학이나 아이러니 개념, 혹은 블랙코미디나 부조리극 양식을 참고하며 이해할 수 있고, 영화비평에서는 혼성 장르적 미학으로 설명할 수 있다. 이 영화의 그러한 수사학이 어디에서 비롯되는지를 묻는다면, 많은 논자들이 지적했듯이, 기성의 언어로는 신자유주의 시대의 '웃픈' 현실을 재현할 수 없기 때문이라고 답할 수 있을 것이다. 또한 이러한 표현 방식은 2000년대 이후에 많이 사용되었기에 그 자체가 그리 새롭지 않다고 할 수도 있을 것이다. 네이버 영화에서 〈성실한 나라의 앨리스〉를 검색하면 연관 영화로 〈복수는 나의 것〉(박찬욱, 2002), 〈친절한 금자씨〉(박찬욱, 2005), 〈파란만장〉(박찬경·박찬욱, 2011), 〈지구를 지켜라〉(장준환, 2003), 〈혐오스런 마츠코의 일생〉(나카시마 테츠야, 2007) 등이 등록되어 있으니 말이다.[138] 그런데 그 수사학이 구성하고 있는 이 영화 텍스트의 의미 구조를 들여다보면 다른 영화들과는 다른 점이 발견된다. 우선 거기에는 죽지 않고서는 도망칠 수 없는 현실과 복수의 판타지라는 선택지가 자리 잡고 있다. 그러나 슬프게도 그것은 어느 쪽으로 가도 죽음과 만나는 선택지 아닌 선택지다. 그런 의미에서 〈성실한 나라의 앨리스〉에서 볼 수 있는, 새로운 듯하나 새롭지 않은 수사학은 딜레마에 빠진 우리의 현실을 보여주는 데 의미 있게 활용된 것이다.

신자유주의 시대의 여성 노동자 재현

한국사회는 IMF 금융위기 이후 무한경쟁, 개방화, 민영화, 탈규제 등을 골자로 하는 구조조정이 이루어지며 신자유주의 경제체제로 급격히 재편되었다. 그러면서 고용 유연화 정책에 따라 노동계급 내부의 분화가 촉진되고 비정규직 노동자가 양산되었다. 그 와중에 가장 먼저, 그리고 크게 영향을 받은 이들은 여성 노동자였다. 그들은 우선적으로 정규직에서 밀려났고, 비정규직 여성 노동자의 수가 급증했다. 이러한 상황은 현실에 대한 대응력과 순발력이 높은 양식인 다큐멘터리를 통해 먼저 영화화되었다. 디지털 패러다임으로의 전환도 다큐멘터리의 활성화에 한몫했다. 그에 비해 극영화의 제작은 미미하다고 할 정도로 거의 이루어지지 못했다.

일반적으로 극영화는 기술과 자본을 토대로 하고 영리를 목적으로 하는 양식이기 때문에 기획 – 제작 – 배급 – 상영의 메커니즘이 다큐멘터리와는 근본적으로 다르다. 그러한 속성상 긴박한 이슈라 하더라도 극영화로 재현되는 데에는 시간이 소요되기 마련이다. 더구나 IMF 금융위기이후의 노동 현실은 서민들 삶의 질을 격하시킨 절박한 문제임이 틀림없지만, 오히려 그렇기 때문에 극영화에서 재현하기에는 껄끄럽고 부담스러운 제재이기도 했다. 주지하다시피 어려운 시기일수록 대중은 영화를 통해 위안을 받고 싶어 하기 때문이다. 이런 저간의 사정 속에서 노동현실과 관련된 극영화는 거의 제작되지 못했고, 제작되더라도 별로 관심을 끌지 못했다.

그런데 2014~2015년에 문제적인 극영화들이 개봉했다. 이는 불안한 고용현실이 일상화되어 우리가 그 문제를 회피하고서는 생활을 유지할 수 없는 상태가 되었음을 일러주는 것일 수 있다. 그리고 이 영화들은 각각 상이한 위치에서 나름대로 이슈가 되며 신자유주의 시대에 여성 노동자를 재현한다는 것의 의미와 사회적 역할을 보여주었다. 예컨대 〈또 하나의 약속〉이 크라우드 펀딩을 기반으로 제작되어 제작진의 창의적인 상상력보다는 지지자들의 기대와 영화의 정치적 역능에 대한 고려가 작용했다면, 〈카트〉는 상업영화로서 제작비 회수 부담을 우선적으로 고민하지 않을 수 없었고, 이에 비해 〈성실한 나라의 앨리스〉는 저예산 독립영화의 범주에 놓여 있었기 때문에 작가적 상상력이 보다 자유롭게 작동할 수 있었다. 그 결과 보수적인 가부장적 가족주의에 의거한 전통적 노동쟁의 문법, 여성 감독과 여성 노동자를 주체로 하면서 기존의 관습을 수용한 타협의 문법, 다중의 감성을 겨냥한 신자유주의 시대 저예산영화의 전략이 도출된다. 여기서 영화 관습의 수용, 혁신의 정도, 자본의 성격은 일정한 함수 관계가 있음을 알 수 있다.

물론 이러한 유형만으로 신자유주의 시대 여성 노동자를 재현하는 극영화의 양상을 모두 설명할 수는 없을 것이다. 그러나 이 영화들을 하나의 기준점으로 삼아 향후 여성 노동자 영화의 좌표를 세우는 것은 의미 있는 일일 것이다. 일단 '여성영화' 개념이 모호한 만큼 여성영화의 하위분류로서 '여성 노동자 영화'의 개념 역시 모호할 수밖에 없다.

여성영화는 명확한 개념 없이 여성이 만든 영화를 지칭하거나, 여성에게 말을 거는 영화를 뜻한다. 아니면 그저 여성에 관한 영화를 말하는 때도 있다. 또는 아예 이 셋 모두를 포함하기도 한다. 여성영화는 장르가 아니며, 영화사적 운동이라고 할 수도 없다. 여성영화는 그 자체만의 단일한 계통을 갖고 있지 못하며 국가적 경계나 영화적, 미학적 특정성도 없다. 오히려 영화적이고 문화적인 전통, 그리고 비

평적, 정치적인 논쟁을 협상하고 가로지른다.[139]

여성영화에 대한 위의 개념을 참조하자면, 2014~2015년에 나온 일련의 영화들을 '여성 노동자 영화'의 범주에서 논의한다 해도 큰 무리는 없을 것이다. 그런데 여기에서 놓쳐서는 안 될 것은 '협상하고 가로지르는 것'이 지닌 정치적 운동성의 함의다. 다시 말해 현재의 양상 분석과 한계에 대한 인식을 바탕으로 향후 변화의 가능성을 타진하고 전망할 때 '여성 노동자 영화'라는 말이 유효하다는 것이다.

이에 앞서 살편 영화들을 통해 우리가 목도할 수 있었던, 현하 여성 노동자 영화가 처한 문제부터 정리해보자면 크게 세 가지로 요약된다. 첫째, 대중 감성에 저류하는 가부장 이데올로기와 가족주의, 둘째, 남성 중심적 영화계에서 여성의 주체적 시선과 목소리를 확보하는 것의 어려움, 셋째, 영화가 벗어날 수 없는 자본 회수에 대한 부담과 영화형식의 혁신 사이의 줄타기다. 이러한 곤경 자체가 여성 노동자 영화의 현황과 한계일 것이다. 그리고 이러한 곤경에 대한 성찰과 대안의 모색이 바로 향후 여성 노동자 영화의 과제가 될 것이다.

| 임계에 서는 여성들의 관습 넘어서기 |

한국영화사는 처벌되고 추방되면서도 끊임없이 임계에 서는 여성들에 의해 추동되며 현재에 이르렀다. 어머니이기에 앞서 자율적 주체로서 사회에서 역할을 찾으려는 '자유부인'은 1990년대까지 가출과 귀환을 반복했다. 그들의 욕망은 '미몽迷夢'으로 간주되어 끝까지 깨어나지 못할 경우 응징되었지만 그래도 일탈은 계속되었다. 그러면서 그들은 점차 가정으로 돌아오지 않기도 하고 죽을망정 반성을 거부하기도 한다.

전옥 주연의 악극으로 잘 알려진 법정 멜로드라마 〈눈 나리는 밤〉은 영화로도 세 번 리메이크되었다. 이 영화에서 남편을 살해한 여인의 범죄는 너그러운 남성 변호사를 통해 지극한 모성에 따른 일로 합리화되곤 했다. 이는 결국 가부장 살해라는 도발적인 범죄를 가부장의 질서로 다시금 포용하는 것이었다. 이러한 설정은 21세기 영화 〈인디안 썸머〉(노효정, 2001)에서도 나타나 그 생명력을 자랑하는 듯했으나 결국 여주인공 스스로 남성 법조인의 구원을 거부함으로써 관습에서 벗어난다.

〈성실한 나라의 앨리스〉(안국진, 2015)를 보고 있노라면 노동한 만큼 보상받을 수 없었던 개발독재기 '또순이'와 '영자'의 처지가 신자유주의 시대에 이르러서도 크게 나아진 것 같지는 않다. 그러나 적어도 '수남'은 가부장의 그늘로 숨어들지도, 당하지만도 않는다. 1960년에 '하녀'는 남자 주인에게 매달리다 죽음에 이르는 순간까지 처절하게 버림받지만, 2016년의 '하녀'는 주인을 해방시켜 데리고 달아나는 것이다.

이중으로 타자화된 여성의 이미지.
1. 여간첩. 〈운명의 손〉의 마가렛(윤인자). 2. 여성 빨치산. 〈피아골〉의 애란(노경희). 3. 양
공주. 〈악야〉의 이민자. 4. 무당. 〈고려장〉의 전옥. 이런 배역을 맡았던 배우들은 악녀의 이
미지 때문에 배역이 고정되거나 배우 생활을 오래하지 못하기도 했다.

1. 〈미몽〉(양주남, 1936)의 주인공 애순(문예봉). 2. 〈자유부인〉(한형모, 1956)의 최윤주(노
경희)와 주인공 오선영(김정림). 오선영을 가정 밖으로 인도하는 동창 최윤주 역의 노경희
는 〈피아골〉에서 여성 빨치산을 연기하는 등 당시로서는 파적적인 캐릭터를 소화하는 배우
였다. 3. 〈해피엔드〉(정지우, 1999)의 주인공 보라(전도연). 〈미몽〉의 애순은 자신의 과오를
뉘우치며 자살하고, 〈자유부인〉의 선영은 가정으로 돌아가고 윤주는 사기꾼에게 속아 빚더
미에 올라앉으며 자살한다. 그런데 세기말의 보라는 반성 없이 남편에게 살해당한다.

1. 〈눈 나리는 밤〉(하한수, 1969)에서 최성녀(조미령)는 자식을 위해 가부장을 죽이고 묵비하지만, 모든 사연을 아는 변호사(김진규)에게 구원받는다.
2. 〈인디안 썸머〉(노효정, 2001)에서 남편 살해범으로 기소된 이신영(이미연)은 자신을 사랑하는 변호사(박신양)에게 구원받기를 거부하고 스스로 사형을 택한다.

1. 〈하녀〉(김기영, 1960)에서 주인 남자를 유혹하는 여공을 엿보는 하녀(김은심).
2. 〈아가씨〉(박찬욱, 2016)의 하녀(김태리). 1960년 하녀는 죽지만, 2016년 하녀는 주인을 해방시켜 함께 도망한다.

5부

예술

예술의 표상으로서 예술가 영화

　한국영화에서 예술은 어떻게 재현되는가? 그것은 주로 예술가가 등장하는 영화에서 그들의 행동을 통해 현상된다. 해방 이후 1990년대까지 등장한 한국영화 중에 예술가를 주인공으로 삼은 극영화는 현재 한국영상자료원을 통해 정보를 확인할 수 있는 것만 약 70편이다. 그중에서 1960년대 후반 영화는 18편으로 약 4분의 1을 차지하며, 예술에 대한 고민을 드러내는 영화가 대부분이다. 한국영화사에서 이 시기가 영화에서 예술을 재현하는 데 관심이 가장 높았던 시기라고 할 수 있다. 이러한 와중에 실존 예술가들—나운규, 이상, 이광수, 윤심덕—이 소환된다.

	영화 제목	연도	감독	대상 예술가	분야	장르	현존 자료
1	나운규 일생	1966	최무룡	나운규	영화	문예/멜로	필름, 시나리오
2	이상의 날개	1968	최인현	이상	문학	문예	필름, 시나리오
3	춘원 이광수	1969	최인현	이광수	문학	문예/전기	필름, 시나리오
4	이 강산 낙화유수	1969	조길현	남인수	음악	멜로	필름, 시나리오
5	윤심덕	1969	안현철	윤심덕	음악	멜로	필름, 시나리오
6	이중섭	1975	곽정환	이중섭	미술	문예	시나리오
7	화조	1979	김수용	나혜석	미술	멜로/전기/문예	필름, 시나리오
8	허튼소리	1986	김수용	중광	미술	드라마/문예	필름, 시나리오
9	사의 찬미	1991	김호선	윤심덕	음악	멜로/전기	필름, 시나리오
10	금홍아 금홍아	1995	김유진	이상	문학	시대극	필름, 시나리오
11	취화선	2002	임권택	장승업	미술	시대극/전기	필름, 시나리오
12	미인도	2008	전윤수	신윤복	미술	시대극/문예	필름, 시나리오

그리고 이상과 윤심덕은 1990년대에 다시 영화화된다. 수많은 예술가 중에서 왜 이들이 선택된 것일까? 이들의 공통점을 살펴보면 크게 두 가지로 요약된다. 첫째, 친일이나 해방 이후의 이념 문제와 거리가 있다는 것이다. 그들은 중일전쟁 이전에 죽은 사람들이기 때문이다. 둘째, 그들의 굴곡진 생애와 극적인 죽음이 대중의 관심을 불러일으킬 만하다는 점이다. 나운규는 영화에 미쳐 살다가 병사했고, 이상은 폐결핵과 싸우며 글을 쓰다가 도쿄에 가서 홀로 죽어갔고, 윤심덕은 관부연락선에서 김우진과 정사情死했다.

　예술가를 영화화하는 데에서 이러한 선택 기준은 1970년대 영화들에까지 적용된다. 1970년대에 영화화되는 이중섭과 나혜석도 정치적 이념과는 거리가 있으면서 비극적 생애를 살았다는 점에서 공통점이 있다. 이중섭은 해방 이후 일본인 아내와 헤어져 그리움 속에서 죽어가며 그 그리움을 예술로 승화시킨 비운의 화가다. 나혜석은 대표적인 신여성이자 화가로, 젊은 시절에는 화려한 삶을 누린 반면 말년에는 가족으로부터 철저히 버림받은 채 홀로 죽어갔다.

　다만 춘원 이광수만은 이러한 범주에서 벗어나 특이한 위치를 차지한다. 이광수는 문명文名을 날렸던 만큼 친일 행적도 잘 알려져 있었기 때문에 위의 기준을 적용한다면 영화화되기 힘든 대상이다. 그럼에도 그는 대표적인 친일 인사이기 전에 반공주의자로, 민족을 대표하는 문인으로 재현된다. 소환된 예술가들의 특징과 선택 기준은 1960년대 후반부터 한국영화에서 기억하고 재구성하고자 했던 예술이 무엇인지에 대해 중요한 단서들을 제공한다.

1장

이광수: 반공과 소명

〈춘원 이광수〉(1969)에서 〈마담 뺑덕〉(2014)까지

천재성과 민족애

김동인의 「감자」를 원작으로 하여 1968년에 김승옥이 각색하고 연출한 영화 「감자」는 다음과 같은 내레이션으로 시작한다.

한국 근대문학을 열어 제친 선구자 불세출의 천재 김동인은 1920년대에 우울했던 어느 날 평양 칠성문 밖으로 홀연히 산책을 나섰다가 만난 이지러진 그 시대의 희생자들을 단편소설 「감자」에 담게 되었던 것이다. 이제 그 동인이 간 지도 20년, 여기에 그 불후의 명작을 영화화한다.

그리고 곧이어 "때는 일제하 1920년대"라는 자막이 뜨며 복녀(윤정희)가 늙은 홀아비(허장강)에게 팔려가는 사건이 발단된다. 이러한 내레이션과 자막이 제공하는 정보는 이 영화의 원작자 김동인이 식민지시기 억압과 수탈에 대한 문제의식이 뚜렷했던 선구자이자 문학천재였으며, 원작 「감자」는 그러한 문제의식과 천재성을 형상화한 걸작임을 말해준다. 또한 "여기에 그 불후의 명작을 영화화한다"라는 마지막 문장은 영화 〈감자〉가 원작에 충실한 영화임을 강조하면서 원작에 대한 높은 평가에 기대어 영화도 명작의 반열에 올리고 싶어 하는 욕망을 드러낸다. 내레이션은 외부 음향으로 처리된 굵직한 남성의 목소리에 실려 전달되는데, 이는 그러한 욕망에 권위를 부여한다.

이 내레이션 안에는 식민지시기 문인을 재현할 때 반드시 나오는 두 가지 요소가 들어 있다. 하나는 '천재성'이고 다른 하나는 '민족애'다. 영화에서 식민지시기 문인은 뛰어난 재능을 타고났지만 그 재능이 시대를 너무 앞서갔기에 동시대 사람들에게 이해받지 못한다. 이와 같이 동시대에 이해받지 못하는 천재라는 모티프는 비단 한국영화뿐 아니라 예술가를 그리는 세계의 많은 영화에서 보편적으로 드러나는 특징일 것이다. 그런데 한국영화에서는 그것이 식민지시기 민족의 수난과 연결되곤 했다. 다시 말해 예술가의 천재성을 이해하지 못하는 시대는 대개 낙후된 식민지시기이고 그 속에는 일제에 의해 억압받고 수탈당하는 가련한 민족이 있는 것이다. 그래서 문인들은 자신의 천재성과 낙후된 민족에 대한 연민 사이에서 괴로워하는 인물로 그려진다. 그들의 천재성은 보통 사람이 이해할 수 없으므로 무슨 짓을 해도 예술적인 것으로 용서될 수 있고, 민족에 대한 연민은 타락과 질병을 수반하는 고뇌로

1. 김동인의 동명 단편을 원작으로 한 영화 〈감자〉(김승옥, 1968)의 포스터.
2. 복녀(윤정희)가 목욕하는 모습을 보여주는 〈감자〉의 첫 장면. 서두의 계몽적인 내레이션과 에로틱한 이 첫 장면은 무언가 어울리지 않으나, 이 시기에는 이러한 불균질함이 일반적이었다.
3. 〈감자〉에서 복녀 역을 맡은 윤정희의 모습. 〈청춘극장〉(강대진, 1967)의 '오유경' 역으로 데뷔한 윤정희는 1960년대 후반 문희, 남정임과 함께 트로이카를 형성했는데, 셋 중에 도발적인 이미지가 가장 강한 배우였다.

표현된다. 그리고 그것이 위에서 김동인을 두고 지칭했던 '선구자'의 모습이 된다.

그러나 종잡을 수 없는 일탈과 민족애는 결합되기 어려운 요소다. 천재 예술가의 자유분방함이 격식이나 관습에 얽매이지 않는 것이라면, 민족애는 혈통, 언어, 문화의 공통성에 기반을 둔 민족이라는 범주 안에서 움직이는 것이므로, 이 두 요소는 근본적으로 모순을 이룬다. 그런데도 이 두 요소를 병치하는 것은 1960년대 후반 식민지시기 예술가를 재현하는 틀이 되었고, 그 이후 오랫동안 한국 예술가 영화의 관습이 되었다.

1960년대 말, 춘원 소환되다

한국사회에서는 3대, 5대 식으로 수위를 정하는 습관이 오랫동안 지속되었다. '세계 3대 피아니스트', '세계 5대 영화제' 등은 유독 한국에서 통용되는 말이다. 이러한 맥락에서 '식민지 조선의 3대 천재'라는 표현도 있었는데, 이광수, 최남선, 홍명희를 가리키는 것이었다. 주지하다시피 그중 이광수와 최남선은 친일로 오욕을 남겼고, 홍명희는 월북했다. 한 발짝만 더 들어가면 천재라는 말이 얼마나 부질없는 것인지가 금세 발각되는데도 천재에 대한 추앙은 계속되었다. 그중 가장 으뜸으로 꼽히는 이광수가 친일 행적에도 불구하고 1960년대 말 예술가 영화의 주인공으로 소환된다. 1969년에 춘원 이광수를 다룬 전기영화가 제작된 것이다. 이광수는 해방 이후에도 가장 인기 있는 소설가였지만, 인기 있는 만큼 친일 행적 또한 널리 알려진 인물이기도 했다. 그런데 어떻게 그런 이광수가 영화화될 수 있었을까? 그리고 왜 1960년대 말에 이광수가 소환되었을까?

1965년 이후 우수영화 보상과 검열을 통해 영화계에 반공주의가 강화된다. 이에 현대소설로서는 이름 있는 문인의 반공적인 소설이 영화의 원작으로 각광받을 수 있었고, '반공문예'라는 장르 명칭이 생겨나기도 했다. 반공문예의 대표작인 『카인의 후예』를 쓴 황순원이 당대 활동 작가로서는 최고 인기 원작자가 될 수 있었던 것은 이러한 맥락에서다.* 또한 월남 작가들의 소설이 자주 영화의 원작이 되었던 것도 마찬가지

---

* 1950~60년대 문학의 영화화에서 식민지시기 작가로는 이광수가, 당시 활동 작가로는 황순원이 가장 많은 원작을 제공했다.

이유에서다. 그런데 식민지시기 문인 중에서 극적인 인생역정을 보여주
며 반공까지 충족시키는 경우는 드물었다. 게다가 영화의 특성상 대중
적 인지도까지 높아야 했다면 누가 선택될 수 있었을까? 친일 행적에도
불구하고 그러한 조건에 부합할 수 있는 인물은 불행히도 춘원 이광수
밖에 없었다. 그러니 이광수가 '납북'으로 친일 행적에 면죄부를 부여받
으며 민족계몽문학의 선구자로 소환된 것은 어쩌면 당연한 귀결이었다.

이광수는 반민특위에서 조사받는 상황에서도 그가 쓴 소설의 인기가
식지 않을 정도로 해방 이후에도 여전히 최고 스타 작가였다.[140] 게다가
그의 극적인 인생역정은 그의 문학이 주는 흥미와 맞물려 이광수라는
인간에 대한 대중의 관심을 증폭시키는 면이 있었다. 여기에 결정적으
로 '납북'이라는 사건은 결코 독자를 실망시키지 않는 파란만장한 서사
극의 결말과 같았다. 더구나 실종으로 처리된 채 생사를 확인할 수 없었
던 상황은 간혹이라도 대중의 관심을 일깨울 수 있는 미스터리로 작동
하며 그를 비극적 영웅으로 이미지화하는 데 중요하게 작용했다. 그러
면서 이광수에게는 씻을 수 없는 원죄와 같았던 친일 행적이 그에 대한
평가에서 슬그머니 희미해졌다.

한국전쟁 이후 그의 납북으로 가족이 슬퍼하는 모습이 보도되며[141] 일
제 말기 행적에 대한 논란은 줄어들기 시작했다. 그 이후 '민족주의자'
의 면모가 강조되었고, 그것은 '반공을 국시로 하는 체제' 아래에서 '반
공주의자'의 동의어로 환치되며 이광수를 추앙할 수 있는 명분이 되어
갔다. 그리고 그러한 경향은 박정희 정권이 독재체제로의 전환을 본격
화하던 시기에 절정에 달해, 춘원 이광수가 식민지시기를 대표하는 민
족적 문인으로 우상화되어 문예영화로 소환되기에 이른다. 1969년에

개봉한 〈춘원 이광수〉는 이광수 우상화의 총화라 할 만하다. 나아가 한국전쟁 이후 남한체제 아래에서 구축된 문인 표상에 무엇이 필수적이었는지를 보여준다.

친일, 천재적 민족계몽의 발로

영화는 "주식회사 대한연합영화사 작품"임이 명시되고 나서 『춘원 전집』을 배경에 두고 영화 제명 '춘원 이광수春園 李光洙'가 붉은 궁체의 한자로 제시되며 시작한다. 한국영화계가 춘원 이광수의 위대한 문학과 생애를 영화화한다는 것을 드러내는 오프닝이다. 첫 번째 사건은 청년 이광수(이순재)가 일본에서 『무정』을 쓰다 폐병에 걸려 허영숙(남정임)의 극진한 간호를 받는 것을 계기로 허영숙과 인연을 맺는 것이다. 그리고 영화는 플래시백되어 춘원의 불우했던 어린 시절부터 1923년까지의 행적이 순차적으로 나열된다.

그런데 1923년 서울 장면에서부터 이광수와 허영숙 역할의 배우가 바뀌며,* 이광수의 행적에 대한 합리화가 본격화된다. 역사적으로는 이 시기부터 이광수에 대한 비판 여론이 일기 시작했는데, 영화에서는 이광수가 민족을 위해 어쩔 수 없이 그런 일을 행했다고 그려진다. 예컨대 창씨개명은 "동지를 구하는 수단"으로 스스로 민족반역자의 낙인을 받는 치욕을 감수하면서까지 택한 일이고, 학병 독려 연설은 "조국과 민족을 위

---

* 이광수 역할은 이순재에서 김진규로, 허영숙 역할은 남정임에서 조미령으로 바뀐다.

1. 〈춘원 이광수〉(최인현, 1969)에서 청년 시절의 이광수와 허영숙 역할을 맡은 이순재와 남정임.
2. 중년 이후의 춘원은 김진규가 연기했다.

해 대포 쏘는 법, 총 쏘는 법을 배우기 위해서" 학생들에게 "펜을 버리고 총을 들라"고 한 것으로 나온다. 자연히 해방 이후 이광수가 반민특위에 소환되는 것은 그의 깊은 뜻을 이해하지 못한 우중愚衆에 의해 자행된 일이 되고 "이광수는 친일파가 아니라 애국자"임이 강조된다.

　여기에서 이광수 역할을 김진규가 맡았다는 것은 스타 페르소나 면에서 볼 때 의미가 크다. 김진규는 이승만, 안중근, 이순신 등 정책적 계몽영화에서 민족영웅의 역할을 단골로 했던 배우이기 때문이다. 일련의 왜곡된 합리화와 스타 페르소나가 결합하며 이광수의 '친일'은 친일파라는 누명을 쓰면서까지 민족을 위해 감행한 뜻깊은 일로 보통 사람으로서는 이해하기 어려운 행동이 된다. 그러면서 이광수는 박해받는 예술가를 넘어 민족을 위해 스스로를 더럽히는 순교자로 재현된다. 그리고 마지막에는 거의 신적 위치로까지 추앙된다.

　이렇게까지 이광수가 격상되는 것은 근대 예술의 위계에서 문학이 지녔던 위상과 관련이 있다. 1970년대까지 문학은 예술로서 최고의 위상을 지녔고, 그다음이 미술, 음악, 연극 순이었다. 이는 국가 차원의 문예영화 지원 정책과도 맞물리며 한국영화는 문학의 그늘 아래서 예술로 인정받는 쪽으로 한동안 정향되었다. 예술가 영화는 문예영화의 일종이었으므로 문인이 예술가 위계에서 최상에 자리하는 것은 당연한 현상이었다.

영화의 마지막은 이광수가 인민군의 온갖 학대 속에서 끌려가는 장면이다. 끌려가는 이광수의 뒤에 남겨진 가족은 그를 위해 기도를 올린다. 여기에서 큰딸은 "언제나 인자하시고 고마우신 아버님 편히 계시옵소서!"라고 기도하고 작은딸은 "아버지, 어딜 가시든 엄마랑 오빠랑 언니를 지켜주시옵소서!"라고 기도한다. 큰딸의 기도는 "하늘에 계신 아버지"로 시작하는 '주기도문'을 연상시키며 '아버지'라는 단어를 통해 하느님과 이광수가 순간적으로 겹치는 효과를 낸다. 그리고 작은딸의 기도는 아예 이광수에게 가족의 안녕을 부탁함으로써 아버지라는 존재를 어디서나 가족을 보살펴줄 수 있는 신적 위치로 올려놓는다. 곧이어 미아리 고개를 넘어 사라져가는 이광수의 뒷모습 위로 결정적인 내레이션이 흐른다.

이리하여 우리 민족이 낳은 위대한 문학가 춘원 이광수 선생은 우리 눈앞에서 사라졌다. 조국과 민족을 위하여 한평생 가시밭길을 걸어온 춘원 선생은 겨레의 눈앞에서 영원히 사라져간 것이다. 거처도 생사도 분명치 않은 춘원 선생, 그러나 선생은 이승에 계시든 저승에 가셨든 지난날의 가시밭길을 돌아보며 후회함이 없을 것이다. 이 가시밭길 속에서도 인간으로서 지킬바 성스러운 임무를 다했기 때문이다.

〈춘원 이광수〉(최인현, 1969)의 마지막 장면. 이광수의 납북이 종교적 수난과 겹쳐 보이는 효과가 발생한다.

마지막 내레이션은 이 영화가 보여주고자 한 춘원 이광수를 직설적으로 전달한다. 내레이션에 의하면 이광수는 우리 민족의 위대한 작가일 뿐만 아니라 공산주의자들에 의해 수난을 겪고 순교자의 길을 감으로써 인간이 도달할 수 있는 최고의 경지에 이른 성자聖者가 된다.

반공주의로서의 민족주의

이 영화는 박계주와 곽학송이 공저한 『춘원 이광수』(삼중당, 1962)를 원작으로 하여 곽학송이 시나리오를 썼다. 곽학송은 기독교도이자 반공주의자, 그리고 무엇보다 열렬한 '이광수주의자'로 『사랑의 가시밭길』이라는 책을 통해 반공주의자로서 이광수의 면모를 부각시키기도 했다.[142] 곽학송은 〈원작자의 변〉에서 "남이야 뭐라던 나는 춘원 선생春園 先生을 숭배崇拜한다. 이순신 장군李舜臣 將軍과 도산 안창호 선생島山 安昌浩 先生과 더불어 춘원 선생春園 先生을 나는 존경尊敬한다"라고 하면서, "선생先生의 일생一生이 왜곡歪曲되게 기록되어 전前에 가진 박해迫害를 받으신 것처럼 선생先生을 욕되게 해서 안 되겠다는 일념一念"에서 영화 각본 집필을 허락하게 되었다고 말한다.[143] 시나리오 작가의 이러한 태도는 〈춘원 이광수〉의 각본에 그대로 반영된다. 영화에서 춘원은 시종일관 민족의 선각자로 묘사되며, 그의 모든 행위, 글쓰기와 결혼은 물론이고 학병 지원을 독려한 일까지도 민족을 위한 행위로 합리화된다.

이 시나리오는 검열에서 '계몽문예작'으로 승인된다. 다음은 〈춘원 이광수〉의 각본심의서 내용이다.

우리나라의 문호 춘원 이광수가 북괴군에 피납되어 불우하게 죽어간 청년 시절부터의 파란 많은 생애를 건실하게 그린 전기로서 북괴군에게 자술서를 강요당하면서도 총칼의 위협에 굴屈 않고 오로지 대한민국 국민으로서 자유인으로서 차라리 죽(음)을 택한 그의 인격이 잘 부각되어 있고 내용이 건실한 계몽성이 있음으로 계몽문예작으로 인정됨.[144]

위 심의서의 첫머리에서부터 이광수의 삶은 "북괴군에 피납되어 불우하게 죽어간" 생애로 요약되며 '납북 사건'이 춘원 이광수의 정체성을 규정한다. 그리고 자술서를 강요하는 북괴군에게 저항했다는 데에서 반공주의자의 면모가 강조된다. 〈춘원 이광수〉가 '건실한 계몽성'을 인정받으며 '계몽문예작'으로 승인될 수 있는 것은 반공주의자의 면모가 잘 부각되어 있기 때문이다. 이와 같이 '반공주의'를 매개로 이광수를 숭배하는 문인과 공산주의에 반대하는 계몽적 민족주의자를 필요로 하는 정부는 일정한 합의를 이룬다.

그런데 이러한 미화는 춘원을 숭배하는 일부 문인이나 가족, 그리고 민족주의 영웅이 필요했던 당시 정권에 의해서만 이루어진 것은 아니다. 〈춘원 이광수〉가 제작되던 해에 나온 한 사설은 "춘원만큼 붓으로 인하여 세상에 물의를 일으킨 사람도 드물 것이다"라는 문장으로 시작하여, 그 이유가 "일제에 항거한 글을 쓴 때문이었고 또 하나는 당시의 사회지도층의 고루한 사상이 그의 선각된 이상을 받아들이지 못한 데도 있고 직선적인 개성 탓도 있다"라고 말한다. 그리고 춘원의 깔끔한 성격과 글을 쓸 때의 엄숙하고 조용한 자세에 대해 증언하며[145] 춘원이 전통적인 문사임을 강조한다.

체제가 원하는 것을 자발적으로 구축해주는 세력이 언제나 있기 마련이다. 춘원의 영웅적 이미지는 체제의 정당성을 위해 민족의 전통을 소환하는 당시 정권의 어젠다 아래에서 체제에 충성하는 지식층에 의해 춘원의 행적이 반공주의로서의 민족주의로 해석된 결과였다. 1960년대 말은 그것이 정점으로 치닫는 시기였다. 당시 체제는 급격히 경직되고 정체되어갔다. 이때 이광수는 문화 정책의 명분으로 이용할 수 있는 가장 적절한 대상이었다. 이광수 원작의 영화들이 '이광수'라는 이름만으로 단골 우수영화로 선정되었던 것은 그 점을 다시금 말해준다.[146]

문인의 소명

21세기에, 『심청전』을 재해석한 영화 〈마담 뺑덕〉(임필성, 2014)에서 주인공 심학규(정우성)는 대학에 재직하고 있는 소설가다. 그는 인기 작가이면서 불행한 가정생활을 알리바이 삼아 방탕하게 살아가는 아슬아슬한 남자이기도 하다. 교수라는 직업에 요구되는 도덕률과 그의 사생활 간의 괴리는 그를 한층 위태롭게 만든다. 영화는 그가 교수로 재직하던 대학에서 여학생 성추행 혐의를 받고 지방 평생교육원의 강사로 내려가는 것으로 시작한다. 그런데 그가 첫 강의에서 칠판에 쓰는 문장이 흥미롭다.

소설이란 무엇인가?

'예술이란 무엇인가?' 혹은 '인생이란 무엇인가?'와 같은 이 추상적인 질문은 심학규로 분한 정우성의 자아도취적인 태도와 맞물리며 문득 춘원 이광수를 환기시킨다.

한국에서는 문예文藝의 전통이 강했던 만큼 다른 예술에 비해 언어예술의 위상이 높았고 현대에 들어서도 문인의 고매한 정신과 남다른 지혜에 대한 사회적 기대가 높았다. 신년이면 언론에서 으레 문인들에게 덕담을 들어 싣고, 사회에 중요한 사안이 발생하면 의견을 물었던 것은 그 점을 잘 보여준다. 그러다 보니 '○○(이)란 무엇인가?'와 같은 개념적 사유가 형상이 아닌 발화의 형태로 전면화되면서 예술가의 소명이 강조되는 것은 문인 재현에서 나타나는 특징이 되었다. 이런 점은 미술

〈마담 뺑덕〉(임필성, 2014)에서 소설가 심학
규로 분한 정우성의 자아도취적인 모습.

이나 음악과 같은 다른 장르의 예술가 영화에서는 일반적이지 않다.

'예술'이라는 이름으로 가족과 기성 질서를 저버리고 쾌락과 방탕에
탐닉하는 것은 근대 예술가들이 지닌 어쩔 수 없는 유전자이자 특권으
로 여겨졌다. 그러한 예술가를 용납케 하는 것은 아름다움을 통해 속세
와 신의 경지를 잇는 미의 사제로 그들을 바라보는 낭만적 예술관이었
다. 이러한 관점은 한국영화에서 예술가의 표상을 구성하는 핵심이었
으며, 때로는 모든 것을 합리화할 수 있는 명분이었다. 그런데 이광수
의 경우에는 그의 친일 행적까지도 천재성의 발로로 합리화된다. 여기
에 무소불위의 반공주의가 결합하며 이광수는 미의 사제를 넘어 구국의
성자가 된다. 이는 낭만적 예술관에 문인에게 주어지는 소명이 결합함
으로써 생성된 기이한 결과다. 문인에 대한 사회적 기대는 문인의 재현

에서 계몽적이고 관념적인 경향을 강화했는데, 여기에 정치적 의도까지 개입하면서 왜곡이 심해진 것이다. 그런데 21세기 문인 심학규가 던지는 질문은 현재에도 문인에 대한 특수한 기대에서 비롯된 재현 관습이 뿌리 깊게 잔존함을 보여준다.

2장

이상: 절망과 기교

〈이상의 날개〉(1968)에서 〈금홍아 금홍아〉(1995)까지

오감도鳥瞰圖, 오감도五感圖

잘 알려졌다시피, 「오감도」는 이상(1910~1937)이 지은 연작시의 표제다. 1934년 7월 24일부터 8월 8일까지 《조선중앙일보朝鮮中央日報》에 연재되었는데, 독자들에게 비난을 받다가 연재가 중단될 정도로 문제작이었다. 조판에서 '오감도'가 '조감도鳥瞰圖'로 잘못 인쇄되곤 했다는 일화는 '오감도'라는 말이 처음에는 자연스럽게 받아들여지기 힘든 조어였음을 말해준다. 그러나 이상이 대표적인 근대 문인 가운데 한 사람으로 교과서에 오르고 「오감도」가 그의 대표작으로 알려지면서 '오감도'라는 명사는 대중에게도 익숙한 것이 되었다. 2009년 영화제목으로 '오감도'가 차용된 것은 그러한 익숙함을 바탕으로 한다. 영화 〈오감도〉의

영화 〈오감도〉(2009)의 포스터. 민규동, 변혁, 오기환 등 중견 감독들이 참여하고, 장혁, 김강우, 엄정화, 황정민, 배종옥, 신세경, 송중기 등 스타 배우들이 대거 출연해 화제가 되었다.

한자는 '五感圖'로 이상의 시 제목과 동음일 뿐 그 의미는 다르다. 'Five Senses of Eros'라는 영문 제목에서 짐작할 수 있듯이, 이 영화는 성애에 대한 이야기다. 성적 욕망과 관계에 관련된 다섯 개의 단편을 묶은 옴니버스 형식으로 이루어져 있다. "에로스에 대한 발칙한 상상", "사랑의 편견을 벗어라"라는 포스터 문구에서 드러나듯이 이 영화는 나름대로 성애에 대한 파격적인 상상력을 보여주겠다는 의도로 제작되었다. '파격', '발칙하다', '편견을 벗어라' 등은 이상의 〈오감도〉와도 잘 어울리는 말들이기도 하다.

그렇다면 영화가 주는 섹슈얼한 이미지와 이상의 시는 연관이 없을까? 이상의 시 세계가 섹슈얼리티와 두드러진 연관이 있다고 단언하기는 어렵지만, 〈오감도〉로 환유되는 이상의 문학과 이상이라는 문인의 이미지는 '문란', '방탕', '퇴폐'와 같은 단어와 친연성을 지닌다. 그러한 친연성은 「날개」나 「봉별기」, 「실화失花」와 같은 소설, 그리고 이상의 행적에 관한 일화들에 바탕을 두었을 것이다. 그런데 한국영화사에서 이상이라는 문인의 이미지가 그러한 친연성 안으로 정향되고 고착된 것은 1960년대 영화에서였다. 더구나 이는 비단 이상 한 사람만의 이미지가 아니라 문인, 나아가 예술가의 문란하고 방탕한 이미지로 굳어지는 가운데 이상이 그 극단을 차지하는 문인으로 자리매김되었던 것이다. 이후 1990년대 전반까지 그러한 이미지는 견지된다. 2009년의 실험적인 성애영화가 〈오감도〉라는 제목을 달게 된 점 또한 그러한 이미지와 연관이 있는 일이다.

순수예술적 천재성의 발로, 절망과 기교

1968년 영화 〈이상의 날개〉(최인현)는 소설 「날개」를 중심으로 이상의 생애를 재구성한다. 이 영화는 1인칭 소설인 「날개」의 내용을 근간으로 한 만큼 주인공 이상의 내면 서술에 초점이 맞춰져 있어서 서사 구조가 선형적이지 않다. 「날개」의 플롯에 의거하여 이상과 금홍의 만남과 이별을 줄거리로 하면서, 김유정의 병과 죽음, 이상과 변동림의 관계, 이상을 조롱하는 남성 집단 등이 분할된 에피소드로 중간중간에 삽입된다. 그리고 그러한 에피소드들은 이상의 독백과 함께 그의 혼란한 내면을 암시하는 숏들로 제시되며 현실과 꿈의 경계를 넘나든다. 영화화의 서두는 이러한 기조를 잘 보여준다.

영화는 다음과 같은 자막으로 시작된다.

1935년
어느 시대에도 그 현대인은 절망한다.
절망은 기교를 낳고
그 기교 때문에 또 절망한다.

　　　　　　　　　　　　　　　　－ 이상

　위에서 1935년 이외의 부분은 이상이 구인회의 동인으로 참여했던 《시와 소설》 창간호에 실린 아포리즘이다. 따라서 맨 처음에 등장하는 '1935년'이라는 숫자에 주목할 필요가 있다. 이 연도는 영화에서 의도적으로 첨가한 것으로, 이 영화가 식민지시기를 배경으로 하고 있음을 고지告知하기 때문이다. 1935년이라는 숫자는 관객으로 하여금 이상의 기행奇行에 대해 질문을 던질 수 없게 만들며 이상의 절망을 담보하는 백지수표가 된다. 그다음에 사슬 이미지와 함께 여러 사람의 얼굴이 분열된 형태로 제시되며 오프닝은 마무리된다.

　이어지는 첫 장면에서는 몇몇 남자들이 낄낄대면서 이상(신성일)과 금홍(남정임)의 관계에 대해 내기를 벌인다. 그리고 금홍이 열여섯 살에 아이를 낳았다고 고백하는 장면과 변동림(문희)이 젊은 남자와 키스하는 장면이 삽입된다. 그리고 나서 이상의 모습과 그의 방을 비추는데, 수북한 담배꽁초, 덥수룩한 수염, 골방에 엎드려 있는 이상에게 동전을 주고 나가는 금홍의 모습이 단속적으로 나열된다. "아내는 나갔다"라는 독백과 함께 이상이 돋보기를 눈에 대보는 것은 이 영화에서 널리 알려진 장

<이상의 날개>의 신문 광고. 「날개」가 《동아일보》가 선정한 '신문학 60년사'에서 최고 작품임을, 그러므로 그러한 원작을 바탕으로 한 이 영화 또한 "세계 시장에 도전하는 한국영화의 개가"임을 선전한다. 이 영화에서 이상은 신성일, 금홍은 남정임, 변동림은 문희가 연기했다.

면이다. 곧이어 유곽의 여러 방들에서 한꺼번에 문이 열리고 여러 여자가 내다보며 깔깔거리는 장면이 제시된다.

이와 같이 관습적인 선형적 서사 구조를 해체하여 파편적이고 단속적인 형태로 주인공의 심리를 보여주는 방식은 당시 유럽 모더니즘 영화를 모방하려는 의도에서 나온 것이었다. 〈춘몽〉(유현목, 1965), 〈장군의 수염〉(이성구, 1968), 〈안개〉(김수용, 1967) 등이 이러한 방식을 보여주는 영화들이다. 그런데 이를 통해 그려지는 예술가는 무언가에 깊이 절망하고 환멸을 느끼는 듯 보이지만, 그것이 무엇인지는 뚜렷이 드러나지 않는다. 그래서 그들의 절망은 신비화되며 그것으로 인한 행동은 무엇을 해도 괜찮은 것으로 합리화된다. 〈춘몽〉에서 그려진 '여성 학대', 〈장군의 수염〉에 등장한 '이유를 알 수 없는 자살', 〈안개〉에 나타난 '부정한 현실에 대한 긍정'이 모두 예술의 이름으로 수용된 것이다.

여기서 예술가의 절망을 보여주는 대표적인 요소는 담배와 술, 덥수룩한 수염과 헝클어진 머리, 허름한 골방, 폐병으로 인한 각혈, 성적 문란, 예술을 이해하지 못하는 속된 인간들, 여인들이다. 〈이상의 날개〉는 이러한 이미지를 고루 갖춘 영화다. 이러한 이미지는 1960년대 후반 문예영화에서 동시다발적으로 양산되며 예술가의 이미지를 구축한다. 여기에 창작의 고통과 예술의 지고한 가치를 보여주는 기제로 스스로 예술을 파괴하는 행위, 예컨대 종이나 캔버스를 찢는다거나 창작품을 불사르는 행위가 첨가되기도 한다. 파괴를 통해 예술을 완성한다는 점에서 자살도 이와 동일한 맥락에 놓일 수 있을 것이다. 그러한 영화로는 〈독짓는 늙은이〉(최하원, 1969)나 〈다정다한〉(최하원, 1973) 등이 있다. 이러한 이미지는 1980년대에는 〈TV문학관〉과 같이 국민에게 예술을 교육하고자 하는 의도에서 제작된 텔레비전 영화로 이어진다.* 이문열의 동명 소설을 원작으로 한 〈금시조〉(장기오 연출, KBS1, 1983. 1. 15)가 대표적인 예라고 하겠다.

예술가의 특권, 편의적 여성 편력

1960년대 영화에서 예술은 여성의 보살핌을 필요로 한다. 예술가는 나약하고 외롭기 때문이다. 그래서 여성 편력은 예술가의 특권이 된다. 예술가에게 여성의 보살핌이 절실하게 필요한 이유는 천재성에서 기인

---

* 1980년에 컬러텔레비전 시대가 열리며 예술적인 TV영화를 대중에게 보급한다는 취지로 한국방송공사에서 기획한 프로그램이 〈TV문학관〉이다. 1983년에는 MBC에서도 'TV영화시대'를 외치며 〈베스트셀러 극장〉을 만들었다.

한다. 동시대에 제대로 이해하는 사람이 없는 천재의 전위성이 두드러
질수록 그들은 깊은 절망의 나락으로 떨어진다. 절망 속에서 그들은 문
란한 생활과 파격적인 행동을 일삼는다. 그런데 그것은 천재성의 발로
이므로 보통 사람은 이해하기 힘들다. 그럼에도 예술가 곁에는 예술을
충분히 이해하지는 못하지만 예술가에게 무조건적인 존경과 사랑을 바
치는 여성들이 있다. 천재로 규정된 예술가는 무슨 짓을 해도 예술의 이
름으로 용서되고, 기묘한 행동이 예술가를 한층 더 천재로 만드는 회로,
그리고 그것을 무작정 지지하는 여인이 곁에 있는 구도, 이것이 예술가
영화의 기본적인 구조였다.

예술가라는 정체성을 구성하는 데 빠지지 않는 여인들, 즉 예술가에게
상처를 주기도 하고 보살펴주기도 하면서 예술가의 주위를 맴도는 그들
의 표상은 1970~80년대에 가면 여성 예술가와 매춘부의 이미지가 겹
치는 형태로 이어진다. 〈이상의 날개〉가 금홍과의 만남과 이별을 그린
소설 「봉별기」의 한 구절로 끝나는 것은 그러한 전이轉移를 이해하는 데
유용한 단서를 제공한다.

모든 여성은
다소간 매춘부의 요소를 품었느니라고 나 혼자 굳이 고민한다.
그 대신 내가 매춘부에게 돈을 주면서는 한 번도 그네들을 매춘부라
고 생각한 일이 없다.

— 이상

예술가가 주인공이 되는 영화들에서 매춘부는 비천한 탕녀와 아가페

적인 사랑을 베푸는 성녀 사이를 오간다. 그런데 여성 인물이 사랑을 베푸는 것은 남성 예술가를 위해 한 일인데도 그 책임은 온전히 여성 인물이 진다. 〈이상의 날개〉가 원작과는 다르게 금홍의 상징적 죽음으로 마무리되는 것은 그 점을 단적으로 보여준다.

여성 인물의 성격과 역할은 1970년대 후반 호스티스 멜로드라마의 주인공에게 계승된다. 그들은 대개 '순결하여 매혹적인 처녀'로서 예술가에게 영감을 주는 존재가 되며, 또한 그로 인해 남성들에게 유린당한다. 그러나 그들은 남성들을 위해 자신을 기꺼이 희생하고는 그 곁을 홀연히 떠나준다. 〈꽃순이를 아시나요〉(정인엽, 1979), 〈아침에 퇴근하는 여자〉(박용준, 1979) 등이 대표적인 경우에 해당한다. 이외에 〈내가 버린 여자〉(정소영, 1978), 〈내가 버린 남자〉(정소영, 1979), 〈O양의 아파트〉(변장호, 1978)와 같은 영화에서도 남성에게 삶의 영감을 주고 떠난다는 점에서는 역할이 동일하다. 결국 남성들을 위해 모든 것을 헌신하고 모든 책임까지 지며 자책하고 떠나주는 '편의적인 여성들'이 있었기에 예술이 존재할 수 있었던 셈이다. 이는 예술가가 등장하는 영화는 '야한 영화'라는 통념과도 연관된다.

여성의 희생이 예술의 필수 요소라는 인식은 오랫동안 당연한 것으로 수용되며 관습화되었다. 〈금홍아 금홍아〉(김유진, 1995)는 그러한 관습과 통념이 1990년대까지 지속되었음을 보여준다. 이 영화에서는 이상(김갑수)의 대사를 통해 "강렬한 파격, 시대를 뛰어넘는 자유"가 "진취적이고 모던한 강렬한 예술혼"인 것으로 반복된다. 그리고 그 예술혼은 "피를 토하면서도 술을 마시는 것"과 "금홍을 뭇 남자들에게 내돌리면서 금홍을 진정 사랑한다는" 모순된 행동으로 그려진다. 이 영화가 1960년대

영화와 달라진 점이 있다면 금홍에 대한 이상의 '파격적' 행동이 여성에 대한 책임 전가로 끝나지 않고 '로맨스'로 귀결된다는 점이다. 이는 이상의 「이런 詩(시)」(《카톨릭 靑年(청년)》 제2호, 1933. 7)의 '作文(작문)' 부분을 이상이 죽기 직전에 금홍에게 보낸 마지막 편지로 각색함으로써 이루어진다.

내가 그다지 사랑하던 그대여 내한평생平生에 차마 그대를 잊을수없소이다. 내차례에 못올사랑인줄은 알면서도 나혼자는 꾸준히 생각하리라. 자그러면 내내어여쁘소서.

원시原詩에서 시적 화자는 이 '作文'을 "그만찢어버리고싶더라"라고 말한다. 그러나 영화에서는 이 시가 구본웅(김수철)을 통해 금홍(이지은)에게 전달되는 서신이 되어 이상과 금홍의 일생에 걸친 로맨스를 완성한다. 이로써 이상의 가학/피학적 행동은 사랑의 발로가 되고 금홍의 헌신은 그 사랑으로 어느 정도 보상되는 셈이 된다. 그러나 그러한 감상적 봉합은 이상이라는 예술가의 기행奇行과 도착倒錯에 저류하는 파격과 전위의 에너지를 그저 평범한 멜로드라마에 귀착시키고 만다. 그 결과 이 영화는 정교한 만듦새와 세련된 표피에도 불구하고, '자유', '예술', '천재', '절망'과 같이 추상적인 말로 모든 불합리와 모순을 긍정하는, 1960년대 전기영화를 잇는 관습적인 예술가 영화가 되었다.

1. 이상과 금홍의 사랑을 멜로드라마로 풀어낸 영화 〈금홍아 금홍아〉(김유진, 1995)의 포스터. 이 영화에서는 구본웅(김수철)의 관음증적 시선을 통해 이상(김갑수)과 금홍(이지은)의 사랑을 보여줌으로써, 삼각 로맨스 구조 속에서 에로틱한 효과를 만들어낸다.
2. 화가 구본웅이 그린 이상의 초상화 〈우인상 友人像〉.
3. 실제 구본웅과 이상의 사진.

순수 예술가의 맥락과 이면

〈이상의 날개〉부터 〈금홍아 금홍아〉까지 이어지는, 예술가는 무슨 짓을 해도 예술의 이름으로 용납될 수 있는 듯한 회로의 이면에는 강력한 배제의 원리가 작동한다. 우선 한국전쟁 이후 예술가는 배일排日과 반공 이외에는 정치적 입장을 표명할 수 없었다. 그런 의미에서 예술가는 정치적으로 단순해야 했다. 그러나 예술은 단순할 수 없다. 예술가는 예민한 감각을 타고난 사람들이므로 외부세계에도 민감하기 마련이다. 여기에서 어떤 자극에 대해 촉수가 반응하느냐 하는 문제는 경우에 따라 다를 수 있을 터인데, 그 '경우에 따라 다를 수 있는' 다양성이 허용되지 않았다. 이때 예술가가 취할 수 있는 태도는 현실을 넘어서는 지고한 가치를 추구하는 것이며, 그것을 가리키는 말이 '순수'였다. 예술은 본질적으로 혁신을 지향하는데, 정치적·사회적 불만 표출이 금지된 상태에서 그 혁신의 범주는 예술형식으로 국한될 수밖에 없었다. 이러한 맥락에서 정치적 발언을 지양하고 예술적 기교에 탐닉하는 예술가들이 진정한 예술가로 추앙된다. 예를 들어 동시대를 살아간 가르시아 로르카와 살바도르 달리가 있다면 로르카는 도외시된 채 달리의 예술만이 순수한 것으로 추앙되는 구조였다.* "절망은 기교를 낳고 그 기교 때문에 또 절망한다"라고 말한 이상이 식민지시기를 대표하는 문인으로 영화화되고, 그의 괴팍하고 방탕한 생활이 예술성의 발로로 수용될 수 있었던 것은 이러한 맥락에서 나온 결과였다. 그리고 그것은 박정희 정권이 독재체제로의 전환을 본격화하며 검열을 더욱 강화하던 시기에 춘원 이광수가 민족적인 예술가로 소환되며 우상화된 일과 짝패를 이루었다. 다시 말해 '민족적'인 것으로 체제의 강화와 유지에 기여하는 경우 아니면 현실에서 유리된 탐미적인 세계만이 예술로 허용되었는데, 이 두 경우는 샴쌍둥이와 같은 관계에 놓여 있었다.

그러나 한쪽을 막으면 한쪽을 더 많이 열어놓아야 하는 법이다. 극단적인 배제와 억압은 쏠림과 폭발을 유발한다. 현실에 대한 표현의 길이 막힌 채 형식미학 쪽으로만 활로가 열려 있을 때 개인적인 절망과 방탕은 '자유'의 이름으로 더 과장될 수밖에 없다. 그리고 그것이 식민지시기일 때에는 '일제치하'라는 상황이 모든 알리바이를 제공한다. 일제치하는 구체적 현실이 아닌 대전제로 작용하며 예술가의 방황을 합리화해주

---

* 페데리코 가르시아 로르카(Federico Garcia Lorca, 1898~1936)와 살바도르 달리(Salvador Dalí, 1904~1989)는 스페인 안달루시아 출신의 예술가로, 마드리드에서 함께 공부한 친구지간이기도 했다. 로르카는 시인이자 극작가로, 달리는 화가로 예술사에 이름을 남겼는데 두 예술가의 행보는 매우 달랐다. 로르카는 고향인 그라나다로 돌아가 극단을 만들어 순회공연을 하며 고전연극의 부흥에 힘쓰고 독재를 조롱하는 내용을 담은 극작을 하다가 1936년 스페인 내전 중에 프랑코 측에 체포되어 총살당했다. 한편 달리는 개념이나 합리주의를 거부하고 스스로 '편집증적 비평 활동'이라 부른 환각의 세계로 자신의 창작 활동을 이끌었고 오래 살며 예술가로서 성공을 누렸다.

었다. 더불어 그 속에서 식민지 경험은 '민족의 피해'로 단순화되며 친일 행각도 전위예술가의 죽음도 모두 균질한 '피해'가 되고 만다.

그런데 그 가운데 또다시 억압이 발생한다. 바로 여성이었다. 여성 인물들은 때로는 비천하게, 때로는 숭고하게, 남성 예술가를 받쳐주는 편의적 존재로서 민족주의와 예술지상주의 사이의 균열들을 봉합한다. 여성의 헌신과 숭배, 여성에 대한 배신과 자책自責을 바탕으로 남성들은 민족적 예술가도 될 수 있고, 예술적 순교자도 될 수 있었다. 그러다 보니 여성 예술가의 재현은 지연될 수밖에 없었다. 1960년대 후반에 여성 예술가를 다룬 영화(〈윤심덕〉, 안현철, 1969)에서도 여성은 대상화되다가, 1970년대 후반에 이르러서야 여성 예술가가 주체로 서는 영화(〈화조〉, 김수용, 1979)가 부분적으로 가능해졌다. 이는 여성 예술가의 표상이 얼마나 늦게 나타났는지를 말해준다.

3장

나운규: 민족애와 방탕

〈아리랑〉(1926)에서 〈나운규 일생〉(1966)까지

〈아리랑〉과 〈나운규 일생〉

춘사春史 나운규(1902~1937)는 〈아리랑〉
(1926)으로 널리 알려진 식민지 조선을 대
표하는 영화인이다. 그의 영화 〈아리랑〉은
한국영화사의 첫머리에 놓이며, 춘원 이광
수의 『무정』이 한국문학사에서 지니는 위
상에 필적하는 자리를 한국영화사에서 차
지하고 있다. 아니, 〈아리랑〉이 현전하지

나운규의 생전 모습.

않는 데다 나운규는 일찍 세상을 떠나 이광수처럼 친일로 오욕을 남기
지 않았기 때문에 오히려 더 전설적이라고 할 수 있다. 〈아리랑〉은 2002

리메이크된 〈아리랑〉의 포스터들. 1. 1957년 〈아리랑〉(김소동) 2. 1968년 〈아리랑〉(유현목) 3. 1974년 〈아리랑〉(임원식) 4. 2003년 〈아리랑〉(이두용).

년까지 여러 차례 리메이크되었는데, 1950~60년대에는 이강천, 김소동, 유현목 등에 의해 연출되었다. 그들은 나운규의 〈아리랑〉에 존경을 바치며 〈아리랑〉을 민족예술영화의 반열에 올려놓음으로써 한국영화의 역사적 정통성과 예술로서의 위상을 입증하고자 했다. 〈나운규 일생〉(최무룡, 1966)은 바로 그러한 욕망이 집약된 영화다. 이 영화 제작에는 당대 영화인들이 총출동하여 나운규가 훌륭한 예술가였다는 것과 한국영화 예술이 그러한 나운규를 기점으로 하고 있음을 보여주려고 했다. 따라서 이 영화는 당대 영화인들이 추구했던 이상적인 한국영화의 상과 더불어 예술가에 대한 인식을 드러낸다. 그 결과 이 영화는 앞서 이광수와 이상을 통해 확인했던 예술가의 두 가지 요소, 즉 강박적 민족애와 예술에 대한 맹목적 추구를 종합적으로 보여준다.

식민지 예술가의 필수 조건, 사랑과 민족

〈나운규 일생〉은 '드림'이라는 제하題下에 다음과 같은 자막이 올라가는 것으로 시작한다.

> 애국애족에 불타는 온 정열을 영화예술에 전 생애를 바치신 선구적인 예술가 고 나운규 선생의 눈물겹고 파란만장한 인생을 아리랑 영화 한 편에 실어 온 겨레 앞에 바치노라.

이 문장은 앞서 〈감자〉에서 보았던 내레이션과 그 내용이 대동소이할 뿐만 아니라 '애국애족', '예술', '선구자' 등 선택되는 어휘도 유사하다. 그리고 실존 인물의 이름 옆 괄호 안에 그 역할을 맡은 배우가 표기되는 형식으로 오프닝 크레디트가 올라간다. 여기에서 감독이자 주연이었던 최무룡을 비롯해, 김지미, 엄앵란, 조미령 같은 당대 스타 배우는 물론이고, 전창근, 변기종 등 원로 배우들이 단역으로 출연했음을 알 수 있다. 이는 당시 영화계에서 나운규에 대해 가졌던 인식과 함께 나운규 전기영화의 위상을 짐작해볼 수 있는 부분이다. 또한 영화인들의 높은 참

<나운규 일생>(최무룡, 1966)의 마지막 장면. 이 영화는 시종일관 <아리랑>을 강조한다. 나운규는 곧 아리랑과 동의어다.

여도는 서두의 자막이 의례적인 미사여구가 아님을 일러준다. 이 영화가 안중근이나 유관순처럼 국가에서 위인으로 추앙하고자 하는 인물의 전기영화*는 아니라 하더라도 한국영화계가 욕망하거나 합의한, 한국영화가 예술로서 지닌 위상을 보여주는 영화임은 틀림없다. 따라서 이 영화를 통해 당시 영화계가 예술로 인정받고자 했던 논리와 식민지 예술의 함의를 살펴볼 수 있다.

이 영화의 도입부는 '나운규 일생'을 구성할 두 축을 보여주는 에피소드로 이루어진다. 하나는 사랑이고, 다른 하나는 민족의식이다. 첫 장면에서 나운규의 첫사랑 윤마리아(이민자)는 나운규와 도망치려다가 일본군에게 잡히고 "나운규가 체포됐다!"라는 소리를 듣는다. 그러자 그녀는 한평생 그분을 잊지 못할 것이라고 독백한다. 그런 다음에 장면은 나운규가 투옥된 감옥으로 이동하여 나운규의 정신적 지주인 박용운(전창근)이 총살되는 모습을 보여준다. 박용운은 「아리랑」을 부르며 죽게 해

---

* 식민지시기 항일투사에 대한 영화도 1960~70년대에 활발히 제작되었다. 반복적으로 영화화된 인물은 유관순, 안중근, 김구다. 세 인물 모두 세 번씩 영화화되었다.

달라고 청하여 아리랑 곡조 속에서 처형된다. 이로써 나운규가 영화 〈아리랑〉을 만들어야 하는 절대적 조건이 갖추어진다. 이제 나운규가 〈아리랑〉을 통해 일제에 저항한다는 서사 전개는 필연이 된 것이다.

첫사랑의 실패와 박용운의 죽음을 겪은 이후 나운규의 행보는 항일로서의 영화 활동과 여인들과의 사랑 사이를 오가게 된다. 그리고 두 요소는 결국 영화에 대한 열정으로 수렴된다. 이해의 편의를 위해 나운규의 행동에 맞춰 영화의 전개를 정리하면 다음과 같다. 맨 앞의 숫자들은 영화에서 제시되는 순서를 표시한 것이다. 흰 동그라미에 이어지는 내용은 나운규의 영화 활동에 해당하는 화소이고, 검은 동그라미에 이어지는 내용은 여인들과의 혼외 관계를 보여주는 화소다. 마지막에 흰 동그라미와 검은 동그라미 두 개를 모두 표시한 것은 영화 활동과 여인들과의 관계가 통합되는 부분이다. 괄호로 표시한 것은 나운규의 가족이 나오는 부분이고, 고딕체 부분은 나운규의 영화 활동이 항일운동이었음을 드러내는 내용이다.

① 부산 조선키네마 시절 일본인 전주錢主에게 반일反日 감정을 드러낸다.

⑵ 〈이수일과 심순애〉에서 주연을 맡지 못한 점에 불만을 표출하고 귀향하여 윤봉춘(박암)과 아내 곁에 머문다.

③ "비참한 민족의 앞길을 걱정하다 미쳐버린 인텔리 청년"의 이야기로 〈아리랑〉 시나리오를 완성한다.

④ 〈아리랑〉이 크게 성공하지만, 민족의식을 자극한다는 이유로 「아리랑」 금창령이 내려진다.

❺ 〈아리랑〉 때문에 유명해지자 현방난(엄앵란)의 방문을 받는다.

❻ 〈아리랑〉으로 기생들에게 인기를 얻으며 기생 유신방(이빈화)과 일주일을 보낸다.

(7) 〈들쥐〉 촬영 현장에 찾아온 아내와 딸을 돌려보낸다.

❽ 기생 홍련(김지미)이 머리 올릴 사람으로 나운규를 지목한 일을 계기로 홍련과 지낸다.

⑨ 영화 촬영에 몰두하다 일본 경찰과 대립하여 고문까지 당한다.

⑩ 조선키네마 프로덕숀 영화의 잇따른 실패로 일본인 제작자와 갈등을 빚는다.

⑪ 독립하여 북간도를 배경으로 한 독립군 영화를 촬영하지만, 계속 실패한다.

⑫ 나운규는 아내와 딸을 지독한 가난 속에 방치하지만 그들은 나운규를 믿고 지지한다.

⑬ 검열과 체포 때문에 술독에 빠지고 폐병과 고문 후유증이 겹쳐 건강이 악화된다.

❹ 홍련의 보살핌을 받으며 홍련의 집에 누워 지낸다.

⑮ 〈두만강을 건너서〉가 검열로 흥행에 실패하고, 동료들이 떠나간다.

⑯ 병든 몸으로 찾아간 아내 집 앞에서 아내가 돈 때문에 집주인에게 구박당하는 모습을 목격하고 다시 떠난다.

⑰ 〈오몽녀〉 시나리오를 들고 제작비를 구하기 위해 뛰어다니지만 계속 거절당한다.

⑱⑱ 유신방에게 냉대를 받지만, 현방난이 아버지 현성완(최남현)에

게 부탁하여 제작비를 지원하기로 한다.
⑲ 망국의 한을 그린 〈마의태자〉 순회공연에서 마의태자를 열연하다 쓰러진다.
⑳⑳ 홍련, 현방난의 걱정과 보살핌 속에서 혼신을 다해 〈오몽녀〉를 촬영하다 죽어간다.

　이를 통해 보건대, 나운규의 영화 활동을 보여주는 부분에는 항상 항일의 의미가 덧붙여진다. 나운규에게 영화에 대한 열정은 곧 항일인 셈이다. 그래서 그의 방탕과 여성 편력은 정당화될 수 있다. 나운규가 술독에 빠지는 이유는 "검열과 체포 때문"이고, 홍련이 나운규를 사랑하는 이유는 "민족의 설움을 외면하지 않는 분이기 때문"이다. 그런데 정당화되지 않는 부분이 있다. 그리고 이 부분이야말로 이 영화가 표면적으로 드러내는 항일로서의 영화예술이라는 의미 이면에서 구성되는 예술의 함의를 드러낸다.

　첫째, 가족을 외면한 일이다. 나운규의 아내는 나운규의 모든 행동을 지지하지만 나운규는 가족을 영화와 민족에 대한 자신의 열정과 헌신을 방해하는 요소로 간주한다. 이 영화의 서두에서 나운규 일생의 축을 구성하는 두 가지 사건, 즉 첫사랑의 실패와 박용운의 죽음 사이에는 한 장면이 더 들어 있다. 아내 조씨(조미령)가 감옥으로 면회 와서 나운규 부친의 부고를 전하는 장면이다. 이때 나운규는 아내에게 자신을 영원히 죽은 셈 쳐달라고 말한다. 이런 나운규의 행동은 반복된다. 〈들쥐〉를 촬영할 때 다시 찾아온 아내에게 "내가 가정에 충실했을 때 이 땅의 모든 것과 타협해야 하기" 때문에 "박용운 선생을 묻으면서 〔가정에 충실하지 않기로〕 결심"했다고 말한다. 그리고 (16)에서 "영화가 성공하면 아빠가 세상에서 가장 높은 줄 아는 딸에게 하얀 쌀밥이나 한 그릇 먹여달라"라고 부인 조씨가 눈물 어린 간청을 하는데도 "나운규는 이 세상에 없는 걸로 알아주오"라는 말을 남기고 떠난다. 이를 통해 보건대, 가족은 그가 걱정하는 민족에서 배제되는 것은 물론이고 영화예술과 민족애의 대립항으로까지 취급되고 있다. 여기에서 나운규의 예술을 구성하는 중요한 요소인 나운규의 '사랑'은 가족 외의 것이자 혼외의 것임이 분명해진다.

아내 조씨는 "그분은 분명히 마음의 괴로움을 이끌고 자신이 해결 지을 수 없는 근심 속에서 나날을 보내고 있을 것"이기 때문에 "그분의 고뇌에 비하면 가난 따위는 행복한 일"이라고 말할 정도로 어질고 헌신적인 여자다. 그런데 그러한 아내를 나운규가 배척하는 이유는, 영화에서 분명히 드러나지 않지만 전근대적 인습에 따른 결혼이었기 때문으로 보인다. 아버지의 부고를 듣고도 모른 척하는 데서 드러나는 '아비 부정'도 같은 맥락에서 이해할 수 있다. 다시 말해 나운규의 가족에 대한 강퍅한 태도는 전근대적 관습에 대한 강박적 부정을 드러내고 그것을 통한 근대 지향이 그의 사랑 속에 깔려 있음을 암시한다.

둘째, 동료 영화인들을 모른 체하고 혼자 술과 여자에 취해 방탕한 생활을 하는 것이다. 그런데 나운규의 여성 편력은 조혼에 반대하는 자유연애의 실천과는 거리가 있다. 여기에서 그의 사랑은 주로 기생들과의 관계로 이루어진다는 점에서 전근대적 관습의 자장 안에 놓여 있으며 전근대적 혼인에 저항하여 착한 부인을 박대했던 근대 지향적 행보와 모순을 이룬다. 이에 대해서는 "나는 견딜 수 없이 울적했다. 모른다, 너희들은 내 심정을. 내게는 내일이 없다. … 분하고 억울해서 자극을 찾

나운규(최무룡)는 민족을 위해 가족을 외면한다.

나운규는 예술가로서의 영감과 안식을 혼외 여성들에게서 찾는다.

아다녔다"라는 나운규의 대사를 통해 직접적이고 적극적인 해명이 이루어지기도 한다. 이처럼 감정에 대한 호소를 통해 행동 논리의 모순이 무마되면서, 예술가의 방탕은 보통 사람은 모르는, 불가해한 예술적 천재의 발로로 의미화된다. 그리고 예술적 천재의 발현을 억압하는 시대가 다시 한 번 강조되며 그의 모순된 행동은 시대에 대한 반항에서 비롯된 어쩔 수 없는 방탕으로 정당화된다.

영화에서 이러한 나운규의 모순된 사랑과 방탕을 집약하는 말은 '자유'다. 그의 영화 활동은 "이 땅에서 좀 더 자유롭게 노래할 수" 있기 위해 벌이는 운동이다. 그런데 여기에서 '자유'는 철저히 나운규 중심적이고 편의적이다. 그래서 뜻하는 영화를 만들 수 없게 되어 '창작의 자유'가 막혔을 때, 그는 다시 '자유'의 이름으로 혼외 사랑을 하고 방탕하게 지낼 수 있다. 이때의 자유는 실질적인 민족애의 실천과는 상치되는 면이 크다. 민족은 가족의 확장적 의미로서 윤리적 구속력을 가지는데, 나운규가 의도적으로 가족을 외면하고 책임을 회피하고 방탕하게 지낸 것은 민족애라는 명분과 모순을 이룬다. 종합해보면, 나운규가 민족을 위해 가족을 외면한다고 말하는 것은 구호이자 포즈일 뿐이지, 실제로 그는 자기애에 철저히 충실한 나르시시스트이자 에고이스트다.

그렇다면 표면적 명분인 민족애와 이면적 실제인 자기애가 드러내는 모순이 이 영화에서는 어떻게 봉합될까? 나운규를 민족적 영화인으로 추앙하려고 할 때 그 모순의 봉합이야말로 관건이 될 것이다. 그런데 그것이 바로 여성 인물들의 희생과 헌신이다. 그리고 그 희생과 헌신을 합리화하기 위해 나운규는 여성들의 사랑을 받을 만한 매력적인 남성을 넘어 박해받는 순교자로 표상된다. 그것은 마지막에 나운규가 〈오몽녀〉를 완성하기 위해 간절히 기도하는 장면이 거듭되고 결국 홍련과 현방난이 보는 앞에서 마지막 촬영을 하다 절명하는 것에서 잘 드러난다. 나운규가 순교함으로써 영화는 죽음을 불사할 수 있는 지고한 예술로 격상된다. 이는 수많은 영화인들이 이 영화에 기꺼이 단역으로 참여했던 이유를 알려주는 대목이다. 또한 1960년대에 여성 예술가를 그린 영화는 왜 예술보다 연애에 방점이 찍히며 멜로드라마로 분류될 수밖에 없었는지를 말해주는 대목이기도 하다. 여성의 희생과 헌신을 딛고 예술을 종교처럼 숭상하며 그러한 예술 활동을 억압하는 세력에 의해 박해받는 남성 자유주의자, 그것이 〈나운규 일생〉이 보여주는 식민지 예술가의 표본이었다.

4장

윤심덕: 자유와 허무

〈윤심덕〉(1969)에서 〈사의 찬미〉(1991)까지

현해탄 정사情死

1926년 8월 5일, 《동아일보》에는 다음과 같은 기사가 실렸다.

현해탄玄海灘 격랑중激浪中에 청년남녀靑年男女의 정사情死

극작가와 음악가가 한 떨기 꼿이 되야

세상시비 던저두고 끗업는 물나라로

남자男子는 김우진金祐鎭 여자는 윤심덕尹心悳

지난 삼일三日 오후午後 열한 시에 하관下關을 떠나 부산釜山으로 향한 관부

연락선 덕수환關釜連絡船 德壽丸이 사일四日 오전午前 네 시경에 대마도對馬島

당시 신문에 보도되었던 김우진과
윤심덕의 생전 모습.

엽흘 지날 지음에 양장을 한 여자 한 명과 중년 신사 한 명이 서로 꺼안코
갑판으로 돌연히 바다에 몸을 던저 자살을 하엿는데 즉시 배를 멈추고 부
근을 수색하엿스나 그 종적을 찻지 못하엿스며 … 남자는 김우진金祐鎭이
요 여자는 윤심덕尹心悳이엿스며 유류품으로는 윤심덕의 돈지갑에 현금
일백사십 원과 장식품이 잇섯고 김우진의 것으로는 현금 이십 원과 금시
게가 들어 잇엇는데 연락선連絡船에서 조선사람이 정사情死를 한 것은 이
번이 처음이라더라.

위 기사는 1926년 조선을 시끄럽게 했던 윤심덕·김우진의 동반자살
을 처음으로 보도한 것이다. 윤심덕(1897~1926)은 음악가이고 김우진은
극작가라는 사실, 즉 '모던' '엘리트' '예술가'라는 사실이 큰 화제가 되
었고, 나중에 나온 기사들에서는 윤심덕과 김우진의 내력이 자세하게
보도되었다. 윤심덕은 1921년부터 음악회, 연극 공연, 강연회 등을 통해
신문지상에 심심치 않게 이름이 오르내렸고, 얼굴 사진도 공개된 나름
의 유명 인사였다. 그런데 그녀와 함께 죽은 김우진이 와세다 대학 영문

과 졸업생이자 전라도 거부의 장남이라는 사실이 알려지고 사각모를 쓰거나 양복을 입은 그의 사진까지 공개되면서 세간의 관심은 한층 더 집중되었다. 당시 신문에서는 두 사람의 만남부터 죽음까지를 「김윤양인金尹兩人이 정사情死하기까지」라는 제목으로 아예 며칠에 걸쳐 연재하기까지 했다. 지금도 여름이 되면 어느 신문에선가는 윤심덕·김우진의 정사 사건을 낭만적인 어조로 불러내곤 하는데, 이는 이 사건이 지닌 화제성을 잘 말해준다.

사랑과 죽음의 아이콘, 윤심덕

위 기사는 "연락선連絡船에서 조선 사람이 정사情死를 한 것은 이번이 처음이라더라"라는 문장으로 마무리된다. 사실 동반자살 사건은 1922년부터 자주 발생하기 시작하여 1939년까지 꾸준히 신문에 보도되던 시대적 현상이었다. 그 자살 방법도 다양하여, 모루히네morphine, 양잿물, 장유醬油, 쥐약, 복어 내장, 크레졸 등을 먹는 음독이 가장 빈번했고, 칼로 찌르거나, 목을 매고, 강물에 뛰어드는 일도 잦았다. 그런데 "연애戀愛는 결국結局 정사情死에 재在하야 가장 완전完全히 실현實現됨으로 생각되니 이는 정사情死가 심대深大한 일종一種의 인생관적 의의人生觀的 意義를 유有한 소이所以이오 또 정사情死가 일반一般으로 세인世人의 동정同情을 야기惹起하는 소이所以"[147]로 생각되면서 보다 참신한 자살 방법에 대한 고심이 시작되었다.

이는 일본에서 비롯된 풍속이었는데, 서로 사랑하는 남녀가 이 세상에

1. 윤심덕의 이름이 잘못 표기된 「사의 찬미」 음반.
2. 윤심덕의 사진이 박힌 「사의 찬미」 가사지.[148]

서 못 이룬 사랑이 내세에서 이루어지기를 바라며 하는 정사를 일러 '신주우心中'라 하여 에도 초기부터 사랑을 확인하는 행위로 여겨졌다. 그러니 사랑이 완성되는 순간을 가장 아름답고 완벽하게 만들고자 할 수밖에 없었고, 1920년대 전반기에는 일부러 특이한 형상을 한 조선의 산에 올라가 정사한 일본 남녀의 사연이 신문에 보도되기도 했다. 이 맥락에서 보자면 윤심덕이 김우진과 함께 검은 물결에 몸을 던져 자취 없이 사라진 것은 일본적 의미로 진정한 정사가 비로소 조선에서도 실현된 일로 받아들여졌을 수 있다. 게다가 죽기 직전에 윤심덕이 스스로 가사를 붙였다는 「사의 찬미」를 녹음한 사실이 알려지면서 그녀의 죽음에 대한 신비화와 더불어 음반에 대한 관심이 높아졌다.

위 기사의 바로 밑에는 이를 보여주는 다음과 같은 홍보성 기사가 붙어 있다.

반생半生을 찬미讚美하는 윤양尹讓의 죽음가반蓄音歌盤

현해탄에 몸을 던진 윤양의 후반생은

외로운 목에서 흘러나온 류성긔 소리

육신肉身은 어드메로 외로운 청가묘곡淸歌妙曲

이 기사에는 윤심덕의 센세이셔널한 죽음 이후에 그녀에 대한 대중의
관심을 이용하여 음반의 판매고를 올리려는 전형적인 상업 전략이 엿보
인다. 아니나 다를까 윤심덕의 유작이 된 「사의 찬미」 음반은 놀라운 판
매고(1932년 통계 1만 3000장)를 올렸고, 이는 한국에 들어온 일본 레코드
자본을 크게 도와주었다.[149]

그러다 보니 한편으로는 윤심덕·김우진의 정사에 대한 비판의 목소
리도 컸다. 그들을 "됴선인에서 제명하라"[150]라는 주장이 제기되기도 했
고, '정사비판강연情死批判講演'이 열리기도 했다.[151] 이러한 논란과 관심
속에서 윤심덕은 '최초의 관비 유학생', '최초의 여류 음악가', '최초의 소
프라노' 등의 수식어를 달게 되었고, 「사의 찬미」는 이후 한국 대중가요
의 기점으로 평가되기도 했다. 여기에서 '최초'는 윤심덕의 인생과 죽음
을 더욱 드라마틱하게 만들어주는 수사였고, 윤심덕은 죽음과 함께 대
중의 관심이 가장 집중된 신여성이 되었다. 그러나 그녀의 이름을 둘러
싼 수식어의 진위나 의미에 대해서는 그 후로도 오랫동안 고려되지 않
았다.

1960년대 '윤심덕'의 자리[152]

윤심덕의 전기영화가 처음 나온 해는 1969년이다. 식민지시기를 배경

1. 〈윤심덕〉(안현철, 1969)에서 윤심덕이 독창하는 모습. 청순하고 예쁜 미혼여성의 면모가 강조된다. 당시 여배우 중 최고의 신붓감으로 꼽히던 문희의 미모가 여기에 큰 몫을 한다.
2. 김우진(신성일)과 윤심덕이 연애하는 모습. 배우는 물론이고 의상이나 미장센 등이 1960년대 후반의 전형적인 멜로드라마 관습 안에 놓여 있다. 그래서 이 영화는 식민지시기 배경으로 보이지 않는다.
3. 김우진과 윤심덕이 배에서 뛰어내리기 직전의 장면.

으로 하는 문예영화가 양산되는 가운데 이광수, 이상, 나운규 같은 식민지시기의 예술가들이 호출되면서 여성으로서는 유일하게 윤심덕이 소환된 것이다. 그런데 이 남성 예술가들을 다룬 영화들은 대부분 '문예영화'로 분류되어 정책적 예술영화의 범주 안에서 정부로부터 보상을 받곤 했다. 1960년대 후반에 식민지시기 예술가를 다룬 영화, 〈나운규 일생〉, 〈이상의 날개〉, 〈춘원 이광수〉 세 편은 모두 당시 신문이나 검열문서에서 문예영화로 분류되었다. 그런데 같은 시기에 나온 영화인 〈윤심덕〉만은 애정물 혹은 멜로드라마로 분류되었다. 이는 해방 이후 스타였던 남인수를 다룬 〈이 강산 낙화유수〉(조길현, 1969)가 전기로 분류되었던 것과도 비교된다. 그 이유를 짚어보자면, 우선 대중문화 안에서 여성을 예술가로 보는 대중적 인식이 형성되지 않았던 것 같다. 또한 그렇기에 이 영화는 당시 최고의 청춘 스타였던 신성일 – 문희 콤비를 기용하여 〈미워도 다시 한 번〉(정소영, 1968)과 같은 방식으로 서사를 구성한다. 요컨대 1969년의 윤심덕은 여성 예술가로 호명된 것이 아니라 남자와 정사한 극적인 로맨스의 주인공으로 호출된 것이다.

이 영화에서는 '한 남자를 둘러싼 현숙한 본처와 착한 첩'의 갈등을 중심으로 전개된다. 윤심덕(문희)은 김우진(신성일)이 유부남인 줄 모르고 사랑에 빠지는데, 우진의 본처(이빈화)가 우진의 하숙집에 찾아온 것을 보고 그가 유부남인 줄 알게 된다. 그 후 윤심덕은 본처의 덕성에 감동하여 우진과 헤어져 유학을 가기로 결심한다. 그러나 그녀를 따라 배에 올라탄 우진과 재회한 그녀는 결코 헤어지지 못할 것을 깨닫고 결국 정사한다. 이야기가 이렇다 보니 윤심덕의 음악적 재능이나 관비 유학생으로 선발될 수 있었던 능력은 그녀를 매력적인 미혼여성으로 보이게 하는 장식으로서만 기능한다. 이는 남성 예술가를 다룬 다른 영화들이 그들의 여성 편력이나 방탕을 모두 예술적인 표상으로 귀결시켰던 점과 대조된다.

윤심덕, 자유인으로 호명되다

식민지시기부터 1970년대 전반기까지 음악가를 주인공으로 하는 영화들에서 음악가는 모두 남성이었다. 예컨대 식민지시기 영화로는 나운규의 〈무화과〉(1935)나 김유영의 〈애련송〉(1939)이 그러하고, 해방 이후에는 최초의 한국·홍콩 합작영화인 〈이국정원〉(전창근·도광계·와카스기 미쓰오, 1958)에서부터 〈하녀〉(김기영, 1960), 〈물망초〉(박구, 1960), 〈길은 멀어도〉(홍성기, 1960), 〈언제나 그날이면〉(조긍하, 1965), 〈가고파〉(강대진, 1967), 〈금수강산〉(강찬우, 1968), 〈나도 인간이 되련다〉(유현목, 1969), 〈화녀〉(김기영, 1971) 등이 남성 음악가를 주인공으로 삼은 영화다. 이 영화들에서 여성은 주로 남자에게 곡을 받는 가수이거나 악기를 배우려는 견습생으로 설정되어, 그 관계 안에 남녀 간의 위계가 내포되어 있다.

1970년대 후반에 이르면 이러한 위계에 균열이 발생한다. 〈문〉(유현목, 1978)에서는 가야금 명인 우단 선생(최불암)의 후계자로 딸 가실(문희)이 등장한다. 기존 영화에서 딸은 주로 어머니를 대신하여 아버지의 의식주를 보살피는 존재로 그려졌다. 이는 대부분의 예술가 영화에서 여성 인물이 수행했던 역할과 동궤를 이룬다. 그런데 〈문〉에서 가실은 민족적 자존심을 가지고 국악을 이해하고 전승하는 젊은이로 묘사된다. 이러한 변화는 화가 나혜석의 전기영화 〈화조〉(김수용, 1979)가 같은 시기에 만들어진 점에서도 감지된다.

그러나 이 영화들에서 여성들이 예술가로 자리매김될 수 있는 데에는 민족주의적 이분법이 전제되어 있었다. 가실은 민족의 예술을 계승하기 때문에 여성 예술가로서 인정받을 수 있었고, 나혜석(윤정희)은 친일파 남편(홍성민) 대신 민족주의자 최린(신영균)을 사랑했기 때문에 외도조차 예술적 행위로 합리화된다. 이러한 이분법은 1990년대에 들어서면서부터 깨지기 시작한다. 1970년대 영화계의 청년문화를 이끌었던 이들 중 하나인 김호선 감독이 연출한 〈사의 찬미〉(1991)는 그러한 징후를 분명하게 보여주는 영화이자 윤심덕을 시대를 앞서간 예술가로 해석한 본격

〈사의 찬미〉(김호선, 1991)의 포스터. 포스터 속의 흑백사진은 영화에서 윤심덕 첫 독창회의 포스터로 설정되어 있다.

적인 여성 예술가 영화다.

이 영화에서는 홍난파(이경영)를 윤심덕(장미희)과 김우진(임성민)의 친구이자 서술자로 설정하고, 그의 회상으로 이야기를 끌어 나간다. 영화는 다음과 같은 홍난파의 내레이션으로 시작한다.

그렇게, 그렇게 떠나는 게 아니다. 세상의 오해와 구구한 비난, 연민을 남겨두고 인연 없는 것들을 다 버리듯이 그렇게 떠나는 게 아니다. 누가 그 죽음의 진실을 알까? 이미 버림받은 패륜아요, 죄인이 된 널 누가 진정 이해할까? 하지만 난 알고 있다. 네가 얼마나 인생을 사랑했는지. 음악과 시와 바다, 그리고 푸치니를 사랑했던 널 난 잊을 수가 없다.

김우진(임성민)과 윤심덕(장미희)이 처음으로 함께 여행한 일본 온천에서의 한 장면. 이 영화에는 다다미방, 온천, 학교 등 두 사람이 일본 유학생임을 드러내는 공간적 배경이 계속 사용되는데, 그 이국적 낭만성이 이 영화의 시간적 배경이 식민지시기임을 잊게 만든다.

김우진과의 스캔들로 몰락해가는 윤심덕이 술집에서 노래하는 모습. 그녀의 절망이 잘 드러난다.

윤심덕과 김우진이 관부연락선에서 동반 자살하기 위해 걸어가는 마지막 장면.

이러한 서두는 루머와 가십 속에서만 존재했던 윤심덕이라는 여성을 진지하게 추억하겠다는 이 영화의 태도를 드러낸다. 그리고 바로 이어지는 도쿄 유학 시절 플래시백에서의 내레이션은 이 영화가 보여주고자 하는 윤심덕이라는 인물을 요약한다. "그녀는 부자연스러운 속박을 가장 싫어했고 천성적으로 솔직 대담한 자유인이었다." 영화 속 윤심덕은 모든 경계와 규범에 굴하지 않고 당당하고 쾌활하게 행동하여 이 문장을 증명한다. 그녀는 조선인이라는 이유로 학대하는 일본인 선생의 태도에 아랑곳하지 않고 자신의 재능을 연마하여 졸업 공연에서 〈나비부인〉의 주인공 자리를 따낸다. 방학을 이용해 조선 순회공연을 하는 유학생들 속에서 이념에 관계없이 활동하며, 유교적 규범에 상관없이 이성인 홍난파와 가까운 벗으로 지낸다. 그녀의 이러한 성격이 폭발적으로 드러난 사건이 유부남이던 김우진과의 사랑이다. 그녀는 사랑에 처자식이 있다는 게 무슨 장애가 되느냐는 태도를 보이는데, 이는 1969년 영화에서 그려진 윤심덕과 대조를 이룬다. 또한 기생과 외도를 한 우진을 무연히 대하며, "나는 당신의 아내가 되려는 것도 아니고, 뭘 기대하고 사는 첩도 정부도 아니에요"라고 의연하게 말한다.* 그녀의 자유분방한 성격은 정사情死의 순간에 완성되어, 그녀는 "불꽃처럼 타올라 어두운 시대를 온몸으로 살다 간 선구자"로, 그녀와 김우진은 "진실로 인생과 예술을 사랑했던 연인"으로, 그리고 그들의 정사는 "그토록 사랑하던 바다에 사랑과 이상과 절망의 모든 것을 던지고, 암울한 한 시대의 허무의 획을 그은 사건"으로 결론지어진다.

민족보다 자유, 조국 앞의 허무

이 영화에서 윤심덕과 김우진의 사랑과 절망, 그리고 죽음까지 미화하는 것은 그들의 화려한 외양과 이국성이다. 이 영화는 그 이전의 식민지

---

* 이러한 태도는 탈속한 명기 '황진이'를 환기시키는데, 이 영화에서 윤심덕을 맡은 장미희는 황진이를 구도자이자 예술가로 그렸던 영화〈황진이〉, 배창호, 1986)에서 타이틀 롤을 맡기도 했다.

시기 영화와는 달리 일본 로케이션을 통해 제작되었고,* 일본의 풍광을 매우 아름답게 담아냈다. 조선을 배경으로 하는 장면도 대부분 낭만적으로 포장된다. 예를 들어 윤심덕이 김우진과 거닐며 첫 키스를 나누는 목포의 바닷가, 두 사람이 산책하는 장충단 공원과 이별하는 한강의 나룻배는 모두 엽서 속의 그림과 같이 연출되어 있으며 그 속에서 햇살은 찬란하게 부서진다. 이러한 낭만적 화면은 그들이 꿈꾸는 이상적 현실을 표상한다. 그래서 김우진의 공연이 검열로 어려움을 겪는 것, 윤심덕과 김우진의 예술을 조선인들이 이해해주지 않는 것, 김우진의 부친이 우진의 책을 불태우는 것 등으로 식민지의 현실이 잠깐씩만 삽입되어도 그들의 정신세계와 조선 현실 간의 괴리가 크게 다가온다. 마지막에 김우진이 관부연락선의 삼등칸에 탄 조선인들의 비참한 현실을 목도하다 구토를 일으키고, 그 장면 직후에 자살을 배치한 것은 그러한 괴리를 극대화함으로써 그들이 현실에서는 도저히 살아갈 수 없었음을 결정적으로 보여준다.

따라서 이 영화에는 민족적 대립이 거의 없다. 친일파 이용문(김성수)은 윤심덕의 숨은 후견인이고, 일본 하숙집과 여관의 여성들은 모두 순박하고 친절하며, 조선인이라는 이유로 윤심덕을 괴롭혔던 일본인 교장과 여선생도 그녀의 열연 앞에서 눈물을 흘리는, 예술을 이해하는 사람들이다. 오히려 이 영화에서는 선진과 후진의 차이가 예각화되어 있다. 예술 선진국인 일본을 경험했지만, 문화 후진국인 조선에 속한 예술가가 그 모순과 괴리 사이에서 절망하다가 그 갈등을 해결하지 못하고 결

---

* 〈사의 찬미〉는 두 번의 일본 현지 로케이션과 7억 원이 넘는 제작비로도 화제가 되었다(《매일경제》, 1991. 9. 12, 28면).

국 죽음이라는 파국으로 치닫는 이야기인 것이다. 윤심덕은 동생 성덕(김해리)에게 하는 충고에서 자신의 갈망과 그것을 이룰 수 없는 처지에서 비롯된 절망을 그대로 표출한다.

넌 나처럼 되면 안 돼. 미국으로 유학을 가면 너는 돌아오지 마라. 사랑에 인생을 걸지도 말고 힘없는 조국에 연민도 갖지 마라. 네 자신이 완성될 때까진 아무것에도 너를 주지 마.

윤심덕 자신이 미국으로 떠날 수 있었다면 그녀는 돌아오지 않았을 것이다. 아니, 그녀가 조선 출신 유학생이 아니라 일본인이기만 했어도 죽지 않았을 것이다. 이 지점에서 이 영화는 1969년 〈윤심덕〉과 확연히 갈라선다. 〈윤심덕〉에서는 심덕이 이탈리아 유학을 결심하지만, 김우진을 포기할 수 없어서 죽음을 선택한다. 예술에 대한 꿈보다 사랑이 먼저였던 것이다. 그런데 이 영화에서는 두 사람 다 조선인으로서는 자신들의 예술적 이상을 실현할 곳을 찾을 수 없어서 자살한다. 개봉 당시 이 영화의 홍보 문구는 "아름다운 허무"였다. 그리고 김우진의 대사를 통해서도 '허무'라는 단어는 여러 번 등장한다. 여기에서 '허무'는 세상의 모든 것이 공허하고 무의미하여 아무것도 할 수 없는 상황에서 일체를 놓아버릴 때의 상태로 죽음과 상통한다. 따라서 '아름다운 허무'란 '정사情死'의 다른 표현이라고 하겠다. 결국 이 영화에서는 윤심덕과 김우진의 정사를 사랑의 완성이 아니라 허무에서 비롯된 마지막 선택으로 본 것이다.

〈겨울여자〉(김호선, 1977)에서 이화로 출연한 장
미희. 그녀는 이 영화로 일약 스타덤에 올랐다.
이 영화가 세운 흥행 기록은 1990년 〈장군의 아
들〉(임권택)이 나올 때까지 13년 동안 깨지지 않
았다.

윤심덕과 〈겨울여자〉

〈사의 찬미〉가 영화화될 때 〈겨울여자〉(1977)의 김호선 감독과 장미희
배우가 다시 만난 것으로 화제가 되었다. 1970년대 청년문화의 주역이
자 이화라는 자유분방한 캐릭터를 연출했던 감독이 '사의 찬미'라는 제
목으로 '윤심덕'이라는 캐릭터를 만들었다는 것은 흥미롭다. 또한 같은
배우가 이화와 윤심덕을 연기했다는 점도 흥미롭다.

그런데 더욱 흥미로운 것은 1970년대에 남성의 욕망에 시혜적 방식으
로 충실히 부응했던 여성 캐릭터가 1990년대에 이르러서는 나약한 남
성을 주도하는 능동적 성격이 되었다는 점이다. 이는 사회의 변화로 인
한 대중의 인식과 시대적 분위기가 달라진 데에도 이유가 있겠지만, 한

편으로는 1970년대 감독이 시대의 한계 속에서 맘껏 보여주지 못했던 자유인의 표상을 1990년대에 펼친 것처럼 보이기도 한다. "겉으로는 우드스톡을 표방하지만 몸은 아직 청계천을 떠나지 못하고 있었던"[153] 1970년대 청년 세대의 현실이 〈사의 찬미〉 속 윤심덕이 처했던 현실과 문득문득 겹쳐 보이는 것이다.

5장

나혜석: 애욕과 동경

〈화조〉(1979)에서 〈성애의 침묵〉(1992)까지

한국 최초의 여성 화가

네이버 검색창에 '나혜석'을 치면 뜨는 표제는 다음과 같다. "한국 최초의 여성 서양화가",[154] "인형이 되기를 거부한 영원한 신여성",[155] "20세기 초 화가이자 문필가, 여자이기 전에 한 인간이었고, 인간이기 전에 예술가"[156]…. 여기에서 그녀를 호명하는 키워드는 서양화가, 문인, 신여성임이 한눈에 드러난다.

나혜석(1896~1948)은 일본 동경여자미술전문학교 유화과를 졸업한 재원으로 조선 여성으로서는 처음으로 유화 개인 전람회를 개최한 화제의 인물이었다. 그녀의 작품 〈정원〉은 1931년 제10회 조선미술전람회에서 특선으로 입상하고 일본 제국미술전람회에서도 입선함으로써 그녀는

1. 가장 널리 알려진 나혜석의 사진. 결혼 직후의 모습으로 알려져 있다.
2. 1928년 작으로 알려진 나혜석의 자화상. 실물보다 이목구비의 윤곽을 더 뚜렷하게 그려 서양 여성에 비
근해 보이도록 한 점이 흥미롭다.

국내외에서 화가로서 실력을 인정받았다. 그뿐만 아니라 글쓰기에도 재
능을 보여 신여성의 입장을 피력하는 여러 편의 논설과 소설을 발표하
기도 했다.

　그런데 그 무엇보다도 세간의 이목을 끈 것은 이 재주 있는 여성의 파
란만장한 삶이었다. 그녀는 유복한 개화 가정에서 태어나 당시 여성으
로서는 획기적으로 도쿄 유학을 할 수 있었고, 그 덕분에 천부의 재능을
맘껏 펼칠 수 있었으며, '조선 최초의 여성 서양화가'라는 칭호도 얻을
수 있었다. 더불어 희귀하고 매력적인 여성으로서 남성 엘리트들의 관
심을 받았으며, 자유연애를 할 수 있었고, 호화로운 신식 결혼식을 올리
고 유럽으로 장기 신혼여행까지 다녀왔다. 그러나 그녀의 자유분방함은

당시 사회—그것은 남성 지식인 사회와 동의어—가 용납할 수 있는 금도를 넘어섰고, 그녀는 남편은 물론 친정 오라비로부터도 버림을 받고 무연고자로 혼자 죽어갔다. 이와 같이 영화樊華와 영락零落을 오간 인생 역정 때문에 나혜석은 신여성의 화려함과 불행을 상징하는 존재로 유명해졌다.

이렇게 흥미로운 인간과 화제성을 영화가 놓칠 리 없다. 그런데도 1978년에 이르러서야 나혜석은 영화화되었다. 그만큼 '나혜석'이라는 '모던-걸'의 삶은 오랫동안 우리 사회에서 대중적 공감대가 마련되기 힘든 지점에 놓여 있었음을 의미하는 것일 게다. 또한 근대 이후 '여성 화가'라는 직업이 재현되는 데에도 그만큼 시간이 필요했음을 짐작케 한다. 그것은 한국영화에 재현되는 예술가의 직업군 중에서 화가 — 일반적으로 '화가'라고 하면 '남성 화가' — 가 가장 자유분방한 이미지를 가졌던 것과 무관하지 않다.

근대 남성 화가, 과부나 유부녀의 연인

한국영화에서 많이 등장하는 예술가는 미술가(화가, 조각가 등)다. 미술가는 시각예술이라는 측면에서 영화와 공통 기반을 가지고 있기에 매체의 형상 면에서 이미 유리한 지점을 차지하고 있다. 또한 협의의 예술가 artist는 미술가이기도 하므로 미술가의 표상은 예술가의 보편적 이미지에도 가장 충실하다. 그래서 미술가를 많이 재현하는 것은 비단 한국영화뿐 아니라 세계영화에 편재하는 현상이다. 그 속에서 낭만적 예술관을

〈젊은 아내〉(이강천, 1959)의 포스터와 스틸컷. 아내 역은 〈피아골〉에 서는 빨치산, 〈자유부인〉에서는 자유부인 오선영의 '나쁜 친구' 역을 맡았던 노경희가 맡았고, 노화가老畫家 역은 최남현, 젊은 화가 역은 최성진이 맡았다.

바탕으로 예술가의 자유가 강조되는 것도 보편적인 현상이다. 그런데 한국영화에서는 성적 문란과 방탕을 낭만적 예술로 합리화하는 경향이 한층 두드러지며 미술가가 불륜의 주인공으로 설정되는 경우가 많았다.

한국영화사에서 근대 화가가 주인공으로 등장한 작품은 1927년 작 〈낙화유수〉(이구영)가 처음이었던 것으로 보인다. 이 영화는 다른 자료가 현전하지 않고 "아리따운 기생과 화가의 슬픈 로맨스를 그린 신파물"[157] 로만 구전되어 오는데, 주어진 정보로 보건대 화가가 유약하고 비극적인 이미지로 그려졌을 가능성이 높다. 해방 이후 화가는 주로 멜로드라마에서 과부나 유부녀의 연인으로 설정되곤 한다. 〈사랑의 교실〉(김성민, 1948)에서는 풍경화를 그리기 위해 시골 마을에 머물게 된 한 화가가 미술을 배우는 한 아이를 매개로 과부인 아이의 어머니와 연분이 생긴다. 이러한 화가의 표상은 1961년 작 〈사랑방 손님과 어머니〉(신상옥)로 이어진다. 소설에서는 사랑손님이 그림을 그린다는 점이 특별히 부각되지 않는데, 영화에서는 사랑방 손님(김진규)이 미술 교사임이 여러 번 강조되고 그가 그림을 그리는 행위는 사랑방 손님과 어머니를 잇는 매개 내지 주인공의 심리를 드러내는 기제로 활용된다. 그런데 〈사랑의 교실〉과 〈사랑방 손님과 어머니〉에서는 불륜이 아닌데도 화가와 어머니의 사랑은 이루어지지 않는다. 이에 비해 1959년 작 〈젊은 아내〉(이강천)에서는 늙은 화가 남편과 젊은 화가 연인 사이에서 갈등하던 한 여자가 젊은 화가와 함께 떠난다. 이는 오히려 서사가 보수화되는 1960년대 영화에서는 나오기 힘들었던 결말로, "매혹과 혼돈의 시대"[158]로서 1950년대의 특징을 보여준다.

남성 화가와 여성 모델의 구도

1960년대 후반에 가면 남성 화가가 여성 인물을 작품의 모델로서 사랑하는 이야기가 등장한다. 이 영화들에서 여성 인물은 다른 분야의 예술가이거나 예술을 깊이 이해하는 지성인이고 남자 주인공은 그녀에게서 예술적 영감을 얻는다. 이렇게 화가의 뮤즈가 되는 여성 인물은 여성이 직접 화가로 등장하기 이전의 과도기적 형태라고 할 수 있다. 〈이

1. 〈이조잔영〉(신상옥, 1967)에서 고궁을 배경으로 춤추는 영순의 모습. 2. 〈렌의 애가〉(김기영, 1969)의 포스터. 이 영화들에서 남자 주인공은 화가이며 여자 주인공은 그들의 뮤즈다. 포스터에서 여자 주인공을 바라보는 눈빛에서 그 점이 드러난다.

조잔영〉(신상옥, 1967)에서는 일본인 화가와 조선 춤 전수자의 사랑이 화가-모델의 관계 속에서 그려진다. 식민지시기 조선에서 교편을 잡고 있는 화가 노구치(오영일)는 '이조시대 전통 춤' 전수자인 김영순(문희)의 춤을 보고 깊이 감동한다. 그는 조선의 춤을 사랑하는 동시에 그 춤을 추는 영순을 애모하여 그녀가 춤추는 모습을 화폭에 담는다. 노구치와 영순의 사랑은 비극으로 끝나지만, 그의 그림은 국선에 출품되어 일본 미술가들에게도 인정을 받는다.

이와 같이 화가-모델 구도를 가진 또 하나의 대표적인 영화가 〈렌의

애가〉(김기영, 1969)다. 화가 시몬(김진규)은 해방 전 일본 경찰에게 혹독한 고문을 받은 후 그림을 그리지 못하게 되어 방황하는 인물이다. 그의 앞에 친구의 딸이자 제자이기도 한 렌(김명진)이 나타난다. 시몬이 절망에 빠져 자살하려고 하던 날, 렌은 밤거리의 여인이 되어 시몬을 구한다. 그날 밤 이후 시몬은 붓을 들 수 있게 되고, 청순한 렌을 모델로 하여 활발한 작품 활동을 재개한다.

화가-모델 구도는 1970년대 후반에 가면 '호스티스 영화'에서 시골에서 상경한 순진한 처녀가 순결을 잃는 서사적 계기로 사용된다. 시골에서 상경한 예쁜 처녀는 다방처럼 사람이 많이 드나드는 곳에서 일하고, 그곳에서 화가나 사진 작가의 눈에 띄어 모델 일을 하는데, 대부분 그 화가나 사진 작가가 그녀들의 (육체적인) 첫 남자가 되는 것이다.

1960년대 말, 여성 미술가의 등장

여성 미술가가 영화에 등장하는 것은 1960년대 말이다. 〈장미의 성〉(이봉래, 1969)의 주인공은 여류 조각가 윤병희 여사(문정숙)다. 윤 여사는 남편이 미국인과 동성애에 빠져 미국으로 떠난 뒤, 홀로 낳은 딸(윤정희)을 17년 동안 키우며 살고 있다. 그녀는 집에서 기르는 애완견과의 스킨십을 통해 자신의 욕정을 해소하고, 남편과 닮은 청년(남진)에게 집착한다. 그 청년은 딸의 가정교사이자 딸이 사랑하는 남자이기도 하다. 윤 여사의 이러한 도착적 욕망은 작품 활동의 원천이 되어 그녀는 조각가로서 세계적으로 인정받고 있다.

1. 신문에 실린 〈장미의 성〉(이봉래, 1969)의 포스터. 엄마(문정숙)와 딸(윤정희)의 갈등이 강조되어 있다.
2. 〈장미의 성〉에서 화가 교수(박암)의 사무실. 빵모자를 쓰고 콧수염을 기르고 파이프 담배를 피우는 모습이 당시 화가의 전형적인 이미지였다.

줄거리만 들어도 파격적인 이 영화는 1960년대 말 세계적으로 불어닥친 자유화운동의 조류 속에서 제작되었다. 1960년대는 미국과 유럽에서 정치·사회·문화 전반에 걸친 자유화의 물결이 거센 시기였다. 한국에서도 그 영향이 나타나는데, 프랑스의 68혁명이나 미국 '반전·평화운동'의 정치적 의미는 삭제된 채 풍속적 차원에서 '프리섹스'만이 유입된다. 1968년경부터 성 담론이 폭발적으로 일어나고, 저널리즘에서는 선정적인 제목으로 구미의 섹스 스캔들을 앞다투어 보도한다. '섹스영화'가 '불륜영화'의 의미로 쓰이기 시작하며 신문에서의 사용 빈도수가 급격히 증가하는 것도 이때부터다.

그러나 한국에서 1960년대 말은 사회 전반에 대한 통제가 강화되며 유신체제로의 전환이 시작된 시기이기도 하다. 따라서 성 담론은 그 이상 활성화되지도 못했고 진지한 논의의 대상이 되지도 못했다. 텔레비전파의 경쟁 속에서, 벗겨서라도 팔아보려는 영화계의 안간힘과, 어떻게든 규제하려는 검열 당국의 도식적 잣대 사이에서 그저 '예술이냐, 외설이냐?' 하는 알맹이 없는 질문만 던져졌을 뿐이다. 당시 〈장미의 성〉을 비롯해 〈내시〉(신상옥, 1968), 〈벽 속의 여자〉(박종호, 1969) 등이 음란 외설물로 논란이 되고 일부 영화는 일제 단속에 걸려 법적 처벌까지 받으면서 더는 과감한 영화가 나오지 못했다. 그와 함께 예술가를 자유롭게 재현하는 일에도 제동이 걸렸다. 1969년에 자신의 성욕을 거침없이 드러내는 여성 미술가가 나왔는데, 1979년 〈화조〉(김수용)에 이르러서야 다시 여성 화가가 영화에 등장한 것은 이러한 상황에 기인한다.

1970년대 말 나혜석, 민족에 긴박된 자유주의자

'한국 최초의 여성 화가' 나혜석의 일대기를 그린 영화 〈화조〉는 차범석의 동명 희곡을 원작으로 한다. 그런데 이 영화는 원작의 서사를 최린-나혜석-김우영을 축으로 하는 멜로드라마로 단순화하고, 예술영화의 맥락에서 나혜석이 화가로서 지닌 열정과 도덕성을 부각했다. 그러다 보니 나혜석과 최린의 불륜이 예술을 매개로 하는 자유로운 영혼들의 운명적 조우로 미화된다. 그리고 그 점을 합리화화기 위해, 남편 김우영은 아내 나혜석의 지고한 지성과 예술혼을 이해하지 못하는 친일파로, 최린은 지덕체를 겸비하고 예술과 사랑을 이해하는 민족지도자로

1. 〈화조〉(김수용, 1979)의 포스터. 스위스, 알프스, 파리 등 유럽 로케이션이 강조되어 있다. 배우 이름을 보면, 나혜석 역을 맡은 윤정희에 이어 최린 역할의 신영균, 김우영 역할의 홍성민 순서로 나와 있는데, 여기서부터 이 영화의 초점이 어디에 놓여 있는지가 드러난다.

2. 루브르 박물관에서 포즈를 취한 나혜석과 최린. 헤어스타일이나 복식 등에서 식민지 조선의 연인이라는 표지는 보이지 않는다.

3. 이 영화에서는 나혜석과 최린의 파리 불륜이 1970년대에 선망되던 유럽식 사랑으로 표상된다.

그려진다. 남편 역할은 주로 친일파나 악덕 지주를 연기했던 홍성민이 맡고, 최린 역할은 1960년대 최고 남성 스타인 신영균이 맡은 점에서부터 그 구도가 드러난다.

이러한 구도는 1970년대 예술가 영화가 처했던 모순을 그대로 노출한다. 1960년대 이후 서구 지향적 경제 근대화는 민주주의와 자유주의의 조류를 수반했고 1960년대 말 이후 표면화되었다. 그러기에 나혜석과 같은 '못된 여성'이 예술가로 재현될 수 있었을 것이다. 그런데 주지하다시피 1970년대는 반공과 민족이라는 명분으로 표현이 심하게 통제되던 시기이기도 했다. 그래서 자유로운 예술가를 재현하면서도 그 분방함을 마음껏 드러내지 못하고 민족주의로 합리화할 수밖에 없었다. 이 영화에서 나혜석과 최린이 프랑스에서 만나는 장면은 1970년대 후반 한국사회가 꿈꾸었던 유럽식 사랑이 무엇인지를 보여준다. 그들은 1970년대 복식으로 파리를 거닐고, 루브르의 미술품 앞에서 포즈를 취하는데, 그 장면에서 식민지시기라는 표지는 생뚱맞게 '민족 걱정'을 하는 인물들의 대사를 통해서만 스쳐갈 뿐이다. 이와 같이 속으로는 자유로움을 동경하면서도 그것을 맘껏 드러내지 못하고 민족의 이름을 덧씌울 수밖에 없었던 점이 1970년대 예술가 영화가 지닌 한계이자 여성 예술가 영화의 한계이기도 했다.*

예술과 파리 그리고 에로티시즘

〈화조〉에서 나혜석 역할을 윤정희가 맡았다는 것은 여러 가지로 주목을 요한다. 윤정희는 동시대에 활동했던 여배우 트로이카(문희, 남정임, 윤정희) 중 가장 도회적이고 도발적인 이미지를 지닌 배우였다. 윤정희는 〈안개〉(김수용, 1967)에서 하인숙 역을 맡으면서 당돌하고 퇴폐적인 이미지로 각인되기 시작했고, 〈장군의 수염〉(이성구, 1968)의 '나신혜', 〈내시〉

---

* 이후 나혜석의 일대기는 영화로 만들어지지는 않았고, 1986년 'KBS 역사드라마 선구자'라는 텔레비전 시리즈에서 〈영원히 날고 싶은 새〉(정하연 각본, 장기오 연출, 황정아 주연)라는 제목으로 극화되었다. 그리고 2000년대에 나혜석에 대한 재평가가 이루어지며 여성주의 시각의 다큐멘터리로 여러 번 제작되었다.

(신상옥, 1968)의 '자옥', 그리고 1970년대에는 '요화 배정자', '여간첩 김소산' 등의 역을 맡으며 '자유분방한 여성' 내지 팜 파탈의 이미지를 굳혔다. 〈화조〉를 찍기 전에는 김승옥의 동명 소설을 영화화한 〈야행〉(김수용, 1977)에서 자신의 욕망에 솔직한 오피스 걸 '현주'를 연기하기도 했다.

그런데 〈화조〉를 찍을 당시 윤정희는 재불在佛 피아니스트와 결혼하여 파리에 거주하며 잠정적으로 은퇴한 상태였다. 그녀의 결혼은 큰 화제가 되었고, 그녀가 구축해온 자유분방한 이미지 위에 프랑스의 표상이 덧씌워졌다. 당시 한국 현모양처의 기준을 넘어서는 그녀의 이미지가 수용될 수 있었던 데에는 '유럽 물을 먹는 여자'라는 사실이 한몫했다. 523쪽의 스틸컷에서도 확인할 수 있듯이, 〈화조〉의 나혜석 이미지에는 윤정희라는 스타의 그러한 이미지가 투영되어 있다.

여기에서 '프랑스 파리'라는 배경을 짚어볼 필요가 있다. '프랑스 파리'라고 하는 순간, 그것은 선진적이고 예술적인 공간을 이르는 말이며, 그 안에서는 불륜도 예술의 이름으로 정당화된다. 1960년대 이후 한국 영화에서 프랑스는 경제와 민주주의의 선진국이자 미국이 갖지 못한 예술적 격조까지 갖춘 선망의 나라였다. 1968년 코미디 영화 〈남자식모〉(심우섭)에는 남자 식모(구봉서)가 요리를 엉터리로 해놓아 주인 여자(도금봉)가 화를 내는 장면이 나온다. 그런데 남자 식모가 그 요리가 프랑스 파리에서 유행하는 것이라고 둘러대자 주인 여자는 반색하며 억지로 그 요리를 다 먹는다.*

---

* 프랑스에 대한 이러한 이미지는 비단 우리 영화에서만 그랬던 것은 아닌 듯하다. 〈그린카드〉(피터 위어, 1990)에서 제라르 드파르디외가 엉터리로 피아노 연주를 하면서 프랑스어로 말하는데, 미국인들이 그것을 음유시라고 믿으며 고개를 주억거린다.

1. 〈성애의 침묵〉(정인엽, 1992)의 포스터. 비디오 시대 한국 에로티시즘 영화의 뮤즈 실바아 크리스텔이 출연하여 화제가 되었다.
2. 〈서울에서 마지막 탱고 2〉(박용준, 1992)의 포스터. 이 영화에서도 성적으로 자유분방한 여자 주인공의 직업이 화가다.
3. 유럽이 사랑하는 한국 감독 김기덕의 두 번째 영화 〈야생동물 보호구역〉(김기덕, 1997)의 한 장면. 이 영화는 프랑스 파리를 배경으로 실패한 화가 청해(조재현)가 야생동물처럼 살아가는 모습을 보여준다. 이 스틸컷은 주인공 청해와 노트르담 광장의 행위예술가 코린의 모습.

이러한 표상은 1980~90년대까지 이어진다. 1980년대 대표적인 에로 영화 〈애마부인〉(정인엽, 1982)에서 애마의 연인 동엽(하재영)은 미술가다. 그는 미혼남성이지만 기혼여성인 애마를 깊이 사랑하여 그녀와 함께 프랑스 파리로 가서 공부하며 살고 싶어 한다. 이처럼 한국에서 용납되기 힘든 '총각-유부녀'의 결합도 프랑스 파리라면 가능한 일이 된다. 그러다 보니 1980년대 에로영화에서 파리는 불륜이나 파격적인 사랑이 모두 허용되는 공간으로 상상의 도피처가 된다.*

　그리고 1990년대에 가면 여자 주인공의 연인뿐 아니라 여자 주인공의 직업이 미술가인 경우도 잦아진다. 예컨대 〈엠마누엘〉(쥐스트 자캥, 1974)의 여신 실비아 크리스텔이 출연하여 화제가 된 〈성애의 침묵〉(정인엽, 1992)에서 주인공 혜련(유혜리)의 직업은 동양화가다. 또한 〈파리에서의 마지막 탱고〉(베르나르도 베르톨루치, 1972)를 모방한 영화 〈서울에서 마지막 탱고 2〉(박용준, 1992)에서도 주인공의 직업은 화가다. 그들의 직업이 화가라는 것은 성적으로 분방한 기질을 지닌 여성임을 애초에 드러내는 설정이다. 그들이 파리라는 도시를 만나거나, 파리로 환유되는 인물, 즉 예술을 이해하거나 예술과 관련 있는 인물을 만났을 때 그녀들의 분방함은 폭발한다. 여기에서 화가-파리-에로티시즘은 유비적으로 결합되며, 이 영화들이 외설이 아니라 예술임을 역설하는 데 기여한다. 이러한 표상은 지금까지도 여전한, 프랑스 칸 영화제에 대한 한국영화계의 동경과도 무관하지 않을 것이다.

---

* 이는 1980년대 한국 에로영화의 교과서가 된 〈엠마누엘〉(쥐스트 자캥, 1974)이나 〈파리에서의 마지막 탱고〉(베르나르도 베르톨루치, 1972)의 배경이 프랑스였다는 점과도 무관하지 않을 것이다. 〈파리 애마〉(정인엽, 1988)는 에로틱하고 자유 분방한 공간으로서의 파리 표상에 노골적으로 기댄 한국영화다.

책을 마치며

　11년 만에 혼자 쓴 책을 낸다. 지난 11년 동안 대중 서사 장르에 대한 공동 연구를 진행하면서 개인적으로는 한국영화를 작가, 장르, 검열, 표상 등 여러 각도에서 읽어보는 작업을 했다. 이 작업들 속에서 줄곧 했던 질문은 '한국영화를 어떻게 읽을 것인가?'와 '한국영화의 역사를 어떻게 써 나갈 것인가?'였다. 2008년에 영화 비평집 『서사의 숲에서 한국영화를 바라보다』를 낼 때 그런 식의 비평 모음은 더 이상 낼 수 없으리라는 것을 알았다. 내가 문학 수업을 통해 배워온 장평은 영화평론계에서는 설 자리가 거의 없었고, 나 또한 그런 글쓰기에 흥미를 잃고 있었다. 관객은 소개 기사나 프리뷰 정도로 사전 정보를 얻었고, 영화를 본 후에는 스스로 판단했다. 관객이 SNS에 나름의 감상평까지 올리는 일이 일반화되면서 프로와 아마추어의 경계가 무너져갔다. 게다가 영화의 양이 감당할 수 없이 증가하고 장르 또한 다원화되면서 특정 장르에 대한 지식은 평론가들보다 오히려 그 장르의 마니아들이 더 많이 갖고 있기도 했다. 나아가 TV와 유튜브Youtube에서는 재미는 물론 어지간한 전문성까지 갖춘 영화 관련 콘텐츠가 영화 소개나 비평을 대신하고 있다. 이러한 시대에 영화를 보고 글을 쓰는 나는 누구이고 무엇을 하는 사람인가? 회의 속에서 내가 할 수 있는 일을 생각했고, 혼란스러울수록 원칙을 되짚어 봤다.

『저널리즘의 기본 원칙The Elements of Journalism』에서 저자들Bill Kovach & Tom Rosenstiel은 디지털 미디어 생태계가 형성되어 게이트키퍼gatekeeper로서의 권력을 상실한 언론인이 할 수 있는 일을 고민한다. 그리고 언론인은 진실확인자authenticator이자 의미부여자sense maker가 되어야 한다고 말한다. 이 말은 언론인뿐 아니라 자기 이름을 걸고 글을 쓰는 사람들에게 두루 적용된다. 내가 영화 비평가로서 가진 장점이 있다면 서사 연구에서 출발한 한국영화사 연구자라는 점이다. 문학을 공부하는 과정에서 다양한 콘텐츠를 텍스트로 읽는 문해력을 습득했고, 한국영화사 연구자이기에 '사상 처음'이니 '새로운 영화'니 하는 감탄을 쉽게 믿지 않는다. 나는 한국영화에 관한 과잉된 정보량 안에서 그만큼이나 넘쳐나는 주장과 선언에 대한 내 나름의 의혹에서 이 책을 시작했다. 그리고 그동안 쌓아온 경험에 기대어 한국영화에 나타난 표상들의 역사를 차례차례 살펴보았다. 그래서 이 책은 '표상'을 키워드로 한국영화사의 맥락에서 쓴 영화 비평이자 영화 표상의 변천을 통해 대중 기억을 반추해보는 역사 서술의 성격을 띠게 되었다.

이 책의 출발점은 2011년부터 2017년까지 《웹진 민연》에 연재했던 원고다. 2011년 당시 민족문화연구원 HK연구단에 근무했던 나는 영화를 소재로 한 인문교양서를 기획해보라는 연구단의 요청에 따라 '한국영화 표상의 지도'라는 코너를 《웹진 민연》에 마련했다. 원래 계획은 김소영, 오영숙, 황혜진 그리고 나, 이렇게 네 명의 평론가가 2년 동안 공동으로 연재하고 그 원고를 모아 책을 내는 것이었다. 그런데 회를 거듭할수록 테마를 일관되게 조율하기가 쉽지 않았고, 필자들 각자가 최고의 비평가이자 영화 연구자였던 만큼 저마다 몰두하는 주제가 있던 터라 공동 연재를 지속하기도 힘들어졌다. 이에 2013년 겨울부터는 나 혼자 원고를 써 나가서 2017년 4월 《웹진 민연》이 폐간될 때까지 17회에 걸쳐 연재했다. 그러는 동안 여성, 가족, 법, 역사적 사건 등에 관한 표상 연구를 병행해 나갔다. 이 책은 연재 원고와 그동안 발표한 논문들을 재료 삼아 다섯 가지의 주제를 뽑고 그 아래에 글을 새로이 배치하고 고쳐 쓴 것이다.

근 10년에 걸친 작업을 정리하며 그동안 내가 많이 변했다는 것을 깨달았다. 의도한 것이 아님에도 최근에 쓴 글일수록 젠더에 대한 관심이 커지고 있었다. 몇 년 전에 쓴 원고에서 낡은 인식을 마주하고는 이걸 내가 썼나 하며 놀라는 경우도 있었다. 그만큼 내가 몸담은 사회가 급격히 변화해왔고, 의식하지 못하는 사이에 나 또한 그 변화 속에서 흐르고 부대끼며 살아왔다는 증거일 것이다. 책으로 엮으면서 원고의 일관성과 균형을 위해 최대한 개고하고 보충하려고 했지만 그 시간의 흔적들을 완전히 지울 수는 없었다. 책을 마치면서 보니 여전히 글은 고르지 못하고 빈 곳 투성이인 데다 문장 또한 덜컥대니 부끄럽기 짝이 없다. 제목은 '한국영화 표상의 지도'라고 해놓았는데, 책을 끝낸 마당에도 길 없는 황무지에서 헤매고 있는 심정이다. 그럼에도 이렇게라도 정리하지 않으면 한국영화사 서술로는 한 발짝도 나아갈 수 없다는 걸 알기에 일단락을 짓는다. 이 작업을 넘어 한국영화 장르의 형성 차원에서, 검열과의 관계 측면에서, 이야기^{narrative}와 담론^{discourse}의 역사 속에서 한국영화 텍스트를 읽어나가며 한국영화사에 접근하고자 한다. 그리고 이 작업들을 지나 한국영화 표상의 지도를 다시 한 번 그려볼 것을 약속한다.

언제나 그렇듯이, 책을 내기까지 많은 사람의 도움이 있었다. 우선 이 책의 출발점이 되었던 민족문화연구원에 감사한다. 아울러 초반 공동필자로 힘을 주셨던 오영숙, 황혜진, 김소영 선생님께 감사한다. 세 분 다 영화 연구자이자 평론가로서 내게는 큰 선배님들이시다. 《웹진 민연》에 공동 연재하는 2년 동안 그분들의 옥고에 누가 되지 않는 글을 쓰기 위해 노력하면서 나는 한층 성장할 수 있었다. 그리고 언제나 물심양면으로 도와주는 조준형, 정종화, 오성지 선생을 비롯한 한국영상자료원 식구들께 감사한다. 예리한 시선으로 한국영화사에 대한 문제의식을 놓지 못하게 하는 이순진 선생과 해외 한국학의 관점으로 자극을 주는 안진수 선생께도 감사한다. 또한 십수 년 동안 고락을 함께 해온 대중서사장르연구회 동료들과, 같은 길을 헤쳐 나가고 있는 한국영화사 연구자들께 감사한다. 문제의식을 공유하며 고민을 나누는 동학들이 있고, 한국영화사 연구자들의 열정과 성과가 있기에 나는 그들에 기대어 주저앉지 않고 꾸준히 걸어갈 수 있다.

그리고 사는 지혜를 일러주시는 송하춘 선생님과 나의 롤모델 이혜원 선배님께 감사한다. 이 자리가 아니면 그분들께 고마운 마음을 전할 길이 없을 듯하다. 글도 많고 사진도 많은 원고뭉치를 정성들여 책으로 만들어준 류종필 대표님과 책과함께 편집부에도 심심한 감사를 표한다. 처음에 넘겼던 초고와 마지막 원고를 보니 편집부의 힘이 얼마나 큰 것인지 새삼 느낀다. 긴 원고의 교정을 본 연구조교 최은혜에게도 수고했다는 말을 남겨야겠다.

그런데 펼치는 것도 능력이지만 접는 것도 능력이라며 옆에서 부추기는 사람이 없었다면 나는 이 책의 출판을 포기했을 것이다. 박사논문을 책으로 낼 때부터 이 책에 이르기까지 "단독저서 낼 때가 되지 않았어?"라는 주기적인 물음으로 나를 나아가게 했던 이는 최경봉 선생이다. 그를 만나지 않았다면 나는 연구자가 되지는 못했을 것 같다. 그와 더불어 내가 무엇을 하든 지지하고 응원해주시는 부모님께, 인생의 가장 큰 스승인 세영과 세운에게도, 평소에 미처 하지 못했던 말을 전한다. 고맙습니다.

2019년 8월

朴有禧

1 나혜석, 「母된 感想記」, 『東明』, 1923. 1, 1~21쪽; 나혜석, 이상경 편집·교열, 『나혜석 전집』, 태학사, 2000, 217~234쪽에서 재인용.

2 주유신, 「〈자유부인〉과 〈지옥화〉: 1950년대 근대성과 매혹의 기표로서의 여성 섹슈얼리티」, 변재란 외, 『한국영화와 근대성』, 도서출판 소도, 2005, 13~46쪽.

3 김선아, 「근대의 시간, 국가의 시간: 1960년대 한국영화, 젠더, 그리고 국가권력 담론」, 위의 책, 47~84쪽.

4 변재란, 「'노동'을 통한 근대적 여성주체의 구성」, 위의 책, 85~114쪽.

5 김수남, 「미장센의 대가 신상옥의 한국영화」, 『한국영화감독론 2』, 지식산업사, 2003, 148쪽.

6 곽현자, 「미망인과 양공주」, 변재란 외, 앞의 책, 144쪽.

7 「최은희, 다소곳한 한국적인 여인상」, 《조선일보》, 1966. 9. 16.

8 「[스크린] 춘색시」, 《동아일보》, 1958. 12. 27.

9 「정감 흐르는 여성물/신상옥 감독/〈자매의 화원〉」, 《한국일보》, 1959. 10. 2.

10 「[신영화] 매력 없는 영화/ 춘희」, 《서울신문》, 1959. 5. 8.

11 「[새영화] 최은희의 매력계산서/박상호 감독〈산색시〉」, 《서울신문》, 1962. 3. 22.

12 「영화인의 윤리에 한 마디/'톱스타' 구속사건을 계기로 하여」, 《동아일보》, 1962. 11. 2.

13 「[공항에서] 남편 걱정 최은희 씨도 일 안 되더라고」, 《서울신문》, 1964. 6. 27.

14 「申相玉監督의 私生活이야기」, 《영화세계》, 1961. 6, 120~121쪽.

15 세라 블래퍼 허디, 『어머니의 탄생: 모성, 여성, 그리고 가족의 기원과 진화』, 사이언스북스, 2010, 29~30쪽.

16 박유희, 「낭만적 사랑과 공동체적 가족의 재구성」, 『서사의 숲에서 한국영화를 바라보다』, 다빈치, 2008, 175쪽.

17 〈군번 없는 용사〉에 대해서는 박유희, 「살부의 윤리와 핍진성의 기율: 〈군번 없는 용사〉를 통해 본 이만희의 영화세계」, 『영상문화』 제19호, 부산영화평론가협회, 2015. 12, 10~25쪽 참조.

18 「국산영화 〈군번 없는 용사〉 상영허가」, 공보부, 1966. 3. 15.

19 「전언통신문, 미성년자 관람 인정 여부 의견 통보」(발신: 내무부 치안국 보안과, 수신: 공보부 영화과), 1966. 3. 19.

20 「〈1987〉 장준환 감독: 현실을 목도하는 힘과 에너지」,《씨네21》 제1136호, 한겨레, 2017. 12. 27, 61쪽.

21 영화진흥위원회 통합전산망 통계정보(http://www.kobis.or.kr/kobis/business/main/main.do) 참조.

22 이광수, 「개척자」, 『이광수 전집 1』, 삼중당, 1962, 328쪽.

23 이에 대해서는 김소영의 『근대성의 유령들』(씨앗을뿌리는사람, 2000)과 백문임의 『월하의 여곡성』(책세상, 2008)에 보다 정치하고 체계적인 논의가 선행되어 있다.

24 이광수, 김철 책임편집, 『무정』, 문학과지성사, 2005, 156~158쪽.

25 이광수 원작, 박기채 각색, 「토-키 씨나리오, 無情」, 『삼천리』 제10권 제5호, 1939, 290~291쪽.

26 「공감 느끼게 하는 〈현해탄〉」,《동아일보》, 1960. 9. 16; 「[주간 라디오] 종막(終幕) 고하는 〈현해탄은 알고 있다〉」,《서울신문》, 1961. 1. 22; 「방송극의 새로운 전개 / 「현해탄은 알고 있다」 경우」,《한국일보》, 1961. 2. 12.

27 「[스타디오 소식]」,《동아일보》, 1960. 11. 23.

28 「한운사 작 아로운전 제1부 / 현해탄은 알고 있다」,《한국일보》, 1961. 5. 24.

29 「[연예] 방송극과 영화 / '스토리' 귀해 잘 팔리는 판」,《동아일보》, 1962. 7. 22.

30 「[아시아영화제] 성황이룬 아시아의 향연 / 자유 우방의 기대 크다」,《경향신문》, 1962. 3. 7.

31 「[특별기고] 일본의 전위파 감독 대도저(大道渚) 씨의 한국영화 및 배우론」,《조선일보》, 1964. 10. 6.

32 「먼저 한일 문화교류를 / 한국을 다녀와서」,《동아일보》, 1965. 4. 8.

33 「한일교섭 막바지에서 보는 한국 안의 일본 시리즈 / 일본은 들어오고 있다」,《경향신문》, 1965. 2. 22.

34 '한일수교'를 전후로 한 '일본' 관련 영화 제작의 변화에 대해서는 오영숙, 「한일수교와 일본 표상: 1960년대 전반기의 한국영화와 영화 검열」, 『현대영화연구』 제10호, 한양대학교 현대영화연구소, 2010, 291~292쪽 참조.

35 김내성, 『청춘극장 (中)』, 성음사, 1970, 201쪽.

36 1960년대의 검열 문제에 대해서는 박유희, 「예술과 독재」, 『한국영화와 민주주의』, 선인, 2011, 383~417쪽 참조.

37 1960년대 액션 장르로서 대륙활극 내지 만주웨스턴의 의미에 대해서는 박유희, 「만주웨스턴 연구」, 『대중서사연구』 제20호, 대중서사학회, 2008, 7~46쪽 참조.

38 「지원자의 부형에게」, 《매일신보》, 1943. 11. 5; 정운현 편, 『학도여 성전에 나서라』, 없어지지않는이야기, 1997, 147쪽에서 재인용.

39 樋口雄一, 『戰時下朝鮮の民衆と徵兵』, 総和社, 2001, 162쪽; 김예림, 「치안, 범법, 탈주, 그리고 이 모든 사태의 전후(前後): 학병로망으로서의 〈청춘극장〉과 〈아로운〉」, 『대중서사연구』 제24호, 대중서사학회, 2010, 50~51쪽에서 재인용.

40 '학병'에 대해서는 김윤식, 『일제말기 한국인 학병세대의 체험적 글쓰기론』, 서울대학교출판부, 2007, 437~468쪽 참조.

41 반공주의와 검열에 대해서는 박유희, 앞의 글(2011), 383~417쪽 참조.

42 오영숙, 앞의 글, 280쪽.

43 네이버 영화 리뷰(https://blog.naver.com/c106507/221309840790).

44 송병기, 「쇄국기의 대미인식」, 『한국인의 대미인식: 역사적으로 본 형성과정』, 민음사, 1994, 11~53쪽; 김동식, 「한국영화에 등장하는 미국 또는 미국인의 이미지에 관하여」, 『민족문학사연구』 제36호, 민족문학사연구회, 2008, 339쪽에서 재인용.

45 개신교와 반공주의의 관계에 대해서는 강인철, 「한국 개신교 반공주의의 역사적 형성과 변화: 개관」, 『한국의 개신교와 반공주의』, 중심, 2006, 57~93쪽 참조.

46 토마스 샤츠, 한창호·허문영 옮김, 「영화 장르와 장르 영화」, 『할리우드 장르의 구조』, 한나래, 1995, 345쪽.

47 Mirian Bratu Hansen, "The Mass Production of the Senses : Classical Cinema as Vernacular Modernism", eds. Christine Gledhill & Linda Williams, *Reinvention Film Studies*, London : Arnold, 2000, p. 341; 조영정, 「미국영화에 대한 양가적 태도」, 김소연 외, 『매혹과 혼돈의 시대: 50년대의 한국영화』, 도서출판 소도, 2003, 118쪽에서 재인용.

48 1960~1970년대 한국영화에서 미국 표상이 변화하는 양상과 맥락에 대해서는 오영숙, 「전쟁기억과 죄책감: 냉전기 남한영화의 미국 표상과 대중 감정: 〈옥합을 깨뜨릴 때〉(김수용, 1971)을 중심으로」, 『영화연구』 제63호, 한국영화학회, 2015, 195~224쪽 참조.

49 오영숙이 그러한 영화로 주목한 것은 〈옥합을 깨뜨릴 때〉(김수용, 1971)다. 이에 대해서는 위의 글 참조.

50 1980~1990년대 한국영화에 나타난 미국 표상에 대해서는 김선엽, 「1980년대 한국영화에 등장한 포스트식민주의적 혼종성」, 『영화연구』 제28호, 한국영화학회, 2006;

오영숙, 「탈/냉전기 미국주의의 굴절과 영화표상」, 『한국문학연구』 제46호, 동국대학교 한국문학연구소, 87~127쪽 참조.

51 박유희, 「추격의 수사학, 그 명징성으로의 행보: 〈괴물〉」, 『서사의 숲에서 한국영화를 바라보다』, 다빈치, 2008, 94~95쪽.

52 「〈이태원 살인사건〉 정진영 "이유 없는 죽음 … 아무도 책임지지 않았다"」, 《세계일보》, 2009. 9. 3; 「죽은 이는 있는데 죽인 이는 없다」, 《한겨레》, 2009. 9. 6; 「미제사건 뒤의 '그림자' 우리 사회는 투명한가」, 《문화일보》, 2009. 9. 9. 이외에도 당시의 여론을 보여주는 기사가 다수 있다.

53 고윤기, 「고윤기 변호사의 법률 이야기: 이태원 살인사건, 그 20년 만의 결말」, 《CNB Journal》, 제526호, 2017. 3. 13(http://weekly.cnbnews.com/news/article.html?no=121624).

54 「홍기선 감독 "한국의 문화적 정체성 다루고 싶어"」, 《스타뉴스》, 2009. 8. 11 (http://star.mt.co.kr/view/stview.php?no=2009081111320426995&type=1&outlink=1).

55 「베스트셀러 새 版圖」, 《동아일보》, 1988. 8. 2; 「서점가 선풍적 베스트셀러 빨치산 체험수기 〈남부군〉」, 《한겨레》, 1988. 8. 18.

56 〈피아골〉에 대해서는 박유희, 「1950년대 한국영화의 반공서사와 여성 표상」, 『여성문학연구』 제21호, 한국여성문학학회, 2009. 6, 144~148쪽 참조.

57 「6·25 도서 새 지평 / 탈냉전 물결 타고 금기영역 해부」, 《경향신문》, 1992. 6. 24.

58 「[인터뷰] 박찬욱 감독, 이념보다 휴머니즘에 포커스」, 《동아일보》, 2000. 6. 8.

59 탈북영화 목록에 대해서는 오영숙, 「탈북의 영화적 표상과 공간 상상」, 『영화연구』 제51호, 한국영화학회, 2012, 185~212쪽 참조.

60 앙리 베르그송, 정연복 옮김, 『웃음』, 세계사, 1992.

61 이 말은 미국의 제16대 대통령 링컨이 남북전쟁 당시 게티즈버그 전투에서 전사한 장병들에게 바친 추모 연설의 한 구절로 널리 알려졌는데, 영국의 종교개혁 신학자 존 위클리프가 영어판 성서의 서문에서 "이 성경은 인민의, 인민에 의한, 인민을 위한 통치에 대한 것이다(This Bible is for the Government of the People, by the People, and for the People)"라고 한 데서 유래했다(이승원, 『민주주의』, 책세상, 2014, 8쪽).

62 유관순 열사가 3·1운동의 상징적 표상으로 자리 잡는 과정을 다룬 논문은 여러 편 나와 있다. 정상우, 「3·1운동 표상 '유관순'의 발굴」, 『역사와 현실』 제74호, 한국역사연구회, 2009. 12, 235~263쪽; 임종명, 「탈식민시기(1945. 8~1948. 7) 남한에

서의 3·1의 소환과 표상」, 『대동문화연구』 제66호, 성균관대학교 대동문화연구원, 2009. 6, 297~333쪽; 정종현, 「3·1운동 표상의 문화정치학: 해방기~대한민국 건국기 3·1운동 표상을 중심으로」, 『한민족문화연구』 제23호, 한민족문화학회, 2007. 11, 239~276쪽; 정종현, 「유관순 표상의 창출과 전승: 해방 이후 제작된 유관순 영화의 내러티브를 중심으로」, 『한국문학연구』 제36호, 동국대학교 한국문학연구소, 2009. 6, 155~209쪽 참조.

63 허동찬, 「3·1운동을 보는 북한의 시각」, 『북한』, 1989. 3; 정종현, 위의 글(2009. 6.), 157쪽에서 재인용; 임경석, 「3·1운동을 보는 남과 북의 시각」, 『통일시론』 제2권, 1999; 정상우, 위의 글, 236쪽에서 재인용.

64 최은경, 「한국 동요·동시 정전화 연구」, 박사학위논문, 인하대학교 한국학과, 2015. 2, 62쪽.

65 정상우, 앞의 글, 250쪽.

66 〈유관순〉 노래를 작곡한 나운영이 문교부 편수관이었듯이, 유관순에 대한 최초의 평전 『순국처녀 유관순전』(1948)을 쓴 전영택도 문교부 편수관이었다. 이 책은 2015년에 새로 출간되었다(전영택, 『순국처녀 유관순전』, 늘봄, 2015).

67 「새로 나온 책」, 《경향신문》, 1948. 3. 27; 「문화소식」, 《동아일보》, 1948. 3. 27; 「조선영화사상의 금자탑 / 누구나 한 번은 보서야 할 영화 순국의 처녀」, 《동아일보》, 1948. 4. 7.

68 이영일, 「〈유관순〉 작품해설」, 『한국 시나리오 선집 제1권(초창기~1955)』, 영화진흥공사, 1982, 312쪽.

69 윤봉춘, 「유관순」, 『한국 시나리오 선집 제1권(초창기~1955)』, 영화진흥공사, 1982, 337쪽.

70 이정은, 『유관순: 불꽃같은 삶, 영원한 빛』, 류관순열사기념사업회, 2004, 416~430쪽.

71 『이영일의 한국영화사를 위한 증언록: 윤봉춘 편』, 도서출판 소도, 2004, 184쪽.

72 〈유관순〉의 역대 시나리오에 나타난 서사의 변이에 대해서는 정종현, 앞의 글(2009. 6) 참조.

73 「내면적 공감 못 주어 〈유관순〉」, 《동아일보》, 1959. 5. 31.

74 박화성, 『타오르는 별: 유관순의 일생』, 문림사, 1970, 33~61쪽.

75 김영진, 「불완전한 그리고 소심한 위로」, 《씨네21》 제1119호, 한겨레, 2017. 8. 22, 80~83쪽.

76 네이버 영화 리뷰(http://movie.naver.com/movie/bi/mi/review.nhn?code=146469&page=2), 맥스무비 평점(http://www.maxmovie.com/Movie/M0000

96507/talk#Menu) 참조.

77 「80년 광주 재현 / 경이적 시청률」, 《경향신문》, 1995. 1. 20.

78 「그날의 광주 충격 묘사」, 《한겨레》, 1995. 1. 20.

79 「광주 소재 영화 〈부활의 노래〉 가위질, 고증 결함 빌미 25% 삭제」, 《한겨레》, 1990. 9. 22.

80 「'광주' 소재 영화 첫 열매」, 《한겨레》, 1990. 8. 5.

81 민주화운동기념사업회, http://www.610.or.kr/610/about/.

82 『제주 4·3사건 진상조사 보고서』.

83 「영화 속 사진에서 여진구가 쓴 안경, 실제 박종철 열사가 쓰던 것」, 《데일리한국》, 2018. 1. 13.

84 최장집, 「법의 지배와 민주주의」 한국어판 서문, 아담 쉐보르스키 외, 안규남·송호 창 옮김, 『법의 지배와 민주주의』, 후마니타스, 2008, 20~21쪽.

85 유민영, 『한국현대희곡사』, 홍성사, 1982, 603~605쪽; 전지니, 「1930년대 가족 멜 로드라마 연구」, 『한국근대문학연구』 제26호, 한국근대문학회, 2012, 103쪽.

86 이영미, 『한국대중예술사, 신파성으로 읽다』, 푸른역사, 160쪽, 207쪽 참고.

87 이에 대해서는 박유희, 「고상한 통속의 윤리, 유려한 봉합의 미학: 1950년대 말 신상 옥 감독의 멜로드라마」, 『Korean Film Archive DVD Collection: 1950년대 신상옥 멜로드라마』, 한국영상자료원, 2013, 10~14쪽 참조.

88 오병호의 자살이 지니는 의미는 박유희, 「총론: 한국 추리서사와 '탐정'의 존재 론」, 대중서사장르연구회, 『대중서사장르의 모든 것 3: 추리물』, 이론과실천, 2011, 64~68쪽에서 논한 바를 바탕으로 했다.

89 「단지 그대가 여자라는 이유만으로 / 성폭력, 사회문제로 다룬 법정영화」, 《동아일 보》, 1990. 10. 5.

90 「법정영화 코미디 「박대박」 부자간 코피 터지는 '폭소' 대결」, 《한겨레》, 1997. 4. 26; 「이명인의 영화관람석 '생과부 위자료 청구소송'」, 《한겨레》, 1998. 7. 31.

91 한국영화사에서 멜로드라마의 생명력에 대해서는 박유희, 「한국 멜로드라마의 형성 과정 연구: 저널리즘에 나타난 '멜로드라마' 장르 개념을 중심으로」, 『현대문학이론 연구』 제38호, 현대문학이론학회, 2009, 181~212쪽; 「한국 멜로드라마 성립과정에 서의 혼성과 전유: 1950년대 후반 한국영화 장르 성립과정을 중심으로」, 『현대문학 이론연구』 제40호, 현대문학이론학회, 2010, 359~384쪽 참조.

92 여기에서 '추리 장르'는 탐정물, 범죄물, 서스펜스물, 필름누아르, 스릴러 등을 포괄 한다. 장르의 정의와 성격에 대해서는 박유희, 「총론: 한국 추리서사와 '탐정'의 존재

론」, 대중서사장르연구회, 『대중서사장르의 모든 것 3: 추리물』, 이론과실천, 2011, 19~43쪽 참조.

93 에르네스트 만델, 이동연 옮김, 『즐거운 살인: 범죄소설의 사회사』, 도서출판 이후, 2001, 236쪽.

94 한국 법정영화의 역사에 대해서는 박유희, 「한국 법정영화의 젠더 보수성에 대한 역사적 고찰」, 『어문논집』 제84호, 민족어문학회, 2018. 12, 139~189쪽 참조.

95 김시습, 심경호 옮김, 「만복사저포기」, 『금오신화』, 홍익출판사, 109쪽.

96 헐버트는 1903년 4월부터 9월까지 《Korea Review》에 「한국무당과 판수(Korean Mudang and P'ansu)」라는 글을 연재했다(최길성, 「한국무속 연구의 과거와 현재」, 『문화인류학』 제3호, 문화인류학회, 1970. 11, 127쪽); 김홍수, 「19세기 말~20세기 초 서양 선교사들의 한국종교 이해」, 『한국기독교와 역사』 제19호, 한국기독교역사연구소, 2003, 15~16쪽에서 재인용.

97 이능화, 이재곤 옮김, 『조선무속고』, 동문선, 1991, 17쪽.

98 샤머니즘에 대한 탄압의 역사에 대해서는 조흥윤, 『한국의 샤머니즘』, 서울대학교출판부, 1999, 머리말 참조.

99 〈김약국의 딸들〉에 대해서는 박유희, 「윤리와 희망: 유현목의 영화세계」, 『유현목 컬렉션 해설집』, 한국영상자료원, 2010, 18~27쪽; 「문예영화와 검열: 유현목 영화의 정체성 구성과정에 대한 일고찰」, 『영상예술연구』 제17호, 영상예술학회, 2010. 11, 173~212쪽 참조.

100 〈무녀도〉 주연을 둘러싼 시비에 대해서는 「무녀도 주역 싸고 고소전, 김지미·윤정희 관계 미묘」, 《경향신문》, 1971. 8. 21; 「무녀도 주연 둘러싼 법적 시비」, 《동아일보》, 1971. 10. 20; 「배우·영화사 무녀도 싸움」, 《경향신문》, 1972. 4. 15; 「「무녀도」 싸고 김지미 양 피소」, 《경향신문》, 1972. 6. 21. 이외에도 1971년 여름부터 1972년 여름까지 일간지에 편재하는 다수의 기사들 참조.

101 천승세, 「신궁」, 『혜자의 눈꽃』, 심지, 1991, 220쪽.

102 이 글에서 〈운명의 손〉에 대한 분석은 박유희, 「1950년대 영화의 반공서사와 여성 표상」, 『여성문학연구』 제21호, 한국여성문학학회, 2009, 125~159쪽의 내용을 토대로 했다.

103 프랜시스 올슨, 카키야마 요시코 편역, 김리우 옮김, 『법의 성별』, 파랑새미디어, 2016, 10~11쪽.

104 고영복 편, 『사회적 사전』, 사회문화연구소, 2000, 85~86쪽.

105 Partha Chatterjee, *The Nation and Its Fragments*, Princeton : Princeton University

Press, 1993, Chapter VI ; 태혜숙, 「한국의 식민지 근대 체험과 여성 공간」, 『한국의 식민지 근대와 여성 공간』, 도서출판 여이연, 2004, 22쪽에서 재인용.

106 너멀 퓨워, 김미덕 옮김, 『공간 침입자: 중심을 교란하는 낯선 신체들』, 현실문화, 2017, 29쪽.

107 「最初女判事 李台榮女史」, 《경향신문》, 1953. 7. 3.

108 「英最初의 女判事」, 《경향신문》, 1962. 9. 24 ; 「威嚴있는 女判事」, 《경향신문》, 1962. 10. 12.

109 이러한 사실에 대해서는 「최초의 여판사」, 《경향신문》, 1954. 9. 10 ; 「황윤석 여판사 절명」, 《동아일보》, 1961. 4. 21 ; 「여판사 황씨 자살」, 《동아일보》, 1961. 4. 22 ; 「英 최초의 여판사」, 《경향신문》, 1962. 9. 24 ; 「12년 만에 여판사 2명 탄생」, 《경향신문》, 1973. 3. 27 등의 신문기사 참조.

110 「여성 정치의식 크게 높아서 88여성계 결산」, 《동아일보》, 1988. 12. 22.

111 「단지 그대가 여자라는 이유만으로, 설득력 약해」, 《경향신문》, 1990. 1. 17.

112 세라 블래퍼 허디, 앞의 책, 29~30쪽.

113 여성 노동의 지난한 역사에 대해서는 셀라 레웬학, 김주숙 옮김, 『여성 노동의 역사』, 이화문고, 1995 참조.

114 근대적인 노동과 노동자 개념의 형성에 대해서는 레이먼드 윌리엄스, 김성기·유리 옮김, 『키워드』, 민음사, 2010, 265~269쪽 ; 강이수·신경아, 『여성과 일: 한국여성노동의 이해』, 동녘, 2001, 35~37쪽 참조.

115 여성의 일에 대해서는 강이수·신경아, 위의 책, 19~70쪽 참조.

116 위의 책, 71~88쪽 참조.

117 이에 대해서는 이원보, 『한국노동운동사 100년의 기록』, 한국노동사회연구소, 2005, 289~345쪽의 서술 태도 참조.

118 손정목, 『일제강점기 도시계획 연구』, 일지사, 1994, 177~212쪽.

119 이영석·민유기 외, 「경성(京城), 식민지 근대 서울」, 『도시는 역사다』, 서해문집, 2011, 25~26쪽.

120 강이수, 「산업화 이후 여성노동시장의 변화와 일-가족관계」, 『페미니즘 연구』 제7권 제2호, 한국여성연구소, 2007. 10, 10~11쪽.

121 이 영화들에 대해서는 박유희, 「박정희 정권기 영화 검열과 감성 재현의 역학」, 『역사 비평』 제99호, 역사문제연구소, 2012. 5, 73~78쪽 참조.

122 다큐멘터리의 다원화에 대해서는 맹수진, 「한국 독립 다큐멘터리의 주제 및 양식 적 다양화에 대한 고찰」, 『씨네포럼』 제18호, 동국대학교 영상미디어센터, 2014. 5,

255~285쪽에 잘 정리되어 있다.

123 네이버 영화(http://movie.naver.com/movie/bi/mi/basic.nhn?code=100654).

124 다음 영화(http://movie.daum.net/moviedb/grade?movieId=75497).

125 김남수, 「영화 〈카트〉, 감독과 당사자가 만나다: 〈카트〉 개봉의 의미와 평가」, 『비정규노동』, 제109호, 한국비정규노동센터, 2014. 12, 87쪽.

126 그러한 글로는 김하은, 「연대하는 삶에 관하여: 부지영 감독, 영화 〈카트〉」, 『갈라진 시대의 기쁜 소식』 제1062호, 우리신학연구소, 2014. 12, 107~111쪽; 조흡, 「〈카트〉: 감정 자본주의의 형성」, 『대한토목학회지』 제63호, 대한토목학회, 2015. 2, 104~108쪽 등이 있다.

127 계운경, 「〈외박〉과 〈카트〉의 여성노동운동과 공간」, 『현대영화연구』 제23호, 한양대학교 현대영화연구소, 2016. 3, 229~256쪽.

128 김남수, 앞의 글 중 이남신의 말, 102쪽.

129 김남수, 위의 글, 103쪽.

130 이에 대한 주목할 만한 연구로는 배상미, 「'여성 노동자'라는 새로운 범주 설정의 필요성: 다큐멘터리 영화 〈외박〉을 중심으로」(『2014 여성학논집』 제31집 제1호, 이화여자대학교 한국여성연구원, 2014, 93~116쪽)가 있다.

131 「1800억 원 '인터스텔라' 흥행 광풍 속 30억 원 영화 '카트'의 의미 있는 선전」, 《국민일보》, 2014. 11. 27.

132 김남수, 앞의 글, 89쪽.

133 조흡, 「〈성실한 나라의 앨리스〉: 후기 자본주의 시대의 미학적 전략」, 『대한토목학회지』 제63권 제11호, 대한토목학회, 2015. 11, 100~104쪽.

134 조혜정, 「성실의 역설 그리고 분열증: 성실한 나라의 앨리스」, 『현대영화연구』 제23호, 한양대학교 현대영화연구소, 2016, 63쪽.

135 황혜진, 「단편영화 〈성실한 나라의 앨리스〉: 절망적인 현실을 견디는 그녀만의 방법」, 『공연과 리뷰』 제21권 제3호, 현대미학사, 2015. 9, 209~213쪽.

136 김지미, 「상속되는 권력과 불가피한 광기」, 『황해문화』, 2015년 겨울호, 새얼문화재단, 2015. 360~363쪽.

137 황진미, 「이정현에게 '앨리스' 추천한 박찬욱의 선택은 옳았다」, 『엔터미디어』, 2015. 9. 1(http://www.entermedia.co.kr/news/news_view.html?idx=4759).

138 http://movie.naver.com/.

139 앨리슨 버틀러, 김선아·조혜영 옮김, 『여성영화: 경계를 가로지르는 스크린』, 커뮤니케이션북스, 2011, 2쪽.

140 김종수, 「해방기 출판시장에서 이광수의 위상」, 『민족문화연구』 제52호, 2010, 199~227쪽 참조.

141 「춘원 이광수 씨 택(宅)」, 《경향신문》, 1955. 11. 22.

142 이 책에 대한 정보는 권명아, 「문예영화와 공유기억 만들기: 한국전쟁의 경험과 역사의 재구성」, 『한국문학연구』 제26호, 동국대학교 한국문학연구소, 2003, 135쪽 참조.

143 곽학송, 「原作者의 辯: 春園 李光洙 解說・概要─그의 生涯・사랑・思想」, 『〈춘원 이광수〉 오리지널 시나리오』, 1968, 11~12쪽.

144 이청기, 「각본심의결과통고서」, 문화공보부, 1968. 7. 19.

145 白淳在, 「붓을 들 때」, 《동아일보》, 1968. 2. 24.

146 이광수 원작 영화에 대한 논의는 박유희, 「춘원 문학 영화화의 추이와 맥락: 해방 이후부터 1970년대까지」, 『상허학보』 제37호, 상허학회, 2013. 2, 237~278쪽 참조.

147 「現代婚姻問題와 戀愛外의 要素(四)」, 《동아일보》, 1922. 3. 11.

148 이준희, 「〈사의 찬미〉 음반, 온라인 경매서 4800만 원에 낙찰: 매입 주체와 동기에 관심 증폭」, 《오마이뉴스》, 2015. 7. 20(http://www.ohmynews.com/NWS_Web/View/at_pg.aspx?CNTN_CD=A0002128781).

149 「[연예수첩] 半世紀歌謠界(8) 尹心悳의 情死」, 《동아일보》, 1973. 2. 14.

150 《동아일보》, 1926. 8. 9.

151 《동아일보》, 1926. 8. 15.

152 이 부분은 박유희, 「민족계몽과 예술지상주의 사이: 1960년대 문예영화에 나타난 식민지 예술가의 표상」, 『한민족문화연구』 제48호, 한민족문화학회, 2014. 12, '2장 문예영화 붐과 영화 속 예술가들'의 내용을 바탕으로 한 것이다.

153 김홍준, 『이장호 감독의 마스터클래스』, 작가, 2013, 72쪽.

154 네이버 두산백과 '나혜석' 항목(https://terms.naver.com/entry.nhn?docId=1074496&cid=40942&categoryId=34387).

155 네이버 문화콘텐츠닷컴 '나혜석' 항목(https://terms.naver.com/entry.nhn?docId=1763117&cid=49233&categoryId=49233).

156 정성희 외, 네이버 인물한국사 '나혜석' 항목(https://terms.naver.com/entry.nhn?docId=3571525&cid=59015&categoryId=59015).

157 한국영상자료원, 한국영화데이터베이스, http://www.kmdb.or.kr/.

158 김소연 외, 『매혹과 혼돈의 시대: 50년대의 한국영화』, 도서출판 소도, 2003.

1. 논문 및 평론

강만금, 「성실한 나라의 앨리스: 성실한 나라의 앨리스를 실성하게 만드는 지금 여기, 우리
　　가 사는 세상」, 『브레인』 제54호, 한국뇌과학연구원, 2015.

강성률, 「영화로 보는 우리 역사 ⑤/〈웰컴 투 동막골〉과 한국전쟁: 민족의 이상향과 과도
　　한 민족주의의 함정」, 『내일을 여는 역사』 제22호, 내일을여는역사, 2005.

＿＿＿, 「〈피아골〉과 〈남부군〉: 빨치산에 대한 극단적인 두 시선」, 『내일을 여는 역사』 제26
　　호, 내일을여는역사, 2006.

＿＿＿, 「일제강점기 조선영화 담론의 선두주자, 박기채 감독 연구」, 『영화연구』 제42호, 한
　　국영화학회, 2009.

＿＿＿, 「영화가 탈북자를 다루는 시선들」, 『현대영화연구』 제12호, 한양대학교 현대영화연
　　구소, 2011.

강영미, 「1970년대의 전통과 문학정전 형성에 관한 연구」, 『국제어문학회 학술대회 자료
　　집』, 국제어문학회, 2005.

강영희, 「일제강점기 신파양식에 대한 연구」, 박사학위논문, 서울대학교대학원 국어국문
　　학과, 1989.

강옥희, 「대중소설의 한 기원으로서의 신파소설」, 『대중서사연구』 제9호, 대중서사학회,
　　2003.

강용훈, 「소설 『최후의 증인』의 영화화 양상과 한국 추리서사에 재현된 법(法)의 문제: 영
　　화 〈최후의 증인〉(1980)의 검열 양상과 관련하여」, 『Journal of Korean Culture』 제43호,
　　한국어문학국제학술포럼, 2018.

강이수, 「산업화 이후 여성노동시장의 변화와 일-가족관계」, 『페미니즘 연구』 제7권 제2
　　호, 한국여성연구소, 2007.

강진호, 「한국 반공주의의 소설·사회학적 기능」, 『한국언어문학』 제52호, 한국언어문학
　　회, 2004.

계운경, 「〈외박〉과 〈카트〉의 여성노동운동과 공간」, 『현대영화연구』 제23호, 한양대학교 현대영화연구소, 2016.

고선희, 「1950년대 매체 전환의 한 양상: 한운사의 방송극과 영화」, 『대중서사연구』 제19호, 대중서사학회, 2008.

곽학송, 「原作者의 辯: 春園 李光洙 解說·槪要—그의 生涯·사랑·思想」, 《춘원 이광수》 오리지널 시나리오」, 1968.

구인모, 「근대기 멜로드라마 서사 형성의 한 장면: 영화와 영화 설명 〈동도〉를 중심으로」, 『한국민족문화』 제48호, 부산대학교 한국민족문화연구소, 2013.

_____, 「근대기 한국의 대중서사 기호와 향유방식의 한 단면: 영화 〈명금〉(1915)을 중심으로」, 『정신문화연구』 제36권 제3호, 한국학중앙연구원, 2013.

권경미, 「1970년대 버스 안내양의 재현 방식 연구: 소설, 영화, 수기를 중심으로」, 『어문논집』 제53호, 중앙어문학회, 2013.

권명아, 「문예영화와 공유기억(commemoration) 만들기: 한국전쟁의 경험과 역사의 재구성」, 『한국문학연구』 제26호, 동국대학교 한국문학연구소, 2003.

권은선, 「'한국형 블록버스터'에서의 민족주의와 젠더: 〈쉬리〉와 〈공동경비구역JSA〉를 중심으로」, 『여/성이론』 제4호, 도서출판 여이연, 2001.

_____, 「호스티스멜로드라마 속 여성의 질병과 생체정치: 〈별들의 고향〉을 중심으로」, 『여/성이론』 제23호, 도서출판 여이연, 2010.

김경욱, 「〈의형제〉의 환상, 〈경계도시 2〉의 실재, 어느 쪽이 우리를 즐겁게 하는가?」, 『영상예술연구』 제17호, 영상예술학회, 2010.

김남수, 「대중문화, 노동문제를 담아내다: 영화 〈카트〉, 감독과 당사자가 만나다 2부」, 『월간 비정규 노동』 제109호, 한국비정규노동센터, 2014. 12.

김동식, 「한국영화에 등장하는 미국 또는 미국인의 이미지에 관하여」, 『민족문학사연구』 제36호, 민족문학사연구소, 2008.

김마이클, 「상실된 전쟁의 기억: 월경의 트라우마와 조선인들의 만주 탈출」, 비교역사문화연구소 기획, 전진성·이재원 엮음, 『기억과 전쟁: 미화와 추모 사이에서』, 휴머니스트, 2009.

김미도, 「1930년대 한국희곡의 유형에 관한 연구」, 박사학위논문, 고려대학교대학원 국어국문학과, 1993.

김미현, 「신파와 신파성의 감각」, 『대중서사연구』 제20호, 대중서사학회, 2008.

김방옥, 「한국 연극사에 있어서의 신극극의 의미」, 『이화어문』 제6호, 이화여자대학교 이화어문학회, 1983.

김보경, 「한국분단영화에 나타난 분단의 의미 변화 연구: 1990년대 후반 이후를 중심으로」, 석사학위논문, 한양대학교대학원 사회학과, 2007.

김복순, 「전후 여성교양의 재배치와 젠더 정치」, 『여성문학연구』 제18호, 한국여성문학학회, 2007.

_____, 「소녀의 탄생과 반공주의 서사의 계보: 최정희의 『녹색의 문』을 중심으로」, 『한국근대문학연구』 제18호, 한국근대문학회, 2008.

김봉석, 「김봉석의 영화읽기: 〈이중간첩〉」, 『민족21』 제24호, 민족21, 2003.

김봉석·김영하·박상준 외 2명, 「[좌담] 장르문학과 장르적인 것에 관한 이야기들」, 『문학과사회』 제17권 3호, 2004.

김새로미, 「남북 화해협력시대 분단영화에 관한 연구: 〈쉬리〉, 〈웰컴 투 동막골〉, 〈태풍〉을 중심으로」, 석사학위논문, 고려대학교대학원 영상문화학협동과정, 2007.

김선아, 「1970년대 전후 한국영화의 감정구조에 대한 고찰: '독특한 폐쇄성'을 중심으로」, 『문학과영상』 제11권 제2호, 문학과영상학회, 2010.

_____, 「탈/국가의 영화적 공간: 〈민족과 운명〉, 〈무산일기〉, 〈두만강〉을 중심으로」, 『현대영화연구』 제14호, 한양대학교 현대영화연구소, 2012.

김선엽, 「1980년대 한국영화에 등장한 포스트식민주의적 혼종성」, 『영화연구』 제28호, 한국영화학회, 2006.

김성희, 「한국 역사극의 기원과 정착: 역사소설/야담과의 교섭과 담론적 성격을 중심으로」, 『드라마연구』 제32호, 한국드라마학회, 2010.

김소영, 「근대성과 여자 귀신」, 『한국학논집』 제30호, 계명대학교 한국학연구소, 2003.

_____, 「경계를 활유하다: 김기영 감독 〈현해탄은 알고 있다〉(1961)」, 《웹진 민연》 제12호, 민족문화연구원, 2012.

김수남, 「조선무성영화 변사 연희의 공연예술성과 원형성 복원에 대한 논의: 총체예술성 관점에서」, 『공연문화연구』 제27권, 한국공연문화학회, 2013.

김수현, 「한국분단영화의 이데올로기의 변천: 〈쉬리〉 이후 한국분단영화를 중심으로」, 석사학위논문, 서강대학교 언론대학원, 2005.

김양선, 「전후 여성문학 장의 형성과 〈여원〉」, 『여성문학연구』 제18호, 한국여성문학학회, 2007.

_____, 「반공주의의 전략적 수용과 여성문단: 한국전쟁기 여성문학 장을 중심으로」, 『한국문학』 제101호, 한국어문학회, 2008.

김열규, 「무속 신앙과 기독교 신앙」, 『기독교 사상』 제32권 제10호, 대한기독교서회, 1988.

김영진, 「불완전한 그리고 소심한 위로」, 《씨네21》 제1119호, 한겨레, 2017.

김예림, 「치안, 범법, 탈주, 그리고 이 모든 사태의 전후(前後): 학병로망으로서의 『청춘극 장』과 『아로운』」, 『대중서사연구』 제24호, 대중서사학회, 2010.

김유미, 「1950~60년대 연극 속에 드러나는 무속의 기능과 의미」, 『한국문학이론과비평』 제60호, 한국문학이론과비평학회, 2014.

김윤미, 「〈한네의 승천〉에 나타난 한국적 영상의 의미 연구」, 『드라마연구』 제28호, 한국드 라마학회, 2008.

김윤선, 「1930년대 한국영화의 문학화 과정: 영화 〈무정〉(박기채 감독, 1939)을 중심으 로」, 『우리어문연구』 제31호, 우리어문학회, 2008.

김은경, 「한국전쟁 후 재건윤리로서의 '전통론'과 여성」, 『아시아여성연구』 제45권 제2호, 숙명여자대학교 아시아여성문제연구소, 2006.

김은주, 「〈쉬리〉 이후 등장한 분단영화의 장르 파생에 대한 산업적 요인 연구」, 석사학위논 문, 동국대학교대학원 연극영화학과, 2006.

김의수, 「한국 분단영화에 관한 연구: 분단영화의 장르적 정의와 진화과정을 중심으로」, 석사학위논문, 서강대학교대학원 신문방송학과, 1999.

김재석, 「1920年代 '新派劇·新劇論爭' 研究」, 『한국극예술연구』 제2호, 한국극예술학 회, 1992.

_____, 「한일 신파극의 형성과 특성에 대한 비교연극학적 연구」, 『어문학』 제67호, 한국어 문학회, 1999.

_____, 「근대극 전환기 한일 신파극의 근대성에 대한 비교연극학적 연구」, 『한국극예술연 구』 제17호, 한국극예술학회, 2003.

_____, 「〈金色夜叉〉와 〈長恨夢〉의 변이에 나타난 한일 신파극의 대중성 비교 연구」, 『어 문학』 제84호, 한국어문학회, 2004.

_____, 「〈병자삼인〉의 번안에 대한 연구」, 『한국극예술연구』 제22호, 한국극예술학회, 2005.

_____, 「한국 신파극의 형성과 川上音二郎의 관계 연구」, 『어문학』 제88호, 한국어문학 회, 2005.

_____, 「1910년대 한국 신파연극계의 위기의식과 연쇄극의 등장」, 『어문학』 제102호, 한 국어문학회, 2008.

김정하, 「한국소설의 '恨풀이' 모티프와 주술적 연구: 천승세 「신궁」의 은유체계를 중심으 로」, 『한국문학이론과비평』 제2호, 한국문학이론과비평학회, 1998.

김종수, 「일제 식민지 근대 출판시장에서 이광수의 위상」, 『한국문화』 제50호, 서울대학교 규장각한국학연구원, 2010.

＿＿＿,「해방기 출판시장에서 이광수의 위상」,『민족문화연구』제52호, 고려대학교 민족문화연구원, 2010.

김지미,「1960~70년대 한국영화의 여성 주체 재현 방식 연구: 원작소설의 변용양상을 중심으로」, 박사학위논문, 서울대학교대학원 국어국문학과, 2011.

＿＿＿,「상속되는 권력과 불가피한 광기」,『황해문화』제89호, 새얼문화재단, 2015.

김지영,「한국영화에 나타난 정보기관, 요원의 이미지 변화에 대한 연구: 시나리오를 중심으로」, 석사학위논문, 중앙대학교 예술대학원 공연영상학과, 2011.

김청강,「'위안부'는 어떻게 잊혀졌나" 1990년대 이전 대중영화 속 '위안부' 재현」,『동아시아문화연구』제71호, 한양대학교 동아시아문화연구소, 2017.

김하은,「연대하는 삶에 관하여: 부지영 감독, 영화 〈카트〉」,『갈라진 시대의 기쁜 소식』제1062호, 우리신학연구소, 2014.

김한상,「영화의 국적 관념과 국가영화사의 제도화 연구: '한국영화사' 주요 연구문헌을 중심으로」,『사회와역사』제48호, 한국사회사학회, 2018.

김한성,「'무녀도' 읽기: 환경 비평의 시각에서」,『문학과환경』제9권 제2호, 문학과환경학회, 2010.

김홍수,「19세기 말~20세기 초 서양 선교사들의 한국종교 이해」,『한국기독교와 역사』제19호, 한국기독교역사연구소, 2003.

나병철,「계몽의 예외상태와 여성의 타자성의 사랑」,『한국현대문학연구』제54호, 한국현대문학회, 2018.

노지승,「〈영자의 전성시대〉에 나타난 하층민 여성의 쾌락: 계층과 젠더의 문화사를 위한 시론」,『한국현대문학연구』제24호, 한국현대문학회, 2008.

＿＿＿,「한국 남성성의 문화적 (재)구성과 그 계보: 남성 주체의 분열과 재건, 1980년대 에로영화에서의 남성성」,『여성문학연구』제30호, 한국여성문학학회, 2013.

맹수진,「한국 독립 다큐멘터리의 주제 및 양식적 다양화에 대한 고찰」,『씨네포럼』제18호, 동국대학교 영상미디어센터, 2014.

문선영,「한국전쟁과 애도의 수사학: 〈작은 연못〉을 중심으로」,『영화』제3권 제2호, 부산대학교 영화연구소, 2010.

박경득,「영화 〈카트〉 속 마트 비정규직 여성 노동자」,『여성우리』제52호, 부산여성가족개발원, 2014.

박경진,「변사의 무성영화 미학」, 석사학위논문, 중앙대학교 첨단영상대학원 영상예술학과, 2011.

박덕춘,「영화 〈카트〉가 수용자의 정치적, 사회적 인식에 미치는 영향」,『디지털융복합연구』제13호, 한국디지털정책학회, 2015.

박명진, 「한국 근대극의 대중성: '대중연극론'에 대한 비판」, 『한국 희곡의 이데올로기』, 보고사, 1998.

_____, 「하길종 영화의 섹슈얼리티와 공간정치학」, 『우리문학연구』 제26호, 우리문학회, 2009.

박상준, 「21세기, 한국, 그리고 SF」, 『오늘의 문예비평』, 제59호, 오늘의문예비평, 2005.

박유희, 「이상(李箱) 소설의 반어적 서술자 연구: 「날개」를 중심으로」, 『민족문화연구』 제40호, 고려대학교 민족문화연구원, 2004.

_____, 「〈自由夫人〉에 나타난 1950년대 멜로드라마의 변화」, 『문학과영상』 제6권 제2호, 문학과영상학회, 2005.

_____, 「장르영화적 상상력의 기원과 구조」, 『디지털 시대의 서사와 매체』, 동인, 2005.

_____, 「1950년대 남북한 소설 연구: 응전의 논리와 전흔 치유 방식에 대한 문학사회학적 일고찰」, 『어문학』 제90호, 한국어문학회, 2005.

_____, 「만주웨스턴 연구」, 『대중서사연구』 제20호, 대중서사학회, 2008.

_____, 「한국 사극영화의 장르 관습 형성에 관한 일고찰」, 『문학과영상』 제9권 제2호, 문학과영상학회, 2008.

_____, 「한국 멜로드라마의 형성 과정 연구: 저널리즘에 나타난 '멜로드라마' 장르 개념을 중심으로」, 『현대문학이론연구』 제38호, 현대문학이론학회, 2009.

_____, 「1950년대 영화의 반공 서사와 여성 표상」, 『여성문학연구』 제21호, 한국여성문학회, 2009.

_____, 「한국 멜로드라마 성립과정에서의 혼성과 전유: 1950년대 후반 한국영화 장르 성립과정을 중심으로」, 『현대문학이론연구』 제40호, 현대문학이론학회, 2010.

_____, 「文藝映畵의 함의」, 『영화연구』 제44호, 한국영화학회, 2010.

_____, 「문예영화와 검열: 유현목 영화의 정체성 구성과정에 대한 일고찰」, 『영상예술연구』 제17호, 영상예술학회, 2010.

_____, 「윤리와 희망: 유현목의 영화세계」, 『유현목 컬렉션 해설집』, 한국영상자료원, 2010.

_____, 「영화배우 최은희를 통해 본 모성 표상과 분단체제」, 『한국극예술연구』 제33호, 한국극예술학회, 2011.

_____, 「스펙터클과 독재: 신상옥 영화론」, 『영화연구』 제49호, 한국영화학회, 2011.

_____, 「기교와 포즈로서의 예술: 김수용 영화론」, 『한민족문화연구』 제38호, 한민족문화학회, 2011.

_____, 「한국형 전쟁영화: 흉터로 남은 사내들」, 『영화평론』 제24호, 한국영화평론가협회, 2011.

_____, 「어머니, 어미, 마더」, 《웹진 민연》 제1호, 2011.

_____, 「한국전쟁과 적(敵)」, 《웹진 민연》 제5호, 2011.

_____, 「박정희 정권기 영화 검열과 감성 재현의 역학」, 『역사비평』 제99호, 역사문제연구소, 2012.

_____, 「샤먼의 기억: 한국영화에 나타난 '무당' 표상」, 『현대문학이론연구』 제48호, 현대문학이론학회, 2012.

_____, 「남과 북 (김기덕, 1965)」, 한국영화걸작선, 한국영상자료원, 2012, https://www.kmdb.or.kr/story/10/1911.

_____, 「무당」, 《웹진 민연》 제9-10호 합집, 2012.

_____, 「첫사랑」, 《웹진 민연》 제15호, 2012.

_____, 「여간첩」, 《웹진 민연》 제19호, 2012.

_____, 「춘원 문학 영화화의 추이와 맥락: 해방 이후부터 1970년대까지」, 『상허학보』 제37호, 상허학회, 2013.

_____, 「고상한 통속의 윤리, 유려한 봉합의 미학: 1950년대 말 신상옥 감독의 멜로드라마」, 『1950년대 신상옥 멜로드라마』, 한국영상자료원, 2013.

_____, 「고립된 전사, 경계의 타자: 탈냉전시대 한국전쟁 영화에 나타난 '北'의 표상」, 『민족문화연구』 제58호, 고려대학교 민족문화연구원, 2013.

_____, 「남한영화에 나타난 태평양전쟁의 표상」, 『한국극예술연구』 제44호, 한국극예술학회, 2014.

_____, 「민족계몽과 예술지상주의 사이: 1960년대 문예영화에 나타난 식민지 예술가의 표상」, 『한민족문화연구』 제48호, 한민족문화학회, 2014.

_____, 「아버지」, 《웹진 민연》 제33호, 2014.

_____, 「옵바! 오빠」, 《웹진 민연》 제36호, 2014.

_____, 「누이」, 《웹진 민연》 제42호, 2014.

_____, 「폭력과 정체성에 대한 성찰: 〈도희야〉(정주리, 2014) 읽기」, 『현대영화연구』 제20호, 한양대학교 현대영화연구소, 2015.

_____, 「살부의 윤리와 핍진성의 기율: 〈군번 없는 용사〉를 통해 본 이만희의 영화세계」, 『영상문화』 제19호, 부산영화평론가협회, 2015.

_____, 「검열이라는 포르노그래피: 〈춘몽〉에서 〈애마부인〉까지 '외설' 검열과 재현의 역학」, 『대중서사연구』 제21권 3호, 대중서사학회, 2015.

_____, 「문인(1): 춘원 이광수」, 《웹진 민연》 제46호, 2015.

_____, 「문인(2): 이상」, 《웹진 민연》 제49호, 2015.

_____, 「여성예술가(1): 윤심덕」, 《웹진 민연》 제52호, 2015.

_____, 「여성예술가(2): 나혜석」, 《웹진 민연》 제55호, 2015.

_____, 「신자유주의시대 한국영화에 나타난 여성노동자 재현의 지형」, 『여성문학연구』 제 38호, 한국여성문학학회, 2016.

_____, 「균형적 공감의 법정영화 〈소수의견〉」, 『2016 '작가'가 선정한 오늘의 영화』, 도서 출판 작가, 2016.

_____, 「장선우의 외설 논란 영화를 통해 본 포스트 시대 한국영화의 동향」, 『드라마연구』 제48호, 드라마학회, 2016.

_____, 「국가들: 일본(1)」, 《웹진 민연》 제59호, 2016.

_____, 「국가들: 일본(2)」, 《웹진 민연》 제62호, 2016.

_____, 「국가들: 일본(3)」, 《웹진 민연》 제65호, 2016.

_____, 「의외성의 미학과 진정성의 윤리: 이창동 소설론」, 『Journal of Korean Culture』 제36호, 한국어문학국제학술포럼, 2017.

_____, 「이창동 작가론: 이창동 소설과 영화의 연관성을 중심으로」, 『현대영화연구』 제26 호, 한양대학교 현대영화연구소, 2017.

_____, 「망각의 알리바이와 우리들의 참회: 광주항쟁 재현의 역사를 통해 본 〈택시운전 사〉」, 『문학들』 제50호, 문학들, 2017.

_____, 「국가들: 미국(1)」, 《웹진 민연》 제69호, 2017.

_____, 「국가들: 미국(2)」, 《웹진 민연》 제72호, 2017.

_____, 「〈1987〉이 2017년 '최선의 영화'인 이유」, 『2018 '작가'가 선정한 오늘의 영화』, 도 서출판 작가, 2018.

_____, 「한국 법정영화의 젠더 보수성에 대한 역사적 고찰」, 『어문논집』 제84호, 민족어문 학회, 2018.

_____, 「화이: 괴물을 삼킨 아이」, 한국영화걸작선, 한국영상자료원, 2018, https://www. kmdb.or.kr/story/10/1287.

_____, 「어머니, 누이, 그리고 예외자들: 여성 표상으로 읽는 한국영화 100년」, 『한국영화 99주년, 100년의 문턱에서: 한국영화의 기원, 표상 비전』, KCA한국영화학회 · 한국영화 평론가협회, 2018.

_____, 「순결과 형극: 한국영화에 나타난 유관순 열사의 표상」, 한국영화걸작선, 한국영상 자료원, 2019, https://www.kmdb.or.kr/story/10/5248.

박재연, 「근대적 현모양처 '초봉'과 '미라'의 수난 그리고 모색」, 『현대소설연구』 제71호, 한국현대소설학회, 2018.

박진숙, 「한국 근대문학에서의 샤머니즘과 '민족지(ethnography)'의 형성」, 『한국현대문학연구』 제19호, 한국현대문학연구회, 2006.

박현선, 「코스모폴리탄 주체의 귀환: 하길종의 〈수절〉(1973)과 '세계'라는 문제」, 『한국극예술연구』 제52호, 한국극예술학회, 2016.

_____, 「기억, 풍경, 육체의 우화들: 1960~70년대 '문예영화'의 몇몇 변곡점을 중심으로」, 『한국학연구』 제52호, 인하대학교 한국학연구소, 2019.

방유리나, 「영화 〈무산일기〉에 나타난 두 가지 시선과 그 서사적 의미」, 『통일인문학논총』 제52호, 건국대학교 통일인문학연구단, 2011.

배상미, 「'여성 노동자'라는 새로운 범주 설정의 필요성: 다큐멘터리 영화 〈외박〉을 중심으로」, 『여성학논집』 제31권 제1호, 2014. 6.

배상준, 「〈도가니〉(황동혁, 2011)와 〈부러진 화살〉(정지영, 2012): 사회고발 매체로서의 법정영화」, 『영화연구』 제55호, 2013.

백문임, 「"군인이 되세요": 식민지 말기 선전 극영화의 조선 여성들」, 『동방학지』 제147호, 연세대학교 국학연구원, 2009.

변재란, 「남한영화에 나타난 북한에 대한 이해: 〈쉬리〉, 〈간첩 리철진〉, 〈공동경비구역 JSA〉를 중심으로」, 『영화연구』 제16호, 한국영화학회, 2001.

_____, 「한국영화사에서 여성 관객의 영화관람 경험 연구」, 박사학위논문, 중앙대학교대학원 영화학과, 2000.

손이레, 「재생, 일시정지」, 『대중서사연구』 제13호, 대중서사학회, 2007.

서유석, 「영화리뷰/〈고지전〉: 한국전쟁의 중심 '애록고지' 그곳에서는」, 『통일한국』 제333호, 평화문제연구소, 2011.

_____, 「영화리뷰/〈적과의 동침〉: 한국전쟁과 매기의 추억」, 『통일한국』 제334호, 평화문제연구소, 2011.

서정남, 「신파적 서사 양식의 유입과 전개, 그리고 남북한 영화에서의 계승에 관한 연구」, 『한국학논집』 제34호, 계명대학교 한국학연구원, 2007.

서지영, 「해원(解怨)과 축원(祝願): 생산의 기원으로서의 몸」, 『여성과 사회』 제15호, 한국여성연구소, 2004.

세계의 신학 편집부, 「한풀이와 민중 해방」, 『세계의 신학』, 한국기독교연구소, 1989.

소래섭, 「1920년대 국민문학론과 무속(巫俗)적 전통」, 『한국현대문학연구』 제22호, 한국현대문학회, 2007.

손은경, 「남북관계의 변화에 따른 분단영화의 지배적 재현 패러다임에 관한 연구」, 석사학
　위논문, 서울대학교대학원 언론정보학과, 2006.

손희정, 「한국의 근대성과 모성 재현의 문제: 포스트 뉴 웨이브 공포영화를 중심으로」,
　『2005년 영화진흥위원회 우수논문 공모 선정 논문집』, 영화진흥위원회, 2005.

송재복, 「2000년대 한국 분단영화에 나타난 접경(接境) 공간 재현 연구: 〈공동경비구역
　JSA〉와 〈만남의 광장〉을 중심으로」, 석사학위논문, 홍익대학교대학원 영상 · 애니메이션
　학과, 2010.

송아름, 「'사회적 승인으로서의 검열, 돌출된 목소리'들'의 불응: 1981년 영화 〈도시로 간
　처녀〉 상영중지 사건의 의미」, 『서강인문논총』 제45호, 서강대학교 인문과학연구소,
　2016.

송효정, 「식민지 배경 종로 액션영화 〈장군의 아들〉 연구」, 『한국문학이론과비평』 제60호,
　한국문학이론과비평학회, 2013.

＿＿＿, 「실험실의 미친 과학자와 제국주의적 향수: 1960년대 한국 고딕SF영화 연구」, 『대
　중서사연구』 제20집 3호, 대중서사학회, 2014.

신광철, 「무속 소재 영화와 무녀 캐릭터」, 『역사민속학』 제18호, 한국역사민속학회, 2004.

신아영, 「신파극의 대중성 연구」, 『한국극예술연구』 제5호, 한국극예술학회, 1995.

심혜경, 「국가가 쓰는 영화 역사」, 『한국극예술연구』 제63호, 한국극예술연구회, 2019.

안진수, 「한국 법정 드라마 영화 연구: 법적 형식주의와 대중 정의의 관계를 중심으로」,
　『영상예술연구』 제10호, 영상예술학회, 2007.

＿＿＿, 「만주액션영화의 모호한 민족주의」, 『만주연구』 제8호, 만주학회, 2008.

양승국, 「한국 최초의 신파극 공연에 대한 再論」, 『한국극예술연구』 제4호, 한국극예술학
　회, 1994. 6.

＿＿＿, 「1910년대 한국 신파극의 레퍼터리 연구」, 『한국극예술연구』 제8호, 한국극예술학
　회, 1998.

＿＿＿, 「1910년대 신파극과 전통 연희의 관련 양상」, 『한국극예술연구』 제9호, 한국극예술
　학회, 1999.

＿＿＿, 「한국 근대문학 형성에 미친 일본 신파극의 영향에 대한 연구」, 『한국극예술연구』
　제14호, 한국극예술학회, 2001. 10.

여임동, 「1960년대 말 박정희 정권기 '섹스영화'의 등장배경에 관한 연구」, 『영화문화연구:
　영상원과 영상이론과 논문집』, 2009.

오영숙, 「장르 연구의 양상과 전망에 대한 소고: 멜로드라마 연구를 중심으로」, 『현대영화
　연구』 제4호, 한양대학교 현대영화연구소, 2007.

_____, 「한국영화 지도그리기: 두 개의 르네상스와 멜로드라마」, 『사이間SAI』 제4호, 국제 한국문학문화학회, 2008.

_____, 「60년대 첩보·액션 영화와 반공주의」, 『대중서사연구』 제22호, 대중서사학회, 2009.

_____, 「한일수교와 일본 표상: 1960년대 전반기의 한국영화와 영화 검열」, 『현대영화연구』 제10호, 한양대학교 현대영화연구소, 2010.

_____, 「1950년대 남한의 코미디 영화와 미국주의의 이중성」, 건국대학교 통일인문학연구단, 『문화분단: 남한의 개인주의와 북한의 집단주의』, 선인, 2012.

_____, 「탈북의 영화적 표상과 공간 상상」, 『영화연구』 제51호, 한국영화학회, 2012.

_____, 「탈/냉전기 미국주의의 굴절과 영화표상」, 『한국문학연구』 제46호, 동국대학교 한국문학연구소, 2014.

_____, 「전쟁기억과 죄책감: 냉전기 남한영화의 미국표상과 대중감정: 〈옥합을 깨뜨릴 때〉(김수용, 1971)를 중심으로」, 『영화연구』 제63호, 한국영화학회, 2015.

오윤호, 「한국영화와 내면화된 전쟁문화: 〈실미도〉, 〈태극기 휘날리며〉를 중심으로」, 『역사와 문화』 제9호, 문화사학회, 2004.

오진곤, 「유신체제기 영화와 방송의 정책적 양상에 관한 연구」, 『언론정보연구』 제48권 제1호, 서울대학교 언론정보연구소, 2011.

오혜진, 「육성(肉聲)의 환상과 퍼스낼리티의 문화정치학: 식민지기 대중 미디어에 게재된 인터뷰 기사 및 인물평을 중심으로」, 『상허학보』 제32호, 상허학회, 2011.

우수진, 「초기 가정비극 신파극의 여주인공과 센티멘털리티의 근대성」, 『한국근대문학연구』 제7권 제1호, 한국근대문학회, 2006.

_____, 「연쇄극의 근대 연극사적 의의: 테크놀로지와 사실적 미장센, 여배우의 등장」, 『상허학보』 제20호, 상허학회, 2007.

_____, 「신파극의 센티멘털리티/즘과 개량의 윤리학」, 『현대문학의 연구』 제38호, 한국문학연구학회, 2009.

유선영, 「동원체제의 과민족화 프로젝트와 섹스영화: 데카당스의 정치학」, 『언론과 사회』 제15집 제2호, 성곡언론문화재단, 2007.

육상효, 「침묵과 부재: 장률 영화 속의 디아스포라」, 『한국콘텐츠학회논문지』 제9권 제11호, 한국콘텐츠학회, 2009.

윤석진, 「한운사의 방송극 〈현해탄은 알고 있다〉 고찰」, 『비평문학』 제27호, 한국비평문학회, 2007.

윤진현, 「1930년대 대중극 연구: 임선규의 〈사랑에 속고 돈에 울고〉, 이서구의 〈어머니의 힘〉을 중심으로」, 『우리의 연극』 제14호, 무천 극예술학회, 1998.

이경숙, 「한운사의 "아로운 3부작" 연구」, 『한국문학이론과 비평』 제33호, 한국문학이론과 비평학회, 2006.

이경옥, 「위로하고 위로받는 여성 노동자 이야기 〈위로공단〉」, 『월간 비정규노동』 제114호, 한국비정규노동센터, 2015. 10.

이광수 원작, 박기채 각색, 「토-키 씨나리오, 無情」, 『삼천리』 제10권 제5호, 1939.

이기훈, 「일제하 청년담론 연구」, 박사학위논문, 서울대학교대학원 국사학과, 2005.

이길성, 「1960년대 가족 드라마의 형성과정과 제 양상 연구」, 박사학위논문, 중앙대학교 첨단영상대학원 영상예술학과, 2006.

이명희, 「반공주의 형성과 성차별주의: 1950년대 남성작가 소설을 중심으로」, 『아시아여성연구』 제46권 제1호, 2007.

이미원, 「신파극의 연극사적 의의」, 『국어국문학』 제111호, 국어국문학회, 1994.

이봉범, 「해방 10년, 보수주의 문학의 역사와 논리」, 『한국근대문학연구』 제22호, 한국근대문학회, 2010.

이상우, 「남북한 분단체제와 신상옥의 영화」, 『어문학』 제110호, 한국어문학회, 2010.

이선아, 「빨치산 영화, 지워진 역사의 불완전한 복원 시도」, 『내일을 여는 역사』, 내일을여는역사, 2009.

이선주, 「삶과 노동의 가치를 복원하는 미적 실험: 〈위로공단〉」, 『현대영화연구』 제23호, 한양대학교 현대영화연구소, 2016. 3.

이순진, 「한국영화사 연구의 현 단계: 신파, 멜로드라마, 리얼리즘 담론을 중심으로」, 『대중서사연구』 제12호, 대중서사학회, 2004.

_____, 「조선 무성영화의 활극성과 공연성에 대한 연구」, 박사학위논문, 중앙대학교 첨단영상대학원 영상예술학과, 2008.

_____, 「한국전쟁 후 냉전의 논리와 식민지 기억의 재구성: 1950년대 문화영화에서 구축된 '이승만 서사'를 중심으로」, 『기억과 전망』 제23호, 민주화운동기념사업회, 2010.

이승희, 「1910년대 신파극의 통속성 연구」, 『반교어문연구』 제9호, 반교어문학회, 1996.

_____, 「멜로드라마의 근대적 상상력: 1910년대 신파극을 중심으로」, 『한국극예술연구』 제15호, 한국극예술학회, 2002.

_____, 「멜로드라마의 이율배반적 운명」, 『민족문학사연구』 제20호, 민족문학사연구소, 2002.

_____, 「기표로서의 신파, 그 역사성의 지형」, 『한국극예술연구』 제23호, 한국극예술학회, 2006.

_____, 「프로-소인극, 정치적 수행성과 그 기억」, 『대동문화연구』 제64호, 성균관대학교 대
　동문화연구원, 2008.

이영미, 「신파 양식의, 세상에 대한 태도」, 『대중서사연구』 제9호, 대중서사학회, 2003.

_____, 「딱지본 대중소설과 신파성」, 『대중서사연구』 제15호, 대중서사학회, 2006.

_____, 「1950년대 방송극」, 『대중서사연구』 제17호, 대중서사학회, 2007.

_____, 「화류비련담과 며느리 수난담의 조합」, 『한국극예술연구』 제27호, 한국극예술학회,
　2008.

_____, 「1950년대 대중적 극예술에서의 신파성의 재생산과 해체」, 『한국문학연구』 제34
　호, 동국대학교 한국문학연구소, 2008.

이영민, 「관객기록 기록 경신하는 반한·반미 영화들: 6.25는 동족상잔—兩非論에서 공산
　빨치산 찬양까지…영화 〈남부군〉」, 『한국논단』, 한국논단, 2004.

이영아, 「신소설에 나타난 신파극적 요소와 시각성 고찰」, 『한국현대문학연구』 제19호, 한
　국현대문학회, 2006. 6.

_____, 「신소설의 멜로드라마적 요소와 시각성 고찰」, 『2006 한국현대문학회 동계학술발
　표회 자료집』, 한국현대문학회, 2006.

_____, 「1910년대 『매일신보』 연재소설의 대중성 획득과정 연구」, 『한국현대문학연구』 제
　23호, 한국현대문학회, 2007.

이윤종, 「한국 에로영화와 일본 성인영화의 관계성: 〈애마부인〉을 중심으로 본 양국의
　1970~80년대 극장용 성인영화 제작관행」, 『대중서사연구』 제21호, 대중서사학회,
　2015.

이정안, 「전태일의 글쓰기 변화과정과 그 의미」, 『현대소설연구』 제72호, 한국현대소설학
　회, 2018.

이주영, 「19세기 역병 체험의 문학적 형상」, 『한국어문학연구』 제55호, 동악어문학회,
　2010.

이준희, 「〈사의 찬미〉 음반, 온라인 경매서 4800만 원에 낙찰」, 《오마이뉴스》, 2015. 7.
　20(http://www.ohmynews.com/nws_web/view/at_pg.aspx?CNTN_CD=A000
　2128781).

이지윤, 「자본주의적 선진 문화공간으로서의 1950년대 극장 연구: 1950년대 중후반 서울
　개봉관을 중심으로」, 박사학위논문, 중앙대학교 첨단영상대학원 영상예술학과, 2017.

이충직·이수연, 「1970년대 한국영화에 나타나는 여성 노동자의 계급적 상상력」, 『영상예
　술연구』 제21호, 영상예술학회, 2012.

이행미, 「『무정』에 나타난 근대법과 '정(情)'의 의미: 총독부 통치체제와 이광수의 법의식

의 길항을 중심으로」, 『한국문화』 제81호, 서울대학교 규장각 한국학연구원, 2018.

이행선, 「대중과 민족 개조」, 『한국문화연구』 제21호, 이화여자대학교 한국문화연구원, 2011.

이현경, 「한국 근대 영화잡지 연구」, 박사학위논문, 고려대학교대학원 영상문화학협동과정 영상문화학협동과정, 2013.

이현진, 「1980년대 성애영화 재평가를 위한 소고」, 『현대영화연구』 제18호, 한양대학교 현대영화연구소, 2014.

이호걸, 「1990년대 중반 이후 한국영화에서의 근과거 재현」, 『대중서사연구』 제22권 제4호, 대중서사학회, 2016.

이호규, 「한무숙 소설의 멜로드라마적 성격 연구: 『석류나무집 이야기』의 사랑의 형태와 의미를 중심으로」, 『한국문학논총』 제44호, 한국문학회, 2006. 12.

임석재, 「韓國巫俗研究序說」, 『비교민속학』 제7호, 비교민속학회, 1991.

임종명, 「탈식민시기(1945.8~1948.7) 남한에서의 3.1의 소환과 표상」, 『대동문화연구』 제66호, 성균관대학교 대동문화연구원, 2009.

_____, 「해방 공간의 스파이 이야기와 정치적 함의」, 『역사학연구』 제41호, 호남사학회, 2011.

장상철, 「1970년대 '민중' 개념의 재등장: 사회과학계와 민중문학, 민중신학에서의 논의」, 『경제와 사회』 통권 제74호, 비판사회학회, 2007.

전지니, 「1930년대 가족 멜로드라마 연구」, 『한국근대문학연구』 제26호, 한국근대문학회, 2012.

정명문, 「백조가극단의 가극 연구: 〈항구의 일야〉, 〈눈 나리는 밤〉을 중심으로」, 『한국극예술연구』 제37호, 한국극예술학회, 2012.

정병호, 「한국근대문예론에 있어서 '정(情)'의 위치: 지(知), 정(情), 의(意)의 범주를 중심으로」, 『아시아문화연구』 제8호, 가천대학교 아시아문화연구소, 2004.

정상우, 「3·1운동 표상 '유관순'의 발굴」, 『역사와 현실』 제74호, 한국역사연구회, 2009.

정연희, 「오정희 소설의 표상 연구: 『비어있는 들』과 『야회』를 중심으로」, 『국제어문』 제44호, 국제어문학회, 2008.

정영권, 「한국 반공영화의 제도화 연구: 1949~1968 전쟁영화와의 접합과정을 중심으로」, 박사학위논문, 동국대학교대학원 영화학과, 2010.

정종현, 「3·1운동 표상의 문화정치학」, 『한민족문화연구』 제23호, 한민족문화학회, 2007.

_____, 「유관순 표상의 창출과 전승: 해방 이후 제작된 유관순 영화의 내러티브를 중심으로」, 『한국문학연구』 제36호, 동국대학교 한국문학연구소, 2009.

정종화, 「한국영화 성장기의 토대에 대한 연구: 동란기 한국영화 제작을 중심으로」, 석사학위논문, 중앙대학교 첨단영상대학원 영상예술학과, 2002.

_____, 「조선 무성영화 스타일의 역사적 연구」, 박사학위논문, 중앙대학교 첨단영상대학원 영상예술학과, 2012.

정진홍, 「기독교와 무속」, 『기독교사상』 제40권 제12호(통권 제456호), 1996.

정태수, 「1970년대 남, 북한 영화 비교 연구」, 『영화연구』 제23호, 한국영화학회, 2004.

_____, 「모든 것에 우선한 자본의 패권적 가치와 남북분단에 대한 새로운 인식: 1998년부터 2007년까지의 한국영화」, 『디지털영상학술지』, 한국디지털영상학회, 2009.

정환국, 「조선전중기 원혼서사의 계보와 성격」, 『동악어문학』 제70호, 동국대학교 동악어문학회, 2017.

조계숙, 「한국문학비평에 나타난 묘사론 연구」, 박사학위논문, 고려대학교대학원 국어국문학과, 2002.

조영각, 「파업전야」, 『한국영화 100선』, 한국영상자료원, 2014.

조영정, 「미국영화에 대한 양가적 태도」, 『매혹과 혼돈의 시대: 50년대의 한국영화』, 소도, 2003.

_____, 「이만희의 작가적 위치에 대한 재고찰」, 박사학위논문, 중앙대학교 첨단영상대학원 영상예술학과, 2008.

조외숙, 「한국영화에 나타난 하층계급 여성상 연구: 1970년대 영화를 중심으로」, 석사학위논문, 동국대학교대학원 연극영화학과, 2003.

조은선, 「전후 한국 멜로드라마 담론을 통해 본 영화적 근대성과 근대적 여성상」, 『문학과영상』 제8권 제3호, 문학과영상학회, 2007.

조준형, 「한국 반공영화의 진화와 그 조건」, 『근대의 풍경: 소품으로 본 한국영화사』, 소도, 2001.

_____, 「박정희 정권기 외화수입정책 연구: 1960년대를 중심으로」, 『한국극예술연구』 제31호, 한국극예술학회, 2010.

_____, 「박정희 정권 후반기 영화와 섹스 그리고 국가: 독일 성교육영화 〈헬가〉의 수입과 검열과정을 중심으로」, 『한국극예술연구』 제45호, 한국극예술학회, 2014.

_____, 「음란과 반공의 결합: 유현목의 경우」, 《웹진 민연》 제53호, 민족문화연구원, 2015.

조항제, 「한국방송의 근대적 드라마의 기원에 관한 연구: 〈청실홍실〉을 중심으로」, 『언론과사회』 제13권 제1호, 성곡언론문화재단, 2005.

조혜정, 「성실의 역설 그리고 분열증: 성실한 나라의 앨리스」, 『현대영화연구』 제23호, 한양대학교 현대영화연구소, 2015.

조흡, 「〈카트〉: 감정 자본주의의 형성」, 『대한토목학회지』 제63권 제2호, 대한토목학회, 2015. 2.

____, 「〈성실한 나라의 앨리스〉: 후기 자본주의 시대의 미학적 전략」, 『대한토목학회지』 제63권 제11호, 대한토목학회, 2015. 11.

주유신, 「민족영화 담론, 그 지형과 토픽들」, 『한국영화학회 학술발표대회 논문집』, 한국영화학회, 2008.

주창윤, 「텔레비전 드라마의 미학적 성격」, 『한국극예술연구』 제23호, 한국극예술학회, 2006.

____, 「1975년 전후 한국 당대문화의 지형과 형성과정」, 『한국언론학보』 제51권 제4호, 한국언론학회, 2007.

천정환, 「간첩과 영화, 그리고 한국 민주주의」, 한국현대매체연구회 편, 『한국영화와 민주주의』, 선인, 2011.

최길성, 「한국 무속 연구의 과거와 현재」, 『문화인류학』 제3호, 문화인류학회, 1970.

최승연, 「〈맹진사댁 경사〉의 각색 양상 연구」, 박사학위논문, 고려대학교대학원 국어국문학과, 2006.

최정인, 「한국영화 신파성의 기원에 관하여」, 『대중서사연구』 제9호, 대중서사학회, 2003.

최종고, 「春園과 法: 그의 法經驗과 法思想」, 『춘원연구학보』 제1호, 춘원연구학회, 2008.

최지현, 「학병의 기억과 국가」, 『한국문학연구』 제32호, 동국대학교 한국문학연구소, 2007.

최한준, 「법정영화의 유형적 고찰: 핵심주제별 유형을 중심으로」, 『안암법학』 제53호, 안암법학회, 2017.

태혜숙, 「한국의 식민지 근대 체험과 여성 공간」, 『한국의 식민지 근대와 여성 공간』, 도서출판 여이연, 2004.

한수영, 「김동리와 조선적인 것: 일제 말 김동리 문학사상의 형성 구조와 성격에 대하여」, 『한국근대문학연구』 제21호, 한국근대문학회, 2010.

함충범, 「1960년대 한국영화 속 일본 재현의 시대적 배경 및 문화적 지형 연구」, 『한일관계사연구』 제47호, 한일관계사학회, 2014.

허연실, 「1930년대 대중소설과 대중적 전략: 이광수의 『사랑』을 중심으로」, 『현대소설연구』 제28호, 한국현대소설학회, 2005.

홍순애, 「1950년대 소설에 재현된 '법'과 젠더 정치학: 박경리 소설 『표류도』를 중심으로」, 『여성문학연구』 제44호, 한국여성문학학회, 2018.

홍재범, 「1930년대 한국 대중비극 연구」, 박사학위논문, 서울대학교대학원 국어국문학과,
　　1998.

황호덕, 「활동사진처럼, 열녀전처럼: 축음기 · (활동)사진 · 총, 그리고 활자; 『무정』의 밤'
　　이 던진 문제들」, 『대동문화연구』 제70호, 성균관대학교 대동문화연구원, 2010.

황정현, 「이광수 소설 연구사」, 박사학위논문, 고려대학교대학원 국어국문학과, 2009.

황진미, 「이정현에게 '앨리스' 추천한 박찬욱의 선택은 옳았다」, 『엔터미디어』, 2015. 9.
　　1(http://www.entermedia.co.kr/news/news_view.html?idx=4759).

_____, 「그 많던 노동자는 다 어디로 갔을까: 노동문제에 담아낸 한국 현대사」, 『우리교육』
　　2015년 겨울호, 2015. 12.

황혜진, 「1970년대 유신체제기의 한국영화 연구」, 박사학위논문, 동국대학교대학원 연극
　　영화학과, 2003.

_____, 「1970년대 여성영화에 나타난 공 · 사 영역의 접합양식」, 『영화연구』 제26호, 한국
　　영화학회, 2005.

_____, 「1970년대 초 한국영화의 여성 재현: 사회적 콘텍스트와의 연관성을 중심으로」,
　　『만화애니메이션연구』, 한국만화애니메이션학회, 2009.

_____, 「단편영화 〈성실한 나라의 앨리스〉: 절망적인 현실을 견디는 그녀만의 방법」, 『공연
　　과 리뷰』 제21권 제3호, 현대미학사, 2015.

2. 단행본

1) 국내서

강경애, 『강경애 전집』(수정증보판), 소명출판, 2002.

강상중 외, 『예외: 경계와 일탈에 관한 아홉 개의 사유』, 문학과지성사, 2015.

강성률, 『하길종, 혹은 행진했던 영화 바보』, 이론과실천, 2005.

_____, 『한국영화에 재현된 가족 그리고 사회: 〈미몽〉에서 〈고령화 가족〉까지』, 성균관대
　　학교출판부, 2018.

강옥희 외, 『식민지시대 대중예술인 사전』, 소도, 2006.

강이수 · 신경아, 『여성과 일: 한국 여성 노동의 이해』, 동녘, 2001.

강인철, 『한국의 개신교와 반공주의』, 중심, 2006.

강진호, 『국어 교과서의 탄생』, 글누림, 2017.

강헌국, 『서사문법시론』, 고려대학교 민족문화연구원, 2003.

고영복 편, 『사회학사전』, 사회문화연구소, 2000.

고은, 『이중섭 평전』, 향연, 2004.

고형진, 『백석 시의 물명고』, 고려대학교출판부, 2015.

구재진 외, 『영화의 장르, 장르의 영화』, 르몽드코리아, 2018.

구인모, 『유성기의 시대, 유행시인의 탄생』, 현실문화, 2013.

구회영, 『영화에 대하여 알고 싶은 두세 가지 것들』, 한울아카데미, 2011.

권명아, 『가족이야기는 어떻게 만들어지는가』, 책세상, 2000.

_____, 『탕아들의 자서전: 가족 로망스의 안과 밖』, 태학사, 2008.

_____, 『음란과 혁명』, 책세상, 2013.

권보드래 외, 『아프레걸 사상계를 읽다: 1950년대 문화의 자유와 통제』, 동국대학교출판
부, 2009.

_____, 『문학을 부수는 문학들: 페미니스트 시각으로 읽는 한국 현대문학사』, 민음사,
2018.

권순영, 『법창의 봄』, 정음사, 1955.

김경욱, 『블록버스터의 환상, 한국영화의 나르시시즘』, 책세상, 2002.

김내성, 『청춘극장』, 성음사, 1970.

김동춘, 『전쟁과 사회』, 돌베개, 2000.

김동호 외, 『한국영화 정책사』, 나남출판, 2005.

김려실, 『투사하는 제국 투영하는 식민지: 1901~1945의 한국영화사를 되짚다』, 삼인,
2006.

김미도, 『무대 너머, 상상과 해석』, 연극과인간, 2014.

김미현, 『한국영화산업 규모예측과 성장요인 분석』, 영화진흥위원회, 2004.

김미현 편, 『한국영화사: 開化期에서 開花期까지』, 커뮤니케이션북스, 2006.

김복순, 『페미니즘 미학과 보편성의 문제』, 소명출판, 2005.

김봉석, 『나의 대중문화 표류기』, 북극곰, 2015.

김선아, 『한국영화라는 낯선 경계: 코리안 뉴웨이브와 한국형 블록버스터 시대의 국가, 섹
슈얼리티, 번역, 영화』, 커뮤니케이션북스, 2006.

김소연 외, 『매혹과 혼돈의 시대: 1950년대의 한국영화』, 도서출판 소도, 2003.

김소연, 『실재의 죽음: 코리안 뉴웨이브 영화의 이행기적 성찰』, 도서출판b, 2008.

_____, 『환상의 지도: 한국영화, 그 결을 거슬러 길을 묻다』, 울력, 2008.

김소영, 『시네마, 테크노 문화의 푸른 꽃』, 열화당, 1996.

_____, 『근대성의 유령들』, 씨앗을 뿌리는 사람, 2000.

_____, 『근대의 원초경: 보이지 않는 영화를 보다』, 현실문화연구, 2010.

_____, 『파국의 지도: 한국이라는 영화적 사태』, 현실문화, 2014.

김소영 편, 『시네-페미니즘 대중영화 꼼꼼히 읽기』, 과학과사상, 1995.

김소영 기획, 『아틀란티스 혹은 아메리카』, 현실문화연구, 2001.

김수남, 『한국영화감독론 1』, 지식산업사, 2003.

_____, 『한국영화감독론 2』, 지식산업사, 2003.

_____, 『한국영화감독론 3』, 지식산업사, 2005.

김시무, 『영화예술의 옹호』, 현대미학사, 2001.

김시습, 심경호 옮김, 『금오신화』, 홍익출판사, 2000.

김양선, 『근대문학의 탈식민성과 젠더 정치학』, 역락, 2009.

김연철, 『냉전의 추억』, 후마니타스, 2009.

김열규, 『동북아시아 샤머니즘과 신화론』, 아카넷, 2003.

김영민, 『한국근대소설사』, 솔출판사, 1997.

_____, 『한국 근대소설의 형성과정』, 소명출판, 2005.

김영진, 『순응과 전복: 현대 한국영화의 어떤 경향』, 을유문화사, 2019.

김용수, 『한국 연극 해석의 새로운 지평』, 서강대학교출판부, 1999.

김원, 『여공 1970 그녀들의 反역사』, 이매진, 2005.

김윤선, 『한국 현대소설과 섹슈얼리티』, 월인, 2006.

김윤식, 『이광수와 그의 시대』(1~3권), 한길사, 1986.

_____, 『한국근대문학사상연구 2』, 아세아문화사, 1994.

_____, 『김동리와 그의 시대』, 민음사, 1995.

_____, 『일제말기 한국인 학병세대의 체험적 글쓰기론』, 서울대학교출판부, 2007.

김윤식 편, 『이상 문학 전집』(1~5권), 문학사상사, 2001.

김인환, 『비평의 원리』, 나남, 1994.

_____, 『언어학과 문학』, 고려대학교출판부, 1999.

김재석, 『한국 연극사와 민족극』, 태학사, 1998.

김재용, 『북한문학의 역사적 이해』, 문학과지성사, 1994.

_____, 『협력과 저항: 일제말 사회와 문학』, 소명출판, 2004.

김재철, 『조선연극사』, 조선어문학회, 1933.

김종원, 『한국영화감독사전』, 국학자료원, 2004.

_____, 『한국영화사와 비평의 접점』, 현대미학사, 2007.

김종원 · 정중헌, 『우리 영화 100년』, 현암사, 2001.

김진기 외, 『반공주의와 한국문학의 근대적 동학 I』, 한울아카데미, 2008.

김찬기, 『한국 근대소설의 형성과 전(傳)』, 소명출판, 2004.

김한상, 『조국근대화를 유람하기: 박정희 정권의 홍보드라이브 '팔도강산' 10년』, 한국영상자료원, 2008.

김한식, 『세계문학여행: 소설로 읽는 세계사』, 실천문학사, 2015.

_____, 『고전의 이유』, 뜨인돌, 2017.

김행숙, 『문학이란 무엇이었는가』, 소명출판, 2005.

김형중, 『켄타우로스의 비평』, 문학동네, 2004.

김홍준, 『나, 영화인 김홍준의 영화노트』, 소도, 2004.

김홍준 대담 · 정리, 『이장호 감독의 마스터클래스』, 작가, 2013.

김홍규, 『한국문학의 이해』, 민음사, 1986.

_____, 『근대의 특권화를 넘어서: 식민지 근대성론과 내재적 발전론에 대한 이중비판』, 창비, 2013.

나병철, 『가족로망스와 성장소설: 반오이디푸스 문화론』, 문예출판사, 2007.

_____, 『영화와 소설의 시점과 이미지』, 소명출판, 2009.

_____, 『환상과 리얼리티』, 문예출판사, 2010.

나혜석, 이상경 편집 · 교열, 『나혜석 전집』, 태학사, 2000.

남궁곤, 『1950년대 한국사회와 4 · 19혁명』, 태암, 1991.

대중서사장르연구회, 『대중서사장르의 모든 것 1: 멜로드라마』, 이론과실천, 2007.

_____, 『대중서사장르의 모든 것 2: 역사허구물』, 이론과실천, 2009.

_____, 『대중서사장르의 모든 것 3: 추리물』, 이론과실천, 2011.

_____, 『대중서사장르의 모든 것 4: 코미디』, 이론과실천, 2013.

_____, 『대중서사장르의 모든 것 5: 환상물』, 이론과실천, 2016.

_____, 『순결과 음란: 에로티시즘의 작동방식』, 부경대학교 인문사회과학연구소, 2018.

동북아역사재단 편, 『제2차 세계대전의 여성피해자: 한 · 독 · 란 공동 성노예전』, 동북아역사재단, 2009.

류시현, 『최남선 연구』, 역사비평사, 2009.

맹수진 · 모은영, 『진실 혹은 허구, 경계에 선 다큐멘터리』, 소도, 2008.

문관규, 『10인의 한국 영화감독』, 집문당, 2004.

문선영, 『한국의 공포드라마』, 커뮤니케이션북스, 2018.

문재철 외, 『대중영화와 현대사회』, 소도, 2005.

_____, 『한국의 영화감독 7인을 말하다』, 본북스, 2014.

문학사와비평연구회 편,『1970년대 문학연구』, 예하, 1994.

문혜윤,『문학어의 근대: 조선어로 글을 쓴다는 것』, 소명출판, 2008.

문혜윤 편,『곽학송 소설 선집』, 현대문학, 2012.

박계주 · 곽학송,『춘원 이광수』, 삼중당, 1962.

박노현,『드라마, 시학을 만나다』, 휴머니스트, 2009.

박선영,『코미디언 전성시대』, 소명출판, 2018.

박숙자,『속물 교양의 탄생: 명작이라는 식민의 유형』, 푸른역사, 2012.

박유희,『1950년대 소설과 반어의 수사학』, 도서출판 월인, 2003.

_____,『디지털 시대의 서사와 매체』, 도서출판 동인, 2005.

_____,『서사의 숲에서 한국영화를 바라보다』, 다빈치, 2008.

박헌호,『한국인의 애독작품』, 책세상, 2001.

박헌호 편,『센티멘탈 이광수』, 소명출판, 2013.

방민호,『이상 문학의 방법론적 독해』, 예옥, 2015.

방민호 외,『서울은 소설의 주인공이다』, 서울역사박물관, 2018.

백낙청,『분단체제 변혁의 공부길』, 창작과비평사, 1994.

_____,『흔들리는 분단체제』, 창작과비평사, 1998.

백문임,『춘향의 딸들, 한국 여성의 반쪽자리 계보학』, 책세상, 2001.

_____,『월하의 여곡성』, 책세상, 2008.

백문임 외,『조선영화라 하(何)오: 근대 영화비평의 역사』, 창비, 2016.

백지은,『독자 시점』, 민음사, 2013.

북한연구학회 편,『북한의 방송언론과 예술』, 경인문화사, 2006.

비교역사문화연구소 기획, 전진성 · 이재원 엮음,『기억과 전쟁』, 휴머니스트, 2009.

상허학회 편,『1950년대 미디어와 미국 표상』, 깊은샘, 2006.

송은영,『서울 탄생기: 1960~1970년대 문학으로 본 현대도시 서울의 사회사』, 푸른역사, 2018.

서곡숙,『코미디영화의 이해』, 아모르문디, 2018.

서연호,『한국 근대 희곡사 연구』, 고려대학교 민족문화연구소, 1982.

서영채,『사랑의 문법』, 민음사, 2004.

_____,『아첨의 영웅주의: 최남선과 이광수』, 소명출판, 2011.

선우현,『평등』, 책세상, 2012.

손정목,『일제강점기 도시계획 연구』, 일지사, 1994.

송하춘 편,『한국현대장편소설사전 1917~1950』, 고려대학교출판부, 2013.

송하춘, 『한국근대소설사전 1890~1917』, 고려대학교출판부, 2015.

신상옥, 『난 영화였다』, 랜덤하우스, 2007.

신상옥·최은희, 『金正日 왕국』(上下), 동아일보사, 1988.

심은식, 『한국인의 눈으로 보는 태평양전쟁 1·2』, 가람기획, 2006.

안숭범, 『북한을 읽는 해외 다큐멘터리의 시선들』, 신아사, 2018.

안종화, 『신극사 이야기』, 진문사, 1955.

_____, 『한국영화측면비사』, 현대미학사, 1998.

양승국, 『한국 신연극 연구』, 연극과인간, 2001.

_____, 『일상성의 미학에 이르는 길』, 박이정, 2019.

역사문제연구소 편, 『1950년대 남북한의 선택과 굴절』, 역사비평사, 1998.

연세대 미디어아트연구소 편, 『공동경비구역 JSA』, 삼인, 2002.

_____, 『한국영화의 미학과 역사적 상상력』, 도서출판 소도, 2006.

영화진흥공사, 『한국영화자료편람』, 영화진흥공사, 1977.

_____, 『한국영화 70년 대표작 200선』, 집문당, 1989.

영화진흥위원회, 『통일 한국인이 보아야 할 북한영화 50선』, 영화진흥위원회, 2002.

오성지, 『필름 아카이브 이야기』, 한국영상자료원, 2009.

오세정 외, 『인간적 사회의 기초: 공적영역의 구성』, 민음사, 2014.

오영숙, 『1950년대, 한국영화와 문화담론』, 소명출판, 2007.

오형엽, 『문학과 수사학』, 소명출판, 2011.

우석훈, 『88만원 세대』, 레디앙, 2007.

유민영, 『한국현대희곡사』, 홍성사, 1982.

_____, 『윤심덕과 김우진: 비운의 선구자』, 새문사, 2009.

유지나 외, 『멜로드라마란 무엇인가』, 민음사, 1999.

유지나·변재란 편, 『페미니즘/영화/여성』, 여성사, 1993.

유지형, 『영화감독 이만희』, 다빈치, 2005.

유현목, 『한국영화발달사』, 한진출판사, 1980.

윤석진, 『한국 대중서사, 그 끊임없는 유혹』, 푸른사상, 2004.

윤조원 외, 『페미니즘: 차이와 사이-젠더 지형의 변화와 페미니즘 문화 연구』, 문학동네, 2011.

이경수, 『바벨의 후예들 폐허를 걷다』, 서정시학, 2006.

이경훈, 『오빠의 탄생: 한국 근대문학의 풍속사』, 문학과지성사, 2003.

이광수, 김철 엮음, 『무정』, 문학과지성사, 2005.

이광호, 『시선의 문학사』, 문학과지성사, 2015.

이길성, 『1970년대 서울의 극장산업 및 극장문화 연구』, 영화진흥위원회, 2004.

이길성 외, 『김승호: 아버지의 얼굴, 한국영화의 초상』, 한국영상자료원, 2007.

이능화, 이재곤 옮김, 『조선무속고』, 동문선, 1991.

이도연, 『실재의 언어』, 케포이북스, 2016.

이동훈, 『전쟁영화로 마스터하는 2차 세계대전: 태평양 전선』, 가람기획, 2009.

이두현, 『한국 신극사 연구』, 서울대학교출판부, 1966.

이명자, 『북한영화사』, 커뮤니케이션북스, 2007.

이명자·황혜진, 『70년대 체제이행기의 남북한 비교 영화사』, 영화진흥위원회 연구보고
    2004-6, 영화진흥위원회, 2004.

이문열, 『九老아리랑: 이문열 소설집』, 문학과지성사, 1987.

이병헌, 『내면의 열망: 이병헌 평론집』, 황금알, 2014.

이상경, 『인간으로 살고 싶다』, 한길사, 2000.

이상우, 『극장, 정치를 꿈꾸다』, 테오리아, 2018.

이순진, 『조선인 극장 단성사 1907~1939』, 한국영상자료원, 2011.

이승원, 『민주주의』, 책세상, 2014.

이승준, 『홍성원 장편소설 연구』, 역락, 2017.

이영광, 『나는 지구에 돈벌러 오지 않았다』, 이불, 2015.

이영미, 『한국대중가요사』, 시공사, 1990.

_____, 『딱지본 대중소설의 발견』, 민속원, 2009.

_____, 『한국 대중가요 속의 여성』, 대한민국역사박물관, 2014.

_____, 『한국 대중예술사, 신파성으로 읽다』, 푸른역사, 2016.

이영석 외, 『도시는 역사다』, 서해문집, 2011.

이영일, 『한국영화전사 개정증보판』, 도서출판 소도, 2004.

이영재, 『제국 일본의 조선영화: 식민지 말의 반도: 협력의 심정, 제도, 논리』, 현실문화,
    2008.

이용관, 『유현목, 한국 리얼리즘의 길찾기』, 큰사람, 1999.

이원보, 『한국노동운동사 100년의 기록』, 한국노동사회연구소, 2005.

이임하, 『여성, 전쟁을 넘어 일어서다: 한국전쟁과 젠더』, 도서출판 서해문집, 2004.

이장호, 『바보처럼 나그네처럼』, 산하, 1987.

이정옥, 『1930년대 한국 대중소설의 이해』, 국학자료원, 2000.

이종구 외, 『1960~70년대 노동자의 계급문화와 정체성』, 한울아카데미, 2006.

이종승, 『영화와 샤머니즘: 한국적 환상과 리얼리티를 찾아서』, 살림, 2005.

이주라, 『식민지 근대의 시작과 대중문학의 전개』, 소명출판, 2016.

이준희 · 이영미 엮음, 『사의 찬미 (외)』, 종합출판범우, 2006.

이찬, 『김동리 문학의 반근대주의』, 서정시학, 2011.

이하나, 『국가와 영화: 1950~60년대 대한민국의 문화재건과 영화』, 혜안, 2013.

이혜령, 『한국 근대소설과 섹슈얼리티의 서사학』, 소명출판, 2007.

이혜원, 『생명의 거미줄: 현대시와 에코페미니즘』, 소명출판, 2007.

_____, 『지상의 천사』, 천년의시작, 2015.

이호걸, 『눈물과 정치』, 따비, 2018.

이화진, 「조선영화: 소리의 도입에서 친일영화까지」, 책세상, 2005.

_____, 『소리의 정치』, 현실문화, 2016.

이효인, 『한국영화역사강의 1』, 이론과실천, 1992.

_____, 『한국의 영화감독 13인』, 열린책들, 1994.

_____, 『영화로 읽는 한국 사회 문화사』, 개마고원, 2003.

이효인 · 정종화 · 한상언, 『한국근대영화사: 1892년에서 1945년까지』, 돌베개, 2019.

이희중, 『기억의 지도』, 하늘연못, 1996.

장노현, 『디지털 매체와 문학의 확장』, 역락, 2013.

_____, 『개화기의 서사 풍경』, 역락, 2019.

장유정, 『오빠는 풍각쟁이야: 대중 가요로 본 근대의 풍경』, 민음인, 2006.

전경옥 외, 『한국여성문화사 2』, 숙명여자대학교출판국, 2005.

전양준, 『닫힌 현실, 열린 영화: 유현목 감독 작품론』, 제3문학사, 1992.

전우형, 『식민지 조선의 영화소설』, 소명출판, 2014.

전찬일, 『영화의 매혹, 잔혹한 비평』, 작가, 2008.

정성일 외, 『한국영화연구 I: 임권택』, 판영화총서, 1987.

정성호 외, 『한국전쟁과 사회구조의 변화』, 백산서당, 1999.

정영권, 『적대와 동원의 문화정치: 한국 반공영화의 제도화 1949~1968』, 소명출판, 2015.

정우봉, 『조선 후기의 일기문학』, 소명출판, 2016.

정운현 편, 『학도여 성전에 나서라』, 없어지지않는이야기, 1997.

정재형 편, 『한국 초창기의 영화이론』, 집문당, 1997.

정종화, 『한국영화사』, 한국영상자료원, 2008.

정종화, 『한국의 영화포스터』, 범우사, 1993.

_____,『한국의 영화포스터』, 범우사, 1999.

_____,『한국의 영화포스터』, 범우사, 2000.

정태수 외,『남북한 영화사 비교 연구』, 국학자료원, 2007.

조선희,『클래식 중독』, 마음산책, 2009.

조옥라 · 정지영 편,『젠더 · 경험 · 역사』, 서강대학교출판부, 2004.

조은숙,『한국 아동문학의 형성』, 소명출판, 2009.

조준형,『영화제국 신필름』, 한국영상자료원, 2009.

조흥윤,『한국의 샤머니즘』, 서울대학교출판부, 1999.

조희문,『나운규』, 한길사, 1997.

조희연,『박정희와 개발독재시대: 5.16에서 10.26까지』, 역사비평사, 2007.

_____,『동원된 근대화』, 후마니타스, 2010.

주유신 외,『한국영화와 근대성』, 도서출판 소도, 2005.

주진숙,『여성 영화인 사전』, 소도, 2001.

주진숙 · 김선아,『다양과 공존: 2000년대 한국영화를 말하다』, 울력, 2011.

진태원,『을의 민주주의』, 그린비, 2017.

차순하 외,『근대의 풍경: 소품으로 본 한국영화사』, 도서출판 소도, 2001.

천승세,『혜자의 눈꽃』, 심지, 1991.

천정환 · 정종현,『대한민국 독서사: 우리가 사랑한 책들, 知의 현대사와 읽기의 풍경』, 서해문집, 2018.

최경봉,『우리말의 탄생』, 책과함께, 2005.

_____,『한글 민주주의』, 책과함께, 2012.

최기숙,『환상』, 연세대학교출판부, 2003.

_____,『처녀귀신: 조선시대 여인의 한과 복수』, 문학동네, 2010.

최동호,『남북한 현대문학사』, 나남출판, 1995.

최미진,『한국 대중소설의 틈새와 심층』, 푸른사상, 2006.

최유찬,『한국문학의 관계론적 이해』, 실천문학사, 1998.

_____,『컴퓨터 게임과 문학』, 연세대학교출판부, 2004.

최은희,『최은희의 고백』, 랜덤하우스, 2007.

태혜숙 외,『한국의 식민지 근대와 여성 공간』, 도서출판 여이연, 2004.

하정일,『20세기 한국문학과 근대성의 변증법』, 소명출판, 2000.

한국여성커뮤니케이션연구회,『성 · 미디어 · 문화』, 나남출판, 1994.

한국역사연구회,『우리는 지난 100년 동안 어떻게 살았을까(1~4)』, 역사비평사, 1998.

한국영상자료원, 『한국영화의 풍경 1945~1959』, 문학사상사, 2003.

_____, 『한국영화를 말한다: 1950년대 한국영화』, 이채, 2004.

_____, 『신문기사로 본 한국영화 1945~1957』, 공간과사람들, 2004.

_____, 『신문기사로 본 한국영화 1958~1961』, 공간과사람들, 2005.

_____, 『신문기사로 본 한국영화 1962~1964』, 공간과사람들, 2006.

_____, 『한국영화를 말한다: 한국영화의 르네상스 2』, 이채, 2006.

_____, 『신문기사로 본 한국영화 1965』, 한국영상자료원, 2007.

_____, 『신문기사로 본 한국영화 1966』, 한국영상자료원, 2007.

_____, 『신문기사로 본 한국영화 1967』, 한국영상자료원, 2008.

_____, 『신문기사로 본 조선영화 1911~1917』, 한국영상자료원, 2008.

_____, 『신문기사로 본 한국영화 1968』, 한국영상자료원, 2009.

_____, 『신문기사로 본 한국영화 1969』, 한국영상자료원, 2010.

_____, 『한국영화 100선』, 한국영상자료원, 2013.

한국영상자료원 편, 『한국영화사 공부: 1960~1979』, 이채, 2004.

_____, 『한국영화사 공부: 1980~1997』, 이채, 2005.

_____, 『한국영화 역사 속 검열제도』, 한국영상자료원, 2016.

한국영화진흥조합, 『한국영화총서』, 한국영화진흥조합, 1972.

한국예술종합학교 한국예술연구소 편, 『한국현대예술사대계 III: 1960년대』, 시공사, 1999.

한국전쟁연구회, 『탈냉전시대 한국전쟁의 재조명』, 백산서당, 2000.

한국정신문화원 편, 『1960년대 사회변화연구: 1963~1970』, 백산서당, 1999.

_____, 『1970년대 후반기의 정치사회변동』, 백산서당, 1999.

한국현대매체연구회, 『한국영화와 민주주의』, 선인, 2011.

한상언, 『해방 공간의 영화, 영화인』, 이론과실천, 2013.

_____, 『해방과 전쟁 사이의 한국영화』, 박이정, 2017.

_____, 『조선영화의 탄생』, 박이정, 2018.

_____, 『문예봉 전』, 한상언영화연구소, 2019.

한상언 외, 『해방과 전쟁 사이의 한국영화』, 박이정, 2017.

한운사, 『구름의 역사』, 민음사, 2006.

함충범, 『일제말기 한국영화사: 1940~1945』, 국학자료원, 2008.

허문영, 『세속적 영화, 세속적 비평』, 강, 2010.

_____, 『보이지 않는 영화』. 강, 2014.

한국영화 표상의 지도

호현찬, 『한국영화 100년』, 문학사상사, 2003.

홍창수, 『한국 근대 희극의 역사』, 고려대학교출판문화원, 2018.

황경, 『한국 예술가소설의 지형』, 파란, 2019.

황영미, 『필름 리터러시: 영화로 읽는 세상』, 푸른사상, 2018.

황정산, 『주변에서 글쓰기』, 하늘연못, 2000.

황혜진, 『영화로 보는 불륜의 사회학: 〈자유부인〉에서 〈바람난 가족〉까지』, 살림, 2005.

2) 국외서

Agamben, Giorgio, Homo Sacer: Il potere sovrano e la nuda vita, Torino: Einaudi, 2005 (조르조 아감벤, 박진우 옮김, 『호모 사케르』, 새물결, 2008).

An, Jinsoo, Parameters of Disavowal: Colonial Representation in South Korean Cinema, University of California Press, 2018.

Badinter, Elisabeth, L'amour en plus: Histoire de l'amour maternel, XVIIe–XXe siècle, Paris: Flammarion, 1980 (엘리자베트 바댕테르, 심성은 옮김, 『만들어진 모성: 17~20세기 모성애의 근대사』, 동녘, 2009).

Blaffer Hrdy, Sarah, Mother Nature: Maternal Instincts and How They Shape the Human Species, New York: Ballantine Books, 2000 (세라 블래퍼 허디, 황희선 옮김, 『어머니의 탄생: 모성, 여성, 그리고 가족의 기원과 진화』, 사이언스북스, 2010).

Butlier, Alison, Women's cinema: the contested screen, London: Wallflower Press, 2002 (앨리슨 버틀러, 김선아 · 조혜영 옮김, 『여성 영화: 경계를 가로지르는 스크린』, 커뮤니케이션북스, 2011).

Chatterjee, Partha, The Nation and Its Fragments, New Jersey: Princeton University Press, 1993.

Chaudhuri, Shohini, Feminist film theorists: Laura Mulvey, Kaja Silverman, Teresa de Lauretis, Barbara Creed, Abingdon-on-Thames: Routledge, 2006 (쇼히니 초두리, 노지승 옮김, 『페미니즘 영화이론』, 앨피, 2012).

Chodorow, Nancy, The reproduction of mothering: Psychoanalysis and the sociology of gender, Oakland: University of California Press, 1999 (낸시 초도로우, 김민예숙 · 강문순 옮김, 『모성의 재생산』, 한국심리치료연구소, 2008).

Derrida, Jacques, Force de Loi, Paris: Galilee, 1994 (자크 데리다, 진태원 옮김, 『법의 힘』, 문학과지성사, 2004).

Dworkin, Andrea, Pornography: men possessing women, London: Women's Press,

1981 (안드레아 드워킨, 유혜연 옮김, 『포르노그래피: 여자를 소유하는 남자들』, 동문선, 1996).

Dyer, Richard, Stars, London: British Film Institute, 1979 (리처드 다이어, 주은우 옮김, 『스타: 이미지와 기호』, 한나래, 1995).

Eliade, Mircea, Le Chamanisme et les techniques archaiques de l'extase, Geneva: Payot, 1951 (미르치아 엘리아데, 이윤기 옮김, 『샤머니즘』, 까치글방, 1992).

Ezra Mandel, Ernest, Delightful Murder, Minneapolis: University of Minnesota Press, 1985 (에르네스트 만델, 이동연 옮김, 『즐거운 살인』, 이후, 2001).

Felski, Rita, The gender of modernity, Cambridge: Harvard University Press, 1995 (리타 펠스키, 김영찬 · 심진경 옮김, 『근대성의 젠더』, 자음과모음, 2010).

Freedman, Jane, Feminism, New York: Open University Press, 2001 (제인 프리드먼, 이박혜경 옮김, 『페미니즘』, 이후, 2002).

Hegel, Georg Wilhelm Friedrich, Grundlinien der Philosophie des Rechts oder Naturrecht und Staatswissenschaft im Grundrisse, Frankgrut: Leipzig: Reclam, 1820 (게오르그 빌헬름 프리드리히 헤겔, 임석진 옮김, 『법철학』, 한길사, 2008)

Hoerster, Norbert, Was ist Recht? : Grundfragen der Rechtsphilosophie, Munich: Beck, 2006 (노베르트 회르스터, 윤재왕 옮김, 『법이란 무엇인가』, 세창출판사, 2009).

Hunt, Lynn, The invention of pornography 1500-1800: obscenity and the origins of modernity, New York: Zone Books, 1996 (린 헌트 엮음, 조한욱 옮김, 『포르노그래피의 발명: 외설성과 현대성의 기원, 1500년부터~1800년까지』, 책세상, 1996).

Lewenhak, Sheila, Woman and work, London: Palgrave Macmillan, 1980 (셀라 레웬학, 김주숙 옮김, 『여성 노동의 역사』, 이화문고, 1995).

Olsen, Frances E., Gender of the law, Tokyo: Tokyo University Press, 2009 (프랜시스 올슨 외, 김리우 옮김, 『법의 성별』, 파랑새미디어, 2016).

Peter Duerr, Hans, Obszonitat und Gewalt, Munick: Grin Verlag, 2013 (한스 페터 뒤르, 최상안 옮김, 『음란과 폭력: 성을 통해 본 인간 본능과 충동의 역사』, 한길사, 2003).

Przeworski, Adam & Maraval Marea, Jose Democracy the Rule of Law, Cambridge: Cambridge University Press 2003 (아담 쉐보르스키 · 호세 마리아 마라발, 안규남 · 송호창 · 강중기 옮김, 『민주주의와 법의 지배』, 후마니타스, 2008).

Puwar, Nirmal, Space invaders: race, gender and bodies out of place, New Tork: Bloomsbury USA Academic, 2004 (너멀 퓨워, 『공간 침입자: 중심을 교란하는 낯선 신체들』, 김미덕 옮김, 현실문화, 2017).

Rich, Adrienne, Of woman born: motherhood as experience and institution, New York: W. W. Norton & Co, 1995 (에이드리언 리치, 김인성 옮김, 『더 이상 어머니는 없다: 모성의 신화에 대한 반성』, 평민사, 2018).

Schatz, Thomas, Hollywood genres, Philadelphia: Temple University Press, 1981 (토머스 샤츠, 한창호·허문영 옮김, 『할리우드 장르의 구조』, 한나래, 1995).

Sofsky, Wolfgang, Traktat uber die Gewalt, Frankfurt: Frankfurt: Fischer Taschenbuch, 2005 (볼프강 조프스키, 이한우 옮김, 『폭력사회: 폭력은 인간과 사회를 어떻게 움직이는가?』, 푸른숲, 2010).

Todorov, Tzvetan, Introduction à la littérature fantastique, Paris: Le Seui, 1970 (츠베탕 토도로프, 최애영 옮김, 『환상문학 서설』, 일월서각, 2013).

Tilly, Louise A. & Scott, Joan W., Women work and family, Abingdon-on-Thames: Routledg, 1987 (루이스 A. 틸리·조앤 W. 스콧, 김영·박기남·장경선 옮김, 『여성 노동 가족』 후마니타스, 2008).

Williams, Raymond, Keywords: a vocabulary of culture and society, Oxford: Oxford University Press, 1985 (레이먼드 윌리엄스, 김성기·유리 옮김, 『키워드』, 민음사, 2010).

Young, James O., Art and knowledge, Abingdon-on-Thames: Routledge, 2001 (제임스 O. 영, 오종환 옮김, 『예술과 지식』, 서울대학교출판문화원, 2013).

3. 신문·잡지 및 기타

《경향신문》,《동아일보》,《매일경제》,《매일신보》,《서울신문》,《신아일보》,《조선일보》,《중앙일보》,《한국일보》,『개벽』,『별건곤』,『삼천리』 등
민족문화연구원,《웹진 민연》, http://rikszine.korea.ac.kr
영화진흥위원회, http://www.kofic.or.kr
한국영상자료원 한국영화데이터베이스 KMDb, http://www.kmdb.or.kr
한국영화진흥공사 편, 『한국영화연감』 (1978~1998)
한국영화진흥위원회 편, 『한국영화연감』 (1999~2018)

영화명

인명

한국영상자료원

25쪽 상단 – ⟨이 생명 다하도록⟩ 스틸컷; 27쪽 우측 – 최은희 한복 사진; 30쪽 1 – ⟨마음의 고향⟩ 스틸컷; 30쪽 2 – ⟨사랑방 손님과 어머니⟩ 스틸컷; 31쪽 상단 – ⟨성춘향⟩ 스틸컷; 40쪽 좌측 – ⟨청일전쟁과 여걸 민비⟩ 스틸컷; 43쪽 하단 – ⟨내일의 팔도강산⟩ 스틸컷; 44쪽 2 – ⟨갯마을⟩ 스틸컷; 44쪽 4 – ⟨장남⟩ 스틸컷; 47쪽 – ⟨에미⟩ 스틸컷; 61쪽 – ⟨심청전⟩ 스틸컷; 63쪽 – ⟨싸리골의 신화⟩ 스틸컷; 64쪽 – ⟨박서방⟩ 스틸컷; 69쪽 하단 – ⟨난장이가 쏘아올린 작은 공⟩ 스틸컷; 89쪽 1 – ⟨아리랑⟩ 스틸컷; 95쪽 1 – ⟨장남⟩ 스틸컷; 99쪽 상 · 중단 – ⟨젊은 느티나무⟩ 스틸컷; 104쪽 – ⟨베를린 리포트⟩ 포스터; 108쪽 좌 · 우측 – ⟨사랑에 속고 돈에 울고⟩ 스틸컷; 116쪽 1 – ⟨난장이가 쏘아올린 작은 공⟩ 스틸컷; 116쪽 2 – ⟨난장이가 쏘아올린 작은 공⟩ 포스터; 116쪽 3 – ⟨구로 아리랑⟩ 포스터; 121쪽 좌측 – ⟨꽃잎⟩ 스틸컷; 125쪽 중단 – ⟨은마는 오지 않는다⟩ 스틸컷; 156쪽 1 – ⟨청춘극장⟩ 포스터; 180쪽 상단 – ⟨지옥화⟩ 포스터; 180쪽 하단 – ⟨지옥화⟩ 스틸컷; 182쪽 하단 – ⟨지옥화⟩ 스틸컷; 185쪽 1 – ⟨내가 낳은 검둥이⟩ 포스터; 185쪽 2 – ⟨오발탄⟩ 스틸컷; 187쪽 우측 – ⟨캘리포니아 90006⟩ 포스터; 209쪽 1 – ⟨증언⟩ 포스터; 209쪽 2 – ⟨들국화는 피었는데⟩ 포스터; 211쪽 1 – ⟨남부군⟩ 포스터; 211쪽 2 – ⟨그 섬에 가고 싶다⟩ 포스터; 211쪽 3 – ⟨태백산맥⟩ 포스터; 236쪽 2 – ⟨삼일독립운동⟩ 스틸컷; 240쪽 – ⟨유관순⟩ 스틸컷; 244쪽 – ⟨유관순⟩ 포스터; 265쪽 1 – ⟨꽃잎⟩ 스틸컷; 271쪽 – ⟨오월愛⟩ 스틸컷; 277쪽 2 – ⟨천년학⟩ 스틸컷; 303쪽 3 – ⟨검사와 여선생⟩ 스틸컷; 319쪽 – ⟨외팔이 김종원⟩ 포스터; 323쪽 상 · 중 · 하단 – ⟨최후의 증인⟩ 스틸컷; 325쪽 1 – ⟨단지 그대가 여자라는 이유만으로⟩ 포스터; 325쪽 2 – ⟨박대박⟩ 포스터; 325쪽 3 – ⟨생과부 위자료 청구소송⟩ 포스터; 348쪽 좌측 – ⟨진짜진짜 잊지마⟩ 포스터; 348쪽 우측 – ⟨진짜진짜 미안해⟩ 포스터; 349쪽 우측 – ⟨겨울 나그네⟩ 스틸컷; 367쪽 – ⟨갯마을⟩ 스틸컷; 373쪽 좌 · 우측 – ⟨이어도⟩ 스틸컷; 375쪽 2 – ⟨불의 딸⟩ 스틸컷; 376쪽 – ⟨을화⟩ 스틸컷; 381쪽 – ⟨피막⟩ 스틸컷; 384쪽 상단 – ⟨태⟩ 스틸컷; 384쪽 하단 – ⟨나그네는 길에서도 쉬지 않는다⟩ 스틸컷; 386쪽 상단 – ⟨태백산맥⟩ 스틸컷; 392쪽 1 – ⟨운명의 손⟩ 포스터; 407쪽 3 – ⟨여사장⟩ 스틸컷; 413쪽 좌측 – ⟨단지 그대가 여자라는 이유만으로⟩ 포스터; 417쪽 상단 – ⟨생과부 위자료 청구소송⟩ 스틸컷; 417쪽 하단 – ⟨결혼 이야기⟩ 스틸컷; 426쪽 2 – ⟨영자의 전성시대⟩ 포스터; 430쪽 상단 – ⟨별들의 고향⟩ 스틸컷; 431쪽 하단 – ⟨O양의 아파트⟩ 스틸컷; 432쪽 상단 – ⟨도시로 간 처녀⟩ 스틸컷; 432쪽 하단 – ⟨구로 아리랑⟩ 스틸컷; 457쪽 상단 1 – ⟨운명의 손⟩ 스틸컷; 457쪽 상단 3 – ⟨악야⟩ 스틸컷; 457쪽 상단 4 – ⟨고려장⟩ 스틸컷; 457쪽 하단 2 – ⟨자유부인⟩ 스틸컷; 458쪽 하단 1 – ⟨하녀⟩ 스틸컷; 469쪽 1 · 2 – ⟨춘원 이광수⟩ 스틸컷; 490쪽 1 – ⟨아리랑⟩(1957) 포스터; 507쪽 – ⟨사의 찬미⟩ 포스터; 508쪽 중 · 하단 – ⟨사의 찬미⟩ 스틸컷; 517쪽 좌측 – ⟨젊은 아내⟩ 포스터; 517쪽 우측 – ⟨젊은 아내⟩ 스틸컷; 523쪽 1 – ⟨화조⟩ 포스터; 526쪽 1 – ⟨성애의 침묵⟩ 포스터; 526쪽 2 – ⟨서울에서 마지막 탱고 2⟩ 포스터

한국일보
31쪽 하단 – 최은희, 신상옥 부부
경향신문
168쪽 상단 – 김학순 할머니; 282쪽 하단 – 이한열 추모집회
연합신문
169쪽 좌측 – 김복동 할머니
민주열사박종철기념사업회
295쪽 1 – 박종철 열사
한국음반아카이브연구소 배연형
502쪽 1 – 「사의 찬미」 음반; 502쪽 2 – 「사의 찬미」 가사지

한국영화 표상의 지도

가족, 국가, 민주주의, 여성, 예술 다섯 가지 표상으로 읽는 한국영화사

1판 1쇄 2019년 10월 27일

지은이 | 박유희

펴낸이 | 류종필
편집 | 최형욱, 이정우, 정큰별
마케팅 | 김연일, 김유리
표지·본문 디자인 | 석운디자인
교정교열 | 문해순

펴낸곳 | (주) 도서출판 책과함께
　　　주소 (04022) 서울시 마포구 동교로 70 소와소빌딩 2층
　　　전화 (02) 335-1982
　　　팩스 (02) 335-1316
　　　전자우편 prpub@hanmail.net
　　　블로그 blog.naver.com/prpub
　　　등록 2003년 4월 3일 제25100-2003-392호

ISBN 979-11-88990-44-3 03680

• 이 도서의 국립중앙도서관 출간시도서목록(CIP)은 서지정보유통지원시스템 홈페이지(http://seoji.nl.go.
kr)와 국가자료종합목록 구축시스템(http://kolis-net.nl.go.kr)에서 이용하실 수 있습니다. (CIP제어번
호: CIP2019040064)

• 이 책에 실린 도판은 기본적으로 저작권자에게 허가를 구하거나 크기를 작게 하여 이용하였습니다. 그러나
저작권자가 불분명하거나 연락할 방법을 찾지 못한 경우 피치 못하게 허가를 구하지 못했습니다. 추후라도
저작권자가 확인되면 허가 절차를 밟겠습니다.